Clásicos castellanos
nueva serie

Director de la colección
Víctor García de la Concha
Universidad de Salamanca

Joan Timoneda

BUEN AVISO Y PORTACUENTOS
EL SOBREMESA
Y
ALIVIO DE CAMINANTES

Joan Aragonés

CUENTOS

*Edición crítica de M.ª Pilar Cuartero
y Maxime Chevalier*

Espasa-Calpe
Madrid

Cubierta: *Cantigas de Santa María de Alfonso X*
Biblioteca de San Lorenzo de El Escorial

© Espasa Calpe, S. A., Madrid, 1990

Depósito legal: M. 36-886-1989
ISBN 84 239-3859-X

Impreso en España
Printed in Spain

Talleres gráficos de la Editorial Espasa-Calpe, S. A.
Carretera de Irún, 12,200. 28049 Madrid

INTRODUCCIÓN

I. JOAN TIMONEDA. VIDA Y OBRA

Poco es lo que con precisión conocemos de la biografía de Joan Timoneda, nacido entre los años 1518 a 1520 [1], y muerto a finales de 1583 [2].

Vivió toda su vida en Valencia, y, aunque no podamos, por falta de documentos acreditativos, saber si nació o no allí, sí podemos afirmar que se sentía hijo de dicha ciudad [3].

---

[1] Entre esos años establece el nacimiento de Timoneda EDUARDO JULIÁ MARTÍNEZ, prólogo a la edición de las *Obras de Juan de Timoneda*, Bibliófilos Españoles, Madrid, 1947, I, pág. VII. Particularmente significativo al respecto resulta el argumento aportado por FEDERICO RUIZ MORCUENDE, prólogo a su edición de *El Patrañuelo*, Clásicos Castellanos, núm. 101, págs. IX-X. Dicho argumento se fundamenta en una anécdota autobiográfica de Timoneda, que aparece precisamente en una de las colecciones de la presente edición, el BUEN AVISO, núm. 61. La anécdota muy probablemente ocurrió en 1563 —el BUEN AVISO se publicó en 1564—, y con arreglo a ella, descontando los veintitrés años que estuvieron Joan Timoneda y su hermano sin verse, calculando que el hermano se casaría alrededor de los veinte años, y teniendo en cuenta finalmente, que era más joven que Joan, se llega sin dificultad a uno o dos años antes de 1520 como fecha del nacimiento del escritor.

[2] FEDERICO RUIZ MORCUENDE, prólogo citado, pág. XIV, concreta hacia el 22 de septiembre de dicho año la fecha de la muerte de Timoneda, basándose en que en su testamento, otorgado el 30 de julio de 1583, hay una nota indicadora de que se abrió y leyó ante sus hijos el 1 de octubre de 1583.

[3] Así lo certifican sus propias palabras en BUEN AVISO, núm. 61:

Casó en 1541 con Isabel Juan Ferrandis, de la que tuvo
cuatro hijos: Vicente, Joan Bautista, Ana Magdalena e Isabel, pudiéndose constatar por las donaciones en los casamientos de los mismos, así como por su testamento, que
Timoneda logró reunir, a lo largo de su vida de intenso
trabajo, una cuantiosa fortuna, con la que proporcionó
una situación económica desahogada a su familia.

Su primer oficio fue el de *zurrador de pieles* o curtidor,
oficio que pronto mudó por el de librero, más acorde con
sus aficiones literarias, y, además, más rentable. A la referida profesión de librero sabemos con seguridad que se
dedicaba ya en 1547 [4], no tardando mucho en ampliar el
negocio al de editor.

En 1553 edita la *Danza espiritual de muchas mujeres
señaladas de la Sagrada Escritura*, su primer fruto como
editor [5]. A partir de ese momento Timoneda se convirtió,
merced a su labor impresora, en importante divulgador de

«respondió el autor en lengua valenciana por ser natural suya.» En el
encabezamiento de las coplas *En loor del glorioso sant Vicente Ferrer*
(Valencia, hacia 1555) se dice: *Escribe Juan Timoneda, natural valenciano*
(Salvá, núm. 138; Palau, núm. 332315; ANTONIO RODRÍGUEZ-MOÑINO,
introducción a los *Cancioneros llamados Enredo de amor, Guisadillo de
Amor y El Truhanesco (1573),*Castalia, Valencia, 1951, núm. 31, pág. 38;
PILAR DELGADO BARNÉS, «Contribución a la bibliografía de Juan de Timoneda», en *Revista de Literatura*, XVI, 1959, págs. 24-56, núm. 61,
pág. 47).

[4] JOSÉ ENRIQUE SERRANO MORALES, *Reseña histórica en forma de
diccionario de las imprentas que han existido en Valencia desde la introducción del arte tipográfico en España hasta el año 1868*, Valencia, 1898-
1899, pág. 542: «La referencia positiva más antigua que de Timoneda
encontramos es su inscripción en el *Libro de Tacha Real* de 1547 que se
custodia en el Archivo del Ayuntamiento, donde aparece incluido en esta
forma:
[Parroquia de] «Sta. Catalina. Exint de la pelleria entrant en los man-
yans.
Joan Timoneda librer olim assaonador *(zurrador)*... VIII sous.» Otras
referencias a Timoneda librero en los libros de *Tacha Real* pueden verse
en RAFAEL FERRERES, introducción a su edición de *El Patrañuelo*, Madrid, 1971 (Clásicos Castalia núm. 30), pág. 11.

[5] Así lo afirma ANTONIO RODRÍGUEZ-MOÑINO, *Los Pliegos Poéticos
de la colección del Marqués de Morbecq (Siglo XVI)*, Madrid, 1962,
pág. 79.

obras literarias, particularmente de obras dramáticas. Publicó —y es su gloria esencial como editor, ya señalada por Cervantes [6]— las obras de Lope de Rueda.

Timoneda tuvo amistad personal con el gran dramaturgo, sintió por él una viva admiración, que le llevó a imitarle en sus piezas teatrales, y, lo que más nos interesa en su condición de editor de Lope de Rueda, supo seleccionar, de entre la sin duda más amplia producción del autor-actor sevillano, las comedias y pasos que más podían agradar al público.

El extenso y vario depósito de libros que figura en el inventario [7] de la librería de Timoneda, nos da índice, de otro lado, de su fecunda actividad como librero y como editor.

Como escritor, Timoneda fue poeta, dramaturgo [8] y novelista, yendo siempre su creación literaria acompañada de un certero discernimiento para la literatura popular, que le permitió contactar y acertar con los gustos de su público y sus lectores.

A la poesía, y según declaración propia [9], se dedicó desde su juventud, y en ella se mostró como fácil versificador [10].

Sus obras dramáticas, de tema profano —adaptaciones de Plauto, y piezas con influencia de Lope de Rueda y

---

[6] *El viaje del Parnaso*, cap. VIII, estrofas 4-5: «Que ofrece la comedia, si se advierte, / largo campo al ingenio, donde pueda / librar su nombre de olvido y muerte. / Fue de esto ejemplo Juan de Timoneda, / que con sólo imprimir se hizo eterno / las comedias del gran Lope de Rueda.»

[7] Dicho inventario fue publicado por JOSÉ ENRIQUE SERRANO MORALES, *op. cit.*, págs. 548-555, y reproducido por EDUARDO JULIÁ MARTÍNEZ, prólogo citado, págs. XL-LI.

[8] También fue actor. Así lo pone de manifiesto él mismo en BUEN AVISO, núm. 52.

[9] «Epístola al lector» de *Rosa Española*, Valencia, 1573, f. 1r.º: «Prudente lector, viendo fuera de amparo y protección de los años de mi juventud, y presentes, diversos Romances míos, hijos naturales, y nacidos en mi pobre casa, determiné de hacer recogimiento de ellos.»

[10] En ANTONIO RODRÍGUEZ-MOÑINO, introducción a los *Cancioneros* citada, puede consultarse la bibliografía completa de las obras poéticas de Timoneda «en las que su nombre figura como autor o editor» (pág. 11).

modelos italianos— y de tema religioso —autos sacramentales—, constituyen un claro precedente del teatro de Lope de Vega y Calderón [11].

En su faceta de novelista, Timoneda es conocido, sobre todo, por *El Patrañuelo*, publicado en Valencia, 1567; reeditado en Alcalá de Henares, 1576; Barcelona, 1578, y Bilbao, 1580, y su obra narrativa más importante.

El Patrañuelo está conformado por veintidós cuentos o patrañas, de todas las cuales se conoce, con más o menos precisión, la fuente [12], y con él, como dice Menéndez Pelayo [13] el escritor valenciano formó «la primera colección española de novelas escritas a imitación de las de Italia, tomando de ellas el argumento y los principales pormenores, pero volviendo a contarlas en una prosa familiar, sencilla, animada y no desagradable.»

Las otras dos obras de Timoneda en prosa narrativa son el BUEN AVISO Y PORTACUENTOS, Valencia, 1564, y EL SOBREMESA Y ALIVIO DE CAMINANTES, Zaragoza, 1563, de las que pasamos a ocuparnos.

II.   EL BUEN AVISO Y PORTACUENTOS. EL SOBREMESA
      Y ALIVIO DE CAMINANTES

Los textos reunidos en estas colecciones son relatos breves que califica Timoneda de *cuentos* o *dichos*, reconociéndose en estas denominaciones la terminología que maneja

---

[11]   Sobre Timoneda dramaturgo véase la introducción de JOSÉ ROMERA CASTILLO a su edición de *El Patrañuelo*, Madrid, 1978 (Cátedra, núm. 94), págs. 29-37. Para la contravertida cuestión de la originalidad de su teatro consúltese, sobre todo, RINALDO FROLDI, *Lope de Vega y la formación de la comedia*, Anaya, Salamanca, 1968, págs. 72-80.

[12]   Sobre *El Patrañuelo* véase, particularmente, el estudio que RAFAEL FERRERES y JOSÉ ROMERA CASTILLO hacen en las introducciones citadas, págs. 23-28 y 45-65, respectivamente. En sus dos ediciones pueden encontrarse también señaladas las fuentes de *El Patrañuelo*: al comienzo de cada patraña, en la de Rafael Ferreres, y, al final, igualmente de cada patraña, en la de José Romera Castillo.

[13]   *Orígenes de la novela*, Aldus, Santander, 1943, 4 vols., tomo III, páginas 75-76.

Juan Boscán en su traducción de *El Cortesano* de Baltasar de Castiglione.

Más concretamente anuncia Timoneda en la «Epístola al lector» que encabeza EL SOBREMESA que el contenido del librito procede de lo que ha «oído, visto y leído». Sin inconveniente se puede tachar la palabra *visto*, puesto que las escenas callejeras que aparecen en EL SOBREMESA Y ALIVIO DE CAMINANTES, lo mismo que en el BUEN AVISO Y PORTACUENTOS, son en realidad cuentos familiares o arreglos de apotegmas antiguos. Quedan, pues, los términos *oído* y *leído*, que remiten a las fuentes orales y escritas de Timoneda [14].

Relatos eruditos y relatos familiares

No siempre resulta fácil determinar las fuentes que aprovechó Timoneda. Al lado de unos textos clarísimos, otros casos nos dejan en la indecisión. Hemos expuesto nuestras dudas en las notas. Globalmente se puede observar lo siguiente:

Los cuentos de fuente erudita predominan claramente en la Segunda parte de EL SOBREMESA: 46 por lo menos [15], de un total de 72. En cambio, los cuentos familiares for-

---

[14] La declaración de Timoneda es posible, por otra parte, que tenga una porción no pequeña de lugar común o frecuente. Así, por ejemplo, OTHMAR LUSCINIO ARGENTINO, *Ioci ac sales mire festivi*, Augsburgo, 1524, justifica en el título el origen de sus relatos diciendo: *partim selecti ex bonorum utriusque linguae authorum mundo, partim longis peregrinationibus visi et auditi*, es decir, con la misma referencia que da Timoneda, pero en orden inverso: primero lo que el autor ha leído, y luego lo que ha visto y oído.

[15] Son de fuente erudita los cuentos núms. 95(2), 96(3), 102(9), 103(10), 104(11), 105(12), 107(14), 108(15), 109(16), 110(17), 111(18), 112(19), 113(20), 114(21), 115(22), 116(23), 117(24), 118(25), 119(26) 120(27), 124(31), 127(34), 128(35), 130(37), 132(39), 133(40), 135(42), 136(43), 137(44), 138(45), 139(46), 140(47), 141(48), 142(49), 143(50), 145(52), 146(53), 147(54), 148(55), 149(56), 150(57), 152(59), 159(66), 160(67), 161(68) y 162(69). Casi con seguridad lo es, aunque no la conozcamos, el cuento núm. 154(61), y probablemente los cuentos números 94(1) y 144(51).

man mayoría aplastante en la Primera parte de EL SOBRE-
MESA (cerca de 70 [16], de un total de 93), y en el PORTA-
CUENTOS, donde los eruditos son unos 30 [17] y los familiares unos 70, de un total de 100 cuentos [18]. En el BUEN
AVISO se repite el esquema de la segunda parte de EL
SOBREMESA: más de 40 cuentos de fuente erudita [19], de un
total de 71. Parece como si Timoneda hubiera querido es-
tablecer un equilibrio en la proporción de relatos eruditos
y relatos familiares entre ambas colecciones.

La mayor parte de los relatos de origen erudito proceden de los *Apophthegmatum sive scite dictorum libri VI*
de Erasmo, Basilea, 1531, aumentados a ochos libros desde
la edición de Basilea, 1532. La fuente directa de Timoneda
ha sido, sin embargo, la traducción que de los mismos
hizo el bachiller Francisco Támara: *Libro de Apothegmas,
que son dichos graciosos y notables*, Amberes, 1549 [20].

---

[16]   De fuente erudita son los cuentos núms. 4, 10, 11, 12, 13, 14, 16,
22, 25, 31, 35, 42, 53, 60, 62, 64, 68, 78 y 88. Los núms. 1, 70, 72 y 73,
teniendo fuente erudita, son a la vez cuentos folclóricos. Muy probablemente procede también de fuente erudita el cuento núm. 8.
[17]   Son de fuente erudita los cuentos núms. 2, 5, 17, 22, 50, 51, 61,
67, 75, 78, 79, 80, 81, 85, 87, 92, 93, 94, 95, 97, 101 y 103. Fuente erudita
y a la vez condición de cuentos folclóricos tienen los cuentos núms. 3,
4, 52 y 53. Están inspirados en fuente erudita los cuentos núms. 65 y
66. Aunque no la conozcamos, tiene procedencia erudita indudable el
cuento núm. 24, y muy posiblemente también el cuento núm. 83.
[18]   El PORTACUENTOS incluía 103 relatos. Está incompleto, sin embargo, el único ejemplar que poseemos. Faltan en él dos cuentos enteros
(núms. 71 y 72), y parcialmente otros dos: los cuentos núms. 70 y 73.
Pero resulta posible indentificar el núm. 70, cuento folclórico conocidí-
simo (véase la nota a dicho cuento). De ahí la cifra de 100 cuentos.
[19]   Son de fuente erudita los cuentos núms. 1, 2, 3, 5, 6, 8, 10, 11, 12,
13, 14, 16, 23, 31, 32, 36, 37, 39, 40, 44, 46, 47, 48, 50, 51, 53, 54, 55,
56, 58, 60, 62, 63, 64, 65, 66, 68, 69, 70 y 71. Los cuentos núms. 9, 26
y 67 tienen fuente erudita y son a la vez cuentos folclóricos. También
parece ser de procedencia erudita el cuento núm. 29.
[20]   La descripción de la edición y la referencia del orden seguido en
el contenido (la traducción de Támara varía por completo la distribución
de la colección latina), puede verse en ADOLFO BONILLA Y SAN MARTÍN,
«Erasmo en España», en *Revue Hispanique*, XVII, 1907, págs. 483-497,
pags. 490-494. Hubo una edición posterior, Zaragoza, 1552, de la que

De los *Apophthegmata* de Erasmo hubo otra traducción, publicada también en Amberes, 1549, debida a Juan de Jarava: *Libro de vidas y dichos graciosos* [21], pero Timoneda no parece haberla utilizado [22], resultando, en cambio, indudable —como acabamos de afirmar— que la traducción de Támara constituye su fuente inmediata de la citada colección, ya que así lo determinan, de un lado, el cotejo textual, y, de otro, la disposición de algunos relatos, que guardan en Timoneda el orden seguido por Támara, y no el de Erasmo.

Evidentemente todos los relatos —apotegmas— del BUEN AVISO Y PORTACUENTOS y EL SOBREMESA Y ALIVIO DE CAMINANTES tomados por Timoneda de la colección apotegmática de Erasmo-Támara, son relatos que pertenecen al elenco narrativo de la antigüedad greco-latina, ya que de los autores clásicos —especialmente de Plutarco, Diógenes Laercio, Ateneo, Cicerón, Valerio Máximo, Plinio el Viejo, Quintiliano y Macrobio— los recogió el humanista holandés. Es lógico, pues, que bastantes de ellos figuren en obras medievales —el *Policraticus* de Juan de Salisbury, los *Gesta romanorum*, el *Libro de los ejemplos* de Clemente Sánchez de Vercial...—, y muchos en colectáneas de otros humanistas latinos: *Rerum memorandarum libri* de Petrarca, *De dictis factisque memorabilibus* de Baptista Fulgoso, *De sermone* de Giovanni Pontano, *Facetiarum exemplorumque libri VII* de L. Domicio Brusoni, *Apophthegmata* de Conrado Lycosthenes.... Comprensi-

---

hay un ejemplar en la Biblioteca Nacional de Madrid (R. 13397). Parece ser una simple reproducción de la de Amberes, 1549, con la única alteración de la colocación de la «Tabla de nombres propios», que va al final, delante de la de «dichos y sentencias», y no al comienzo.

[21] La descripción de la edición puede verse en ADOLFO BONILLA Y SAN MARTÍN, artículo citado, págs. 483-487.

[22] Conviene señalar al respecto que Jarava no vertió los apotegmas del libro VI que Erasmo denominaba *Varie Mixta*, de cuyo más de triple centenar proceden varios cuentos del BUEN AVISO Y PORTACUENTOS y EL SOBREMESA Y ALIVIO DE CAMINANTES.

blemente también las colecciones italianas y españolas del siglo XVI ampararon gran parte de ellos, aunque éstas lo hicieron ya generalmente adaptándolos de la compilación erasmiana.

Esos relatos que estamos afirmando llegaron hasta Timoneda por la traducción del bachiller Támara de los *Apophthegmata* de Erasmo, informan veinticuatro cuentos del BUEN AVISO [23] y diez del PORTACUENTOS [24], siendo todavía algo más elevada la cifra en EL SOBREMESA Y ALIVIO DE CAMINANTES: treinta y siete cuentos en total, cinco en la Primera parte [25], y treinta y dos en la Segunda [26]. Desde el punto de vista numérico de estos setenta y un apotegmas extraídos por el escritor valenciano de la recopilación de Erasmo, a través de la traducción de Támara, los libritos de Timoneda vienen a constituir una breve —muy breve, bien es cierto— antología de la colección erasmiana.

Doce de esos apotegmas, sin embargo, que conforman otros tantos cuentos del PORTACUENTOS y EL SOBREMESA Y ALIVIO DE CAMINANTES [27], sólo parcialmente proceden de Erasmo y la traducción de Támara, ya que en el texto de Timoneda se percibe claramente que siguió más bien la redacción que de dichos apotegmas presentaba la *Silva de varia lección* de Pero Mexía, Sevilla, 1540. Lo mismo sucede con el cuento números 11 de la Primera parte de EL SOBREMESA, en el que la versión de Timoneda

---

[23] Son los cuentos núms. 1, 10, 11, 12, 13, 14, 16, 23, 31, 32, 37, 39, 44, 48, 50, 53, 54, 58, 60, 65, 68, 69, 70 y 71.

[24] Cuentos núms. 4, 61, 67, 75, 78, 79, 80, 81, 94 y 103.

[25] Cuentos núms. 4, 10, 11, 13 y 14.

[26] Son los cuentos siguientes: 105(12), 107(14), 108(15), 109(16), 110(17), 112(19), 113(20), 115(22), 116(23), 117(24), 118(25), 119(26), 132(39), 133(40), 135(42), 136(43), 137(44), 138(45), 139(46), 140(47), 141(48), 142(49), 143(50), 145(52), 146(53), 147(54), 148(55), 149(56), 150(57), 152(59), 161(68) y 162(69).

[27] Cuentos núms. 61 del PORTACUENTOS, 14 de la Primera parte de EL SOBREMESA y 108(15), 109(16), 110(17), 112(19), 11.(20), 115(22), 116(23), 117(24), 118(25) y 119(26) de la Segunda. También es posible considerar un influjo de la *Silva* de Mexía en los cuentos núms. 10, 105(12) y 135(42) de EL SOBREMESA.

se corresponde con la de fray Antonio de Guevara en las *Epístolas familiares*, Valladolid, 1539 y 1542. De los cuentos números 150(57), 152(59) y 161(68) de la Segunda parte de EL SOBREMESA, de otro lado, puede estimarse fuente conjunta con Erasmo-Támara *El Cortesano* de Baltasar de Castiglione, Venecia, 1528, traducción de Boscán, Barcelona, 1534.

Las tres colecciones citadas, la *Silva* de Mexía, las *Epístolas familiares* de Guevara y *El Cortesano* de Castiglione, no cabe duda, por otra parte, que fueron bien conocidas por Timoneda. De ellas proceden varios cuentos más: de la *Silva* de Mexía, los cuentos números 40 y 66 del BUEN AVISO (el último, relato clásico), y muy probablemente el número 17 del PORTACUENTOS (también clásico); de las *Epístolas familiares* de Guevara, parte del cuento número 13 de la Primera parte de EL SOBREMESA, y el número 111(18) de la Segunda; de *El Cortesano* de Castiglione, los cuentos números 2 y 50 del PORTACUENTOS, 68 y 78 de la Primera parte de EL SOBREMESA y 120(27) de la Segunda.

Tras los *Apophthegmata* de Erasmo en la traducción del bachiller Támara, son las colecciones italianas de facecias las que prestaron mayor caudal de relatos a Timoneda. Dos colecciones son fuente primordial: una latina, el *Liber facetiarum* de Gian Francesco Poggio Bracciolini, Venecia, 1470, la otra, las *Facezie, motti e burle* de Ludovico Domenichi, Florencia, 1548, italiana.

De las *Facetiae* de Poggio, que Timoneda conocería seguramente por alguna de las traducciones italianas [28], o por alguna de las traducciones parciales al catalán que Moll [29] indica circularon entre los intelectuales valencianos del Renacimiento, proceden cuatro cuentos del BUEN AVI-

---

[28] Probablemente por las *Facetie traducte de latino in volgare,* Venecia, 1500, traducción que tuvo varias reediciones.

[29] FRANCESC DE B. MOLL, introducción a su traducción de Poggio, *Llibre de facècies,* Palma de Mallorca, 1978 (Biblioteca Raixa, núm. 114), págs. 11-12.

SO (núms. 6, 9, 51 y 63) y siete del PORTACUENTOS (números 5, 22, 51, 52, 53, 92 y 93), siendo mucho menor el número en EL SOBREMESA: sólo dos cuentos, uno en la Primera parte (núm. 62) y otro en la Segunda (núm. 114 (21)).

Más proporcionada es la crifra de cuentos tomados de las *Facezie, motti e burle* de Domenichi: tres cuentos en el BUEN AVISO (núms. 5, 36 y 62) y cuatro en el PORTACUENTOS (núms. 3 —cuento de la antigüedad clásica, del que Domenichi ofrece una versión popularizada—, 85, 87 y 97), y otros siete en EL SOBREMESA: cinco en la Primera parte (núms. 22, 31, 42, 64 y 88), y dos en la Segunda (números 159(66) y 160(67)). También podrían ser estas *Facezie* la fuente del cuento números 72 de EL SOBREMESA [30].

De cualquiera de estas dos colecciones, de la de Poggio o de la de Domenichi, ha podido adaptar Timoneda, además, los cuentos números 1 y 104(11) de EL SOBREMESA.

Muy corta resulta, al lado de la aportación de las citadas colecciones de Poggio y Domenichi, la que al BUEN AVISO Y PORTACUENTOS y EL SOBREMESA Y ALIVIO DE CAMINANTES hizo otra conocida y difundida recopilación de facecias, la del Piovano Arlotto. De las *Facezie piacevoli, fabule e motti del Piovano Arlotto*, Venecia, 1520, derivan sólo dos cuentos, uno del PORTACUENTOS (núm. 95) y otro de EL SOBREMESA (núm. 70), y de ellas o de las de

---

[30] La huella de Domenichi en Timoneda se deja sentir también en las expresiones «si en algunos he celado los nombres a quien acontecieron, ha sido por celo de honestidad y quitar contiendas» («Epístola al lector» de la Primera parte de EL SOBREMESA) y «que por humildad se calla su nombre» (EL SOBREMESA, núm. 145), que reproducen las frecuentes del colector italiano: «il cui nome io voglio tacere, per non offender la casa sua» (ff. 82v.º-83r.º), «il cui nome taccio per buon rispetto» (f. 93r.º). Estas justificaciones del anonimato de los protagonistas de algunos de los relatos debieron de ser, por otra parte, habituales en este tipo de colecciones. Así, se leen también en las *Facezie e motti dei secoli XV e XVI*, en *Scelta di curiosità letterarie inedite o rare dal secolo XIII al XVII, Bolonia, 1874*: «il cui nome a buon fine si tace» (núms. 37 y 88).

Poggio el numero 60 de EL SOBREMESA. La *Vita del Piovano Arlotto*, que precedía a sus *Facezie*, puede, por su parte, ser —aunque también *La vida y excelentes dichos de los más sabios filósofos* de Hernando Díaz, Sevilla, 1520— la fuente del cuento número 25 de EL SOBREMESA. Hay, finalmente, en los relatos eruditos del BUEN AVISO Y PORTACUENTOS y EL SOBREMESA Y ALIVIO DE CAMINANTES, un grupo de cuentos de procedencia varia, a los que podríamos denominar «cuentos de fuente aislada»:

Cuentos de fuente clásica

— De la Antología griega (PORTACUENTOS, núm. 101).
— De Valerio Máximo, aunque el relato está ya en Heródoto (BUEN AVISO, núm. 46).
— De Séneca, *De ira* (EL SOBREMESA, núm. 95(2)).
— De Quintiliano, *Institutio oratoria* (EL SOBREMESA, núm. 130(37)).
— De Plutarco, *Vida de Marco Antonio* (EL SOBREMESA, núm. 128(35)).
— De Plutarco, *De la charlatanería* (BUEN AVISO, número 55).
— De pasajes de autores clásicos difundidos también por otras colecciones (BUEN AVISO, núms. 8 y 64; EL SOBREMESA, núm. 127(34)).
— De una anécdota clásica popularizada (EL SOBREMESA, núm. 53).
— De dichos recogidos por Nicolás Liburnio, *Sentencias y dichos de diversos sabios y antiguos autores*, traducción de Alonso de Ulloa, Venecia, 1553 (BUEN AVISO, núm. 3, sólo posible).

Cuentos de fuente medieval

— De Jacques de Vitry (BUEN AVISO, núm. 2, y parece que núm. 56).
— Del *Libro de los ejemplos* de Clemente Sánchez de Vercial (BUEN AVISO, núms. 26 —figura también en colecciones italianas— y 67 —se encuentra ya en los *Gesta romanorum*—).
— De un apotegma clásico en versión medieval (EL SOBREMESA, núm. 96(3))

Cuentos de fuente humanística

— De Erasmo, *Adagia*, París, 1500; edición más completa, Venecia, 1508 (EL SOBREMESA, núm. 35; el relato es, no obstante, clásico).

— De Erasmo, *Stultitiae Laus*, Estrasburgo, 1511 (EL SOBREMESA, núm. 103(10)).

— De Erasmo, *Colloquia familiaria*, Basilea, 1518; edición más completa, Basilea, 1526 (EL SOBREMESA, núms. 12 y 102(9)).

— De Antonio Beccadelli (el Panormitano), *Libro de los dichos y hechos del rey don Alonso*, traducción de Juan de Molina, Valencia, 1527 (EL SOBREMESA, número 73; sólo posible).

Cuentos de fuente italiana

— De *El Decamerón* (EL SOBREMESA, núm. 124(31)).

— De Pietro Aretino, *Dialogo del givoco*, Venecia, 1543 (EL SOBREMESA, núm. 16).

— De Hortensio Lando, *Oracoli de' moderni ingegni*, Venecia, 1550 (BUEN AVISO, núm. 29; sólo posible).

Cuento de fuente española del siglo XVI

— De Cristóbal de Castillejo, *Diálogo de mujeres*, Venecia, 1544 (BUEN AVISO, núm. 47).

Estos cuentos nos sitúan en la encrucijada de tres caminos por los que muy probablemente llegaron hasta Timoneda esos y otros relatos:

1. Su librería, que le permitiría tener acceso directo a muchos libros, de algunos de los cuales sólo tomaría algún relato suelto. De hecho varias de las obras que le sirvieron de fuente figuran en el inventario de su librería: la *Silva de varia lección* de Pero Mexía, *El Cortesano* de Baltasar de Castiglione, las *Epístolas familiares* de fray Antonio de Guevara, Valerio Máximo y Cristóbal de Castillejo (sin indicación de obra).

2. Las copias manuscritas, que, además de las ediciones impresas —y a veces supliendo la carencia de éstas—, circularon, sin duda, en el siglo XVI: *a*) de traducciones, completas o parciales, de obras de au-

tores griegos y latinos y, por supuesto, de Erasmo; *b*) de florilegios de dichos y hechos sacados de los clásicos, y de *exempla* medievales, ya traducidos, ya en versiones bilingües.

3. La vía oral en la que tendrían importancia fundamental, de un lado, como en siglos precedentes, la predicación, y, de otro —siempre con el trasfondo de la escuela—, las conversaciones con los hombres cultos. Puede servir de ejemplo ilustrador de esto último el consejo que Juan Lorenzo Palmireno, como habían hecho otros muchos humanistas, dará a los estudiantes, de que copien *argute facta*, es decir, «hechos ingeniosos», en su *codex exceptorius*, para recordarlos en conversación [31].

Por su parte, los relatos familiares pueder ser anécdotas: por ejemplo, las anécdotas sobre el duque de Calabria (EL SOBREMESA, núms. 122(29), 123(30) y 164(71)). Con más frecuencia son cuentos, y cuentos de procedencia oral.

Se observará, en especial, la cantidad de historietas jocosas sobre vizcaínos: cinco en EL SOBREMESA, todas en la Primera parte (núms. 23, 28, 29, 83 y 84), dos en el BUEN AVISO (núms. 4 y 7), y catorce (núms. 31 a 44) en el PORTACUENTOS, donde llegan a formar verdadero ciclo [32].

Tres de estas historietas protagonizadas por vizcaínos

---

[31] *El Proverbiador o Cartapacio,* primera edición (con *El estudioso cortesano),* Alcalá, 1587, f. 149r.°: «De éstos [los *argute facta]* procurarás escrebir muchos, porque los hombres de letras son tenidos por fríos, o demasiado severos, en conversación.» Fijémonos también en el parecido que con esta advertencia de Palmireno a los estudiantes guarda la que Timoneda daba a los lectores en EL SOBREMESA: «Así que fácilmente lo que yo en diversos años he oído, visto y leído, podrás brevemente saber de coro, para poder decir algún cuento de los presentes. Pero lo que más importa para tí y para mí, porque no nos tengan por friáticos, es que, estando en conversación, y quieras decir algún cuentecillo, lo digas a propósito de lo que trataren» («Epístola al lector»). De cualquier manera, con estas admoniciones nos encontramos, además, ante la expansión a una sociedad más amplia de la práctica conversacional cortesana.

[32] Véase MICHÈLE GENDREAU-MASSALOUX, «Sur l'image des Basques dans les contes populaires du Siècle d'Or», en *Hommage à Louis Urrutia, Les langues néo-latines,* núm. 239 (1981), págs. 75-99.

(las de PORTACUENTOS, núms. 33 y 35, y EL SOBREMESA, núm. 28) nos ofrecen, además, un género nuevo de relato familiar: el de la carta de bobo, que parece ser creación de Timoneda. Puede ser que otras cartas del mismo tipo hayan existido independientemente del PORTACUENTOS y de EL SOBREMESA y hayan circulado en forma manuscrita: así lo hacen sospechar unas muestras que ofrece la *Floresta española*: «De alimpiar la caballeriza y hacer la barba a su merced tres reales» (I,V,3), «De un pastel que compré para mí, cuatro maravedís. De paja y cebada para su merced, veinte y cinco maravedís» (II, VI, 8) [33]. Lo cierto es que enlazan con el género las cartas que escriben en el *Quijote* Sancho y Teresa.

Hay que destacar de forma relevante, asimismo, la presencia en el BUEN AVISO Y PORTACUENTOS y EL SOBREMESA Y ALIVIO DE CAMINANTES de numerosos cuentos que se habían hecho tradicionales en el Siglo de Oro [34] o que se suelen catalogar como folclóricos [35]. También conviene resaltar que los relatos familiares de estas colecciones —como igualmente algunos de los eruditos— presentan un sugestivo paralelismo con el refranero [36].

---

[33]   Para otro ejemplo véanse los textos reunidos en *Cuentecillos*, páginas 73-75.

[34]   Son claramente cuentos tradicionales los siguientes: BUEN AVISO, núms. 27 y 59; PORTACUENTOS, núms. 10, 15, 19, 25, 31, 42, 46, 56, 89 y 102; EL SOBREMESA, núms. 20, 32, 34, 36, 37, 41, 46, 53, 56, 63, 66, 69, 90, 97(4), 98(5), 126(33), 131(38) y 158(65).

[35]   Son cuentos folclóricos los siguientes: BUEN AVISO núms. 9, 26, 28, 42, 43, 49 y 67; PORTACUENTOS, núms. 3, 4, 18, 38, 49, 52, 53, 60, 70, 74, 76, 88 y 100; EL SOBREMESA, núms. 1, 15, 17, 21, 27, 45, 48, 49, 54, 58, 70, 72, 73, 77, 84, 166 y 167.

[36]   Dejando al margen los refranes que, generados de un relato familiar o erudito, viven en plano equidistante a él, en Timoneda nos interesa, sobre todo, el caso de los refranes que dan lugar a la invención de un relato. Timoneda parece haber creado algunos cuentos a partir de refranes: es el caso, por ejemplo, de los cuentos núms. 21 y 22 del BUEN AVISO, y núm. 77 del PORTACUENTOS. De cualquier forma, no puede cabernos ninguna duda sobre el excelente conocimiento que el escritor valenciano tenía del refranero, por vía oral y por las grandes colecciones de refranes: el *Libro de refranes copilado por el orden del A.B.C.* de

Entre lo serio y lo jocoso

La enorme mayoría de los cuentos familiares del BUEN
AVISO Y PORTACUENTOS y EL SOBREMESA Y ALIVIO DE
CAMINANTES son jocosos. También bastantes de los eruditos: los provenientes de las colecciones de facecias y algunos más. La materia de estos libritos de Timoneda es,
pues, fundamentalmente divertida. El BUEN AVISO y la
Segunda parte de EL SOBREMESA mantienen equilibrio casi
exacto entre los relatos sentenciosos y los jocosos; en cambio predominan en forma aplastante los cuentos jocosos
en el PORTACUENTOS y la Primera parte de EL SOBRE-
MESA. Está claro que Timoneda buscó ofrecer a su público
unas colecciones de cuentos primordialmente festivos y
graciosos, pero en los que no faltara una oportuna porción
de gravedad.

El tratamiento de la materia erudita:
Timoneda cuentista

Bajo la pluma de Timoneda los filósofos de la antigüedad vienen con frecuencia a ser anónimos («un filósofo»).
No sólo desaparece Simónides, sino filósofo tan conocido
como Diógenes, cuyo nombre queda sistemáticamente excluido tanto del PORTACUENTOS como de EL SOBREME-
SA. Idéntico procedimiento se aplica a los soberanos: queda excluido de EL SOBREMESA emperador tan conocido
como Augusto (cuentos núms. 135(42) y 146(53): «un
rey»).

¿Se habrá de interpretar esta conducta como un deseo
de huir del pedantismo? No, puesto que tal uso se extiende al propio rey Alfonso de Aragón, sustituido por «un
señor de salva» (EL SOBREMESA, núm. 120(27)).

PEDRO VALLÉS, Zaragoza, 1549, y los *Refranes o Proverbios en romance*
de Hernán Núñez, Salamanca, 1555. También manejó directamente las
Cartas en refranes de BLASCO DE GARAY, Toledo, 1541, las dos cartas
anónimas, s. l., 1545 (véase las notas a los cuentos PORTACUENTOS, núm.
77, y EL SOBREMESA, núms. 69 y 76), obra que figuraba en el inventario
de su librería.

Más bien corresponde a un deseo de actualización [37]. El filósofo Antístenes queda convertido en «un alguacil zaragozano» (BUEN AVISO, núm. 50), Diógenes en «un gran decidor» (EL SOBREMESA, núm. 109(16)), Rómulo en «cierto alcalde en Castilla» (EL SOBREMESA núm. 142(49)), Alejandro Magno en «un señor de salva, valenciano» (EL SOBREMESA, núm. 145(52)), Escipión y Ennio en unos amigos anónimos (EL SOBREMESA, núm. 161(68)).

La misma metamorfosis sufren los protagonistas de facecias: el cardenal de Médici pasa a ser «un señor de salva» (BUEN AVISO, núm. 62), un veneciano «un villano» (PORTACUENTOS, núm. 93), como también le ocurre a un sienés (EL SOBREMESA, núm. 64). Y la búsqueda de actualización atañe también al proceso inverso: un protagonista anónimo de Poggio (*quidam*) se convierte (con nombre que no puede resultar más caracterizador) en «un labrador llamado Juan Provecho» (BUEN AVISO, núm. 9).

Es decir, que Timoneda procede en forma exactamente opuesta a la de un Luis Zapata en su *Miscelánea*. El cortesano Luis Zapata se esfuerza por atribuir los dichos agudos que recuerda a unos títulos y caballeros conocidos. Timoneda sólo lo hace consigo mismo: por una inocente coquetería se atribuye unos dichos de la antigüedad (BUEN AVISO, núms. 1, 31 y 71, y PORTACUENTOS, núms. 94 y 103) [38] y una facecia de Domenichi (EL SOBREMESA, número 88). En general, en cambio, se esfuerza por borrar al autor de un dicho, por transformar un dicho famoso y fechado en chiste anónimo e intemporal. Es procedimiento de folclorización.

---

[37]   También en ocasiones parece obedecer esta conducta a un deseo de desvincular Timoneda sus relatos de las fuentes de las que los ha tomado. Así, por ejemplo, con el anonimato de Diógenes, borra la relación con el capítulo XXVII de la primera parte de la *Silva* de Mexía: «De la extraña condición y vida de Diógenes cínico, filósofo, y de muchas sentencias notables suyas, y dichos y respuestas muy agudas y graciosas.» Como sabemos, la *Silva* fue obra de un éxito asombroso.

[38]   Se pone también a sí mismo de protagonista de otros dos cuentos del PORTACUENTOS (núms. 65 y 66) inspirados en un apotegma clásico, que el propio Timoneda vierte en EL SOBREMESA, núm. 150.

Ejemplos:
— EL SOBREMESA, núm. 140(47): de un lacedemonio a un capitán de los tercios de Flandes.
— EL SOBREMESA, núm. 105(12): del rey Arquelao a un gentilhombre anónimo.
— EL SOBREMESA, núm. 109(16): el chiste de Diógenes se atribuye a «un gran decidor» anónimo.
— EL SOBREMESA, núm. 161(68): el chiste de Ennio se atribuye a unos amigos anónimos.

Véanse también las supuestas escenas callejeras de EL SOBREMESA, núms. 10 y 150(57), y por último el relato extraordinariamente actualizado de EL SOBREMESA, número 138(45).

Timoneda transforma frecuentemente (no siempre) el apotegma erudito en chiste familiar. En eso precisamente consiste su mérito.

Fortuna de «El Sobremesa»

El BUEN AVISO Y PORTACUENTOS apenas si alcanzó difusión, y no se percibe casi huella de él en los textos posteriores. En cambio, EL SOBREMESA Y ALIVIO DE CAMINANTES fue obra muy leída. El título ALIVIO DE CAMINANTES asoma en varios textos de los primeros años del siglo XVII:

«Fuimos a dormir a Puente de Duero, y a las nueve a comer a Medina del Campo, y a la noche a Salamanca, como por la posta, donde nos quedó el licenciado que venía con nosotros, y con él perdimos las reliquias de los bienes de la Corte y la más apacible conversación que se puede imaginar; porque en él tuvimos *Alivio de caminantes, Floresta española, Viaje entretenido, Conde Lucanor*, Lope de Rueda, no haciéndonos falta con él *Jardín de flores, Entretenimiento de damas y galanes, Novelas* de Boccaccio y hasta los cuentos de Trancoso.»
(Pinheiro da Veiga, *Fastiginia*, trad. N. Alonso Cortés, Valladolid, 1916, pág. 157.)

«En verdad, señor, que me ha parecido que se podía hacer un *Alivio de caminantes* de mi jornada.»

(*Diálogo intitulado El Capón* —primeros años del siglo XVII—, *R. Hi.*, 38, 1916, pág. 319.)

«Alivio de caminantes
me llamaban los caminos,
porque yo los aliviaba
de maletas y de líos.
Y sin mirar la justicia
que era título de libro,
me vistieron el jubón
que le entallan los borricos.»

(Quevedo, *Obras completas. I. Poesía original*, ed. J. M. Blecua, Clásicos Planeta, 4, Barcelona, 1963, núm. 753.)

«Di en pasapasa de bolsas
y en masicoral de muebles:
alivio de caminantes,
sin ser libro que entretiene.»

(Quevedo, núm. 761.)

«Fray Juan de San Alberto, carmelita descalzo, en un sermón que predicó en Sevilla, año de 1618, día de San José, encareciendo cuán de veras era llamado este santo padre de Jesucristo, dijo

—¿Sabéis de qué manera es esto así?, que, si Cristo Redentor nuestro, hoy en su gloria, dijese este "padre", dudaría con mucha razón el Padre Eterno a quién llamaría Jesucristo y le diría: "Hijo mío, ¿con quién lo habéis, con San José o conmigo?"

Burlería digna de ponerse.entre las más ridículas de ALIVIO DE CAMINANTES.»

(Juan de Arguijo, *Cuentos*, ed. Beatriz Chenot y Maxime Chevalier, Diputación Provincial de Sevilla, 1979, número 150).

Por otra parte, y aunque es difícil pronunciarse en estos casos, puesto que los relatos de Timoneda se podían frecuentemente conocer por otras vías, orales y escritas, es muy verosímil que Luis Zapata recuerde un cuento leído en EL SOBREMESA (núm. 85), y Lope de Vega dos (números 43 y 170).

Como es lógico, los recopiladores de cuentos fueron los que más constantemente aprovecharon la colección formada por Timoneda. Descaradamente lo hace Julián de Medrano en *La silva curiosa*, París, 1583, cuya deuda se detalla a continuación. Con más discreción se portan Melchor de Santa Cruz y Gonzalo Correas.

Teniendo en cuenta el hecho de que Santa Cruz pudo sacar de otros textos, y en especial de *El Cortesano* de Castiglione y las *Facezie* de Domenichi, varios cuentos de los que son comunes a la *Floresta* y a EL SOBREMESA, podemos estimar que debe con seguridad al librito de Timoneda ocho cuentos (núms. 64, 67, 83, 85, 86, 87, 101(8) y 142(49), y posiblemente otros cinco (núms. 31, 37, 42, 44 y 55).

Correas leyó indudablemente EL SOBREMESA, aunque conserva de él recuerdos algo borrosos. En dos ocasiones (págs. 279b-280a y pág. 562a) resume dos textos de la colección de Timoneda (núms. 61 y 104(11)), que dice, erróneamente, haber leído en la *Floresta*. Pero no resulta fácil determinar hasta dónde se extiende su deuda hacia EL SOBREMESA. Si excluimos los cuentos que pudo sacar de otras fuentes (EL SOBREMESA, núms. 37, 70, 105 (12) y 140(47)), quedan unas quince coincidencias, que se reparten, en proporciones casi exactamente iguales, en dos categorías:

— Siete cuentos que Correas conoció sin duda a través de EL SOBREMESA (núms. 39, 40, 61, 63, 66, 72 y 104(11)).
— Ocho cuentos que pertenecen a la tradición del siglo, y que Correas pudo conocer por vía oral (núms. 20, 35, 36, 50, 53, 54, 69, 98(5)) [39].

El éxito de EL SOBREMESA en el Siglo de Oro es no-

---

[39] También recuerda Correas (pág. 560b) un cuento de Joan Aragonés (núm. 9), que otra vez imagina haber leído en la *Floresta*.

table, y hay que apreciarlo debidamente. Pero conviene
observar que es éxito casi limitado a la Península.

La única difusión extrapeninsular de EL SOBREMESA parecen constituirla los *Apophthegmata graeca, latina, italica,
gallica, hispanica* de Gerardo Tuningio, [Leyden], 1609.
Esta curiosa obra, que catálogos bibliográficos, como Palau, número 80371, confunden con los *Apophthegmata* de
Erasmo, es una recopilación de apotegmas en cinco lenguas: griego, latín, italiano, francés y español —a pesar del
título común latino—, debida a la pluma de un juriscon-
sulto de Leyden.

El libro de Tuningio queda dividido en cinco partes
—con paginación independiente—, según el idioma de los
apotegmas que reza el encabezamiento, y, en la última de
ellas, en los *Apophthegmata hispanica,* el autor reproduce
cuarenta y nueve cuentos de EL SOBREMESA y tres de
Joan Aragonés, entremezclándolos con otros relatos castellanos, que proceden, en su mayoría, de la *Floresta española* de Melchor de Santa Cruz. La relación de los cuentos de Timoneda y Joan Aragonés copiados por Tuningio
se expone también seguidamente.

De mucho mayor alcance que el de EL SOBREMESA ha
de ser el triunfo de la *Floresta* de Santa Cruz, traducida al
francés y al italiano, y admirada en Italia y Alemania, lo
mismo que en Francia. Se entiende esta varia fortuna considerando que Timoneda reserva su atención al cuentecillo
jocoso —y no faltaban colecciones del mismo tipo en
otros países—, mientras que la *Floresta* es repertorio de la
agudeza española, tan acepta en la Europa cortesana hasta
mediados del siglo XVII [40].

---

[40]   Un ejemplo característico: los equívocos, forma fundamental de la
agudeza, no abundan demasiado en los libritos de Timoneda: BUEN AVI-
SO, núms. 18 («espero» y «cañivete»), 20 («prima»), 27 («más que» y
«nonada»), 33 («punto»), 59 («corte»); PORTACUENTOS, núms. 7 («majadero»; también en núm. 11 y EL SOBREMESA, núm. 34), 14 («badajo»;
también en núm. 91), 15 («ratos»), 55 («carajo»), 62 («cuero»), 63 («poniente» y «levante»), 84 («salvado»), 102 («herrada»); EL SOBREMESA
núms. 30 («servidor»), 46 («espada»), 86 («blanca»), 92 («dardada»),

Con circunscripción a la Península perduró la influencia de EL SOBREMESA, que siguieron explotando las colecciones chistosas de los siglos XVIII y XIX: de ella sacan materiales la *Floresta española* (Madrid, 1728) de Francisco Asensio, *Las mil y una barbaridades* (Madrid, 1862) de Pedro Felipe Monlau y Roca, el *Museo cómico o Tesoro de los chistes* (Madrid, Miguel Guijarro, 1863) de Manuel del Palacio y Luis Rivera, y, verosímilmente, otras recopilaciones jocosas que no conoceremos.

122(19) («capilla»), 125(32) («loba»), 134(41) («como»), 151(58) («figura»), 153(60) («quitar la gorra»), 154(61) («contar») y 158(65) («cuento» y «hierro»).

APÉNDICE

CUENTOS DE JOAN TIMONEDA Y JOAN ARAGONÉS
COPIADOS EN «LA SILVA CURIOSA» DE JULIÁN DE
MEDRANO, PARÍS, 1583

El Sobremesa Número	La silva curiosa Páginas
26	148-149
27	149
29	149-150
32	150
33	151
35	151
36	151
37	152
42	152
43	152
45	152-153
47	153
50	153-154
52	154
54	154-155
55	155
57	155-156
58	156
60	156-157
63	157

El Sobremesa Número	La silva curiosa Páginas
64	170
77	157-158
78	158
83	158-159
84	159
92	159
99(6)	160
102(9)	160-161
113(20)	161
117(24)	161-162
124(31)	162-163
126(33)	163
128(35)	163
130(37)	163-164
135(42)	164
137(44)	164
140(47)	165
141(48)	165
148(55)	165-166
150(57)	166
152(59)	166

Joan Aragonés, Cuentos

Número	Páginas
3	144-145
5	145-146
8	146-147
9	147-148
11	148

Se lee, por otra parte, en *La silva curiosa* el cuento referido en EL SOBREMESA, núm. 61. Pero la versión de Julián de Medrano es claramente distinta de la que ofrece Timoneda. Si Medrano tomó en efecto el cuento de EL SOBREMESA, se cuidó, excepcionalmente, de retocarlo.

Julián de Medrano debió de manejar la edición de Alcalá de Henares, 1576, que trae los *Cuentos* de Joan Aragonés. Confirma la hipótesis el estudio de las variantes (compárense, en especial, los textos de Medrano con los relatos números 60 y 102(9) de EL SOBREMESA).

CUENTOS DE JOAN TIMONEDA Y JOAN ARAGONÉS COPIADOS EN LOS «APOPHTHEGMATA HISPANICA» DE GERARDO TUNINGIO, [LEYDEN], 1609

El Sobremesa Número	Apophthegmata hispanica Páginas
27	35
30	34
31	78-79
32	33-34
33	33
34	33
35	30-31
36	30
38	30
39	30
40	31
42	29
43	28-29
44	28
45	27-28
50	26-27
52	1
53	26
54	25
57	24-25
60	22-23
63	22
66	21
67	21
70	20

El Sobremesa Número	Apophthegmata hispanica Páginas
74	19-20
76	19
80	18-19
81	29-30
82	18
83	23
84	20-21
89	17
90	72
94(1)	16
98(5)	17
100(7)	15
104(11)	15
124(31)	14-15
125(32)	3
126(33)	3
129(36)	2
137(44)	1
140(47)	2
152(59)	4
153(60)	3
155(62)	3
156(63)	4
157(64)	2

Joan Aragonés, Cuentos

Número	Páginas
2	36
6	36
10	33

Gerardo Tuningio sigue a la letra la edición de Amberes, 1577, aunque abrevia algunos relatos, sin duda por el título de *Apotegmas* dado a su colección.

BIBLIOGRAFÍA DE LAS EDICIONES ANTIGUAS DE «EL SOBREMESA Y ALIVIO DE CAMINANTES» E HISTORIA DEL LIBRO

EDICIONES ANTIGUAS

Hace tiempo que el *Catálogo de la biblioteca de Salvá* y el *Manual del librero hispanoamericano* de Palau definieron en lo esencial la bibliografía de las ediciones de EL SOBREMESA Y ALIVIO DE CAMINANTES. Los catálogos y ficheros de unas grandes bibliotecas permiten localizar sin dificultad los rarísimos ejemplares antiguos del libro que han llegado hasta nosotros. Desgraciadamente estos ejemplares están, en más de una ocasión, faltos de uno o varios folios.

Mal conocíamos, en cambio, a pesar de unos valiosos apuntes de Salvá, el contenido de las varias ediciones, cuestión enmarañada, que los editores modernos de EL SOBREMESA Y ALIVIO DE CAMINANTES no han contribuido a aclarar, y cuestión delicada por los motivos que detallamos a continuación.

Hemos conseguido examinar ocho ediciones de EL SOBREMESA Y ALIVIO DE CAMINANTES, lo cual no significa que no haya existido otra —o no hayan existido otras—. La extraordinaria rareza de los ejemplares conservados sugiere que posiblemente no quede rastro de alguna edición, o de algunas ediciones.

EL SOBREMESA Y ALIVIO DE CAMINANTES es colección
de cuentos breves. Teniendo en cuenta las costumbres edi-
toriales del Siglo de Oro, no es de extrañar que esta colección se haya considerado como bien mostrenco y se
haya alterado varias veces, quitando y poniendo, según los
intereses de unos impresores, más atentos a posibles ga-
nancias que al respeto de la propiedad literaria. Demostró
Antonio Rodríguez-Moñino que varios cancioneros del Siglo de Oro se habían impreso en formas distintas. Lo mismo pasó con EL SOBREMESA Y ALIVIO DE CAMINANTES
de Zaragoza, que vino a ser el ALIVIO DE CAMINANTES
de Medina del Campo, y luego el ALIVIO DE CAMINANTES
de Évora, incluyendo, según las ocasiones, entre 96 y 165
cuentos recogidos por Timoneda.

De una edición a otra puede, en efecto, variar la cantidad de cuentos —por adiciones, por supresiones, o por
combinación de supresiones y adiciones—, así como el orden de los mismos. También pueden variar los títulos de
las subdivisiones del libro: lo que es «Libro primero del
Sobremesa» en la edición de Zaragoza, 1563, se titula «Segunda parte de los cuentos de Juan Timoneda» en la edición de Medina del Campo impresa el mismo año, por el
motivo de que encabezan ésta los cuentos de Joan Aragonés.

Por eso hemos añadido a la numeración que llevan los
cuentos en la edición de Valencia, 1569 —la que repro-
ducimos— una numeración nuestra, numeración que se
extiende a los cuentos incluidos en el ALIVIO DE CAMI-
NANTES a partir de la edición de Évora, 1575. A la misma
numeración remitimos en el análisis del contenido de las
ediciones (o grupos de ediciones) distintas de la de Valencia, 1569 —análisis que creemos imprescindibles, teniendo
en cuenta la variedad de los textos—. Todos estos proce-
dimientos nos parecieron adecuados, para que el curioso
se pudiera orientar en el laberinto de las ediciones de EL
SOBREMESA Y ALIVIO DE CAMINANTES.

HISTORIA DEL LIBRO

Las ediciones de EL SOBREMESA Y ALIVIO DE CAMINANTES o ALIVIO DE CAMINANTES, pues ambos títulos llevó la obrita, se reparten en tres grupos:

1. Las ediciones impresas en el reino de Aragón: Zaragoza, 1563; Valencia, 1569.
2. Las ediciones impresas en Castilla y Amberes: Medina del Campo, 1563; Alcalá de Henares, 1576; Amberes, 1577.
3. Las ediciones impresas en Portugal y Andalucía: Évora, 1575; Sevilla, 1596; Sevilla, 1603.

Pero, dejando aparte la cantidad de variantes de detalle, que se apuntan más abajo, recubren estos tres grupos cuatro textos distintos.

1. *«El sobremesa y alivio de caminantes», Zaragoza, 1563*

Esta edición representa, sin duda, la forma primitiva de la colección elaborada por Timoneda —o la forma más cercana a dicha colección—. Obsérvese que incluye un cuento (núm. 75) escrito en la lengua que se hablaba en Valencia, según costumbre de Timoneda (hay dos relatos en el BUEN AVISO, núms. 29 y 61, y otro en la edición aumentada de EL SOBREMESA, Valencia, 1569, núm. 6). Posiblemente se derive de otra edición anterior que habremos perdido. Solía, en efecto, Timoneda publicar sus obras en Valencia, y la edición de 1569, añadida por el mismo autor, hace sospechar que existiera una edición valenciana anterior de EL SOBREMESA, acaso impresa por el mismo Joan Navarro.

La materia del libro queda repartida en dos partes: 68 cuentos incluye la primera, 72 la segunda —140 textos en total—. Los cuentos de la primera parte vienen encabezados por una frase o expresión que pretende ser proverbial, pero debida, en realidad, a la imaginativa de Timoneda [41]: mantendrán estos encabezamientos todas las ediciones posteriores, con la excepción de la edición valenciana de 1569. Los cuentos de la segunda parte vienen precedidos de unos lemas [42], que desaparecerán en las ediciones posteriores. La primera parte incluye muy predominantemente relatos de tipo familiar, lo cual corresponde al título que anuncia «muy apacibles y graciosos cuentos, y dichos muy facetos»; en cambio, la gran mayoría de los relatos que integran la segunda parte son, de acuerdo con el título que lleva ésta —«elegantísimos dichos, y sabias respuestas, y ejemplos agutísimos para saberse regir en esta humana vida»—, textos de origen erudito, y en especial apotegmas. Pretende, pues, el libro unir el doble propósito de enseñar y deleitar. Tal equilibrio se mantendrá, con algunos vaivenes, en todas las ediciones de la obra.

Concluye el libro con unos apéndices que no nos pareció útil reproducir en la presente edición: *Memoria Hispanea* (compendio de los anales de España), *Memoria Valentina* (anales de Valencia), *Memoria Poética* (breve lista de poetas ilustres) y un *Tratado de las siete edades del mundo*. La edición de Valencia, 1569, ha de reproducir la *Memoria Hispanea*, la *Memoria Valentina* y la *Memoria Poética*; las ediciones siguientes reproducirán únicamente la *Memoria Hispanea*.

2. *Una edición aumentada: Valencia, 1569*

Esta edición, titulada también EL SOBREMESA Y ALIVIO DE CAMINANTES, aumentada por el mismo Timoneda, según afirmación de la portada del libro, añade 25 cuentos

---

[41] En la fórmula introductoria: «Por qué se dijo», se deja sentir el influjo de la de ANTONIO CORNAZZANO, *Proverbii in facezie*, Venecia, 1523: «Perché si dice».

[42] Esos lemas: «Como esforzado», «Como benigno», «Como paciente»..., son idénticos a los que aparecen en la traducción de Juan de Molina del *Libro de los dichos y hechos del rey don Alonso* de ANTONIO BECCADELLI (el Panormitano), Valencia, 1527.

a la primera parte de la colección, cuentos, en su mayor
parte, familiares y divertidos, lo que acentúa el carácter
jocoso del conjunto. Como se puede apreciar, es edición
considerablemente ampliada: el total de los cuentos ascien-
de ya a 165. Por este motivo la hemos escogido como base
de la presente edición.

3. *El «Alivio de caminantes», Medina del Campo,*
   1563, y su descendencia

En 1563 publica Francisco del Canto en Medina del
Campo un librito titulado «*Alivio de caminantes* compuesto por Juan Timoneda». El texto presenta importantes
variantes con relación a las ediciones a que nos hemos referido. Se trata de una reelaboración profunda de una edición anterior de EL SOBREMESA Y ALIVIO DE CAMINAN-
TES. Pero ¿de qué edición?: ¿la edición zaragozana de
1563?, ¿o bien otra edición, anterior a la zaragozana de
1563? Cualquiera que sea la hipótesis que escojamos, lo
único que podemos hacer es cotejar la edición de Medina
y la de Zaragoza, 1563.

La colección de Timoneda queda empobrecida en esta
edición medinense: desaparecen 42 cuentos, 17 en la primera parte (números 28, 48, 51, 56, 59, 62, 64, 65, 68, 69,
71, 75, 79, 85, 87, 88 y 91) y 25 en la segunda (números
103(10), 107(14)-109(16), 111(18), 112(19), 116(23),
119(26), 121(28), 127(34), 133(40), 138(45), 139(46),
142(49)-145(52), 147(54), 149(56), 159(66)-161(68), 163(70)
y 165(72)).

¿Se deberán estas exclusiones a motivos de ortodoxia o
prudencia? Anuncia la portada del libro —«en esta última
impresión van quitadas muchas cosas superfluas, deshonestas y malsonantes, que en las otras impresiones estaban», frase que, con alguna variante, han de reproducir
todas las ediciones posteriores, con la excepción de la edi-

ción valenciana— una edición expurgada [43]. El texto no
confirma tal pretensión. Si bien es cierto que quedan ex-
cluidos varios cuentos impresos en Zaragoza que pueden
chocar con el decoro —pero decoro definido según los
cánones del siglo XVIII— (números 62, 64, 65, 71 y 87),
no menos cierto resulta que la edición de Medina suprime
una extensa serie de relatos que nada tienen de inquietante
hasta para el censor más quisquilloso (números 48, 51, 56,
59, 85, 88, 91, 103(10), 107(14)-109(16), 111(18), 112(19),
116(23), 127(34), 138(45), 139(46), 142(49), 144(51),
147(54), 149(56), y 159(66)-161(68)). Muy verosímilmente
se deben achacar tales exclusiones al deseo de disfrazar el
acto de piratería editorial que representa el libro.

Pero A la misma intención corresponde la introducción de los
Cuentos de Joan Aragonés —nombre que bien pudiera ser
pseudónimo de un plumífero al servicio de los impresores
de Medina—. Estos *Cuentos* son doce en la edición medinense, y compensan las supresiones anteriormente señaladas.

Con lo dicho resulta claro que la edición de Francisco
del Canto reorganiza profundamente la materia de la obra.
Es por lo tanto peripecia importante en la evolución de la
colección primitiva que había formado Timoneda. Pero
también es acontecimiento decisivo en la historia del libro.
En efecto, las ediciones de Alcalá, 1576, y Amberes, 1577,
reproducen, con ligeras variantes, la de Medina (única excepción a esta regla: no figura en la edición de Amberes
el cuento número 8 de Joan Aragonés, sin duda por mero

[43] MENÉNDEZ PELAYO, *op. cit.*, tomo III, pág. 66, así lo da a entender,
al decir, refiriéndose a EL SOBREMESA: «colección minúscula, que, ampliada en unas ediciones, y expurgada en otras...». Está claro, sin embargo, que EL SOBREMESA no sufrió expurgo alguno, ya que no figura como
obra expurgada en ninguno de los índices de la Inquisición española del
siglo XVI: ni en los de 1551, 1554 y 1559 (J. M. DE BUJANDA, *Index de
l'Inquisition Espagnole 1551, 1554, 1559*, Librairie Droz, Ginebra, 1984),
ni en el catálogo de Flandes (*Philippi II regis catholici edictum*, Amberes,
1570; *Index expurgatorius*, Amberes, 1571), ni en el famoso índice de
Quiroga (*Index et catalogus librorum prohibitorum*, Madrid, 1583; *Index
librorum expurgatorum*, Madrid, 1584).

descuido de la imprenta). Por otra parte, las ediciones evorense (1575) y sevillanas (1596 y 1603) se derivan de la misma edición de Medina, aunque alterándola en forma que hemos de estudiar a continuación. A partir de 1563 todas las ediciones de la colección —con la excepción de la edición valenciana de 1569— presentan los mismos rasgos fundamentales: todas llevan el título de *Alivio de caminantes*, todas incluyen cuentos de Joan Aragonés, todas seleccionan en forma idéntica o comparable los cuentos reunidos por Joan Timoneda. Todas se derivan, directa o indirectamente, de la edición de Medina, hecho que no es de extrañar, puesto que la edición de Francisco del Canto se beneficiaba de la difusión que aseguraban al librito medinés tanto las ferias de Medina del Campo como el eje comercial que unía Medina con Flandes.

4. *El «Alivio de caminantes» de Évora, 1575,*
   y su descendencia

La edición evorense del ALIVIO DE CAMINANTES se deriva de la edición de Medina del Campo (o de la edición de Alcalá). Aunque amoldándose al mismo plan, altera el contenido del libro, sin otro propósito que el deseo de renovar parcialmente la materia y de dar a la colección un barniz de originalidad. Excluye varios cuentos de los que traía la edición medinense, añadiendo, en cambio, al conjunto unos relatos inéditos:

— De los cuentos de Joan Aragonés excluye uno (el número 6). Tres relatos nuevos (números 13, 14 y 15) se atribuyen al acomodadizo Joan Aragonés.

— De los cuentos de Timoneda elimina nueve (números 45, 55, 97(4), 101(8), 113(20), 130(37), 134(41), 136(43) y 148(55)). En cambio se introducen siete cuentos desconocidos de la edición de Medina (números 109(16) y 166-171), todos —salvo el número 109— relatos familiares, cuya inclusión acentúa ligeramente el aspecto jocoso de la colección. El número 109 (16) aparecía ya en las dos ediciones de *El Sobremesa y Alivio de caminantes* (Zaragoza, 1563, y Valencia, 1569), pero en forma bastante distinta [44].

Las ediciones de Sevilla, 1596 y 1603, reproducen la edición evorense (sobre las lagunas de la segunda, véase el análisis del contenido de las mismas).

---

[44] El recopilador evorense siguió directamente la versión de la *Silva de varia lección* de Pero Mexía, que también era la fuente más próxima del cuento de Timoneda (véase la nota a dicho cuento), pero sobre la que éste había introducido sus acostumbradas variantes argumentales. El recopilador evorense mantuvo, como había hecho Timoneda, el anonimato de Diógenes, aunque con mayor fidelidad («un filósofo»).

SINOPSIS DE LAS EDICIONES ANTIGUAS DE «EL SOBREMESA Y ALIVIO DE CAMINANTES»

1. Ediciones del reino de Aragón

El Sobremesa y Alivio de caminantes

A_1 Zaragoza, 1563.

Timoneda. I = 68 }
Timoneda. II = 72 } 140 cuentos.

A_2 Valencia, 1569

Timoneda. I = 93 }
Timoneda. II = 72 } 165 cuentos.

2. Ediciones de Castilla + Amberes

Alivio de caminantes

B_1 Medina del Campo, 1563.

B_2 Alcalá de Henares, 1576.

Joan Aragonés = 12 cuentos (1-12).
Timoneda. I = 51 }
Timoneda. II = 47 } 98 cuentos.

B$_3$ Amberes, 1577

Joan Aragonés = 11 cuentos (por descuido).

Timoneda. I = 51 ⎱
Timoneda. II = 47 ⎰ 98 cuentos.

3. Ediciones de Portugal + Andalucía

Alivio de caminantes

C$_1$ Évora, 1575.

C$_2$ Sevilla, 1596.

C$_3$ Sevilla, 1603.

Joan Aragonés = 14 cuentos.

Timoneda. I = 49 ⎱
Timoneda. II = 47 ⎰ 96 cuentos.

DESCRIPCIÓN DE LAS EDICIONES ANTIGUAS DE «EL SOBREMESA Y ALIVIO DE CAMINANTES»

EDICIÓN DE ZARAGOZA, 1563

[Portada]

El So // bremesa y Alivio de caminan // tes, de Joan Timoneda. En el qual se // contienen affables y graciosos dichos // cuentos heroicos y de mucha sen // tencia y dotrina.

Retrato de Timoneda.

Vendese en casa de Miguel de Guesa Impressor // de Libros en la Platería.

Fol. 1. Sone // to a los Lectores.

Fol. 2. Epístola al Lector.

Libro primero. // Libro primero del Sobre // mesa y Alivio de Caminantes. En el qual // se contienen muy apazibles y gra // ciosos cuentos, y dichos // muy facetos.

Segunda parte del Sobre // mesa y Alivio de caminantes, en el // qual se contienen elegantissimos // dichos, y sabias respuestas, y // exemplos agutissimos para // saberse regir en esta // humana via.

Retrato de Timoneda.

Fol. 1. Grabado.

Escrive el Autor por satisfa // cion de lo prometido, y emienda // del Sobremesa.

Estança.

Fol. 2. Comiença el segundo libro // llamado Sobremesa y Alivio // de caminantes.

Aviso del autor // sobre las obras que hasta aquí // tiene impressas.

Memoria Hispanea. Copila // da por Joan Timoneda: en la qual se // hallaran cosas memorables // y dignas de saber: y en // que año acontes // cieron.

Retrato de Timoneda.

Memoria Valentina. Agora // nuevamente copilada por Joan // Timoneda. En la qual se halla // ran cosas memorables y di // gnas de saber, desde su fun // dacion hasta el Año de // MDLXII.

Memoria Poetica: que es // muy breve compendio de los mas // señalados poetas que // ha huvido (sic).

Trata de las siete edades // del Mundo.

Acabaronse de imprimir // los sobredichos tratados en la muy // noble y leal ciudad de Çaragoça, // en casa de Miguel de Guesa, // impressor de libros. // Año 1563.

Bibiblioteca Nacional de París: Rés. Y² 2352-2355.

EDICIÓN DE VALENCIA, 1569

[Portada]

El Sobremesa y Alivio // de caminantes, de Joan Timoneda. En // el qual se contienen affables y gracio // sos dichos, cuentos heroicos, y de // mucha sentencia, y doctrina. A // gora de nuevo añadido por el // mismo autor, assí en los cuen // tos, como en las memori // as de España, y Va // lencia.

Retrato de Timoneda.

Impresso con Licencia. // Vendese en casa de Joan Timoneda.

Soneto a los // Lectores.

A₂. Epístola al // Lector.

Primera parte del So // bremesa y Alivio de caminantes. En // el qual se contienen muy apazibles, // y graciosos cuentos, y dichos // muy facetos.

D₁. Segunda parte del So // bremesa y Alivio de caminantes: en el // qual se contienen elegantissimos // dichos, y sabias respuestas, y exem // plos agutissimos para saber // los contar en esta hu // mana via.

Retrato de Timoneda.

Escrive el Auctor por sa // tisfacion de lo prometido, y emien // da del Sobremesa.

Estança.

D₂. Segunda parte // comiença el segundo libro // llamado Sobremesa y Alivio // de caminantes.

F₂. Memoria Hispanea. Co // pilada por Joan Timoneda: en la // qual se hallaran cosas memo // rables y dignas de Saber // y en que año acon // tescieron.

Retrato de Timoneda.

G₂. Memoria Valentina. // Agora nuevamente copilada y aña // dida por Joan Timoneda. En la // qual se hallaran cosas memora // bles y dignas de saber desde // su fundacion hasta el año // de mil y quinientos y // sessenta y nueve.

Retrato de Timoneda.

Memoria Poetica: que es muy breve compedio de algu // nos de los mas señalados // Poetas que hasta oy // a huvido (*sic.*).

Acabose de imprimir este // Libro del Sobremesa y Alivio de ca // minantes en casa de Joan Navarro, // a. 5. de Mayo. Año de 1569.

[Joan Navarro es impresor valenciano]

Biblioteca Nacional de Madrid: R. 8842.

Edición descrita por Salvá, núm. 2178.

EDICIÓN DE MEDINA DEL CAMPO, 1563

[Portada]

Alivio // de caminantes // compuesto por Iuan Timoneda.

En esta ulti // ma impression van quitadas // muchas cosas superfluas, des // honestas, y mal sonantes, que // en las otras impressio // nes estaban.

Con licencia.

En Medina del Campo im // presso, por Francisco del // Canto. Año de // 1563.

A₂.   Epístola al Lector.

A₃.   Siguense // los cuentos, los quales son de // otro autor llamado Ioan Ara // gonés, que sancta glo // ria aya.

Fol. 14.   Comiença la segun // da parte de los cuentos de Iuan // Timoneda. Los quales son // muy graciosos y apazibles.

Fol. 40.   Tercera // parte del libro llama // do Recreacion y pas // satiempo de cami // nantes.

Fol. 63.   Memoria // Hispanea, copilada // por Iuan Timoneda: // en la qual se hallaran // cosas memorables, y // dignas de saber, y en // que año aconte // scieron.

Fol. 72.   En Medina // del Campo impresso, por // Francisco del Canto, // En este año de // 1563.

Museo Británico: 1075, e. 2.

Edición descrita por Salvá, núm. 2178.

EDICIÓN DE ALCALÁ DE HENARES, 1576

[Portada]

Alivio de // Caminantes compue // sto por Juan Ti // moneda.

En esta ultima impres // sion van quitadas muchas // cosas superfluas desho // nestas y mal sonan // tes que en las // otras esta // van.

Con licêcia.

Impresso en Alcala de He // nares, por Sebastian Marti // nez. Fuera de la puerta de // los sanctos Martyres. // MDLXXVI.

Tassado a 2 maravedis.

Fol. 2.   Licencia [de Alonso de Vallejo].

Fol. 3.   Epistola al // lector.

Fol. 4.   Siguense // los cuentos los quales son // de otro Auctor llamado // Juan Aragones que // sancta gloria aya.

Fol. 15.   Comiença // la segûda parte de los cuen // tos de Juâ Timoneda. // Los quales son muy // graciosos y apa // zibles.

Fol. 63. Memoria // Hispanea copilada por // Juan Timoneda. En la // qual se hallaran cosas me // morables y dignas de sa // ber. Y ansi mesmo en // que año acontes // cieron. Fol. 72. Con licencia. Impresso en Alcalá // de Henares por Sebastian Martinez. // Fuera de la puerta de los sanctos // Martyres. Año de mil y qui // nientos y setenta y / / seis.

Biblioteca Nacional de Madrid: R. 8366.

EDICIÓN DE AMBERES, 1577

[Portada]

Alivio de // caminantes // compuesto por Iuan // Timoneda.

En esta ultima im // pression van quitadas muchas co // sas superfluas, deshonestas, y // mal sonantes, que en las / / otras impresiones // estavan.

En Amberes // En casa de Antonio Tylenio // en el Avestruz. // 1577 // Con licencia.

A₂. Epístola al // Lector.

A₃. Siguense los // Cuentos, los quales son de otro // autor, llamado Ioan Aragonés, // que sancta gloria aya.

B₅. Comiença la // Segunda parte de los cuentos // de Iuan Timoneda. Los // quales son muy graciosos y // aplazibles (sic).

E₄. Tercera parte // del libro llamado Recreacion // y passatiempo de Ca // minantes.

Memoria // Hispanea, copila // da por Iuan Timoneda: en la qual // se hallarán cosas memorables, y // dignas de saber, y en que año // acontescieron.

Aprobaciones fechadas de Amberes 13 y 15 de diciembre de 1576.

Museo Británico: G. 10105.

EDICIÓN DE ÉVORA, 1575

[Portada]
Alivio de ca // minantes. Côpuesto por // Juâ de Timoneda.
En esta ultima impression // vâ quitados muchos cuê // tos deshonestos: y aña //. didos otros muy // graciosos.
Grabado.
Impresso en Evora en // casa de Andrés de // Burgos // 1573.
A₁. Epistola al // Lector.
A₂. Comiêçan // los cuentos, los quales // son de otro author, llama // do Juan Aragones, que // santa gloria aya.
B₁. Comiênça // la segunda parte d los cue // tos de Juan Timo // neda.
C₁₀. Comiêça // la tercera parte del libro // llamado recreacion y // passatiêpo de ca // minantes.
E₆. Memoria // Hispanea, copilada por // Juan Timoneda, en la // qual se hallarâ cosas me // morables y dignas de sa // ber. Y en que año // acontescie // ron.

EDICIÓN DE SEVILLA, 1596

[Portada]
Alivio de Ca // minantes. Compuesto por // Juan Timoneda.
En esta ultima impressiô // van quitados muchos // cuentos deshonestos // y añadidos otros // muy gra // ciosos.
Grabado.
Impresso en Sevilla, en // casa de Fernando de Lara. // Con licencia. Año // 1596.
Epistola al // Lector.
Comiençan // los cuentos, los quales son // de otro autor, llamado Juâ // Aragonés, que sancta glo // ria aya.
B₁. Comiença // la segunda parte de los cuê // tos de Juan Timoneda.

Comiença // la tercera parte del Libro // llamado Recrea-
cion // y passatiempo de // caminantes.
E₆. Memoria // Hispanea, copilada por Juâ // Timoneda.
En la qual se // hallarâ cosas memorables // y dignas de
saber. Y en // que año aconte // cieron.
Biblioteca Nacional de Madrid: R. 12988.
[Ejemplar falto de unos folios al final.]

EDICIÓN DE SEVILLA, 1603

[Portada]
Alivio // de Caminantes. // Compuesto por Juan Ti-
moneda.
En esta ultima impression van // quitados muchos cuen-
tos // desonestos, y añadidos // otros muy gracio // sos.
Grabado.
Impresso con licencia en Sevilla // en casa de Fernando
de Lara en la // calle de la Sierpe. Año // de 1603.
Epistola al Le // ctor.
A₂. Comiemçan los // cuentos, los quales son de otro
Au // tor, llamado Juan Aragones, que // santa gloria aya.
B₃. Comiença la segun // da parte de los cuentos de //
Juan Timoneda.
D₅. Comiença la ter // cera parte del libro llamado Re //
creacion y passatiempo de // Caminantes.
F₅. Memoria Hispanea // recopilada por Juan Timoneda.
En // la qual se hallaran cosas memora // bles y dignas de
saber, y en que a // ño acontecieron. Agora nuevo a //
ñadidas otras muchas (por otro au // tor) acontescidas des-
pues del casa // miento del Rei don Felipe nuestro // se-
ñor, con madama Ysabela, // hija de Henrique Rei // de
Francia.
Ejemplar de la Hispanic Society [falto de colofón]: PQ/
6437/T5A3/1603.

EDICIONES MODERNAS
DE «EL SOBREMESA» Y DE LOS «CUENTOS»
DE JOAN ARAGONÉS (SIGLOS XIX-XX)

1846

Doce cuentos de Juan Aragonés. El Sobremesa y Alivio de caminantes de Juan de Timoneda, ed. Buenaventura Carlos Aribau, en *Novelistas anteriores a Cervantes*, B.A.E., III.

Reproduce los cuentos de Joan Aragonés que figuran en la edición del Alivio de caminantes publicada en Alcalá, 1576.

Tratándose de El Sobremesa, declara Aribau conocer las ediciones de 1569 y 1576. Pero el caso es que no sigue ninguna de ellas, ni tampoco cualquier edición de las que hemos manejado. Lo demuestra, al primer examen, la cantidad de cuentos que publica: 88 + 73 = 161, cifras que no coinciden con ningunas de las que arrojan las ediciones antiguas. Otra singularidad de esta edición es el orden de los cuentos, que Aribau declara haber alterado levemente, cuando lo trastorna por completo. Por último, el texto muestra no pocas erratas.

1885

El Sobremesa y Alivio de caminantes *de Juan Timoneda*. Cuentos *de Juan Aragonés*. *El libro de los exemplos*, Barcelona, La Verdadera Ciencia Española.

1917

EL SOBREMESA Y ALIVIO DE CAMINANTES de Juan Timoneda, Madrid, Impr. Alemana.

1926

Luis Vélez de Guevara, *El Diablo cojuelo*. Juan Timoneda, ALIVIO DE CAMINANTES, Biblioteca Universal, núm. 96, Madrid, Edit. Hernando.

1943

Juan Timoneda, EL SOBREMESA Y ALIVIO DE CAMINANTES. Juan Aragonés, LOS DOCE CUENTOS, en *Cuentos viejos de la vieja España (Del siglo XIII al siglo XVIII)*, ed. Carlos Sainz de Robles, Madrid, Aguilar.
Reproduce los textos de la B.A.E., eliminando de EL SOBREMESA los dos cuentos escritos en valenciano.

1947

EL SOBREMESA Y ALIVIO DE CAMINANTES, en Juan Timoneda, *Obras*, ed. Eduardo Juliá Martínez. Sociedad de Bibliófilos Españoles, II, XIX.
Reproduce el texto de la edición de 1569, la más completa de las ediciones antiguas. Faltan en ella, por lo tanto, los seis cuentos añadidos en la edición de Évora, 1575.

CONTENIDO DE LAS EDICIONES ANTIGUAS DE «EL SOBREMESA» Y «ALIVIO DE CAMINANTES»

EDICIÓN DE ZARAGOZA, 1563

Cuentos de Timoneda. Parte I

Por qué se dijo: Tanto que peor, quedad con Dios. Cuento I 26

Por qué se dijo: Cortabolsas y gran matador. Cuento II 27

Por qué se dijo: En II y en 0 de mes de uvas. Cuento III 28

Por qué se dijo: Señores, yo llamado tus señorías. Cuento IV. 29

Por qué se dijo: Y aun por eso hiede tanto. Cuento V 30

Por qué se dijo: Bien es que coma un bocado. Cuento VI 31

Por qué se dijo: Quitaré a vuestra Señoría, y porné a él. Cuento VII 32

Por qué se dijo: No quiero servidor tan viejo. Cuento VIII 33

Por qué se dijo: Dos contra mí, yo me doy por vencido. Cuento IX 34

Por qué se dijo: En hora buena vengáis. Cuento X 35

Por qué se dijo: Todo se andará. Cuento XI .   36
Por qué se dijo: Aún no estamos acostados.
   Cuento XII   37
Por qué se dijo: Aquí testigos son de vista.
   Cuento XIII   38
Por qué se dijo: ¿A qué puerta llamará que no
   respondan? Cuento XIV   39
Por qué se dijo: ¿Qué?, ¿búscasle consonante?
   Cuento XV   40
Por qué se dijo: Habla Beltrán, y habla por su
   mal. Cuento XVI   41
Por qué se dijo: Si viniera solo, convidáramos-
   le. Cuento XVII   42
Por qué se dijo: Perdices manda mi padre que
   coma. Cuento XVIII   43
Por qué se dijo: He miedo que me diga de sí.
   Cuento XIX   44
Por qué se dijo: No hará sino cenar y partirse.
   Cuento XX   45
Por qué se dijo: ¡Atravesárades la espadilla!
   Cuento XXI   46
Por qué se dijo: Porque mintamos los dos.
   Cuento XXII   47
Por qué se dijo: Doblado engaño es ése.
   Cuento XXIII   48
Por qué se dijo: Si dijera «¡Oxte!», sacara su
   pierna. Cuento XXIV   49
Por qué se dijo: —Buenos días, Pero Díaz.
   —Mas querría mis dineros. Cuento XXV ..   50
Por qué se dijo: Tras eso vienen las uvas.
   Cuento XXVI   51
Por qué se dijo: Cada gallo en su gallinero.
   Cuento XXVII   52
Por qué se dijo: A la cárcel me voy. Cuen-
   to XXVIII   53
Por qué se dijo: De donde salió se volvió.
   Cuento XXIX   54
Por qué se dijo: Sed vos el que se salvó y ca-
   llad. Cuento XXX   55

Por qué se dijo: Jaque y mate. Cuento XXXI.   56
Por qué se dijo: Ya estoy prometida con otro.
Cuento XXXII   57
Por qué se dijo: Ni la una ni las dos. Cuen-
to XXXIII   58
Por qué se dijo: Igual es de pies que de ma-
nos. Cuento XXXIV   59
Por qué se dijo: Bien podríades, mintiendo
como yo. Cuento XXXV   60
Por qué se dijo: Si los rocines se mueren de
amores. Cuento XXXVI   61
Por qué se dijo: Porque me oliésedes en el
rabo. Cuento XXXVII   62
Por qué se dijo: Delo a mi burra, porque llegará antes que yo. Cuento XXXVIII   63
Por qué se dijo: Entrad en la botica, y decir-
voslo han. Cuento XXXIX   64
Por qué se dijo: Si quiero cagar mierda de
buey, ¿vedármelo heis vos? Cuento XL   65
Por qué se dijo: Aún no me han dado la carne,
¿ya pedís los huesos? Cuento XLI   66
Por qué se dijo: ¿Qué moneda corre? Cuen-
to XLII   67
Por qué se dijo: Antes sí, con pedirme vuestra
merced. Cuento XLIII   68
Por qué se dijo: Sobre cuernos penitencia.
Cuento XLIV   69
Por qué se dijo: Por mí ha cantado el cuquillo.
Cuento XLV   70
Por qué se dijo: Él tiene gustados mis pedos.
Cuento XLVI   71
Por qué se dijo: A buen capellán, mejor sa-
cristán. Cuento XLVII   72
Por qué se dijo: Nunca más perro al molino.
Cuento XLVIII   73
Por qué se dijo: No de aquésos, que están
contados. Cuento XLIX   74
Por qué se dijo: No es cos, sino faldetes.
Cuento L   75

Por qué se dijo: Sospirastes, Valdovinos.
Cuento LI 76
Por qué se dijo: ¿Qué?, ¿más crédito tiene el
asno que yo? Cuento LII 77
Por qué se dijo: Anda de ahí, no creas en sue-
ños. Cuento LIII 78
Por qué se dijo: Lo mejor que tiene son los
cueros. Cuento LIV 79
Por qué se dijo: Mejor partido es morir que
vivir. Cuento LV 80
Por qué se dijo: Músico y poeta, que carecen
de sesos. Cuento LVI 81
Por qué se dijo: La vuestra por ser deshonesta
[sic] se viste de negro. Cuento LVII 82
Por qué se dijo: Pon un tajada a asar. Cuen-
to LVIII 83
Por qué se dijo: Sin éste no sabrás guisarlas.
Cuento LIX 84
Por qué se dijo: Que no tiene ella la culpa.
Cuento LX 85
Por qué se dijo: En vosotras todas no hay una
blanca. Cuento LXI 86
Por qué se dijo: ¿Cómo le va a su gavilán?
Cuento LXII 87
Por qué se dijo: Decid que sois hombre de
bien. Cuento LXIII 88
Por qué se dijo: Porque compráis muy barato.
Cuento LXIV 89
Por qué se dijo: Que se ha vestido primero el
jubón que la camisa. Cuento LXV 90
Por qué se dijo: Come tú solo las perdices.
Cuento LXVI 91
Por qué se dijo: Que amor con amor se paga.
Cuento LXVII 92
Por qué se dijo: Que se moja y gasta mi ropa.
Cuento LXVIII 93

Cuentos de Timoneda. Parte II

Cuento I. Como esforzado .... 94(1)
Cuento II. Como benigno .... 95(2)
Cuento III. Como paciente .... 96(3)
Cuento IV. Como liberal y sabio .... 97(4)
Cuento V. Como franco .... 98(5)
Cuento VI. Como prudente .... 99(6)
Cuento VII. Como discreto .... 100(7)
Cuento VIII. Como gracioso .... 101(8)
Cuento IX. Como astuto .... 102(9)
Cuento X. Como fanfarrón .... 103(10)
Cuento XI. Como agutísimo .... 104(11)
Cuento XII. Como retórico .... 105(12)
Cuento XIII. Como cuerdo .... 106(13)
Cuento XIV. Como gracioso .... 107(14)
Cuento XV. Como experimentado .... 108(15)
Cuento XVI. Como malicioso .... 109(16)
Cuento XVII. Como especulativo .... 110(17)
Cuento XVIII. Como varonil .... 111(18)
Cuento XIX. Como sapientísimo .... 112(19)
Cuento XX. Como callado y secreto .... 113(20)
Cuento XXI. Como avisado .... 114(21)
Cuento XXII. Como prevenido .... 115(22)
Cuento XXIII. Como filósofo .... 116(23)
Cuento XXIV. Como elocuente .... 117(24)
Cuento XXV. Como atrevido .... 118(25)
Cuento XXVI. Como verdadero .... 119(26)
Cuento XXVII. Como reprehensivo .... 120(27)
Cuento XXVIII. Como católico .... 121(28)
Cuento XXIX. Como magnánimo .... 122(29)
Cuento XXX. Como músico .... 123(30)
Cuento XXXI. Como desasortado .... 124(31)
Cuento XXXII. Como pedigüeño .... 125(32)
Cuento XXXIII. Como valiente .... 126(33)
Cuento XXXIV. Como maestro .... 127(34)
Cuento XXXV. Como imbidioso .... 128(35)
Cuento XXXVI. Como avariento .... 129(36)
Cuento XXXVII. Como desaprovechado ..... 130(37)

Cuento XXXVIII. Como limitado [sic] .... 131(38)
Cuento XXXIX. Como fuerte y animoso .... 132(39)
Cuento XL. Como estudioso .... 133(40)
Cuento XLI. Como buen decidor .... 134(41)
Cuento XLII. Como resabido .... 135(42)
Cuento XLIII. Como padre .... 136(43)
Cuento XLIV. Como honrado .... 137(44)
Cuento XLV. Como verdadero .... 138(45)
Cuento XLVI. Como sagaz .... 139(46)
Cuento XLVII. Como maldiciente .... 140(47)
Cuento XLVIII. Como agradecido .... 141(48)
Cuento XLIX. Como templado .... 142(49)
Cuento L. Como celoso de república .... 143(50)
Cuento LI. Como adevino .... 144(51)
Cuento LII. Como continente .... 145(52)
Cuento LIII. Como cuidadoso .... 146(53)
Cuento LIV. Como astuto .... 147(54)
Cuento LV. Como poeta .... 148(55)
Cuento LVI. Como acudido .... 149(56)
Cuento LVII. Como temeroso .... 150(57)
Cuento LVIII. Como jugador .... 151(58)
Cuento LIX. Como artero .... 152(59)
Cuento LX. Como quejoso .... 153(60)
Cuento LXI. Como escaso .... 154(61)
Cuento LXII. Como lastimado .... 155(62)
Cuento LXIII. Como modesto .... 156(63)
Cuento LXIV. Como reprehensor .... 157(64)
Cuento LXV. Como provechoso .... 158(65)
Cuento LXVI. Como glosador .... 159(66)
Cuento LXVII. Como tasador .... 160(67)
Cuento LXVIII. Como vengativo .... 161(68)
Cuento LXIX. Como justiciero .... 162(69)
Cuento LXX. Como bordes .... 163(70)
Cuento LXXI. Como señor, y entendido .... 164(71)
Cuento LXXII. Como friático .... 165(72)

EDICIÓN DE MEDINA DEL CAMPO, 1563
EDICIÓN DE ALCALÁ DE HENARES, 1576
EDICIÓN DE AMBERES, 1577

Cuentos de Joan Aragonés

Cuento [1] 1
Cuento [2] 2
Cuento [3] 3
Cuento [4] 4
Cuento [5] 5
Cuento [6] 6
Cuento [7] 7
Cuento [8] 8
Cuento [9] 9
Cuento [10] 10
Cuento [11] 11
Cuento [12] 12

Cuentos de Timoneda. Parte I

[1] Por qué se dijo: Tanto que peor 26
[2] Por qué se dijo: Cortabolsas y gran ma-
    tador 27
[3] Por qué se dijo: Señores, yo he llamado
    tus señorías 29
[4] Por qué se dijo: Y aun por eso hiede
    tanto.   30
[5] Por qué se dijo: Bien es que coma un bo-
    cado 31
[6] Por qué se dijo: Quitaré a vuestra Señoría
    y porné a él 32
[7] Por qué se dijo: No quiero servidor tan
    viejo 33
[8] Por qué se dijo: Dos contra mí, yo me
    doy por vencido 34
[9] Por qué se dijo: Norabuena vengáis 35

[10] Por qué se dijo: Todo se andará 36

[11] Por qué se dijo: Aún no estamos acostados 37

[12] Por qué se dijo: Aquí testigos son de vista. 38

[13] Por qué se dijo: ¿A qué puerta llamará, que no le respondan? 39

[14] Por qué se dijo: ¿Qué?, ¿búscasle consonante? 40

[15] Por qué se dijo: Habla Beltrán, y habla por su mal 41

[16] Por qué se dijo: Si viniera solo, convidáramosle 42

[17] Por qué se dijo: Perdices me manda mi padre que coma 43

[18] Por qué se dijo: He miedo que me diga de sí 44

[19] Por qué se dijo: No hará sino cenar y partirse 45

[20] Por qué se dijo: ¡Atravesárades la espadilla! 46

[21] Por qué se dijo: Porque mintamos los dos. 47

[22] Por qué se dijo: Si dijera «¡Oxte!», sacara su pierna 49

[23] Por qué se dijo: —Buenos días, Pero Díaz. —Más querría mis dineros 50

[24] Por qué se dijo: Cada gallo canta en su gallinero 52

[25] Por qué se dijo: A la cárcel me voy 53

[26] Por qué se dijo: De donde salió se volvió. 54

[27] Por qué se dijo: Sed vos el que se salvó y callad 55

[28] Por qué se dijo: Ya estoy prometida con otro 57

[29] Por qué se dijo: ¡Ni la una ni las dos! .. 58

[30] Por qué se dijo: Bien podríades, mintiendo como yo 60

[31] Por qué se dijo: Si los rocines se mueren
de amores 61
[32] Por qué se dijo: Delo a mi burra, que llegará antes que yo 63
[33] Por qué se dijo: Aún no me han dado la
carne, ¿y ya me pides los huesos? 66
[34] Por qué se dijo: ¿Qué moneda corre? ... 67
[35] Por qué se dijo: Por mí cantó el cuclillo. 70
[36] Por qué se dijo: A buen capellán, mejor
sacristán 72
[37] Por qué se dijo: Nunca más perro al molino 73
[38] Por qué se dijo: No de aquéllos, que están contados 74
[39] Por qué se dijo: Sospirastes, Valdovinos.. 76
[40] Por qué se dijo: ¿Qué?, ¿más crédito tiene el asno que yo? 77
[41] Por qué se dijo: Anda de ahí, no creas en
sueños 78
[42] Por qué se dijo: Mejor partido es morir
que vivir 80
[43] Por qué se dijo: Músicos y poetas carecen
de seso 81
[44] Por qué se dijo: La vuestra por ser honesta se viste de negro 82
[45] Por qué se dijo: Pon un tajado a asar ... 83
[46] Por qué se dijo: Sin éste no sabrás guisarlas 84
[47] Por qué se dijo: En todas ellas no hay
una blanca 86
[48] Por qué se dijo: Porque compráis muy
barato 89
[49] Por qué se dijo: Que se ha vestido primero el jubón que la camisa 90
[50] Por qué se dijo: Que amor con amor se
paga 92
[51] Por qué se dijo: Que se moja y se gasta
mi ropa 93

Cuentos de Timoneda. Parte II

Cuento [1] .... 94(1)
Cuento [2] .... 95(2)
Cuento [3] .... 96(3)
Cuento [4] .... 97(4)
Cuento [5] .... 98(5)
Cuento [6] .... 99(6)
Cuento [7] .... 100(7)
Cuento [8] .... 101(8)
Cuento [9] .... 102(9)
Cuento [10] .... 104(11)
Cuento [11] .... 105(12)
Cuento [12] .... 106(13)
Cuento [13] .... 110(17)
Cuento [14] .... 113(20)
Cuento [15] .... 114(21)
Cuento [16] .... 115(22)
Cuento [17] .... 117(24)
Cuento [18] .... 118(25)
Cuento [19] .... 120(27)
Cuento [20] .... 122(29)
Cuento [21] .... 123(30)
Cuento [22] .... 124(31)
Cuento [23] .... 125(32)
Cuento [24] .... 126(33)
Cuento [25] .... 128(35)
Cuento [26] .... 129(36)
Cuento [27] .... 130(37)
Cuento [28] .... 131(38)
Cuento [29] .... 132(39)
Cuento [30] .... 134(41)
Cuento [31] .... 135(42)
Cuento [32] .... 136(43)
Cuento [33] .... 137(44)
Cuento [34] .... 140(47)
Cuento [35] .... 141(48)
Cuento [36] .... 146(53)
Cuento [37] .... 148(55)

Cuento [38] .... 150(57)
Cuento [39] .... 151(58)
Cuento [40] .... 152(59)
Cuento [41] .... 153(60)
Cuento [42] .... 154(61)
Cuento [43] .... 155(62)
Cuento [44] .... 156(63)
Cuento [45] .... 157(64)
Cuento [46] .... 158(65)
Cuento [47] .... 162(69)

EDICIÓN DE ÉVORA, 1575
EDICIÓN DE SEVILLA, 1596
EDICIÓN DE SEVILLA, 1603

Las lagunas de los textos de Évora, 1575, y Sevilla, 1603.
El único ejemplar de la edición de Évora que hemos podido manejar está falto de un folio. En la primera parte de los cuentos de Timoneda aparecen los primeros renglones de [38], falta por completo [39]; viene a continuación el final de [40].

Más graves son los desperfectos del único ejemplar de la edición de Sevilla, 1603, que nos ha sido posible utilizar:

— En la primera parte de los cuentos de Timoneda faltan los números [20] y [21]. Aparecen los últimos renglones de [22].

— De [34] únicamente se lee el título. [35], [36] y [37] faltan por completo. Se pueden leer los últimos renglones de [38].

— En la segunda parte de los cuentos de Timoneda faltan por completo [11] y [12]. Se leen los últimos renglones de [13].

— [31] aparece casi completo: únicamente le faltan unas pocas palabras. Faltan por completo [32], [33] y [34]. Se leen los últimos renglones de [35].

A pesar de tan lamentables lagunas, pensamos que el contenido de esta edición es exactamente igual que el de la de Sevilla, 1596. La hipótesis no parece exageradamente atrevida, teniendo en cuenta los elementos siguientes:

— La edición de Sevilla, 1603, sale de las prensas de Fernando de Lara, que fue también el impresor de la edición del ALIVIO DE CAMINANTES de Sevilla, 1596.

— Los cuentos de Joan Aragonés que figuran en la edición de 1603 (cuentos a los que no afecta ninguna laguna), son los mismos que trae la edición de 1596, y vienen dispuestos en el mismo orden.

— Lagunas aparte, el orden de los cuentos de Timoneda es rigurosamente igual en ambas ediciones.

— Las variantes entre los textos comunes a ambas ediciones son nulas en muchos casos, e insignificantes en la mayor parte de los restantes casos.

— El cuento 109(16) se presenta en forma original en la edición de 1596. El texto de 1603 ofrece una versión exactamente igual.

Cuentos de Joan Aragonés

Cuento [1]	1
Cuento [2]	2
Cuento [3]	3
Cuento [4]	4
Cuento [5]	5
Cuento [6]	13
Cuento [7]	14
Cuento [8]	7
Cuento [9]	8
Cuento [10]	9
Cuento [11]	10
Cuento [12]	11
Cuento [13]	12
Cuento [14]	15

Cuentos de Timoneda. Parte I

[1] Por qué se dijo: Tanto que peor 26

[2] Por qué se dijo: Cortabolsas y gran matador 27

[3] Por qué se dijo: Señores, yo he llamado a tus señorías 29

[4] Por qué se dijo: Y aun por eso hiede tanto. 30

[5] Por qué se dijo: Bien es que coma un bocado 31

[6] Por qué se dijo: Quitaré a vuestra señoría y porné a él 32

[7] Por qué se dijo: No quiero servidor tan viejo 33

[8] Por qué se dijo: Dos contra mí, yo me doy por vencido 34

[9] Por qué se dijo: Norabuena vengáis 35

[10] Por qué se dijo: Todo se andará 36

[11] Por qué se dijo: Aún no dormimos 37

[12] Por qué se dijo: Aquí testigos somos de vista 38

[13] Por qué se dijo: ¿A qué puerta llamará, que no respondan? 39

[14] Por qué se dijo: ¿Qué?, ¿búscasle consonante? 40

[15] Por qué se dijo: Habla Beltrán, y habla por su mal 41

[16] Por qué se dijo: Si viniera solo, convidáramosle 42

[17] Por qué se dijo: Perdices manda mi padre que coma 43

[18] Por qué se dijo: He miedo que me diga de sí 44

[19] Por qué se dijo: ¡Atravesárades la espadilla! 46

[20] Por qué se dijo: Porque mintamos los dos. 47

[21] Por qué se dijo: Si dijera «¡Oxte!», sacara
la pierna 49
[22] Por qué se dijo: —Buenos días, Pero
Díaz. —Más querría mis dineros 50
[23] Por qué se dijo: Cada gallo canta en su
gallinero 52
[24] Por qué se dijo: A la cárcel me voy 53
[25] Por qué se dijo: De donde salió se volvió. 54
[26] Por qué se dijo: Ya estoy prometida con
otro 57
[27] Por qué se dijo: ¡Ni la una ni las dos! .. 58
[28] Por qué se dijo: Bien podríades, mintiendo como yo 60
[29] Por qué se dijo: Si los rocines se mueren
de amores 61
[30] Por qué se dijo: Déselo a mi burra, que
llegará antes que yo 63
[31] Por qué se dijo: Aún no me han dado la
carne, ¿y ya me pides los huesos? 66
[32] Por qué se dijo: ¿Qué moneda corre? ... 67
[33] Por qué se dijo: Por mí cantó el cuquillo. 70
[34] Por qué se dijo: A buen capellán, mejor
sacristán 72
[35] Por qué se dijo: Nunca más perro al molino 73
[36] Por qué se dijo: No de aquéstos, que están contados 74
[37] Por qué se dijo: Sospirastes, Valdovinos.. 76
[38] Por qué se dijo: ¿Qué?, ¿más crédito tiene el asno que yo? 77
[39] Por qué se dijo: Andad de ahí, no creáis
en sueños 78
[40] Por qué se dijo: Mejor partido es morir
que vivir 80
[41] Por qué se dijo: Músicos y poetas carecen
de seso 81
[42] Por qué se dijo: La vuestra por ser honesta se viste de negro 82
[43] Por qué se dijo: Sin esto no sabrás guisarlas 84

[44] Por qué se dijo: Pon un tajada a asar ...   83
[45] Por qué se dijo: En vosotras todas no hay
     una blanca   86
[46] Por qué se dijo: Porque compráis muy
     barato   89
[47] Por qué se dijo: Que se ha vestido pri-
     mero el jubón que la camisa   90
[48] Por qué se dijo: Amor con amor se paga.   92
[49] Por qué se dijo: Que se moja y se gasta
     mi ropa   93

Cuentos de Timoneda. Parte II

Cuento [1] ....   94(1)
Cuento [2] ....   95(2)
Cuento [3] ....   96(3)
Cuento [4]   166
Cuento [5] ....   98(5)
Cuento [6] ....   99(6)
Cuento [7] ....   100(7)
Cuento [8] ....   102(9)
Cuento [9] ....   104(11)
Cuento [10] ....   105(12)
Cuento [11] ....   106(13)
Cuento [12] ....   110(17)
Cuento [13] ....   114(21)
Cuento [14] ....   115(22)
Cuento [15] ....   117(24)
Cuento [16] ....   118(25)
Cuento [17] ....   120(27)
Cuento [18] ....   122(29)
Cuento [19] ....   123(30)
Cuento [20] ....   124(31)
Cuento [21] ....   125(32)
Cuento [22] ....   126(33)
Cuento [23] ....   128(35)
Cuento [24] ....   129(36)
Cuento [25] ....   131(38)
Cuento [26] ....   132(39)

Cuento [27] .... 135(42)
Cuento [28] .... 137(44)
Cuento [29] .... 140(47)
Cuento [30] .... 141(48)
Cuento [31] .... 146(53)
Cuento [32] .... 150(57)
Cuento [33] .... 151(58)
Cuento [34] .... 152(59)
Cuento [35] .... 153(60)
Cuento [36] .... 154(61)
Cuento [37] .... 155(62)
Cuento [38] .... 156(63)
Cuento [39] .... 157(64)
Cuento [40] .... 158(65)
Cuento [41] .... 162(69)
Cuento [42] 167
Cuento [43] .... 109(16)
Cuento [44] 168
Cuento [45] 169
Cuento [46] 170
Cuento [47] 171

CRITERIO DE LA PRESENTE EDICIÓN

1. BUEN AVISO Y PORTACUENTOS. Hemos seguido la reproducción de Rudolph Schevill *(Revue Hispanique,* XXIV, 1911, págs. 171-254) del ejemplar único que se conserva, ejemplar que describió Salvá (núm. 2180), y que custodia la Hispanic Society of America.

2. EL SOBREMESA Y ALIVIO DE CAMINANTES. La edición seguida, como ya hemos indicado, es la de Valencia, 1569. A la numeración que llevan los cuentos de la Segunda parte, hemos añadido —como también hemos señalado más arriba— una numeración nuestra, que se extiende a los cuentos adicionados en la edición del ALIVIO DE CAMINANTES de Évora, 1575, que incluimos a continuación de los de EL SOBREMESA.

3. CUENTOS DE JOAN ARAGONÉS. El texto de base es el de la edición de Medina del Campo, 1563. Tras los cuentos de la edición medinense van incorporados los agregados en la de Évora, 1575.

Hemos modernizado las grafías *(del>*de el, *deste>*de este, *dixo>*dijo). Conservamos, en cambio, las formas antiguas: *agora, mesmo.* También las grafías las hemos mantenido en ocasiones *(lautor)* por razones métricas.

Hemos desarrollado las abreviaturas. En la acentuación y puntuación del texto nos hemos atenido a las normas académicas vigentes.

Abreviaturas de las notas a los cuentos

Para no alargar excesivamente las notas, remitimos en ellas a unas obras de útil consulta, cuyos títulos abreviamos en la forma siguiente:

Cuentecillos: Maxime Chevalier, *Cuentecillos tradicionales en la España del Siglo de Oro,* Gredos, Madrid, 1975.

Cuentos folklóricos: Maxime Chevalier, *Cuentos folklóricos en la España del Siglo de Oro,* Crítica, Barcelona, 1983.

Fuentes clásicas: M.ª Pilar Cuartero Sancho, *Fuentes clásicas de la literatura paremiológica española del siglo XVI,* Institución «Fernando el Católico», Zaragoza, 1981.

Rotunda: D. P. Rotunda, *Motif-Index of the Italian Novella in Prose,* Indiana University, Bloomington, 1941.

Los números de los cuentos folclóricos (T 1610, etc.) son los de la clasificación internacional (Anlti Aarne-Stith Thompson, *The Types of the Folktale,* Helsinki, 1964).

Abreviaturas de las notas al texto

Cov.: Sebastián de Covarrubias y Horozco, *Tesoro de la Lengua Castellana o Española,* Turner, Madrid, 1984.

Aut.: Diccionario de Autoridades, Real Academia Española, edición facsímil, Gredos, Madrid, 1984, 3 vols.

Alcover: *Diccionari català-valencià-balear,* obra iniciada por Antoni M.ª Alcover, Palma de Mallorca, 1978-1979, 10 vols.

BUEN AVISO Y PORTACUENTOS

LICENCIA DEL SANTO OFICIO DE LA INQUISICIÓN
DE VALENCIA PARA IMPRIMIRSE LA PRESENTE OBRA

Este libro, llamado *Aviso y Portacuentos*, de Joan Timoneda, fue visto por mí, fray Miguel de Carranza, Provincial de los frailes y monjes de la orden de Nuestra Señora del Carmen en los reinos de Valencia, Aragón y Navarra, teólogo, y del consejo de la Santa Inquisición de Valencia, y, no hallando en él cosas contrarias a nuestra fe, ni determinación de la santa madre Iglesia, di licencia para que se imprimiese y vendiese, en fe de lo cual hice la presente de mi mano y firmé de mi nombre, en nuestro convento del Carmen de Valencia, en doce días del mes de Setiembre de MDLXIII.

Frater Michael Carranza,
provincialis Carmelitanus.

Epístola al benigno lector

Amantísimo lector: En días pasados imprimí primera y segunda parte de *El Sobremesa y Alivio de Caminantes*, y, como este tratado haya sido muy acepto [1] a mucho amigos y señores míos, me convencieron que imprimiese el libro presente, llamado *Buen Aviso y Portacuentos*, adonde van encerrados y puestos extraños [2] y muy facetos [3] dichos. Por lo cual te ruego que lo recibas, olvidando el desdén y desabrimiento de murmuradores, con aquel amor y voluntad que acostumbro presentarte semejantes obrecillas, para que, con mayor ánimo y esfuerzo, pueda proceder en otros más importantes y mejores, a servicio de Dios. Amén.

Vale.

---

[1] *Acepto:* «Agradable, bien recibido y admitido» *(Aut.)*.
[2] *Extraño:* «Lo que es singular y extraordinario» *(Cov.)*.
[3] *Facetos:* Discretos y graciosos.

LIBRO PRIMERO DEL «BUEN AVISO», DE JOAN DE TIMONEDA, DE APACIBLES DICHOS, Y MUY SENTIDOS Y PROVECHOSOS PARA LA CONVERSACIÓN HUMANA

Cuento 1

Solía decir el autor Montidea que no había libro de los profanos, por vano que fuese, que no hubiese algo que notar, y en el bueno que reprehender. Decíalo, porque, cuando venía el libro vano en manos del prudente, notaba lo bueno, y dejaba lo malo, y, en llegando el libro bueno en manos del malicioso y satírico, callaba lo bueno, y publicaba lo malo. Y, a este fin, decía estos versos:

Cuento núm. 1. Cuento de fuente erudita: Plinio el Joven, *Epistularum libri X*, III, 5, 10, y Erasmo, *Apophthegmata*, VIII, *Plinius Maior*, 25, pág. 622 *(Fuentes clásicas*, págs. 77-78). Timoneda, que se ha erigido en protagonista, suplantando a Plinio el Viejo —el dictor del apotegma clásico—, lo ha tomado de la traducción de Támara, f. 341r.°.

Este pensamiento de Plinio el Viejo, que Timoneda, por seguir a Erasmo-Támara, presenta ampliado, fue de gran fortuna: *La Vida de Lazarillo de Tormes*, prólogo; L. Domenichi, *Facezie, motti e burle*, dedicatoria de la edición de Florencia, 1564, f. 3r.°; Mateo Alemán, *Guzmán de Alfarache*, «Al discreto lector»; Gerardo Tuningio, *Apophthegmata latina*, pág. 87; *Don Quijote*, II, 3, tomo V, pág. 79, y II, 59, tomo VIII, página 84. También se alude a él en Baltasar Gracián, *Oráculo manual y Arte de prudencia*, 140, O. C., pág. 190b. Reproduciendo la forma del apotegma de Erasmo lo había recogido Conrado Lycosthenes, *Apophthegmata*, pág. 394b.

—En hacer obras, lautor
descubre su habilidad,
y, así mesmo, del lector
su prudencia o necedad.

Cuento 2

Deseoso de saber un príncipe el discurso de su vida,
llamó un hombre anciano, que presumía saber quiroman-
cia, y, mostrándole la mano, le dijo que dentro de tres
años había de morir. El príncipe, como con esta imaginación anduviese triste, preguntóle su maestro la causa de
ello. Diciéndosela, dijo:

—Vuestra Alteza sepa que el que tal relación le dio, no
puede dejar de ser un grandísimo asno, pero llámenle.

Llamado que fue, preguntóle el maestro:

—¿Tú has conocido en mirar la mano del príncipe que
ha de morir dentro de tres años?

Respondiéndole que sí, díjole:

—Pues mírate la tuya, que yo quiero saber tu fin.

Habiéndosela mirado, respondió que había de morir de
allí a cincuenta años. En esto el maestro echó mano a una
daga que traía, y diole de tal manera, que le mató. El
príncipe, muy alborotado, reprehendiéndole que por qué
había hecho aquello, respondió:

—Porque viese vuestra Alteza la necedad de este hombre, que quiso adevinar la muerte ajena y no supo acertar
la suya.

Con matarle, desterró,
del príncipe su conceto,
del mundo tan mal objeto.

Cuento núm. 2. Cuento que procede de Jacques de Vitry (véase
Ch. H. Beeson, *A primer of Medieval Latin,* Chicago, 1925, núm. XV,
pág. 50). Este relato medieval se encuadra, además, dentro de lo que
podemos considerar el tópico del adivino que prevé lo que va a pasar a
otros, y no descubre lo que le va a suceder a él mismo, argumento que
también suele protagonizar un ave agorera.

Cuento 3

Presentando una vez un gran señor, que traía cierto pleito, un magnífico presente a un juez de corte, que su causa tenía entre manos, no lo quiso ver, ni recebir. Viendo la majestad de él, importunábale la mujer que lo recibiese, a lo cual respondió:

—Señora, ¿no véis que el que envía ese presente quiere mostrar su magnificencia y probar mi conciencia? Cuanto más, que soy obligado a mirar lo que dice un filósofo:

> Que el juez si quiere ser
> sabio y justo en el juzgar,
> orejas ha de tener,
> mas no ojos para ver,
> ni manos para tomar.

Cuento 4

Yendo camino de compañía un portugués y un vizcaíno, allegaron a una venta, do no había qué comer, sino huevos, los cuales determinaron de comerlos en cazuela. Y, al tiempo del comer, el portugués, por engañar al vizcaíno, le dijo:

—Hollayca, Perucho, heu quero contigo fazer un concerto, porque naum comamos parvamente [4].

Cuento núm. 3. Para este cuento Timoneda podría haberse inspirado en dos dichos de la antigüedad recogidos por Nicolás Liburnio, *Sentencias y dichos de diversos sabios y antiguos autores,* traducción de Alonso de Ulloa:

«... tampoco es justo el que no recibe presentes de poco valor, mas el que, podiendo recebir cosas de gran importancia, y no las recibe» (lib. I, ff. 34v.°-35r.°).

«En la plaza de Tebas estaban las estatuas de los jueces sin manos, y los principales jueces cerrados los ojos: en lo cual se mostraba que la justicia debe ser incorruptible» (lib. I, f. 39v.°).

---

[4]   El portugués habla en una mezcla de portugués y castellano. En portugués actual su parlamento sería: —*Olha aquí,* Perucho, *eu quero fazer um trato con você, para que não comamos parvamente:* —Oye, Perucho, yo quiero hacer un trato contigo, para que no comamos parvamente.

Respondió el vizcaíno:

—Di, que juras a diez a concierto quieres, pero mira que te avisas, portugués, que no hagas a raposías [5]. Veamos a concierto.

Dijo el portugués:

—El concerto es que, mientras maum hubere en cazuela nan entre maum [6].

Respondió el vizcaíno:

—A contento eres.

Empezando vuestro portugués a comer, al punto que sacaba de la cazuela la mano derecha, ponía la izquierda. Viendo el vizcaíno el engaño, alzóse de pies, y, poniendo el pie en la cazuela, dijo ansí:

—Con conciertos me desvelas,
portugués, por haz mercedes.
El pie entras en cazuelas,
pues que mano entrar no puedes.

Cuento 5

Dos salteadores de caminos salieron una vez a un pobre estudiante, y, viendo que no llevaba sino un pedazo de lienzo para dos camisas, dijéronle:

Cuento núm. 5. Es facecia sacada de L. Domenichi, *Facezie, motti e burle*, lib. I, f. 25v.°, donde también es un lienzo lo arrebatado, en este caso por un gentilhombre a un fraile. Domenichi la había tomado a la letra de Heinrich Bebel, *Facetiae*, I, f. 44r.°.

Se repitió en varios textos del Siglo de Oro: Cristóbal de Villalón, *El scholástico*, págs. 227-228; Gregorio González, *El Guitón Honofre*, página 152; Jerónimo de Alcalá Yáñez, *El Donado hablador*, N.P., página 1279.

---

[5] *Raposías* parece estar en el lenguaje del vizcaíno por *raposerías*: «Y así decimos un hombre ser raposo, cuando es astuto, y estas bellaquerías y astucias se llaman *raposerías*» (*Cov.*).

[6] El portugués vuelve a hablar en una mezcla de portugués y castellano. En portugués actual su parlamento sería: —*O trato é que, enquanto uma mão estiver na panela, não entre a outra mão:* —El trato es que, mientras haya una mano en la cazuela, no entre la otra mano.

—Hermano, ya sabéis que es obra de caridad dar, quien tiene dos túnicas, la una por Dios.

Respondió el estudiante:

—Pues, ¡sus!, veamos cómo la sabéis pedir.

Dijo el uno de ellos, teniendo de él:

—Dios os favorezca, ¿no?, que nosotros no pedimos, sino que tomamos. Dad acá el lienzo.

Y estando midiendo para tomarle la mitad, decía el estudiante:

—Bien está, hermanos, haced lo que os pareciere, que allá en el otro mundo lo pagaréis.

A esto respondió el ladrón:

> —Viendo, hermano, que burláis
> de los dos, y de tal modo
> con el lienzo amenazáis,
> menester lo habemos todo,
> pues tan largo lo fiáis.

Cuento 6

Hablábale a una viuda cierta comadre [7] suya, que se casase. Respondió que ya se hubiera casado, sino que temía de no hallar persona condescendiente a su edad y condición, y que, en cuanto al acto carnal, no se daba nada por ello. Con esta relación, la comadre, hallado que hubo un honradísimo hombre que carecía de multiplicante [8], contento de casarse con la dicha viuda, vino un día y díjole:

Figura en el Teatro universal de proverbios de Sebastián de Horozco, núm. 2902.

Véase también Gonzalo Correas, *Vocabulario de refranes*, pág. 287a: «Si tan largo me lo fiáis, dad acá lo que os queda.»

Cuento núm. 6. La fuente de este cuento es Poggio, *Facetiae*, número 209. Aparece en L. Guicciardini, *L'hore di ricreatione*, págs. 301-302, traducción de Vicente Millis Godínez, f. 125r.°.

---

[7] *Comadre:* «Las vecinas y conocidas que se tratan con familiaridad se llaman *comadres» (Cov.).*

[8] *Multiplicante:* Miembro viril.

—Señora, ya le he hallado una buena compañía conforme a su petición, porque es hombre que no tiene maldita la cosa, que se la cortaron.

—¡Ay, ay! —dijo la viuda—, no quiero yo marido de esa suerte.

—¡Válame Dios! —dijo la comadre—, ¿no me dijistes vos que no hacíades caso de eso?

Respondió:

—Que lo dije

es verdad, mas yo prefiero,
que entre marido y mujer
está bien siempre un tercero,
que en paz los pueda volver.

Cuento 7

Estando malo un vizcaíno de mal de cabeza, ordenó un dotor que le diesen una ayuda [9] para que vacuase [10] el cuerpo, y, viniéndosela a dar, dijo el vizcaíno:

—Tate, ¿para qué es eso, señora, no dices?

Respondió:

—Hermano, es una ayuda que os ha ordenado aquí el señor dotor para vuestra salud.

—¿Ayuda?, ¿y para dónde has de poner ese estrumento?

—Por el culo, hermano.

—A juro que juras a bueno, ¿por mi culo virgen? Antes morirás que tal sufras.

A esto díjole el dotor.

—Mira, hermano, dejaos dar esta ayuda, si queréis que se os quite el dolor de la cabeza.

Respondió el vizcaíno:

---

[9] *Ayuda:* «Medicamento de que se usa para exonerar el vientre» *(Aut.)* «Es también el instrumento con que se introduce el medicamento llamado *ayuda*» *(Aut.).*

[10] *Vacuar:* Aféresis por *evacuar.*

—No quieras poner
esa mala pieza.
Anda deprender[11],
¿qué tienes que ver
culo con cabeza?

Cuento 8

Cierto señor de salva[12], por se muy medido en el comer, no sufría que le diesen en mesa muchos servicios.
Teniendo una vez convidados, ya después de haber alzado
los manteles, viendo un truhán la poca diversidad de man-
jares que habían comido, dijo a un paje que estaba dando
vino:

Cuento núm. 8. El mensaje de este cuento es de fuente erudita: «No
viven para comer / mas comen para vivir» procede de un dicho clásico
atribuido a Sócrates, que figura en numerosos autores: *Rhetorica ad
C. Herennium,* IV, 28, 39; Quintiliano, *Institutio oratoria,* IX, 3, 85;
Plutarco, *Cómo debe el joven escuchar la poesía,* 4: Aulo Gelio, *Noctes
Atticae,* XIX, 2, 7; Ateneo, *El banquete de los sabios,* IV, 158; Diógenes
Laercio, *Historia de los filósofos,* II, 34; Macrobio, *Saturnalia,* II, 8, 16;
Juan de Salisbury, *Policraticus,* VII, 8, pág. 368, y VIII, 8, pág. 486;
Erasmo, *Apophthegmata,* III, *Socrates,* 49, pág. 172 (traducción de Tá-
mara, ff. 85 v.°-86 r.°); Gerardo Tuningio, *Apophthegmata graeca,* pá-
gina 46a.
Como dicho de Sócrates lo recoge también, por dos veces, Hernando
Díaz, *La vida y excelentes dichos de los más sabios filósofos,* [B₇]r.°-v.°,
y C₅.
Conforma uno de los tercetillos, el 88, de los *Trescientos proverbios,
consejos y avisos* de Pedro Luis Sanz.
Como refrán aparece en el *Libro de refranes* de Pedro Vallés, [B₇]v.°:
«Come por vivir, y no vivas por comer»; en el *Teatro universal de proverbios* de Sebastián de Horozco, núm. 559: «Comer para vivir, no vivir
para comer», y en el *Vocabulario de refranes* de Gonzalo Correas, página 431a: «Come por vivir, y no vivas por comer y beber.»

---

[11]   *Deprender:* «Lo mismo que *aprender» (Aut.).*
[12]   *Señor de salva:* «Extendióse este recato [el de hacer la salva, es
decir, la prueba de la comida o bebida antes de ser servida a los reyes,
para asegurarse de que no estaba envenenada] a ceremonia de todos los
señores titulados, a los cuales llamamos señores de salva» (*Cov., s. v.
salva*).

—Pues que con tus ejercicios
mi sed no ha llegado a ti,
dame de beber a mí,
paje de pocos servicios.

A esto respondió de presto el señor:

—Truhán, no darte a beber
no está la culpa en servir,
que en mi casa, has de saber,
no viven para comer,
mas comen para vivir.

Cuento 9

Un labrador llamado Juan Provecho, viendo que tenía de matar su puerco, tanteando que había de dar de él a todos los del lugar, y que cuasi no le quedaría nada, por respecto que con él habían hecho lo mismo, pidió de consejo al carnicero, que era su compadre [13], qué remedio se ternía para ello. El cual le dijo:

—Compadre, matad vuestro puerco y ponelde, después de muerto, en el patín [14], y de allí a dos días quitaréisle de allí, echando fama que os entraron por el corral y os le hurtaron.

Hecho el concierto, y puesto el puerco en el patín, luego la noche siguiente entró el carnicero por el corral y se llevó el puerco. El labrador, en la mañana, en hallarlo menos, salió a la plaza, y, encontrando con el carnicero, dijo:

Cuento núm. 9. Este cuento, mucho más breve, y con protagonistas innominados, se encuentra en Poggio, *Facetiae*, núm. 148, de donde seguramente lo tomó Timoneda.

Es cuento folclórico (T 1792) que sigue viviendo en la tradición española (León, Aragón, Andalucía) y americana *(Cuentos folklóricos*, número 227).

---

[13] *Compadre:* «Llama también así, en Andalucía y otras partes, la gente vulgar a sus amigos» *(Aut.).*

[14] *Patín:* «El patio pequeño que suele estar en el interior de la casa» *(Cov.).*

—Compadre, ¿no sabéis?, el puerco me han hurtado.
Respondió el carnicero:
—En verdad, compadre, tan disimuladamente lo decís,
que no hay quien no lo crea.
—Digo que lo podéis creer por ésta que es cruz.
—Digo que os creo sin jurar, y así lo habéis de decir
para ser creído.
Replicó el labrador, diciendo:
—Aunque os pese, me lo han hurtado.
Respondió el carnicero:
—Digo que me place. No riñamos por eso.

A cabo de tiempo, el postrer día que el carnicero hubo
acabado de comer el puerco hurtado, yendo camino por
una sendezuela, y su compadre el labrador, detrás, echóse
un traque [15], sirviéndole de humo bajero, y, por burlarse
de él, le dijo:
—Decime, compadre, ¿sentistes por jamás humos de
vuestro puerco?
Diciendo que no, dijo el carnicero:

> —Pues del puerco no tenéis
> rastro, no os matéis por él,
> que, por bien que trabajéis,
> compadre, no sentiréis
> ya ningunos humos de él.

Cuento 10

En un generoso convite que tenía hecho un mercader a
ciertos amigos suyos, estando todos en la mesa comiendo,

Cuento núm. 10. Cuento de fuente erudita: Ateneo, *El banquete de
los sabios*, XIII, 46, y Erasmo, *Apophthegmata*, VI, *Varie Mixta*, 74,
página 532. Timoneda, que ha sustituido a la cortesana Gnatena de las
fuentes por «un mercader», lo ha tomado de la traducción de Támara,
f. 304v.º.
El apotegma clásico figura también en Gerardo Tuningio, *Apophthegmata graeca*, pág. 87b.

---

[15] *Traque:* Ventosidad.

vido un mancebo asentado que no le había convidado, por lo cual mandó al que tenía cargo de dar vino, que no le diese de beber al mancebo. El mancebo, como viese que lo olvidaban, llamaba a voces muy altas por su nombre al que daba vino, porque le diese de beber, a lo cual respondió el mercader:

—¿No vistes qué vocear
«¡Hola, ce!» desentonado?
No tienes por qué llamar,
pues que no fuiste llamado.

Cuento 11

Preciándose un hidalgo de contino de tener en su casa buen vino añejo para su beber, tenía de costumbre de alabarlo y sacar muy poco por muestra, cuando estaba entre compadres [16] y vecinos en chacota, tanto que, encareciendo un día que tenía vino de seis años, mostró de él tan poquito en una taza, que le dijo un compadre suyo:

—Ved qué dichos tan extraños [17],
compadre, ¿y vos no miráis
que muy chico lo mostráis,
para tener tantos años?

Cuento núm. 11. Cuento de fuente erudita: Ateneo, *El banquete de los sabios*, XIII, 47, y Erasmo, *Apophthegmata*, VI, *Varie Mixta, 71*, pág. 532. En las fuentes la que increpa al tacaño es la cortesana Gnatena. Timoneda lo ha adaptado de la traducción de Támara, ff. 304v.°-305 r.°, donde este apotegma aparece justo a continuación del que ha servido de fuente al cuento anterior.

Como en el caso precedente, el apotegma clásico fue acogido por Gerardo Tuningio en sus *Apophthegmata graeca*, pág. 86a.

---

[16] *Compadres:* Véase nota 13.
[17] *Extraños:* Véase nota 2.

Cuento 12

Haciendo reseña [18] un capitán de su compañía delante su coronel, vino a pasar una hilera en que había dos tuertos, por lo cual dijo el coronel:

—¿Por qué lleváis estos tuertos?

Respondió:

—Porque emboten las lanzas de los enemigos.

Pasando otra hilera en que había dos cojos, dijo:

—Y éstos, ¿por qué?

Respondió:

—Porque no saben huir.

> Quiso decir: en la guerra
> poco ver, poco temer;
> y el cojo pisa la tierra,
> mas no la puede correr.

Cuento 13

Habiendo casado una señora viuda muy honrada su hija con un labrador, en el otro día, después de las bodas,

---

Cuento núm. 12. Cuento de fuente erudita: Valerio Máximo, *Factorum et dictorum memorabilium libri IX,* III, *ext.* 8; Plutarco, *Apotegmas,* Lacedemonios, Agesilao, 34, Lacedemonios desconocidos, 45 y 62, y Andróclidas; Erasmo, *Apophthegmata,* I, *Agesilaus,* 35, pág. 28, y II, *Lacones innominati,* 42, pág. 123, y 61, pág. 128. Timoneda, con marco argumental de invención propia, utilizó directamente a Erasmo en la traducción de Támara, ff. 12r.°, 309r.° y 311v.°.

En todas las fuentes citadas es un cojo el que va a la guerra, a excepción de un apotegma de Plutarco, y otro de Erasmo, en que lo es uno que tiene mal los ojos. L. Domicio Brusoni, *Facetiarum exemplorumque libri,* II, 43, pág. 158, y Conrado Lycosthenes, *Apophthegmata,* páginas 174b-175a y 270, reseñan dicho apotegma del enfermo de la vista. Sin embargo, el del cojo ha tenido mayor recepción: L. Domicio Brusoni, *Facetiarum exemplorumque libri,* II, 43, pág. 159, y IV, 15, pág. 312; Ravisio Textor, *Officina,* II, pág. 422; Conrado Lycosthenes, *Apophthegmata,* págs. 114a (dos apotegmas) y 270; Mechor de Santa Cruz, *Floresta española,* VIII, VII, 4, pág. 232.

Cuento núm. 13. Cuento de fuente erudita: Plutarco, *Normas conyugales,* 18, y *Apotegmas,* Lacedemonios, Lacedemonias desconocidas,

---

[18]   *Reseña:* «La muestra que se hace de la gente de guerra» *(Cov.).*

como es de costumbre, fuese a la cama de los novios muy de mañana, y, estando preguntando a su hija, porque le mostrase su honra, si se había llegado a su marido, respondió:

—Madre, nunca Dios tal quiera: antes él se ha allegado a mí.

> Quiso decir: yo no mando,
> mi marido es el que manda;
> ni el vicio tras mí no anda,
> antes tras la virtud ando.

Cuento 14

Enviudado que hubo una honradísima señora, por el grandísimo dolor que concibió de la pérdida del marido, nunca hacía sino llorar. Viniéndola a visitar su padre por diversas veces, y como siempre la hallase con las lágrimas en los ojos, le dijo:

> —Dime, hija, tu pasión
> ¿cuándo será fenecida?
> Respondió sin turbación:
> —Cuando se acabe la vida.

25, y Erasmo, *Apophthegmata*, II, *Lacaenae*, 32, pág. 152 *(Fuentes clásicas*, págs. 79-80). Timoneda, creando una situación argumental propia, ha tomado el apotegma, que protagonizaba una lacedemonia desconocida, de la traducción de Támara, f. 294v.°.

Figuraba también en Francesco Barbaro, *De re uxoria libri duo*, II, 1, Dr.°; en L. Domicio Brusoni, *Facetiarum exemplorumque libri*, VII, 22, pág. 486, y en Conrado Lycosthenes, *Apophthegmata*, pág. 643a.

Cuento núm. 14. Cuento de fuente erudita: San Jerónimo, *Adversus Iovinianum*, I, 46, y Erasmo, *Apophthegmata*, VIII, *Martia*, 18, páginas 620-621, y VIII, *Valeria*, 19, pág. 621. Timoneda ha unido en él dos apotegmas, protagonizados por dos romanas nobles —Marcia y Valeria—, que recogían San Jerónimo y el humanista holandés. Lo ha hecho a través de la traducción de Támara, f. 296r.°.

El ejemplo de Valeria, para quien su marido muerto seguía viviendo, parece haber tenido más fortuna que el de Marcia, la viuda que sólo dejaría de llorar con la muerte, ya que figura también en Baptista Fulgoso, *De dictis, factisque memorabilibus*, IV, 6, f. 123v.°; en L. Domicio Brusoni, *Facetiarum exemplorumque libri*, VII, 22, pág. 487, y en Juan Luis Vives, *De institutione foeminae christianae*, III, *De memoria mariti*, págs. 300-301, traducción castellana, f. 97v.°.

Replicóle el padre otra vez, diciendo:

—Mejor sería que te casases, hija mía, y olvidases los muertos, cuanto más que, por ser tan bueno tu marido, es de creer que está en gloria.

A lo cual respondió:

—Plegue a Dios que esté en su gloria,
que no es muerto por quien peno;
antes, padre, por ser bueno,
vive siempre en mi memoria.

Cuento 15

Un recién casado, el primer día que trujo el capazo de la carne, diola a su mujer, diciendo:

—Aparejad el comer.

Como ella se descuidase, viniendo el marido, y no hallándolo aparejado, asó la carne y puso la mesa, y asentóse en ella, sin dejar asentar a su mujer, y, cortando la carne, decía:

—Esto será para quien la ganó, y esto para quien la compró, y esto para quien la adrezó, y esto para quien la mesa paró [19].

Y comiósela toda. Otro día, dándole el capazo de la carne, la mujer la guisó. Viniendo el marido, no hallando puesta la mesa, la puso, y, asentado, tampoco sufrió que la mujer se asentase. Y, cortando la carne, decía:

—Esto será para quien la ganó, y esto para quien lo compró, y esto para quien lo guisó, y esto para quien la mesa paró.

Y puso la cuarta parte debajo de un plato. Ido, comió la mujer lo que halló, diciendo:

Ambos apotegmas, sin embargo, se hallan en Conrado Lycosthenes, *Apophthegmata*, págs. 134b y 135a, quien atribuye el de Marcia a Porcia, y, porteriormente, en Gerardo Tuningio, *Apophthegmata latina*, pág. 86.

---

[19]   *Parar*: «Prevenir o preparar» *(Aut.)*.

—A fe que mañana yo pare la mesa, porque tenga tanta parte como mi marido.

Otro día, dándole el capazo de la carne, la guisó y paró la mesa. Venido el marido y asentado, hízola sentar a su costado, y, cortando la carne, dijo:

—Esto para quien lo ganó, y esto para quien lo compró, y esto para quien lo guisó, y esto para quien la mesa paró. Y, a la postre, púsola toda junta en un plato, diciendo:

—Come conmigo, mujer,
pues os veo trabajar;
que en el placer y pesar
iguales hemos de ser.

Cuento 16

Siendo convidado a comer entre muchos gentileshombres un gracioso decidor [20] y trovador de repente [21], estando todos asentados, como viese que un paje sacaba en la mesa panes muy morenos, dijo:

—No saques tantos, rapaz, que podremos quedar ascuras.

A cabo de rato, sacando el mesmo paje pan de rey, dijo:

—Encima de aquesta alfombra
si bien mirado lo han,
primero vino la sombra,
antes que llegase el pan.

Cuento núm. 16. Cuento de fuente erudita: Erasmo, *Apophthegmata*, VI, *Varie Mixta*, 19, págs. 521-522, y VI, *Varie Mixta*, 26, pág. 522 *(Fuentes clásicas,* págs. 81-82). También aquí, e igualmente con omisión de los protagonistas, el poeta Filóxeno y el parásito Córido, ha fundido Timoneda en su cuento dos apotegmas del humanista holandés, sirviéndose de Támara (ff. 336r.° y 336r.°-v.°), quien los insertaba en su colección uno a continuación del otro, cuando en la latina no era así.

El primero de ellos, el de que se van a quedar a oscuras con el pan negro, aparecía ya en Ravisio Textor, *Officina,* II, pág. 137.

---

[20]   *Decidor:* «El hablador y que dice gracias con libertad» *(Cov.).*
[21]   *Trovador de repente:* «Trovar de repente, echar coplas sin tenerlas prevenidas» *(Cov., s. v. trovar).*

Cuento 17

Cierto caballero, estando en el paso de la muerte, vínole a visitar una vejezuela, la cual le había servido de alcahueta. Y, como le dijese:

—Señor, ¿qué tal se halla vuestra merced?, ¿no me conoce?, respondió el caballero:

—Sí, bien os conozco, que sois una alcahueta.

En oírle, dijo:

—¡Ay, señor!, ¿y eso se deja decir en el paso que está? Respondió el caballero:

—Por ser, si queréis sentir,
paso de temeridades,
y no paso de mentir,
digo, hermana, las verdades.

Cuento 18

Como una cortesana tuviese entre manos un galán que la sustentaba y desollaba a su placer, sucedió que un caballero le prometió mucha cuantidad, porque hiciese por él. Contenta, díjole que viniese después de comer, porque su galán no estaría en la posada. Venido, y ella viese que no le podía dar entrada, porque su gayón [22] no era salido de casa como se pensaba, tomó una pera y púsosela a mondar a la ventana bajo de una gelosía [23]. El caballero que lo vido, dijo muy agudamente, por saber si tenía entrada, o no:

Cuento núm. 17. Figura en Melchor de Santa Cruz, *Floresta española,* XI, VIII, 6, pág. 292.

Cuento núm. 18. Compárese con el cuento núm. 9 de Joan Aragonés, ya que se trata del mismo cuento. Véase también la nota al mismo.

---

[22] *Gayón:* «Lo mismo que rufián» *(Aut.).*
[23] *Gelosía:* «Lo mismo que celosía» *(Aut.).*

—¿Es-pero, señora, ése,
o es-pera [24], puesta en retrete [25],
mondada bajo esa red?
Respondió, porque se fuese:
—No es sino cañivete [26],
¿no lo ve vuestra merced?

Cuento 19

Vino una vez un soldado que traía un Dios nos libre [27] atravesado por la cara, trovador de repente [28], a verse con un otro que era zapatero, el cual llevaba largos cabellos, y, por ser giboso, en verle, el soldado empezó a decirle una copla, y, sin dejársela acabar, le respondió el zapatero. La cual copla es ésta que se sigue:

—No sacastes la manera
de poeta, mas de erizo,
de la madre que os pariera...
—Ni vos tampoco babera [29],
cuando tal señal se os hizo.

---

[24] Para el juego de palabras «es-pero»/«es-pera» véase el cuento número 9 de JOAN ARAGONÉS, que es el mismo cuento, y en donde se explica en el texto.

[25] Retrete: «El aposento pequeño y recogido en la parte más secreta de la casa y más apartada» (Cov.).

[26] Cañivete o gañivete: «Lo mismo que cañavete» (Aut.). Cañavete: «El cuchillo pequeño, que se pone junto al puñal, en vaina pegada a la suya para que esté a mano y se pueda cortar con él lo que se ofrezca» (Aut.). Para el juego de palabras «Cañivete»/«cañi-vete» véase el cuento núm. 9 de JOAN ARAGONÉS, que lo desarrolla en el texto. Véase también la nota a dicho cuento.

[27] Dios nos libre: cuchillada.

[28] Trovador de repente: véase nota 21.

[29] Babera: «La armadura del rostro, de la nariz abajo, que cubre la boca, barba y quijadas» (Cov).

Cuento 20

Siguióse que, estando en conversación muchas damas en un sarao [30], estaba en él un gentilhombre, habilísimo músico, al cual rogaron algunas señoras que tañese un poco, dándole una vihuela entre manos. Aunque la prima [31] era falsísima, no dejó de tañer cierta fantasía. Acabado que hubo, otro gentilhombre, viendo que la prima era falsa, sabiendo que el músico tenía una prima suya entre aquellas señoras de ruin fama, dijo los dos versos siguientes:

—Vuestra prima muy mal suena,
¿cómo no sentís su error?
Dijo el médico sin pena:
—Ya lo siento, que es mejor
cortarla, para ser buena.

Cuento 21

El primer día de cuaresma, santiguándose una pescadora, antes que empezase a pesar el pescado, dijo un comprador que la estaba mirando a otro comprador:
—Seguramente podemos comprar de ésta, pues se santigua contra el pecado.
Respondió el otro comprador:

—¿Que, por haberse cruzado,
lo tenéis por buen encuentro?,
¿no veis que se ha santiguado,
porque no salga el pecado
que tiene de por de dentro?

Cuento núm. 21. Confróntese con el refrán «La cruz en los pechos, y el diablo en los hechos» de Pedro Vallés, *Libro de refranes*, E₃r.°; Hernán Núñez, *Refranes o proverbios*, f. 64v.°b; Sebastián de Horozco, *Teatro universal de proverbios*, núm. 1402, y Gonzalo Correas, *Vocabulario de refranes*, pág. 194b.

---

[30]   *Sarao:* «Junta de personas, de estimación y jerarquía, para festejarse con instrumentos y bailes cortesanos» *(Aut.).*
[31]   *Prima:* «En los intrumentos de cuerdas, como vihuela y guitarra, la cuerda primera y más delgada» *(Cov.).*

Cuento 22

Diciendo mal ciertos soldados del rey, porque les dila-
taba las pagas, no pudiéndolo sufrir un atambor [32] que los
estaba escuchando, dijo:
—Señores, ¿qué cumple, sino saquear la tienda del rey,
y pagarnos a nuestro placer?
Dijo uno de ellos:
—Anda allá, necio, que eso no es para tratar entre per-
sonas.
Respondió el atambor:
—Pues, por eso, lo trato con ellos.
Dijo el soldado:
—En fin, ¿que somos bestias?
Respondió el atambor:
—Vuestra merced lo dice.
Dijo el soldado:
—Y tu boca lo apuntó.
Replicó el atambor:

—Y la suya declaró,
que es más que bestia y sin ley
quien dice mal de su rey.

Cuento 23

Estaba una vez un filósofo en compañía de ciertos señores, los cuales, chacoteando, no hacían sino murmurar

---

Cuento núm. 22. Confróntese con el refrán «Ni vayas contra tu ley,
ni contra tu rey» de Hernán Núñez, *Refranes o proverbios,* f. 82r.ºa, y
que en Sebastián de Horozco, *Teatro universal de proverbios,* núm. 2003,
adopta la forma «Ni contra tu rey, ni contra tu ley».
Cuento núm. 23. Cuento de fuente erudita: Valerio Máximo, *Facto-*
rum et dictorum memorabilium libri IX, VII, 2, ext. 6, y Erasmo,
Apophthegmata, VII, *Xenocrates,* 6, pág. 570 *(Fuentes clásicas,* págs. 82-
83). Támara lo traduce en f. 271r.º, y de ahí lo ha tomado Timoneda.
Este apotegma, cuyo protagonista era Jenócrates, figuraba en los *Re-*
rum memorandarum libri de Petrarca, III, 79, 1; en Erasmo, *Adagia,*

---

[32] *Atambor:* «El que toca por oficio el tambor» *(Aut.).*

de unos y otros señores ausentes. Y, como el filósofo callase, díjole uno de la compañía:

—¿Por qué no habla aquí en este negocio, señor?

Respondió:

—Porque me pesó algún día
de hablar fuera de compás,
de callar, nunca jamás.

Cuento 24

Cierta dama, estando presa de amores de un caballero, y habiéndoselo dado a entender por mil maneras de rodeos, y él siempre, como no le coviniese, lo disimulase, un día ella le mostró un rico aposento, que tenía muchos retratos, entre los cuales le alabó mucho una diosa Venus, que estaba desnuda, hermosísimamente pintada, y un retrato del dios Cupido. El caballero, por darle a entender que la entendía, compuso el presente soneto, y lo puso a los pies de Venus, diciendo ansí:

SONETO

Haced, señora Venus, de manera
que sea vuestro hijuelo bien criado,
no piense, con su arquillo puesto al lado,
venir acá a mearnos la contera [33].

chil. III, *centur.* 5, *prov.* 3, *Silentii tutum praemium;* en L. Domicio Brusoni, *Facetiarum exemplorumque libri,* III, 25, pág. 227, y en Conrado Lycosthenes, *Apophthegmata,* págs. 433b y 702a. Aparecía también en Hernando Díaz, *La vida y excelentes dichos de los más sabios filósofos,* [D₅]r.°.

Con atribución a Simónides —atribución que parece derivar de Plutarco, *Consejos para conservar la salud,* 7, y *De la charlatanería,* 23—, lo recogen Nicolás Liburnio, *Sentencias y dichos de diversos sabios y antiguos autores,* traducción de Alonso de Ulloa, lib. I, f. 12v.°; Conrado Lycosthenes, *Apophthegmata,* pág. 702a; L. Guicciardini, *L'Hore di ricreatione,* págs. 97-98, traducción de Vicente Millis Godínez, f. 71v.°, y Ambrosio de Salazar, *Las clavellinas de recreación,* núm. 117, págs. 217-218.

Véase la nota al cuento núm. 25 de EL SOBREMESA.

---

[33] *Contera:* «Es la extremidad de la vaina de la espada, que, por asegurar que no la rompa, y hiera a quien topare, se echa de hierro comúnmente» *(Cov.). Mear el perro la contera* es una forma de chanza, que se decía a los muchachos, o personas pequeñas de cuerpo, que ceñían espada *(Cov. y Aut., s. v. contera).*

Porque yo juro a mí, si le cogiera
fuera del pueblo, allá en lo desnevado,
que Anquises, vuestro rufo [34], el arriscado [35],
ni el puto [36] de su agüelo le valiera.
Cata que el vasallaje es muy donoso,
que se ha de sujetar el más prudente
a un ciego rapaz lleno de antojos.
Pues yo os hago saber que, si el baboso
de hoy más me hace amar, que yo os le asiente
de modo que le haga abrir los ojos.

Cuento 25

La dicha dama, leído que hubo el soneto, y conocida su intención, aunque entraba en su posada, ya no le hacía aquel acogimiento acostumbrado. El caballero, arrepentido de lo dicho, y envidioso de ver que un galán se la había puesto a servirla, por desterrarle, de noche no dejaba de rondarle la calle armado y hacerle mil músicas, y, porque a noticia de la dama viniese, hizo este otro soneto, y lo puso a los pies del retrato de Cupido, el cual decía de esta suerte:

SONETO
Amor, pese a la puta [37] quien os hizo.
¿En qué ley halléis vos que esté obligado
de andar siempre tras vos, aperreado,
sucio rapaz, mocoso, antojadizo?
El pago que vos dais es romadizo [38],
con un andar de noche enrodelado [39]

---

gurar que no la rompa, y hiera a quien topare, se echa de hierro comúnmente» (Cov.). Mear el perro la contera es una forma de chanza, que se decía a los muchachos, o personas pequeñas de cuerpo, que ceñían espada (Cov. y Aut., s. v. contera).

[34] Rufo: Amante.

[35] Arriscado: «Atrevido, resuelto y osado en emprender cosas arduas y peligrosas» (Aut.). Conocida la jactancia de Anquises por sus amores con Venus, arriscado podría entenderse aquí, irónicamente, por presumido.

[36] Puto: Dentro del insulto corriente parece aludirse, burlescamente, a las licenciosas aventuras amorosas de Júpiter.

[37] Puta: Dentro del denuesto común, parece haber aquí una referencia burlesca a las infidelidades conyugales de Venus.

[38] Romadizo: Catarro.

[39] Enrodelado: Armado de rodela. Rodela: «Escudo redondo que cubre el pecho» (Cov.).

y en mil temores, a sombra de tejado,
sufriendo agua, frío y mal granizo.
Hideputa [40], traidor. ¡Quién se anduviese
la noche toda en vuestro desatino,
muriendo por seguir vuestros extremos!
Si de vos no se saca otro interese,
cagaos en vuestras flechas de oro fino,
que sin vos, rapazuelo, viviremos.

Cuento 26

Estando un honrado viejo muy congojado y aflicto [41], porque su hijo y nuera le trataban mal, después que les había hecho donación de lo que tenía, le vino a consolar otro viejo, su compadre [42], muy sagaz, diciendo:

—¿Queréis que os sirvan y honren como de primero? Tomad una cajuela que tengo en mi posada, compadre, y henchilda de arena, y diréis a vuestro hijo que son ciertos dineros que os han restituido en ella, y vos, de noche, tomaréis de estas castellanas de latón, y contaréis con ellas, haciendo ruido, de modo que os puedan sentir estando en vuestra cámara encerrado.

Dicho y hecho. En sentir que el viejo tenía dineros, el hijo y la nuera le hacían mil caricias y fiestas, y le servían y honraban, poniéndole a cabecera de mesa. En fin, siendo muerto el buen viejo, no hallaron en la cajuela sino arena, y esta copla fijada en ella:

Cuento núm. 26. Figura el relato en varias colecciones italianas —en especial en las *Novelle* de Sercambi— (Rotunda, P. 236.2), así como en textos españoles antiguos: *Libro de los ejemplos*, núm. 126; Sebastián de Horozco, *Cancionero*, págs. 226-227, y *Teatro universal de proverbios*, núm. 3146.

También es cuento folclórico (T 982), que aparece esporádicamente en la tradición española (Cataluña, Asturias) y americana *(Cuentos folklóricos*, núm. 79), posiblemente por influencia de la escuela.

---

[40] *Hideputa:* Hijo de puta.
[41] *Aflicto:* Afligido.
[42] *Compadre:* Véase nota 13.

Por el bulto, peso y son,
que de ti, arca, ha salido,
fui honrado y mantenido,
y vuelto en mi posesión.

Cuento 27

Un caballero, teniendo dos hijos, enviólos a estudiar a
Salamanca, y, al cabo de algunos años, determinó de en-
viar por ellos. Venidos en su presencia, suplicó a cierto
doctor que les preguntase, para ver lo que habían depren-
dido [43], los cuales apartó en cierto retrete [44], y, preguntándoles, les dijo:

Cuento núm. 27. Cuentecillo tradicional que se lee en Melchor de
Santa Cruz, *Floresta española,* II, V, 17, pág. 78, y en Luis Zapata, *Miscelánea,* núm. 186 (textos reunidos en *Cuentecillos,* págs. 341-343). Cir-
culaba el cuento antes de que lo recogiera Timoneda: lo apunta, en efecto, el recopilador de los *Dichos graciosos de españoles* (núm. 83):
«Venían dos truhanes a servir al rey, y, queriéndoles examinar Velasquillo como principal, preguntóles si sabían nadar. El uno dijo que sí, y
el otro que no, Preguntóle el rey que qué le parecía de ellos, dijo:
—Señor, éste nada, y estotro nonada.»
Confirma plenamente Luis Galindo *(Sentencias filosóficas,* VIII, f. 120v.°-
121r.°) el carácter tradicional del cuento:
«*El uno nada, y el otro no nada*
Dícese este enigmilla en gracejo de dos igualmente ignorantes de letras.
Y es el cuento vulgar que, habiéndose entrado al examen dos estudiantes
para órdenes, halló el examinador que estaban idiotas y faltos de doctrina. Y, ocurriéndole, al parecer, el proverbio *Neque natare neque litteras
didicit,* quiso preguntarles, ya que no sabían de letras, si por lo menos
sabían nadar. A que el uno respondió que sí, y el otro dijo que no. De
donde el examinador dio su voto al obispo, diciendo: —*El uno, señor,
nada, y el otro no nada,* dando a entender equívocamente que ambos
eran inhábiles.»
Gonzalo Correas, *Vocabulario de refranes,* pág. 180a:
«*Uno nada, y otro nonada*
Por ambigüedad tiene gracia; «nonada» es: ninguna cosa; y «no nada»
es: que no sabe nadar.»
El fragmento latino que cita el doctor corresponde a la *Grammatica*
de Nebrija (véanse las notas 45 y 46 al texto del BUEN AVISO Y

---

[43] *Deprender:* Véase nota 11.
[44] *Retrete:* Véase nota 25.

—¿Qué quiere decir: *Femina mas que genus* [45]?
Respondió el primero:
—Señor, que la hembra es más que gente.
—¿Y: *Nullo mostrante, reponunt; mascula sunt tibi quasi* [46]?
Respondió el segundo:
—Que ninguno puede mostrar dónde ha puesto, si no es el macho, que le sabe la casa.
Riéndose de sus respuestas, dijo:
—¿En qué gastastes el tiempo?
Respondió el mayor:
—Yo, en saber nadar, señor.
—¿Así que nadar sabes?
Y, preguntando al otro si lo sabía, dijo que no. Con

PORTACUENTOS. El juego de palabras *«masque»*/«más que» constituye un equívoco, del que se originaron cantidad de chistes. Surge, en efecto, con frecuencia en los textos literarios:
—Lope de Vega, *La niñez del Padre Rojas*, II, BAE, 187, pág. 24.
—Lope de Vega, *El valor de las mujeres*, II, Acad. N., X, pág. 130a.
—*Entremés sin título*, COTARELO, núm. 17, pág. 73b, con explicación burlesca por el sacristán.
—*Entremés del Doctor Rapado*, COTARELO, núm. 55, pág. 216a. El doctor cita varios latinajos, entre los cuales: *Femina masque genus*.
—Quiñones de Benavente, *Entremés cantado: Los planetas*, COTARELO, núm. 243, pág. 561b. El dios Marte dice: «Ni *femina* más que *genus*.»
—Quiñones de Benavente, *El retablo de las maravillas*, COTARELO, núm. 247, pág. 570a. Dice el sacristán: *«Femina* más que *genus*.»

---

[45] El fragmento latino que cita el doctor corresponde a la primera regla del capítulo primero, *De genere nominum*, del libro segundo de la *Grammatica* de Nebrija, [B₈]r.°: *Foemina masque genus*...: «El sexo masculino y femenino el género gramatical...» La frase no queda completa sin el resto del verso: *nullo mostrante, reponunt*, pero se corta ahí para dar lugar al juego de palabras *«masque»*/ «más que». Para la fortuna de este equívoco, véase la nota al cuento.

[46] *nullo mostrante, reponunt* completa el hexámetro: «... establecen, sin necesidad de indicártelo nadie». El doctor prosigue, aunque incorrecta e incompletamente, con el hexámetro siguiente: *Mascula sunto tibi quasi mascula foemineumque*: «Así, tienes que considerar las cosas de sexo masculino, de genéro masculino, y lo femenino...» Está claro que los estudiantes no sabían ni las primeras lecciones.

esta relación salieron en presencia del padre, el cual preguntó:

—¿Saben algo esos mozos?

Respondió:

—Señor, el uno nada, el otro no nada [47].

Entendiendo la significación del vocablo, dijo:

—Eso pasa. Bien me agrada,
y no les cumple estudiar,
pues vemos que el uno nada,
sin lotro saber nadar.

Cuento 28

Por casar un honrado hombre con mujer de estrado y almohadilla [48], cada vez que le traía el comer, se le hacía de mal el aparejarlo en tanta manera, que cada día le importunaba que le comprase una esclava. Y, como su posibilidad no bastase, daba queja de ello a los padres de ella, y, viendo el poco caso que hacían de su querella, hizo pintar a un pintor en telilla [49] una esclava con un rétulo que la llamase Margarita, y, trayéndola a casa, dijo:

—Señora mujer, alegraos, que ya os he comprado una esclava. Hela aquí.

La cual fijó a la puerta de la cocina, y, trayendo la comida, dijo, de manera que lo oyese su mujer:

—Mira, Margarita, que guises esto cual de ti se confía.

La mujer, haciendo el sordo, no tocó nada. Vuelto el marido, y hallándolo del modo que lo dejó, descolgó vues-

---

Cuento núm. 28. Es cuento folclórico (T 1370) que sigue viviendo en la tradición asturiana *(Cuentos folklóricos,* núm. 133).

---

[47] *Nonada:* «Lo que es de poco momento» *(Cov.).* «Poco, o muy poco» *(Aut.).* Para el juego de palabras véase la nota al cuento.

[48] *Estrado:* «El lugar o sala cubierta con la alfombra y demás alhajas del estrado, donde se sientan las mujeres y reciben las visitas» *(Aut.).* *Mujer de estrado y almohadilla:* Mujer no acostumbrada a los quehaceres de la casa. Cfr. ALONSO DE OVALLE, *Historia de Chile,* 6,16 *(ap. Aut., s. v. estrado):* «Aquellas señoras, acostumbradas a su estrado y entretenimiento voluntario de su almohadilla, hubieron de sujetarse a tomar la escoba en la mano.»

[49] *Telilla:* «Tela delgada» *(Aut.).*

tra pintura, y púsola sobre las espaldas de su mujer, y,
con un palo que traía escondido, empezó de sacudir, diciendo:
—Perra Margarita, de aquí adelante haréis lo que yo os
mando.
De tal manera le dio, que la dejó bien molida. Dando
parte la mujer a su padre de la facecia [50], le respondió:

> —Si el marido se desmanda,
> hija, es causa tu regalo.
> ¿Quiéreslo hacer bueno de malo?:
> haz siempre lo que te manda:
> harás que no mande el palo.

Cuento 29

Estant una honrada de mare posant a sa filla, donzella
de edat de deu anys, unes vetetes de seda encarnades, per-
fumades, en uns tapins daurats, li dix l'autor la seguent
cobla baix escrita:

> —No poseu exes vetetes
> en tapins que son llapasses
> per a semblants donzelletes,
> perquè elles, com son baguetes,
> sent grans, poden ser bagasses.

Cuento núm. 29. Para este cuento Timoneda podría haberse inspirado
en Hortensio Lando, *Oracoli de' moderni ingegni*, f. 75r.º-v.º.
«Veggendo [la S. Paola Trivulza] che la S. Tebalda Raspona troppo
teneramente allevava le sue figliuole, le disse: —Ricordatevi, signora, che
le molte delizie aprono la strada alle impudizie.»
Confróntese, no obstante, con el refrán de Hernán Núñez, *Refranes o
Proverbios*, f. 120r.ºb, «Si mucho las pintas y regalas, de buenas hijas,
harás malas», que también recoge Gonzalo Correas, *Vocabulario de refranes*, pág. 289b.

---

[50] *Facecia:* «Es lo mesmo que novela, patraña o cuento gracioso que
se remata con un dicho agudo y donoso, que nos hace reír» *(Cov.).*

TRADUCCIÓN:

Estando una honrada madre colocando a su hija, una niña de diez años, unas cintitas de seda encarnadas, perfumadas, en unos chapines [51] dorados, el autor le dijo la siguiente copla que a continuación se escribe:

—No adornéis con esas cintitas
chapines que para los candores
son de lampazos [52] frutos y flores,
pues las que ahora son lazaditas,
pueden ser lazadotas [53], mayores.

Cuento 30

Un hidalgo, como tuviese sus traviesas y datas y presas [54] con una cortesana, y llevase gran alboroto de anillos en las manos, estando ella un día burlándose con él, queriéndole sacar un anillo de los dedos, dijo:

—¡Paso! [55], señora: no tanta afición en anillos, porque basta que me quitó un otro el otro día.

—No puedo hacer más, señor, porque éste me contenta. Dijo el hidalgo:

—¿Éste? Pues yo se lo enviaré.

Y, en lugar del anillo, le envió el presente soneto:

---

[51] *Chapín:* «Calzado de las mujeres con tres o cuatro corchos» *(Cov.).*

[52] *Lampazo:* Planta que Covarrubias da como «muy conocida», y que el *Diccionario de Autoridades* describe de la siguiente manera: «El tallo es blanquecino, encima del cual arroja una florecita de color purpúreo y unos cadillos ásperos y espinosos del tamaño de avellanas, que regularmente se pegan a la ropa» (cfr. Alcover, *s. v. llapassa*). La metáfora de Timoneda identificando con los lampazos los chapines dorados (el texto dice *tapins que son llapasses:* chapines que son lampazos), se debe, pues, a las flores de dicha planta por el color, y a sus frutos por la seducción de los atavíos hacia la deshonestidad.

[53] La eufemística traducción de *bagasses,* «rameras», por «lazadotas» está motivada por el intento de dar, en oposición a «lazaditas», una idea del juego de palabras *«baguetes»/«bagasses»* del texto.

[54] *Traviesas y datas y presas:* Parece una expresión tomada del juego.

[55] *Paso:* «Interjección, para cohibir o refrenar a alguno, o para poner paz entre los que riñen» *(Aut.).*

SONETO

Señora, no tratéis de esas burletas.
Cata, que es gracia, ¿y más anillos quiere?
Mal año me dé Dios, si nos le diere
al tiempo que no uséis de chanzonetas [56].

Mas, como estas señoras son discretas
en querer más al que con más cayere,
jamás las veis doler del que se muere,
que a sola la moneda están sujetas.

¡Qué necio está el que pinta al dios Cupido
desnudo, en arco y flechas inmortales,
pues no hay de estos Cupidos en el suelo!

Pintarlo deben, ya de hoy más, vestido,
en una mano un bolsón de reales,
en otra, raso, felpa o terciopelo.

Cuento 31

Solía decir el autor Montidea que había tres casamenteros en esta vida, que eran los ojos, los oídos y las manos,
y que el primero y el postrero eran los que más casamientos hacían, y erraban en esta vida. Preguntándole un gentilhombre de qué manera eran los tres casamenteros, respondió:

—De ésta: que, cuando el hombre se contenta de la mujer, es con los ojos, por parecerle hermosa, o con los oí-

---

Cuento núm. 31. Cuento de fuente erudita: Plutarco, *Normas con-*
yugales, 24, y Erasmo, *Apophthegmata,* VI, *Varie Mixta,* 99, pág. 538
(Fuentes clásicas, pág. 83). Timoneda, que arranca el apotegma de un
pretendido pensamiento habitual suyo, cuando lo era de Olimpia, la madre de Alejandro Magno, debió de adaptarlo de Támara, f. 298r.º. En la
forma clásica lo incluye también Conrado Lycosthenes, *Apophthegmata,*
pág. 791a.

Erasmo, *Colloquia familiaria, Uxor,* págs. 203-204, plantea la misma
crítica del casamiento con los ojos, y no con los oídos, pero desde el
ángulo de la elección de marido, y no de mujer.

Figura en Melchor de Santa Cruz, *Floresta española,* VI, IV, 4, página 161, y VI, IV, 8, pág. 162.

---

[56] *Chanzoneta:* «Diminutivo de chanza. Palabra placentera y jocosa
de fiesta y chanza» *(Aut.).*

dos, por las virtudes que dicen de ella, o con las manos, por holgarse de tocar con ellas el dote que trae.

Por tanto, quien con los ojos
y manos quiere casarse,
y cerrare los oídos,
si afrenta hubiere y enojos,
de sí mismo ha de quejarse,
y no de los tres sentidos.

Cuento 32

Siendo cautivos marido y mujer, y un hijo y padre de la dicha señora, junto de Escocia, de turcos cosarios, por ser ella tan hermosa y afable, fue presentada al gran Turco. La cual fue puesta bajo el servicio de su mujer, y, por sus buenos servicios, a cabo de tiempo alcanzó libertad, no tan solamente para ella, pero aún le otorgó el Turco para otra persona que ella quisiese. Y, como le pidiese la libertad de su padre, y se olvidase del marido y hijo, maravillóse en extremo. A lo cual respondió ella diciendo:

—¿De eso se maravilló?
Sepa que hijo querido
puedo cobrar, y marido,
pero otro padre no.

Cuento núm. 32. Cuento de fuente erudita: Heródoto, *Historias*, III, 119; Sófocles, *Antígona*, 909-912 (pasaje utilizado por Aristóteles, *Retórica*, III, 16); Plutarco, *Del amor fraternal*, 7; Erasmo, *Apophthegmata*, VI, *Varie Mixta*, 100, pág. 538. La protagonista de esta historia era la esposa de Intafernes, cautiva de Darío I (con quien Antígona parece identificarse). Timoneda, que ha tomado el relato de Erasmo, a través de la traducción de Támara, f. 298r.°, la ha sustituido por una cautiva del Gran Turco, y ha variado, además, el pariente para el que la mujer pide la libertad, que, de ser el hermano (con la imposibilidad de tener otro por haber muerto los padres), ha pasado a ser el padre.

La extraña conducta de la esposa de Intafernes, intentando la libertad del hermano, y no del marido o un hijo, tuvo también acogida en otras colecciones latinas de apotegmas: Baptista Fulgoso, *De dictis factisque memorabilibus*, V, 5, ff. 159v.°-160r.°; L. Domicio Brusoni, *Facetiarum exemplorumque libri*, II, 39, pág. 143; Conrado Lycosthenes, *Apophthegmata*, pág. 285b.

Cuento 33

Yéndose paseando por una sala un gentilhombre, famosísimo músico, traía unas botas blancas cortadas muy gallardas, sino que la suela de la una de ellas estaba descosida. Pareciendo muy feo aquello, otro gentilhombre poeta, que le estaba mirando, le dijo esto de repente:

—De tantos puntos [57] que dáis
sobrados en la vihuela,
echad tres en esa suela.

Cuento 34

Entrando un gentilhombre en una venta, pedía al huésped si había qué comer. Respondiendo que no, vido a dos pasajeros [58] que tenían un conejo asado en mesa, a los cuales dijo:

—Hermanos, ¿puedo caber en la compañía con mi tanto?

Diciendo que sí, asentado, viendo que tenía poca autoridad [59] para los tres, usó de esta maña, estándolo cortando, que dijo:

—Desde agora apuesto, hermanos míos, dos reales contra uno, a que me como los huesos y todo de él, sin dejar nada.

Reprochando que no, pusieron sus apuestas, y el gentilhombre comenzó de comer solo su conejo muy a placer, dejando los huesos en un plato. Acabado que hubo, dijeron los bausanes [60]:

—¿Y los huesos?

Cuento núm. 33. El mismo cuento aparece en Melchor de Santa Cruz, *Floresta española*, VI, II, 6, págs. 154-155.

---

[57]   *Punto:* «En los instrumentos músicos es el tono determinado de consonancia, para que estén acordes» *(Aut.).*
[58]   *Pasajero:* «El que pasa, o va de camino, de un lugar a otro» *(Aut.).*
[59]   *Tener poca autoridad:* No bastar.
[60]   *Bausán:* «Bobo, estúpido y tardo, que se le cae la baba» *(Cov.).*

Respondió:

—Los huesos también me los comiera, sino que no los
he gana.

Replicaron:

—Pues, ¡sus!, los dos reales son perdidos.

Respondió el gentilhombre:

—Mis dos reales, señores,
si los llamastes perdidos,
yo los llamo vencedores,
no perdidos, mas comidos,
comidos [61] descubridores
de hombres simples y entendidos.

Cuento 35

Estando dos compadres [62], medio poetas, cenando en
chacota, atestáronse tanto, que remanecieron cueros [63], y,
a la postre, ya que hubieron alzado la mesa, vino el uno
a vaciar todo el vino que quedaba en la taza, y, estándole
rogando el otro que le dejase de él, respondió:

—Sí, de ese mal seréis guardado.

Al fin, bebiendo, y no pudiendo más, le dejó más de la
mitad, y dióselo, con decir lo que se sigue, y el otro respondiendo:

—Tomad, bebed a contento:
no quiero con vos discordia...
—Daca [64], compadre, bien siento
que, por faltaros laliento,
sobró en vos misericordia.

---

[61]   *Comidos* tiene aquí valor de superlativo.
[62]   *Compadres:* Véase nota 13.
[63]   *Cuero:* «Significa la odre del pellejo del cabrón, y, por alusión, el
borracho, por estar lleno de vino» *(Cov.).*
[64]   *Daca:* «Lo mismo que Da acá, o Dame acá» *(Aut.).*

Cuento 36

A un liberalísimo rey presentó una vez un famoso poeta, por causa de su coronación, ciertos versos en griego, al cual mandó dar el rey cien escudos. Visto esto por otro poeta, diestro de hacer macarrónicos versos, compuso estos cinco sobre el mismo caso, y dióselos al rey, codicioso de haber otros tantos:

Pues que das ya sin mentir,
Rey de gran merecimiento,
con tu corona reír,
dame algún contentamiento,
porque pueda más servir.

El rey, como conociese su deseo, mandóle dar los versos del poeta griego, el cual los tomó por buena crianza, y dijo:
—¿Qué me da aquí vuestra Alteza?
Respondió el rey:
—Cien escudos que me costaron.
Replicó el poeta:
—¿No vee vuestra Alteza que yo esto no lo entiendo?
Respondió el rey:

Cuento núm. 36. Este cuento de Timoneda ofrece reminiscencias de una larga historia, que refiere Erasmo, *Colloquia familiaria, Convivium fabulosum*, págs. 345-346, y reproduce a la letra L. Domenichi, *Facezie, motti e burle*, lib. III, ff. 72 v.°-73 v.°. En ella un campesino regala a Luis XI de Francia un nabo, que el rey agradece con mil escudos de oro. Codicioso de recibir una recompensa mucho mayor, un cortesano le regala un hermoso caballo, pero el rey se lo paga con el nabo del campesino. Dicha historia se relata también, con alguna variante, en el cuento núm. 5 de Joan Aragonés (véase la nota a dicho cuento).
    La fuente directa de Timoneda es, sin duda, Domenichi. El texto se aproxima en el encarecimiento de la donación por parte del rey: «una gioia che gli era costa mille scudi» (y Domenichi, a su vez, repetía las palabras de Erasmo: «cimelio, quod sibi constitisset mille coronatis») / «cien escudos que me costaron».

—Basta que te entiendo a ti,
sin tú querer entenderte,
que por eso te los di,
si bien quieres conocerte.

Cuento 37

Un caballero que servía a cierta dama, como preguntase
a un escudero que venía con ella si le sabría decir una cosa
que le convenía saber de su señora, y el escudero le respondiese que no sabía, dijo el caballero:

—Anda allá, necio, que mientes.

Replicó el escudero:

—Más necio sois vos, por cierto,
pues, sin por qué, me queréis
preguntar lo que sabéis.

Cuento 38

Ciertos chacoteros, cansados de ir haciendo el asno por
la ciudad, a la media noche tocaron a la puerta de un
doctor, llamándolo con grande instancia, porque un hombre estaba muy malo; el cual se levantó, y, parándose a la
ventana, dijo:

—¿Qué es lo que queréis, señores?

Respondieron:

—Saber de vuestra merced en qué sino está la luna.

El dotor, como se hallase un cántaro de agua que tenía
a la ventana para serenar, arrojando de ella encima de los
preguntantes, dijo:

—En *Aquarius* está, cierto,
porque, sin daros respuesta,
el agua lo manifiesta.

Cuento núm. 37. Cuento de fuente erudita: Plutarco, *Apotegmas*, Lacedemonios, Lacedemonios desconocidos, 66, y Erasmo, *Apophthegmata*,
II, *Lacones innominati*, 65, pág. 129 *(Fuentes clásicas*, págs. 84-85). Timoneda lo ha tomado de Támara, f. 312r.°.

Cuento 39

Habiendo dado respuesta al rey Alejandre cierto oráculo de sus dioses, que hiciese sentenciar al primero que entrase por la puerta de la ciudad, acaso el primero que entró fue un arriero que iba con un asno delante. Y, como le prendiesen y fuese llevado delante del rey, dijo con gran osadía:

—¿Por qué tengo de morir, Rey?

Respondió:

—Porque los dioses mandaron que el primero que saliese hoy por el portal [65] fuese condenado a muerte.

Dijo el arriero:

—Si eso es ansí, Rey, y lo mandó el oráculo, por otro se entiende, que no por mí.

—¿Por quién? —dijo el rey.

Respondió:

—Por mi asno, que iba delantero.

Gozándose mucho el rey de esta sotileza, mandó matar al asno, y no al hombre.

Sotileza de arriero,
que, por saber bien hablar,
de muerte se fue a librar.

Cuento núm. 39. Cuento de fuente erudita: Valerio Máximo, *Factorum et dictorum memorabilium libri IX*, VII, 3, *ext.* 1, y Erasmo, *Apophthegmata*, VI, *Varie Mixta*, 9, pág. 501 *(Fuentes clásicas*, págs. 85-86). La fuente directa de Timoneda podemos considerar que es, como en tantos cuentos, Erasmo, a través de la traducción de Támara, ff. 328v.°-329r.°.

La historia de Alejandro y el arriero la recogían también el *Libro de los ejemplos*, núm. 118; Petrarca, *Rerum memorandarum libri*, III, 27, 1-4; L. Domicio Brusoni, *Facetiarum exemplorumque libri*, II, 3, pág. 74, y Conrado Lycosthenes, *Apophthegmata*, págs. 660b-661a y 711b. Posteriormente la incluyó en su colección L. Guicciardini, *L'Hore di ricreatione*, págs. 234-235, traducción de Vicente Millis Godínez, f. 180r.°-v.°.

---

[65] *Portal:* «Se llama en Aragón y Valencia la puerta de la ciudad» *(Aut.).*

Cuento 40

Un necio y desatinado de hombre tenía siempre pensamiento de ahorcarse, diciendo que era condenado ya para el infierno, que ni hombres doctos, ni de santa vida, habían abastado [66], con exhortaciones católicas, de quitarle tan mal pensamiento, si no fue un compadre [67] suyo, que le dijo:

—Decí, compadre, si decís que os queréis ahorcar, porque estáis condenado para el infierno, pues sabéis que allí no hay sino penas y tormentos, necedad me parece a mí ir temprano a penar.

A lo cual respondió:

—Bien decís,

> no podéis más agradarme.
> Yo os doy palabra cumplida,
> compadre, de no ahorcarme
> en los días de mi vida.

Cuento 41

Determinándose de ahorcar un rico avariento, a causa de habérsele derramado tres tinajas de aceite, compró, para que saliese más barato su negocio, soga de esparto, y, como se la probase, poniéndosela al cuello, parecióle tan áspera, que determinó que fuese de cáñamo. Y, tomándola bajo la capa, se fue a los sogueros, y, recateando [68] en el

---

Cuento núm. 40. Cuento procedente de Pero Mexía, *Silva de varia lección,* parte 3.ª, cap. 23, tomo II, págs. 129-130, donde el protagonista es un caballero, y la persona que le disuade de su desatino, un religioso de la orden de Santo Domingo.

Cuento núm. 41. Gerardo Tuningio, *Apophthegmata gallica,* pág. 14, y Ambrosio de Salazar, *Las clavellinas de recreación,* núm. 1, págs. 9-10, presentan unidos, en una única y esquemática narración, dos cuentos de avaros, que se corresponden con éste y el núm. 2 del PORTACUENTOS.

---

[66] *Abastar:* «Lo mismo que bastar» *(Aut.).*
[67] *Compadre:* Véase nota 13.
[68] *Recaterar:* «Lo mismo que regatear» *(Aut.).*

trueque por cinco o seis días, que volvería cuatro maravedís, fue tan importuno que le dijo el soguero:

—¡Oh, pese a tal con vos y vuestra soga! Si para ahor-
caros la queréis, desde agora os la daré de balde.

Como oyese de balde, juntó con él y dijo que sí, que
para eso la quería.

—¿Para eso? —dijo el soguero—. Haceme albalán de
vuestra mano.

Y ansí lo hizo, y se la dio, y en el mismo día remaneció
ahorcado. La cual mezquindez manifestó el soguero al alcalde, mostrando el albarán por testimonio.

Aqueso tiene el avaro:
que el remedio de su mal
le viene a parecer caro,
como a éste su dogal.

Cuento 42

Una señora, que era boquirrota, estando platicando con
su comadre [69] cómo su marido le vareaba el cuerpo y le
peinaba los cabellos con los dedos, le dijo la comadre, sabiendo que era de ella la culpa.

—Señora, yo os daré una melecina muy apropiada, para
que vuestro marido no se desmande con vos.

Respondió la dicha señora:

—¡Ay, comadre mía, dádmela por vida vuestra!

Dijo:

—La melecina que yo os daré es esta redomica de agua,
la cual tiene tal virtud, que destierra las pendencias de entre marido y mujer. Por tanto, cuando vuestro marido em-
pezare a reñir, poneos una poca de ella en la boca, y no
la echéis hasta que conozcáis que se le ha pasado el enojo.

Cuento núm. 42. Cuento folclórico (T 1429*) que recogen varios escritores españoles, de Jerónimo de Alcalá Yáñez a Hartzenbusch (*Cuentos folklóricos*, núm. 147).

---

[69]   *Comadre:* Véase nota 7.

Como por diversas veces lo hiciese ansí, y el marido no tenía ocasión para darle, preguntóle quién le había dado aquel consejo de callar.

Respondió:

—¿Consejo, marido? No es sino una agua de mucha virtud, que me dio mi comadre, para ponerme en la boca, cuando reñís.

Dijo el marido:

—No está en lagua la virtud,
mas puesta en la discreción
de quien os dio la lición.

Cuento 43

Habiendo casado un oficial con una doncella, la cual le había pintado el padre por muy humilde, sin saber mal responder, por probar si era ansí, trajo un día carne, y diola a su mujer, diciendo:

—Aparejad eso.

Viniendo a comer, como la sacase ya guisada en tabla [70], dijo:

—¡Óyese a tal con vos!, ¿yo no os dije que la hiciésedes cocida?

La mujer, callando, trájole otro día la carne y púsola colgada de un clavo, y fuese de casa. Ella, viendo que se tardaba, asóla, y, viniendo a comer, sacándosela delante, dijo:

—Mujer, sé que yo no os pedí la carne asada.

A lo cual también calló. Otro día trájole pescado, diciendo:

—Adrezad eso.

Cuento núm. 43. Cuento folclórico (T 1408 B) que también aprovecha Jerónimo de Alcalá Yáñez en *El Donado hablador*, pág. 1301 *(Cuentos folklóricos,* núm. 138).

---

[70] *Tabla:* «La mesa donde comemos» *(Cov.).*

Ella entonces hizo cocido y frito de él, y, como lo tuviese puesto en tabla, vino el marido a comer, y una gallina, saltando en la mesa, cagóse en el pescado frito. Ella, de presto, porque no lo viese, apartó el que estaba sucio en otro plato, y púsole un pañizuelo [71] encima, y, estando asentado, diole primero el pescado cocido. Él, en verle, dijo:

—¿Qué es esto, mujer?, sé que yo frito lo quería.

Respondió:

—¿Frito? No os enojéis, marido, que veis aquí frito.

En verle, dijo:

—Con mierda lo quería.

Ella, de presto, alzó el pañizuelo, diciendo:

—Tome, que no ha de faltar: veis aquí con mierda.

Viendo esto el marido, dijo:

> —No se puede bien probar
> de la mujer su humildad,
> si no es con necedad.

Cuento 44

Estando en vesita dos hermanas muy bien casadas, que la una tenía hijos muy bien criados y humildes, y la otra bellacos en extremo, decíale la de los hijos rebeldes:

—Hermana, mira cuánto me quiere mi marido, que agora postreramente me ha hecho una saboyana [72] de raso a la usanza, y basquiñas [73], y manillas [74], y cadena de cincuenta escudos. Y vos, ¿qué tenéis?

Cuento núm. 44. Cuento de fuente erudita: Valerio Máximo, *Factorum et dictorum memorabilium libri IX*, IV, 4, *praef.*; Plutarco, *Apoteg-*

---

[71] *Pañizuelo:* «El lienzo de narices, que nuestros mayores llamaron mocadero» *(Cov.).*

[72] *Saboyana:* «Ropa exterior de que usaban las mujeres, a modo de basquiña abierta por delante. Diósele este nombre por haber venido de Saboya» *(Aut.).*

[73] *Basquiña:* «Ropa o saya que traen las mujeres desde la cintura al suelo» *(Aut.).*

[74] *Manilla:* «El adorno que traen las mujeres en las muñecas, compuesto de unas sartas que dan varias vueltas, de perlas, corales, granates u otras cuentas. Llámase así por traerse en las manos» *(Aut.).*

En esto entraron por casa los hijos que salían de la escuela, y, como bien criados, arrodilláronsele delante, y, besándole las manos, volvióse a su hermana, diciendo:
—Los ornamentos que me ha hecho mi marido, y de que yo más me precio y honro, son éstos, hermana mía.

> Dio a sentir la virtuosa,
> con sus dichos delicados,
> que no hay cosa más hermosa,
> ni más rica, ni honrosa,
> que los hijos bien criados.

Cuento 45

Cierto mercader, porque casase honradamente un hijo que tenía, hízole donación de todos sus bienes con albarán de su mano, y, por semejante necedad, el hijo y nuera le trataban mal, y el viejo, buscando vías y modos por cobrar su albarán, para romperle, vino un día que, teniendo el hijo convidados, mandó al padre que estuviese a la puerta de la sala, por mirar quién entrase y saliese, y guardase la plata. El padre, contento, estando allí, usó de esta astucia, que empezó a dar voces, diciendo:
—Ladrón, ¿bofetón a mí?, ¿a mí bofetón?

A las cuales salió el hijo y los convidados, y, por bien que le importunaron, por jamás quiso decir quién le había dado, hasta en tanto que el hijo le restituyó la donación y la rompió, diciendo que lo hacía por restaurar los bienes,

---

mas, Lacedemonios, Lacedemonias desconocidas, 9; Erasmo, *Apophthegmata*, VI, *Varie Mixta*, 1, pág. 538, y II, *Lacaenae*, 16, pág. 149 *(Fuentes clásicas*, págs. 86-87).

Timoneda, introduciendo invenciones argumentales, ha fundido aquí dos apotegmas muy parecidos: de uno (el de Valerio Máximo), la protagonista era Cornelia, la madre de los Gracos; del otro (el de Plutarco), una lacedemonia desconocida. Ambos aparecen en Erasmo, y también en Juan Luis Vives, *De institutione foeminae christianae*, II, *De liberis et quae circa illos cura*, pág. 259, traducción castellana, f. 124r.°. Timoneda parece haberlos tomado de Támara, ff. 292r.°-v.° y 298r.°-v.°.

Más tarde, Ambrosio de Salazar, *Las clavellinas de recreación*, núm. 2, págs. 23-24, recoge el relato de Cornelia.

por si mataba a quien le había hecho tal afrenta. Persuadido que lo dijese, dijo:

—Tú, hijo, eres el que me diste el bofetón, pues, teniendo convidados, en lugar de ponerme a cabecera de mesa, me pusiste por guarda plata. Agora harás lo que yo quiero, y no yo lo que tú quieres. Quédate a Dios.

Astucia nunca pensada,
vergüenza de los ausentes,
lición para los presentes
de jamás ser olvidada.

Cuento 46

Había este escrito sobre una silla, o tribunal, a do se asentaba el gobernador de aquella ciudad, que decía ansí:

De do te asientas, saliste,
y de este mundo saldrás,
si, por donde fue, tú vas.

Preguntando un extranjero a un ciudadano de la mesma ciudad, estando en juicio el gobernador, qué significaba aquello, respondió:

—Habéis de saber que el padre de este gobernador hizo

Cuento núm. 46. Cuento de fuente erudita: Heródoto, *Historias*, V, 25, y Valerio Máximo, *Factorum et dictorum memorabilium libri IX*, VI, 3, *ext.* 3 *(Fuentes clásicas*, pág. 87). Timoneda, que ha impersonalizado en «el rey» al protagonista de la historia, Cambises, es muy posible que la conociera por la traducción de Hugo de Urriés, f. 141v.°b, de la obra de Valerio Máximo.

Este ejemplo de Cambises se difundió en textos medievales: los *Gesta romanorum*, núm. 64, donde el protagonista es un *imperator;* y, con referencia a Valerio Máximo, el *Libro de los ejemplos*, núm. 223.

También en las colecciones latinas del siglo XVI: L. Domicio Brusoni, *Facetiarum exemplorumque libri*, III, 10, pág. 188; Ravisio Textor, *Officina*, I, pág. 90.

Por último, figura en Sebastián de Covarrubias, *Tesoro de la lengua castellana*, pág. 461a.

una sinjusticia [75], y el rey, por aquello, le mandó justiciar, y su cuero adobar muy lindamente, y después aforrar aquella silla que veis. Y dio el palo [76] a su mesmo hijo, que es ese que veis sobre él asentado, y, porque tema de hacer otro tal, y sea manifiesta la justicia que se guarda en esta ciudad, está puesto allí el verso que veis.

Cuento 47

Reprehendiendo una vez cierto juez a un desvergonzado, que, sin temor ni vergüenza de Dios, se había casado cinco o seis veces, después de haberle dado una corrección fraterna, díjole a la postre, por saber qué era su intención:

—¿Una mujer no bastaba
tomar para ti sin pena?
Respondió en cara serena:
—Sí bastaba, y aun sobraba,
mas yo buscaba una buena.

Cuento 48

Mandóle un procónsul al pintor Apeles que le pintase un valeroso capitán a caballo, armado con su espada en la mano, y el caballo y él puestos de patas arriba: la causa que, con su animosidad, era caído de una puente abajo, y

---

Cuento núm. 47. Procede el cuentecillo —y proceden los versos— del *Diálogo de mujeres* de Cristóbal de Castillejo (vv. 527-534):

«"Di, ¿no te bastaba a ti
una mujer como a mí,
como el sacro sacramento
nos lo ordena?"
Respondióle muy sin pena,
como quien de él se burlaba:
"Sí bastaba, y aun sobraba,
mas yo buscaba una buena."»

Cuento núm. 48. Cuento de fuente erudita: Valerio Máximo, *Factorum et dictorum memorabilium libri IX*, VIII, 12, *ext.* 3; Plinio el Viejo, *Naturalis Historia*, XXXV, 10, 36 (84-85); Erasmo, *Adagia, chil.* I, *cen-*

---

[75] *Sinjusticia:* «Lo mismo que injusticia» *(Aut.).*
[76] *Palo:* La vara de los ministros de justicia, insignia de su autoridad.

era muerto de aquella suerte. Traída su pintura, como el
procónsul la tomase en las manos, y vido que el capitán y
el caballo estaban de pies, dijo:

—¿Qué es esto, Apeles? Yo no lo he pedido de esta suerte.
El cual, sonriéndose, volvióle de cabeza abajo, diciendo:

—Helo aquí agora puesto como lo demanda.

En esta confabulación estábalos mirando un albéitar, y,
en mirar a los pies del caballo, dijo:

—En la una herradura falta un clavo.

Notando esto, Apeles, con un carbón, hízolo de presto.
Después dijo el mismo albéitar:

—El capitán está flaco de cintura.

A esto respondió Apeles:

—Los albéitares basta que sean jueces de bestias.

---

tur. 6, *prov.* 16, *Ne sutor ultra crepidam*, y *Apophthegmata*, VI, *Varie
Mixta*, 37, pág. 525. A estas fuentes hay que remitir el núcleo del cuento,
que Timoneda adaptó de los *Apophthegmata* de Erasmo, a través de la
traducción de Tamara, f. 337v.°: Apeles, aceptando el juicio de un albéitar —en las fuentes era un zapatero, de donde deriva el proverbio latino
Ne sutor ultra crepidam, y también nuestro refrán «Zapatero a tus zapatos»—, cuando le compete, y, rechazándolo, cuando no es de su in-
cumbencia.

El apotegma de Apeles aparecía también en L. Domicio Brusoni, *Facetiarum exemplorumque libri*, I, 10, pág. 37, y en Conrado Lycosthenes,
Apophthegmata, pág. 373a, y se aludía, además, a él en la *Silva de varia
lección* de Pero Mexía, parte 2.ª, cap. 18, tomo I, págs. 364-365.

El tercetillo final puede confrontarse con el refrán de Pedro Vallés,
Libro de refranes, B₄v.°; Hernán Núñez, *Refranes o proverbios*, f. 23r.°a,
y Gonzalo Correas, *Vocabulario de refranes*, pág. 378a, «Cada cual hable
en aquello que sabe».

Para la parte preambular del cuento, que parece una creación situacional de Timoneda, reemplazando la notación que hacían las fuentes de la
costumbre de Apeles de exponer sus cuadros y esconderse, para oír el
juicio de la gente, el escritor valenciano utilizó otro apotegma de la antigüedad: Plutarco, *Sobre los oráculos de la Pitia*, 5; Eliano, *Historia Varia*,
XIV, 15; Luciano, *Elogio de Demóstenes*, 24; Erasmo, *Apophthegmata*,
VIII, *Pauson*, 41, pág. 625. Lo hizo siguiendo la traducción de Támara,
f. 342r.°.

Este segundo apotegma, que protagonizaba el pintor Pauson, figuraba,
asimismo, en Conrado Lycosthenes, *Apophthegmata*, págs. 108a y 239b-
240a. Posteriormente reaparecerá, en versión francesa, y con pintor innominado, en Gerardo Tuningio, *Apophthegmata gallica*, pág. 9.

Quiso decir: nadie juzgue
en lo ajeno de su oficio,
que es de necedad indicio.

Cuento 49

Teniendo un rey un cuadro de sala para pintar, y no
hallando ningún pintor que lo pintase, a causa de que, en
no contentarle la pintura, la mandaba deshacer y apalear
al pintor, hubo un atrevido chocarrero, que, sin saber pintar, como supiese que el rey era cornudo, se atrevió de
decirle que se lo pintaría, pero con tal pacto que le diese
la llave de la sala, porque nadie entrase a ver su pintura,
hasta que la hubiese acabada. Contento el rey, para esto
pidióle, para colores y cosas necesarias, cincuenta ducados
y ración [77] para su persona. Dados los dineros, el bueno
del no pintor tuvo su entretenimiento de seis meses con
el rey, diciéndole que lo pintaba. Y, a la postre, teniendo
pasaje con una nave, dijo al rey:

—Mañana le quiero mostrar mi pintura acabada, pero es
bien que su Alteza esté avisado de la propiedad de ella,
y es que ningún cornudo la puede ver.

El rey, deseoso de saber si lo era, como se sospechaba,
encerróse solo con el pintor, y, hablando con él, señalábale
con una varilla la pared blanca, que maldita la figura que
había, diciéndole:

—Mire vuestra Alteza, en este primer cuadro, cuál está
Diana descuidadamente bañándose en esta cristalina fuente
con sus ninfas.

Cuento núm. 49. Es conocido cuento que aprovechan numerosos escritores, de Juan Manuel *(El conde Lucanor,* núm 32) a Baltasar Gracián
(El Criticón, III, IV, O. C., pág. 891a), pasando por el entremés cervan-
tino *El retablo de las maravillas (Cuentos folklóricos,* núm 187). A pesar
de que lo registran los catálogos de cuentos folclóricos (T 1620), no parece haber arraigado en la tradición española.

---

[77] *Ración:* «Parte o porción que se da a los criados, para su alimento
diario. Propriamente se llama así la que se da en dinero por paga del
servicio» *(Aut.).*

El rey, aunque no veía nada, por no descubrir que era cornudo, respondía:

—Sí, ya lo veo.

—Y, en este otro, ¿no ve vuestra Alteza Acteón cuán embebido se está mirándola, y convirtiéndose en ciervo?

Respondió el rey:

—Sí, veo.

—Y, en este otro, ¿cómo se mete, huyendo de sus canes, por este bosque arriba? Y, en este cuarto y postrero, entre esta entretejida y amenísima arboleda, ¿cuál le comen y despedazan sus canes?

Y el rey siempre respondiendo que lo vía, saliéronse de la sala y tomó la llave en su poder, y el chocarrero prontamente se embarcó. Y, por probar su pintura, tomó el rey muchos caballeros, y, puestos en la sala, manifestábales lo que el pintor le había relatado. Los cuales se sonreían, y otros le juraban que tal no había. Conociendo el rey la burla, y cuán cortesmente le había aquel chocarrero sosacado cincuenta escudos, y cuán delicadamente le dijo que era cornudo, mandóle buscar, para castigarle, y, no pudiendo haberle, mandó cerrar la sala para perpetuamente, y poner encima de la puerta estos tres versos, escritos de oro, que decían:

> Aunque por aquí salió
> mi desengaño y cuidado,
> mejor vivía engañado.

Cuento 50

Yendo un aguacil, paseándose por la ciudad de Zaragoza, vido una mujer puesta en su ventana, tan ataviada de seda y cargada demasiadamente de oro, que preguntó a sus criados:

Cuento núm. 50. Cuento de fuente erudita: Diógenes Laercio, *Historia de los filósofos*, VI, 10, y Erasmo, *Apophthegmata*, VII, *Antisthenes*, 40, pág. 553. Con creación situacional propia, Timoneda ha adaptado el apotegma, que protagonizaba Antístenes, y reproducía también Conrado Lycosthenes, *Apophthegmata*, págs. 269b-270a, de Erasmo, gracias a la traducción de Támara, f. 265r.º.

—Decidme, ¿quién es aquella dama?
Respondiéronle medio riendo:
—Señor, mujer de un zapatero es, que está en la misma casa.
Ansí, dijo él:
—Volvamos.
Y, parándose delante de ella, dijo:
—Señora, ¿qué armas tiene vuestro marido?
Respondió:
—¿Por qué lo pregunta vuestra merced?
Dijo el aguacil:
—Por saber si tiene hartas para guardaros.

> Con esto trató de moro
> al hombre que es oficial,
> si descarga su caudal,
> por cargar su mujer de oro.

Cuento 51

Habiendo sacado a la ventana una mujer enamorada [78] muchas piezas de lienzo, de tobajas [79] y pañizuelos [80], pasaron por la calle dos gentileshombres que la conocían, y dijo el uno de ellos:
—¿Habéis visto qué de telas ha tejido con las nalgas esta señora tan bellas?
Oyéndolo ella, respondió:

Cuento núm. 51. Este cuento procede de Poggio, *Facetiae*, núm. 64. En Poggio la dictora era una matrona, y no había respuesta por parte de la meretriz.

---

[78] *Enamorada:* «Siempre se toma en mala parte, como mujer enamorada o amiga» *(Cov.).*
[79] *Tobaja o taballa:* «Lo mismo que toaja o toalla» *(Aut.).*
[80] *Pañizuelos:* Véase nota 71.

—Pues sois mofador
de necias querellas,
mostradme, señor,
quién teje sin ellas.

Cuento 52

Representando una vez el autor una comedia en cierta
congregación de damas y señores, dijo a unos gentiles-
hombres que estaban charlatando:
—Señores, callen, si quieren, por cortesía, y dejen hacer
nuestro ejercicio.
Dijo el uno de ellos:
—Razón tenéis: haced vuestro oficio, farcero [81].
En esto el autor respondió:

—Decís verdad:
no dejo de ser farcero,
que no es poca habilidad
ser de los necios terrero [82].

Cuento 53

Habiendo un juez perdonado por diversas veces a un
mancebo ladrón de algunos hurtos que había hecho, a causa que le conocía, por ser hijo de un honradísimo padre,

___

Cuento núm. 53. Cuento de fuente erudita: Diógenes Laercio, *Historia de los filósofos*, VII, 23, y Erasmo, *Apophthegmata*, VII, Zeno, 23,
pág. 591 *(Fuentes clásicas*, pág. 89). La fuente directa de Timoneda en
este apotegma, del que era protagonista Zenón, ha sido, una vez más, la
traducción de Támara, f. 277r.º.
Con Zenón como protagonista, se halla el relato en L. Domicio Brusoni, *Facetiarum exemplorumque libri*, II, 38, pág. 138; en Conrado Lycosthenes, *Apophthegmata*, pág. 295b, y, más tarde, en L. Guicciardini,
L'Hore di ricreatione, pág. 90, traducción de Vicente Millis Godínez,
f. 65v.º.

___

[81]   *Farcero:* Farsante, comediante.
[82]   *Terrero:* «El objeto, o blanco, que se pone para tirar a él, y se usa
en sentido metafórico» *(Aut.).*

trujéronselo una vez delante por un hurto que hizo, y,
como le estuviese diciendo:
—Di, bellaco, ¿por qué no dejas de seguir tan mal vicio
como sigues?,
y él le respondiese:
—Señor, mis hados me inclinan, que no pueda hacer
otro, sino hurtar,
ansí dijo el juez:
—Pues los míos me convencen que te hayan de azotar.

Esto dijo por burlar
de algunos necios que arguyen,
que, si mal vienen a obrar,
a sus hados lo atribuyen.

Cuento 54

Un valeroso y esforzado general de campo, por cierta
necesidad de consejo de guerra que tenía, convocó en su
aposento los más expertos capitanes, y, como fuese muy
enemigo de olores, allegándole a las narices gran fragancia
de ellos, dijo a voces muy altas:

En Erasmo, Apophthegmata, II, *Lacones innominati*, 9, pág. 116, traducción de Támara, f. 306r.°, aparece otro apotegma muy semejante, de
personaje anónimo, que también acogió en su colección Conrado Lycosthenes, *Apophthegmata*, pág. 229b. Lo mismo hará L. Guicciardini,
L'Hore di ricreatione, pág. 11, traducción de Vicente Millis Godínez,
f. 3r.°.
   Cuento núm. 54. Teniendo en cuenta el gusto de Timoneda por la
creación de situaciones argumentales nuevas y propias, no parece demasiado aventurado pensar que, para este cuento, se inspirara en un apotegma de Zenón, que recogen Diógenes Laercio, *Historia de los filósofos*,
VII, 23, y Erasmo, *Apophthegmata*, VII, *Zeno*, 26, pág. 591, ya que es
claro el influjo de la traducción de Támara, f. 277r.°: «¿Quién es éste
que huele por aquí a mujer?» / «¿quién huele a mujer?».
   Es igualmente muy probable que Timoneda conociera otros de los
exempla reprobadores de los hombres que huelen a ungüentos, de los
cuales reseñaba varios fray Antonio de Guevara, *Epístolas familiares*, parte 2.ª, carta 42, tomo II, págs. 439-448.

—¡Váleme Dios!, ¿qué es aquesto?
Decí: ¿quién huele a mujer?
¡Suso!, sálgase de presto,
porque aquí no es menester.

Un capitán de aquellos, sintiendo que por él lo decía,
que llevaba unos guantes muy olorosos en las manos,
echólos por una ventana abajo, diciendo:

—Hablar puede muy seguro,
pues quien a mujer olía,
no está en nuestra compañía.

Cuento 55

Un senador de Roma, como fuese importunado de su
mujer que le dijese lo que se trataba en el senado, por
complacer a su apetito, le dijo, fingiendo, que ciertos ago-

Cuento núm. 55. Cuento de fuente erudita: Plutarco, De la charlatanería, 11. En la traducción de las Morales de Plutarco de Diego Gracián, Alcalá, 1548, no figura este tratado. Timoneda pudo conocer el
relato por vía oral, pero la fidelidad de su versión al original clásico hace
pensar, más bien, en una fuente escrita.

Muy parecida a esta historia de la esposa del senador romano es la
famosa del niño Papirio Pretextato, que, conminado, en este caso por su
madre, a descubrirle el secreto de lo tratado en el Senado, inventa, asimismo, una mentira, para acallarla.

El ejemplo de Papirio Pretextato, que procede de Aulo Gelio, Noctes
Atticae, I, 23, y Macrobio, Saturnalia, I, 6, 18-26, se consigna en nu-
merosas colecciones: Gesta romanorum, núm. 120; Libro de los ejemplos,
núm. 394; Baptista Fulgoso, De dictis factisque memorabilibus, VII, 3,
f. 218r.°; L. Domicio Brusoni, Facetiarum exemplorumque libri, IV, 1,
págs. 256-257; Pero Mexía, Silva de varia lección, parte 1.ª, cap. 4, tomo I, págs. 33-35. También en L. Guicciardini, L'Hore di ricreatione,
páginas 128-130, traducción de Vicente Millis Godínez, ff. 95r.°-96v.°, y
Ambrosio de Salazar, Las clavellinas de recreación, núm. 153, págs. 264-
268.

El tópico de la incapacidad de la mujer para guardar un secreto, puede
confrontarse con el tercetillo 71 de los Trescientos proverbios, consejos y
avisos de Pedro Luis Sanz: «¿Quieres no celar secreto?: / descúbrelo a
una mujer, / que luego se ha de saber.»

reros habían visto una golondrina, con un capacete [83] de fuego en la cabeza, y, porque no sabían determinarse si aquello significaba guerra o pestilencia, se detenían cada día tanto en consejo, pero que le suplicaba que lo dicho tuviese secreto, y que no lo dijese a nadie. Como si le dijera que lo publicase, vista la presente, lo fue a decir a su criada, y la criada lo dijo en el horno, y del horno fue luego la mentira salida a la plaza, añadiendo que habían visto una golondrina con un capacete de fuego, y una lanza, y espuelas en los pies. Tratando esto, pasó el senador, y juntaron con él algunos amigos suyos, diciendo:

—Señor, ¿qué nos dirá sobre esta golondrina que ha parecido con capacete, y lanza, y espuelas?

Maravillado el senador al oír la burla, respondió:

—Sé decir que el mentiroso
la mentira va creciendo,
la verdad escureciendo.

Cuento 56

Tiniendo noticia un rey que un astrólogo había pronosticado que dentro de aquel año había de morir, mandóle llamar, y díjole:

—Ven acá, astrólogo: quien pronosticase lo que te ha de acontecer dentro de un mes, ¿no sería más verdadero astrólogo que tú?

Respondió:

—Sí, señor.

Dijo el rey:

—Pues tú has de ser azotado, y, después, ahorcado. Tirad, criados míos, haced lo que yo os mando.

Dijo entonces el astrólogo, llorando:

Cuento núm. 56. Para este cuento Timoneda parece haberse inspirado en la misma fuente de Jacques de Vitry que para el cuento núm. 2.

---

[83] *Capacete:* «Casco de hierro hecho a la medida de la cabeza, para cubrirla y defenderla de los golpes y cuchilladas» (*Aut.*).

Suplico a su Alteza que tan mala planeta [84] no caya sobre mí.
Respondió a esto el rey:
—Pues confiesas que en mi mano están las planetas mejor que en la tuya, yo te perdono.

> Y mira: de aquí adelante
> deja de pronosticar
> en cosa particular.

Cuento 57

Vino de las Indias un hombre, no de los muy avisados,
riquísimo, el cual, siendo en Sevilla, se vistió de seda y
cargó de oro, y, como un primo suyo encontrase con un
grande amigo que le conocía, le dijo:
—¡Oh, señor!, ¿no ha visto vuestra merced mi primo
qué tal va?
Respondió:
—Sí, señor, ya vi caballo cubierto de seda y oro.

> Con la presente respuesta,
> aunque fue un poco molesta,
> le vino a tratar de bestia.

Cuento 58

Llevaban preso unos aguaciles a un delincuente, para
presentar delante de un rey, y, como fuese muy desma-
yado, dijéronle:
—No hayas miedo de parecer delante sus ojos, porque
él habrá misericordia de ti.
Respondió el preso:

Cuento núm. 58. Cuento de fuente erudita: Plutarco, *Cuestiones convivales*, II, 1, 9; Macrobio, *Saturnalia*, VII, 3, 12, y Erasmo, *Apophthegmata*, VI, *Varie Mixta*, 48, pág. 518. Con omisión de los personajes

---

[84] *Planeta:* Suerte, destino.

—No me lo podéis hacer bueno vosotros eso, teniendo la presente respuesta dos significaciones: algunos dijeron que quiso decir, que no le aseguraban ellos que el rey usase con él de misericordia; otros, que, siendo el rey tuerto, que no le presentarían sino delante de un ojo. Fuese como quiera, que, en saberlo el rey, lo tomó a la peor parte, y su gracia fue desgraciada, pues luego le mandó sentenciar por eso.

> Quien la palabra tantea
> en antes que la publique,
> tarde dice cosa fea,
> ni que a nadie perjudique.

Cuento 59

A un filósofo de Atenas por jamás le pudo hacer el rey que se vistiese paño, y, como le rogase un día al rey que le hiciese cierta merced, en perdonar a un delincuente, dijo el rey que lo haría, con tal pacto, que se pusiese paño en su persona. Siendo contento, suplicóle que se lo diese sin cortar, por cortarle a su fantasía. Dado, traíalo en el hombro, como pregonero. Viéndolo ansí, díjole el rey:

—¿Por qué no cumples tu palabra?

Respondió:

---

protagonistas, Teócrito de Quíos y el rey Antígono, Timoneda ha adaptado este relato de Támara, f. 334r.º-v.º.

La desafortunada historia de Teócrito de Quíos con el rey Antígono aparecía también en Juan de Salisbury, *Policraticus*, VIII, 10, pág. 496; en Petrarca, *Rerum memorandarum libri*, II, 80, 1; en L. Domicio Brusoni, *Facetiarum exemplorumque libri*, III, 35, pág. 251; en Ravisio Textor, *Officina*, II, pág. 354; en Conrado Lycosthenes, *Apophthegmata*, pág. 359a, y en los *Motti diversi* de Tomaso Porcacchi, pág. 445.

Plutarco, *Sobre la educación de los hijos*, 14, ofrece otra versión, pero con idéntico final.

Cuento núm. 59. Cuentecillo que sale en varios textos del Siglo de Oro: Andrés Laguna, *Dioscorides*, I, 109, pág. 83; Lucas Gracián Dantisco, *Galateo español*, pág. 116; Sebastián de Covarrubias, *Tesoro de la lengua castellana*, pág. 1003a (textos reunidos en *Cuentecillos*, págs. 307-309).

Sebastián de Covarrubias, *Teatro universal de proverbios*, núm. 1182, recoge el refrán «Esperemos a ver en qué paran los trajes».

—Sí hago, en traerlo encima de mi persona, como mandó tu Alteza.

Dijo el rey:

—Dejémonos de burlas: yo no te lo di, sino para que te hicieses un vestido; por eso, no te vea yo más ir de esa suerte.

A cabo de tiempo, tornólo a ver el rey con el paño en el hombro. Díjole:

—Di, filósofo, ¿qué aguardas?

—Aguardo, para mirar
estos trajes tan siniestros,
en qué corte han de parar...
Dicho, cierto, de notar
para estos tiempos nuestros.

Cuento 60

Habiendo acabado un extrañísimo [85] pintor de pintar un retrato a un gentilhombre, estándoselo mostrando, maravillado el gentilhombre de la perfición de la pintura, y de la fealdad de dos hijas que estaban presentes, dijo:

Cuento núm. 60. Cuento de fuente erudita: Macrobio, *Saturnalia,* II, 2, 10, y Erasmo, *Apophthegmata,* VI, *Varie Mixta,* 16, pág. 464 *(Fuentes clásicas,* pág. 90). La fuente directa de Timoneda debemos considerar que es, también en este caso, la colección de Erasmo, a través de la traducción de Támara, f. 314v.º.
Este cuento, cuyos protagonistan eran el pintor Lucio Malio y Servilio Gémino, y en el que a la gracia de la respuesta se unía el juego de palabras latino *«pingo/fingo»,* no sólo se repite en las colecciones latinas (Petrarca, *Rerum memorandarum libri,* II, 48, 1; Giovanni Pontano, *De sermone,* V, 2, 42; L. Domicio Brusoni, *Facetiarum exemplorumque libri,* II, 34, pág. 121; alusión en Erasmo, *Colloquia familiaria, Puerpera,* página 374; Othmar Luscinio Argentino, *Ioci ac sales mire festivi,* número 198; Conrado Lycosthenes, *Apophthegmata,* págs. 241a-b y 362a; Gerardo Tuningio, *Apophthegmata latina,* pág. 72), sino que es de bastante fortuna en otras colecciones. Así, figura en L. Guicciardini, *L'Hore di ricreatione,* págs. 85-86, traducción de Vicente Millis Godínez, f. 61r.º.

---

[85] *Extrañísimo:* Véase nota 2.

> —Gran desconformidad veo,
> con rectamente juzgar,
> entre el pintar y engendrar.

Conociendo el pintor por qué fin lo decía, respondió:

> —En vuestra porfía
> no siento reproche,
> pues pinto de día,
> y engendro de noche.

Cuento 61

Viniendo a ver al autor un hermano suyo, que había veinte y tres años que no le había visto, el cual estaba casado en Bernaldos, junto de Segovia, y, en verle tan fresco, y con tan pocas canas, y que a él le sobraban, siendo menor de días, dijo:

—¿Qué es esto, hermano?, ¿qué regimiento [86] habéis tenido, para sustentaros de esa suerte?

También en varios textos del Siglo de Oro: Melchor de Santa Cruz, *Floresta española*, V, III, 1, pág. 139; Ambrosio de Salazar, *Las clavellinas de recreación*, núm. 105, pág. 204; Lope de Vega, *El llegar en ocasión*, II, BAE, 247, pág. 83a; Lope de Vega, *Nadie se conoce*, II, *Acad. N.*, VII, pág. 702b.

Por último, parece ser que Francisco de Quevedo recuerda el cuento en la *Premática del tiempo* (*Obras satíricas y festivas*, Clásicos Castellanos, núm. 56, pág. 57).

Cuento núm. 61. La quintilla en «lengua valenciana» se asemeja algo al tercetillo 253 de los *Trescientos proverbios, consejos y avisos* de Pedro Luis Sanz: «La dieta moderada / reposo y alegre vida / al médico dan despedida», tercetillo que constituye, a su vez, una traducción del aforismo médico latino-medieval: *Si tibi deficiant medici, medici tibi fiant / haec tria: mens laeta, requies, moderata diaeta.*

Varios refranes de Pedro Vallés, *Libro de refranes*, y Hernán Núñez, *Refranes o proverbios*, encierran también consejos para vivir sanamente. Confróntese, sobre todo, «Para próspera vida: arte, orden y medida (G₂r.° y f. 92v.°a, respectivamente), que Gonzalo Correas, *Vocabulario de refranes*, pág. 456b, recoge también.

---

[86]   *Regimiento:* «El modo de regirse o gobernarse en la comida o bebida, especialmente con moderación y templanza, o por orden del médico» *(Aut.).*

A lo cual respondió el autor, en lengua valenciana, por ser natural suya, lo siguiente:

—En boca medida,
i la bolsa estreta,
nu fet en bragueta,
sustenten la vida
i fan-la quieta.

TRADUCCIÓN:

—La comida medida,
la bolsa bien cerrada,
de exceso sexual nada,
mantienen la vida
y la hacen sosegada.

Cuento 62

Era un señor de salva [87], tan liberal y misericordioso en remediar a los pobres y gentileshombres que venían a menos, que, a todos cuantos le pedían sustento, lo daba, tanto que no bastaba su renta, y, como le viese ir tan alcanzado [88], a respeto de esto, su mayordomo, le dijo:

—Si vuestra Señoría despidiese lo superfluo de su casa, y se quedase con los criados más necesarios, viviría más descansadamente.

El señor, por complacer, le respondió:

Cuento núm. 62. Suplantando al cardenal de Médici por un señor de salva, y simplificando algo el argumento, Timoneda ha tomado el cuento de L. Domenichi, *Facezie, motti e burle,* lib. IV, f. 93r.º-v.º.

Figura el mismo cuento en varios textos del siglo XVI: *Glosas al sermón de Aljubarrota,* pág. 62a; Melchor de Santa Cruz, *Floresta española,* I, III, 2, pág. 22; Luis Zapata, *Miscelánea,* núm. 195.

[87] *Señor de salva:* Véase nota 12.

[88] *Ir alcanzado:* «Vivir uno alcanzado, o estarlo, es no tener hacienda que pueda ajustar con lo que ha menester, conforme a su estado.» *(Cov., s. v. alcanzar).*

—Pues, ¡sus!, haz dos cédulas [89], apuntando los unos y los otros.

Hechas, y traídas delante del señor, y tiniéndolas en sus manos, dijo:

—Si éstos dices tú que queden, porque son menester, estos otros digo yo que no se despidan, porque ellos me han menester a mí.

> Y esas cédulas que hecistes
> probaron tu mezquindad
> y mi liberalidad.

Cuento 63

De tener un hombre hermosa mujer, y quererla en extremo, concibió tantos celos en sí, que, de noche, ni de día, no reposaba, tanto que, una noche, soñando, soñó que el demonio le ponía un anillo riquísimo en el dedo, diciendo:

—Mira, hombre celoso, guarda bien ese anillo que te doy, porque te hago saber que tiene tal propiedad, que, mientras le tuvieres en el dedo, no hayas miedo que tu mujer te ponga el cuerno.

Con este regocijo y contentamiento, despertó,

Cuento núm. 63. Es el famoso cuento del anillo de Hans Carvel, popularizado por Rabelais y La Fontaine. Verosímilmente Timoneda lo conoce por la versión de Poggio, *Facetiae,* núm. 133, en la que el protagonista es Francisco Filelfo, y a la que se aproxima mucho su cuento. Obsérvese, sin embargo, que dos poetas del siglo XVI que lo reproducen —Diego Hurtado de Mendoza, «En loor del cuerno» (*Obras poéticas,* «Libros españoles raros o curiosos», XI, pág. 461) y Baltasar de Alcázar, *Poesías,* págs. 109-110 y 185— declaran conocerlo por la versión de la *Sátira* V de Ariosto.

Otros dos textos españoles del Siglo de Oro reflejan el cuento: el soneto «Rabiosos celos le tenían perdido» (*Poesía erótica del Siglo de Oro,* núm. 22), y unas octavas de *Celidón de Iberia,* poema de Gonzalo Gómez de Luque (ff. 140c-141b).

---

[89] *Cédula:* «Todo escrito breve» *(Cov.).*

hallando, sin lo querer,
el dedo puesto de dentro
en aquel pozo sin centro
de su querida mujer.

Cuento 64

Preguntando a un excelente varón qué era la causa que
la honra mundana, a los que la procuraban, huía, y, a los
que la olvidaban, seguía, respondió porque tenía condición
de sombra. Preguntándole de qué manera, dijo:
—Sabréis que la sombra, mientras vais hacia ella, más
os huye, y, si volvéis las espaldas, entonces os sigue.

Por tanto, ved la figura,
que, quien tras honra se lanza,
de él huye con más soltura,
y, al que menos la procura,
sigue, y, a veces, alcanza.

Cuento núm. 64. Cuento de fuente erudita: Cicerón, *Tusculanae dis-*
putationes, I, 109, y Séneca, *Epistulae,* IX, 79, 13. Para ambos autores
latinos la gloria acompaña a la virtud como una sombra, desarrollando
Séneca la imagen de que, al igual que la sombra, la gloria, unas veces va
delante de nosotros y otras a nuestra espalda.
La idea de que cuanto más se le huye, más sigue, es lugar común, para
el cual pueden verse, entre otros, el mismo Séneca, *De beneficiis,* IV, 32,
4 y V, 1, 4, y Erasmo, *Colloquia familiaria, Philodoxus,* pág. 581, pero,
sobre todo, un dicho acerca de Catón de Útica, de quien se afirmaba
que la fama le perseguía tanto más cuanto menos la pretendía; dicho que
procede de Salustio, *De coniuratione Catilinae,* 54, 6, y que reproduce
San Agustín, *De civitate Dei,* V, 12, 13. Lo incluye también Hernando
Díaz, *La vida y excelentes dichos de los más sabios filóso-*
fos, E₃v.°.
La fuente directa de Timoneda es muy posible que sea Juan Martín
Cordero, *Flores de L. Anneo Séneca,* f. 63v.°, quien traduce el pasaje de
las *Epístolas* de Séneca. Parece algo original, por parte de Timoneda, la
notación de que, en la medida en que más se va hacia la sombra-gloria,
más se escapa ésta.
La gloria como sombra de la virtud aparece también en Hortensio
Lando, *Oracoli de'moderni ingegni,* ff. 12r.° y 27r.°; en Nicolás Liburnio,
Sentencias y dichos de diversos sabios y antiguos autores, traducción de
Alonso de Ulloa, lib. II, f. 53r.°, y en Ambrosio de Salazar, *Las clave-*
llinas de recración, núm. 134, págs. 241-242.

Cuento 65

Muerto un valerosísimo capitán, que, por sus proezas,
el rey le había concedido, en diversas veces, algunas mercedes, viniéndole un hijo suyo a pedir el estado de su padre al rey, le respondió:

—Mira, mancebo, sepas que en un día no alcanzó tantas
mercedes tu padre, pero séte decir:

> que, si, por tu virtud, subes
> adonde él subido fue,
> sin que pidas, te daré.

Cuento 66

Fueron dos filósofos, muy contrarios en condición, llamados Heráclito y Demócrito. El Heráclito, de ver las co-

---

Cuento núm. 65. Cuento de fuente erudita: Plutarco, *Apotegmas*, Reyes, Antígono Segundo, 4, y Erasmo, *Apophthegmata*, V, *Antigonus Se-
cundus*, 4, págs. 353-354 *(Fuentes clásicas*, pág. 91). Timoneda, que ha
omitido el protagonismo de Antígono de las fuentes, lo ha tomado de
Erasmo, a través de la traducción de Támara, f. 253v.º.

Cuento núm. 66. Cuento de fuente erudita: Séneca, *De ira*, II, 10, 5,
y *De tranquillitate animi*, XV, 3; Juvenal, *Satirae*, X, 28-53; Luciano,
Subasta de vidas, 13-14, *Acerca de los sacrificios*, 15, y *Sobre la muerte
de Peregrino*, 7.

La fuente directa de Timoneda para la antitética y tópica actitud filo-
sófico-vital de Heráclito y Demócrito, ha sido, con seguridad, doble: de
un lado, la traducción del pasaje del *De ira* del valenciano Juan Martín
Cordero, *Flores de L. Anneo Séneca*, f. 135v.º, y, de otro, el capítulo 39
de la primera parte de la *Silva de varia lección* de Pero Mexía, «De la
extraña opinión y condición de dos filósofos, uno en llorar y otro en
reír, y por qué lo hacían. Y otras cosas de ellos» (tomo I, págs. 237-
240). Las aproximaciones textuales demuestran, sin embargo, un mayor
influjo de la miscelánea del humanista sevillano.

El llanto y la risa de Heráclito y Demócrito son también el tema de
un relato de L. Domicio Brusoni, *Facetiarum exemplorumque libri*, V,
27, pág. 404, y, posteriormente, de L. Guicciardini, *L'Hore di ricreatione*, pág. 170, traducción de Vicente Millis Godínez, f. 128v.º.

Confróntese, además, el refrán de Hernán Núñez, *Refranes o proverbios*, f. 122r.ºb, «Soyez entre Democritus et Heraclitus. El francés: soy,
ni muy grave, ni muy risueño.»

sas de este mundo tan caducas y vanas, y los hombres ir
ciegos tras ellas por adquerirlas cometiendo mil pecados,
con vida tan trabajosa y breve, lloraba de contino. Demócrito, por el consiguiente, conociendo y considerando
lo mismo, por jamás hacía, sino reírse.

Querría agora saber:
de estos dos, ¿cuál acertaba,
el que reía, o lloraba?

Cuento 67

Estando enfermo un rico ciudadano que tenía tres hijos,
de la cual enfermedad murió, dejó en su testamento que
fuese heredero de todos sus bienes el hijo legítimo. Pues,
como oyesen la voluntad de su padre, y cada uno preten-
diese ser el legítimo heredero, por evitar competencia, determinaron venir a juicio. Venidos delante el juez, el cual,
como leyese el testamento, y entendiese la intención del
testador, mandó traer el cuerpo muerto del padre y ama-
rrarlo en un palo, y, al que mejor tiro hiciese, acertando
al corazón, daría por legítimo heredero. Tirando el mayor,
después el segundo, cuando vino al más chico, dijo:

—No quiera Dios, señor, que yo sea tan cruel contra
mi padre, ni por ese respeto quiero heredar sus bienes.
Respondió entonces el juez:

—El que no quiso tirar
a su padre en el terrero [90],
es lo cierto, sin dudar,
el legítimo heredero,

Cuento núm. 67. También aparece el cuento en los *Gesta romano-*
rum, núm. 103; en el *Libro de los ejemplos*, núm. 174, y en Juan de Mal
Lara, *Filosofía vulgar*, III, pág. 51 (*Cuentos folklóricos*, núm. 63). A pesar
de que figura en los catálogos de cuentos folclóricos (T 920 C) y se
recoge alguna vez en la Península, pertenece más bien a una tradición
escrita.

---

[90] *Terrero:* Véase nota 82.

y ése sólo ha de llevar
los bienes, a bien juzgar.
Y así lo mando y lo quiero.

Cuento 68

Siendo cierto hidalgo avisado de sus amigos que le olía
mal la boca, en ser en su posada, estando reprehendiendo
a su mujer que por qué no le había dicho aquello, le respondió:

—Perdonadme, señor marido, que, en verdad, yo pensaba que a todos los hombres les olía la boca, como a vos
os huele.

Prueba dio de castidad
ésta, pues no había sentido,
sino el huelgo del marido.

Cuento núm. 68. Cuento de fuente erudita: Plutarco, *Cómo sacar
provecho de los enemigos,* 7, y *Apotegmas,* Reyes, Hierón, 3; Luciano,
Hermótimo, 34; Erasmo, *Apophthegmata,* V, *Hieron,* 2, pág. 341 *(Fuentes clásicas,* págs. 91-92). De un apotegma protagonizado por Hierón, que
aparece en los tres autores, procede este cuento, siendo la fuente directa
de Timoneda Erasmo, a través de la traducción de Támara, f-243v.°, a la
que se aproxima mucho su texto. El apotegma de Hierón se inserta también en las colecciones de L. Domicio Brusoni, *Facetiarum exemplorumque libri,* IV, 21, págs. 323-324; Conrado Lycosthenes, *Apophthegmata,*
pág. 643a-b, y Gerardo Tuningio, *Apophthegmata graeca,* pág. 2a.
Existe otra historia muy parecida a ésta, protagonizada por un personaje llamado Duelio, que debió de tener gran difusión. Parece partir de
San Jerónimo, *Adversus Iovinianum,* I, 46, y la recogen el *Policraticus*
de Juan de Salisbury, III, 13, pág. 163; el *Libro de los ejemplos,* número 368; el *De institutione foeminae christianae* de Juan Luis Vives, II, *De
publico,* pág. 229, traducción castellana, f.158v.°; los *Apophthegmata* de
Erasmo VIII, *Duellius,* 11, pág. 619, traducción de Támara, ff. 359v.°-
360r.°, y los *Apophthegmata latina* de Gerardo Tuningio, pág. 89.
En fray Antonio de Guevara, *Epístolas familiares,* parte 1.ª, carta 55,
tomo I, págs. 373-374, el protagonista es «Tuscides el griego». En Lope
de Vega, *La prueba de los ingenios,* II, BAE, 246, pág. 296a, y [¿]*El
labrador de Tormes,* III, Acad. *N.,* VII, pág. 23a, simplemente «un rey»,
donde, evidentemente, el innominado es Hierón.

Cuento 69

Quejándose uno de su corte al rey Dionisio, que su hijo
había cometido adulterio con una mujer de un varón muy
honrado, llamóle, y, teniéndole delante, preguntóle, con
grandísimo enojo:

—Dime, ribaldo [91], ¿has oído que tu padre, por ningún
tiempo, hubiese acometido tal maldad cual tú cometiste?

A lo cual respondió:

—Tú, señor, no tenías padre rey.

A esto dijo Dionisio, muy moderadamente, como sabio:

—Ni tú ternás hijo rey,
si tales cosas cual éstas
acometes, deshonestas.

Cuento 70

Agatocles, siendo hijo de un cantarero, por sus virtudes
y esfuerzo vino a ser rey de Cicilia [92], y, por más mani-
festación de su bajeza, cuando comía, mandaba poner una

Cuento núm. 69. Cuento de fuente erudita: Plutarco, *Apotegmas*, Reyes, Dionisio el Viejo, 3, y Erasmo, *Apophthegmata*, V, *Dionysius*, 3,
pág. 342 *(Fuentes clásicas*, págs. 92-93). Timoneda, manteniendo el protagonismo de Dionisio, lo tomó, sin duda, de Erasmo, a través de Támara, f. 244r.°.
Otras colecciones latinas acogían también este apotegma de Dionisio y
su hijo: Baptista Fulgoso, *De dictis factisque memorabilibus*, VII, 2,
f. 214v.°; L. Domicio Brusoni, *Facetiarum exemplorumque libri*, VI, 21,
pág. 437; Conrado Lycosthenes, *Apophthegmata*, pág. 14a; Gerardo Tuningio, *Apophthegmata graeca*, pág. 3b. Figura igualmente en L. Guicciardini, *L'Hore di ricreatione*, pág. 31, traducción de Vicente Millis Godínez, f. 17r.°.
Cuento núm. 70. Cuento de fuente erudita: Plutarco, *Apotegmas*, Reyes, Agatocles, 1; Ausonio, epigrama 2, y Erasmo, *Apophthegmata*, V,
Agatocles, 1, págs. 347-348 *(Fuentes clásicas*, págs. 93-94). Timoneda lo
adaptó de Támara, f. 247r.°.

---

[91] *Ribaldo:* Granuja, bribón.
[92] *Cicilia:* Sicilia.

mesa delante de sí, llena de vasos de oro y barro. Cierto filósofo, viéndole un día comer de aquella suerte, por saber si era cierta aquella su intención, le dijo:
—Sepa de vuestra Alteza, /

> ¿por qué es esta compañía
> de estos vasos que desplacen?
> Dijo el rey: —Antes me placen,
> porque éstos son los que hacía,
> y éstos agora me hacen.

Cuento 71

El autor Montidea solía decir que la mayor pena que sentía era cuando sus obras eran leídas por muy doctos o muy necios, porque, de los unos, no eran entendidas, y, de los otros, muy roídas [93], y, a esta causa, solía decir estos tres versos:

> —Mis obras huyan de extremos:
> pónganse con rectitud
> do consiste la virtud.

FIN DEL BUEN AVISO

Este relato de Agatocles aparecía también en el *Policraticus* de Juan de Salisbury, V, 17, pág. 277; en el *De dictis factisque memorabilibus* de Baptista Fulgoso, III, 4, f. 89r.°; en los *Facetiarum exemplorumque libri* de L. Domicio Brusoni, II, 37, pág. 137; en la *Silva de varia lección* de Pero Mexía, parte 2.ª, cap. 36, tomo I, págs. 478-479, y en los *Apophthegmata* de Conrado Lycosthenes, pág. 392a.

Cuento núm. 71. Cuento de fuente erudita: Cicerón, *De oratore*, II, 25, y Erasmo, *Apophthegmata*, VIII, 24, pág. 671 (*Fuentes clásicas*, páginas 94-95). Timoneda, que, de nuevo, ha suplantado el protagonismo de un apotegma —ahora de C. Lucilio—, lo tomó de Erasmo, por medio de Támara, f. 363 v.°.

[93] *Roídas:* «Por alusión llamamos roer murmurar del prójimo, y roerle los zancajos, que es tanto como alguna faltilla de poca importancia» (*Cov., s. v. roer*).

SEGUNDA PARTE DEL
«PORTACUENTOS»

Epístola al lector

No dejes, hermano mío lector, de tener en tus manos y pasar los ojos por este tratado, dicho *Portacuentos*. A lo menos lo has de hacer por buena crianza, o porque no te comprehenda lo que en esta presente copla se trata, que es sentencia de un excelentísimo poeta, amigo y señor mío.

COPLA

Ilustre sentencia:

El ciego codicia ver,
oír desea el que es sordo,
adelgazar el que es gordo,
y el cojo poder correr.
Sólo el necio, a mi entender,
en quien remedio no cabe,
no quiere, en pensar que sabe,
oír, ni ver, ni leer.

LIBRO SEGUNDO DEL «PORTACUENTOS», DE JOAN TIMONEDA, MUY GRACIOSO Y APACIBLE

Cuento 1

Era un señor de salva [94], que se preciaba de ver y tener muchos libros y buenos, porque decía él:

—En los libros hallo padre y madre, y maestro y consejero, y amigo verdadero.

Y, a esta causa, cuando algún libro nuevo había, luego se lo traían y pagaba muy bien. Después de haberle quemado algunos, vínole a traer un libro nuevo un codicioso, y, en verle, díjole:

—Hermano, no me conviene.

Tantas veces le dijo él «¿Por qué?», que le respondió:

—Habéis de saber que, así como hay libros que se han quemado por herejes, hay libros que, justamente, se habían de quemar por necios, y éste es uno de ellos.

Cuento 2

Siendo un logrero muy avariento, vino acaso que, por la bajada del trigo que hizo de dos reales por hanega [95],

---

Cuento núm. 2.   La fuente de este relato de Timoneda es, sin duda, *El Cortesano* de Baltasar de Castiglione, traducción de Boscán, lib. II, cap. 6, pág. 240.

---

[94] *Señor de salva:* Véase nota 12.
[95] *Hanega:* Fanega.

allegó a tanta desesperación, que se ahorcó. Hallándole de
esta manera un mozo suyo, cortóle, de presto, el dogal,
por lo cual vivió. Y, a cabo de tiempo, viniendo a enojos
con el dicho mozo, despidióle de casa, y, pasando la cuenta con él, lo primero que le contó fue, diciendo ansí:
—Primo [96], hulano [97] debe un dogal que me cortó.

Cuento 3

Comiendo una vez a la mesa de un gran señor cierto
truhán, viendo que le pusieron delante un plato de pescado frito muy menudo, y que al señor le dieron otro de

---

El cuento aparece también en Tirso de Molina, *La Reina de los reyes*,
I, O. C., III, pág. 174a.
Véase la nota a BUEN AVISO, núm. 41.
Cuento núm. 3. Cuento que, en sí, procede de una fuente erudita:
Ateneo, *El banquete de los sabios*, I, 11, donde el relato está protagoni-
zado por el poeta Filóxeno, a quien siven un salmonete pequeño, y
Dionisio el tirano, a quien se lo sirven grande, alegando aquél desear
información sobre Nereo para su obra *Galatea*, como motivo de acer-
carse el salmonete a la oreja.
Esta versión clásica la reproducen fielmente Erasmo, *Apophthegmata*,
VIII, 9, pág. 649 (no figura en la traducción de Támara); Bernardino
Tomitano, *Quattro libri della lingua toscana*, f. 296r.°, y Conrado Lycosthenes, *Apophthegmata*, págs. 240b-241a; y debió de ser bastante difundida, ya que Juan Lorenzo Palmireno, *El Proverbiador*, f. 149r.°, al
ejemplificar los *argute facta*, dice: «Es también lo de Philóxeno, que se
ponía el pescado ceta [sic] oreja en la mesa del rey Dionisio.»
El cuento de Timoneda ofrece una versión popularizada, que él tomó
de L. Domenichi, *Facezie, motti e burle*, lib. II, f. 40r.°. Éste, a su vez,
la había traducido a la letra de Heinrich Bebel, *Facetiae*, II, f. 59v.°, a
quien —según testimonio propio— le había contado el relato su padre.
Aparece también en los *Motti, facezie e burle* del Barlacchia, págs. 129-130.
Reproducen el cuento Melchor de Santa Cruz, *Floresta española*, VI,
VIII, 12, pág. 176; Garibay, *Cuentos*, pág. 217b; Alonso López Pinciano,
Filosofía antigua poética, III, págs. 63-64; Sebastián Mey, *Fabulario*,
núm. 56 (textos reunidos en *Cuentecillos*, págs. 240-243).
Es cuento folclórico (T 1567 C) que sigue viviendo en la tradición
española *(Cuentos folklóricos*, núm. 181).

                                                                                •

---

[96]   *Primo:* Valor adverbial: En primer lugar.
[97]   *Hulano:* Fulano.

más gordo y mejor, tomaba el pescado en las manos y
poníaselo al oído. Tantas veces lo hizo, que el señor le
dijo:

—¿Qué significa eso, di?

Respondió:

—Sepa vuestra Señoría que mi padre fue pescador, y
murió en la mar, y, por saber qué años habrá que murió,
estoilo preguntando a estos peces, y respóndenme al oído
que, por ser mozos, no se acuerdan de ello, pero que lo
pregunte a esos mayores, que ellos me lo sabrán decir.

Respondió el señor:

—¿Así? Pues razón es que pases a mi plato, porque
te informes mejor.

Cuento 4

Arrastraba una vez un hijo a su padre, teniéndole del
brazo, porque quería que le saliese de su casa, y, cuando
vino a llegar junto al quicial [98] de la puerta, dijo el padre
al hijo:

—Déjame, hijo, por amor de Dios, que hasta aquí, y no
más, arrastré yo a mi padre.

Cuento 5

Encontrándose un gentilhombre con un charlatán mentiroso, de estos que se mantienen de nuevas, al punto que

---

Cuento núm. 4.   Cuento de fuente erudita: Erasmo, *Apophthegmata*,
VIII, 2, pág. 647 *(Fuentes clásicas*, pág. 95). Timoneda lo adaptó de Támara, f. 348v.º.

También pertenece al folclore español y americano (T 980 C) *(Cuentos
folklóricos*, núm. 78).

Cuento núm. 5.   Este cuento procede de Poggio, *Facetiae*, núm. 224,
siendo muy próxima la versión de Timoneda a la de su fuente.

---

[98]   *Quicial:* «Lo mismo que quicio» *(Cov.).*

le quería empezar a hablar, al primer acento, dijo el gentilhombre:

—Mentís.

Respondió el charlatán:

—¿Por qué miento, señor, si aún no he dicho nada?

—Por si habéis de decir algo lo digo.

Cuento 6

Presentaron a cierta señora de salva [99] un plato de truchas dos pobre hombres, y, por encarecer el presente, dijeron:

—A fe, señora, que habemos andado toda esta noche, por pescarlas, hasta las bragas [100].

Y como ella no lo entendiese, les preguntó que qué lugar era las bragas. No sabiendo responder, respondió un galán:

—Señora, las bragas es un lugar de tres vecinos.

Cuento 7

Entrando el mayordomo de un gran señor en la cocina, por ver qué tal estaba, si la tenía bien compuesta el coci-

---

Cuento núm. 6. Para el chiste compárese Melchor de Santa Cruz, *Floresta española*, VII, I, 9, pág. 187.

La ponderación del presente puede confrontarse con el refrán «No se toman truchas a bragas enjutas», que recogen varios recopiladores de refranes: Fernando de Arce, *Adagia*, quincuagena 1.ª, núm. 19; Pedro Vallés, *Libro de refranes*, [F₆]r.°; Hernán Núñez, *Refranes o proverbios*, f. 84v.°a; Sebastián de Horozco, *Teatro universal de proverbios*, número 2075; Gonzalo Correas, *Vocabulario de refranes*, pág. 252b; y al que se alude en *Don Quijote*, II, 71, tomo VIII, pág. 283.

Dicho refrán aparece ya en textos medievales (véase E. S. O'Kane, *Refranes y frases proverbiales españolas de la Edad Media*, BRAE, Anejo II, Madrid, 1959, pág. 223b).

En Hernán Núñez, f. 20f.r°, y en Gonzalo Correas, pág. 367a, se reseña también el refrán «Bragas duchas, comen truchas».

---

[99] *Señora de salva:* Véase nota 12.

[100] *Bragas:* «Cierto género de zaragüelles justos, que se ciñen por los lomos y cubren las partes vergonzosas por delante y por detrás, y un pedazo de los muslos. Usan de ellas los pescadores y los demás que andan en el agua» *(Cov.).*

nero, a respecto que tenía convidados, y, como en semejantes casas tengan colgados desaforados majaderos [101] a la
pared, estando arrimado a ellos, entró el maestresala [102] y,
en verle, volvió dos pasos atrás, diciendo:

—Perdone vuestra merced, que pensé que estaba solo.

Respondió el mayordomo:

—No, que también podéis vos entrar en la compañía.

Cuento 8

Es costumbre en partes de Castilla que, cuando el marido muere, irle detrás la mujer llorando, diciendo con sus
endechas [103] todas las virtudes del marido muerto. Vino
acaso que murió un labrador, y, del enojo, malparió la
mujer, que estaba preñada. Por do tuvieron por bien que
amortajasen al labrador, y al niño muerto se lo pusiesen
entre las piernas. Como la lastimada mujer lo vido, yendo
detrás del cuerpo, iba diciendo:

—¡Ay, marido mío!, ¡ay, desdichada de mí, que ese que
lleváis entre las piernas, no ha media hora que estaba en
mi vientre!

Cuento 9

Estando uno diciendo:

—Mañana yo tengo de hacer esto, y esto otro, y cobraré
de hulano [104] tanta cantidad,

Cuento núm. 9. Si Deus voluerit es *adagium* que se encuentra en
Erasmo, *Adagia, chil.* III, *centur.* 9, *prov.* 89.

En Gonzalo Correas, *Vocabulario de refranes,* pág. 670a, figuran las
frases proverbiales «Si Dios quisiese» (con diversas variantes), y «Si Dios
por bien lo tiene».

---

[101] *Majadero:* «El instrumento con que se maja» *(Cov.).*

[102] *Maestresala:* «El ministro principal que asiste a la mesa del señor»
(Cov.).

[103] *Endechas:* «Canciones tristes y lamentables, que se lloran sobre los
muertos, cuerpo presente, o en su sepultura o cenotafio» *(Cov.).*

[104] *Hulano:* Véase nota 97.

díjole un viejo:

—Amigo, aseguraos primero.

Respondió:

—¿Con qué me he de asegurar?

Dijo el viejo:

—Con un «si place a Dios», hermano, que, de otra suerte, no haréis nada.

Cuento 10

Habiéndose hecho la barba un rústico labrador, y calzados unos zapatos nuevos, al entrar por casa, salióle una hija suya de poca edad a recebir, y, en viéndole, dijo:

—Señor padre, norabuena vengáis, y buena pro [105] haga los zapatos.

Respondió el rústico.

—¿Y la barba, puta?

Dijo la hija:

—Que sea también, pues vos lo queréis, padre.

Cuento 11

Quebrada una señora a su ventana, con la gelosía [106] cerrada, piñones con un majaderico [107]. En esto pasó un gentilhombre muy rudo que le servía. Sintiendo el ruido, estaba diciendo a su paje:

—¿Es ella? ¿No es ella?

Cuento núm. 10. Será cuentecillo tradicional, según demuestran unas frases proverbiales que apunta Gonzalo Correas, *Vocabulario de refranes:*
«—Buena pro hagan los zapatos. —¿Y la barba, puta?» (pág. 364a).
«—Para bien sea la motila hecha. —¿Y la barba, puta?» (pág. 455b).
La primera parte de la primera de estas frases proverbiales aparece en el *Libro de refranes* de Pedro Vallés, B₃v.°.

---

[105] *Buena pro:* «Modo de hablar con que se saluda al que está comiendo o bebiendo, y también se usa en los remates de las ventas, arrendamientos, etc.» *(Aut.).*

[106] *Gelosía:* Véase nota 23.

[107] *Majaderico:* Véase nota 101.

En esto la señora alzó la gelosía con el majaderico, diciendo:

—Él es, señor, ¿no lo ve?

Cuento 12

Tañendo un músico, extrañísimamente [108] feo de rostro, delante unas damas, díjole una de ellas, muy fea también, viéndole hacer gestos:

—Señor, ¿por qué no se da acato [109] que le está muy mal, tañendo, haber gestos?

Respondióle:

—Plugiese a Dios, señora, que los supiese hacer, que yo remediara a vuestra merced y a mí.

Cuento 13

Era un viudo tan cerimonioso en casarse, que, siempre que le hablaban mujer, decía:

—Doncellísima la quiero, por no hallarla mal vezada [110].

A la postre, casó con una de título de doncella, y, cada vez que se allegaba a ella, dábale dos reales. Tantas veces se los dio, que le dijo la mujer un día que por qué se los daba. Respondió, porque era uso de buena crianza, y que así lo tenía de costumbre. En esto dijo ella:

—¡Ay, pecadora de mí, y qué de reales me deben los mozos de mi padre!

Cuento 14

Pidiendo qué hora era a un capado cierta señora, respondió un galán, y dijo:

—Mala cuenta le puede dar de eso el reloj sin pesas.

---

[108] *Extrañísimamente:* Véase nota 2.
[109] *Darse acato:* Darse cuenta.
[110] *Mal vezada:* Con malas costumbres.

—Antes muy buena —respondió el capado—, por ser
reloj de aguja, que no hace cuenta de badajos [111].

Cuento 15

Estando ciertas mujeres juntas, que la una de ellas se
revolvía con un repostero [112] de cierto señor, el cual vino
a pasar cerca de ellas, y dijo la dicha señora, atapándose
las narices:
—Estos diablos de reposteros de contino a ratos [113]
huelen.
Respondió presto un gentilhombre:
—Sí, pero a ratos no, señora.

Cuento 16

Siendo un tiempo que no se hallaba pan, salió un labrador recién casado a la plaza, para comprarlo, y, como era
invierno y no lo hallase, compró carbón. Venido a casa,
hizo hacer fuego, y estándose escalentando [114], alzósele la
complexión, por do descargó en su mujer. Otro día, saliendo por lo mismo de casa, dándole ella dineros, le dijo:
—Mira marido, si no hallárades pan, trae carbón, por
ser de mi condición.

Cuento núm. 15.   Cuentecillo tradicional que vuelve a surgir en Melchor de Santa Cruz, _Floresta española_, III, I, 10 págs. 87-88, y en Luis
Zapata, _Miscelánea_, núm. 195 (_Cuentecillos_, págs. 325-326).
Cuento núm. 16.   Es cuento que desarrolla el soneto «Fue un casado
a comprar pan a la plaza» (_Poesía erótica del Siglo de Oro_, núm. 44).

---

[111]   _Badajo:_ «Al necio que sabe poco llaman badajo, porque es gordo
de entendimiento, como el extremo del badajo de la campana, contrario
del agudo» (_Cov._).
[112]   _Repostero:_ «Oficial, en casa de los señores, que tiene cuidado de
la plata y del servicio de mesa» (_Cov._).
[113]   _Ratos:_ Ratones.
[114]   _Escalentar:_ «Lo mismo que calentar» (_Aut._).

Cuento 17

Iba un astrólogo tan puesto en las cosas del cielo, que tropezaba en la tierra, y así, un día, yendo embebecido mirando al cielo, a causa de cierta contrariedad de vientos que corrían, cayó dentro de un hoyo, y, no pudiéndose levantar, dijo una vejezuela:

—Hombre loco, si tropiezas en las cosas del suelo, ¿cómo quieres acertar en las del cielo?

Cuento 18

Un señor de vasallos, como les pidiese las debidas responsiones [115], y todos los años estuviesen quejosos, que

Cuento núm. 17. Cuento de fuente erudita: Diógenes Laercio, *Historia de los filósofos,* I, 34 *(Fuentes clásicas,* págs. 72 y 95).

Esta anécdota, de la que es protagonista Tales de Mileto, aparece también en Hernando Díaz, *La vida y excelentes dichos de los más sabios filósofos,* A₃v.°, y en Pero Mexía, *Silva de varia lección,* parte 4.ª, cap. 11, tomo II, pág. 312, que, muy probablemente, es la fuente directa de Timoneda.

La acogen las colecciones latinas de apotegmas: L. Domicio Brusoni, *Facetiarum exemplorumque libri,* II, 27, pág. 114; Othmar Luscinio Argentino, *Ioci ac sales mire festivi,* núm. 4; Conrado Lycosthenes, *Apophthegmata,* págs. 72b y 166b. Asimismo, posteriormente, L. Guicciardini, *L'Hore di ricreatione,* pág. 48, traducción de Vicente Millis Godínez, f. 30v.°, y Ambrosio de Salazar, *Las clavellinas de recreación,* núm. 62, pág. 136.

Muy parecida a ella es la fábula núm. 40 de las *Fábulas* de Esopo, de donde procede la fábula núm. 48 del *Fabulario* de Sebastián Mey. Semejante es, asimismo, el relato de la caída de Nectanebo por culpa de Alejandro, que refiere el Pseudo Calístenes, *Vida y hazañas de Alejandro de Macedonia,* I, 14 *(cfr.* II, 41).

En Hernán Núñez, *Refranes o proverbios,* f. 79r.°b, aparece el refrán «Mucho saber del cielo y poco del suelo», con la explicación siguiente: «Como dijo la moza de Tales contra su amo, que, yendo a ver el cielo, tropezó en el suelo.» Gonzalo Correas, *Vocabulario de refranes,* página 565a, recoge el mismo refrán, también con referencia al relato de Tales.

Cuento núm. 18. Es cuento folclórico que apuntan varios escritores españoles: Melchor de Santa Cruz, *Floresta española,* II, II, 16, pág. 49; Baltasar Gracián, *El Criticón,* II, X, O. C., pág. 792a; Luis Galindo,

---

[115] *Responsiones:* Tributos.

no habían cogido nada de trigo, ni de vino y aceite, por falta de agua, vino un día que le dijeron que se había ahogado en el río un vasallo suyo. Fuele a ver, y, como le viese tan hinchado, dijo:

—Nunca he visto villano harto de agua, sino éste.

Cuento 19

Dos aragoneses, marido y mujer, estando reñidos y asentados cabe el fuego, como era invierno, el marido acaso iba sin bragas [116], y estaba asentado en un poyo, colgándole su negocio. El gato, como lo vía y estaba cerca, dábale, jugando, con la manezuela, y la mujer le amenazaba, diciéndole:

—Zape [117] d'astí [118], don gato.

En esto respondió el marido:

—Dejaldo estar, glandola se os en faga [119], ¿qué se os en da vos? [120].

Dijo ella:

Sentencias filosóficas, VI, f. 138v.°; Fernán Caballero, *Una en otra*, BAE, 138, págs. 235b-236a *(Cuentos folklóricos*, núm. 247).

Cuento núm. 19. Es cuentecillo tradicional que escenifica Diego Sánchez de Badajoz en su *Farsa teologal, Recopilación en metro*, págs. 83-85, y que recoge Gonzalo Correas, *Vocabulario de refranes*, pág. 282a:

«*Si da, non da, no quiero que le tanga*

Fingen que estaban a la lumbre negro y negra, y él sin braga, y el gato dábale con la manica en lo que colgaba, y ella espantábalo. El negro dice: "—¿Qué se te da?" Ella respondió: "Si da, non da, no quiero que le tanga."»

También aparece el cuento en Sacchetti (Rotunda, R. 152.3*).

---

[116] *Bragas:* Véase nota 100.

[117] *Zape:* «Voz que se usa para espantar los gatos, acompañada muchas veces con golpes, por lo que huyen al oírla» *(Aut.).*

[118] *D'astí:* De aquí. Cfr. MANUEL ALVAR, *El dialecto aragonés*, Madrid, Gredos, 1953, § 133.

[119] *Glandola se os en faga* resulta una jerga incomprensible.

[120] *¿Qué se os en da vos?:* ¿Qué os importa a vos? *En* y *ende*, procedentes de *inde*, son adverbios pronominales: «de ello», «de eso». Cfr. MANUEL ALVAR, *op. cit.* § 195.2.

—Dasemende que no quiero que ende tanyga [121].
Respondió el marido:
—Pues yo quiero que ende tanyga [122].
Y sobre no tanyera, sí tanyera, vino a tañer ella, y fue hecha la paz.

Cuento 20

Viniendo una vez el río muy grande [123], estaba un buen hombre cogiendo la leña que venía por él, y acaso vino un estudiante que forzosamente había de pasar de la parte, y, rogándole al buen hombre que lo pasase, que él le pagaría, fue contento, y, puesto sobre sus espaldas, a la entrada tiróse un cuesco [124] el estudiante, diciendo:
—Envido [125].
Y el buen hombre calló. Siendo más adentro, tiróse otro, diciendo:
—Dos vale.
Y el hombre calló. Siendo en medio, tiróse otro, diciendo:
—Tres vale.
En esto dijo el hombre:
—No le quiero.
Y zabulló vuestro estudiante en el agua.

Cuento 21

Preguntando a un truhán una señora de tres que estaban juntas, que, si llevar tenía, a cuál se llevaría de las tres, respondió sabiamente, por no agraviar a ninguna:

---

[121] —*Dasemende que no quiero que ende tanyga:* —Me importa que no quiero que lo toque. Para *ende* véase la nota 120.
[122] —*Pues yo quiero que ende tanyga:* —Pues yo quiero que lo toque.
[123] *Grande:* «Vale algunas veces crecido» *(Cov.).*
[124] *Cuesco:* Ventosidad.
[125] *Envidar:* «*Quasi* invitar, porque el que envida está convidando al compañero con quien juega con el dinero, y no para dárselo, sino para llevárselo, si puede» *(Cov.).*

—Levaría a vuestra merced, por ser embajadora, y por dejar las otras me pesaría.

Cuento 22

Lloraba una vez pobre hombre de verse sin blanca, al cual preguntó un pasajero [126], de verle llorar:

—¿De qué lloráis, hermano?

Respondió:

—Señor, de nada.

Dijo el pasajero:

—De nada no tenéis por qué llorar.

Respondió:

—Antes sí, señor, tengo más de llorar de verme sin nada.

Cuento 23

Pasando muchas señoras en conversación de un aposiento a otro, vieron en un andamio [127] escrito este verso que decía:

Renegad de pozos hondos.

En verle, tomóse a reír la una de ellas, en que dijeron las otras:

Cuento núm. 22. Cuento que Timoneda ha tomado de Poggio, *Facetiae,* núm. 40, donde el protagonista es un tal Minacio. Figura también en las *Buffonerie* del Gonnella (sobre este personaje véase la nota al cuento núm. 1 de Joan Aragonés), págs. 124-125; en los *Quattro libri della lingua toscana* de Bernardino Tomitano, f. 289r.º, y, posteriormente, en Gerardo Tuninigo, *Apophthegmata italica,* pág. 123.

Cuento núm. 23. Cuento que recuerdan en el siglo XVII dos escritores franceses, quienes quizá no lo conocían directamente por el PORTACUENTOS, sino por vía oral:

—Antonio de Brunel, *Viaje de España (Viajes de extranjeros por España y Portugal,* II, pág. 418b), quien, refiriéndose a las mujeres de mala vida, observa:

---

[126]   *Pasajero:* Véase nota 58.

[127]   *Andamio:* «El tablado que se hace para desde allí ver o representar alguna cosa, dicho así por los que andan sobre él» *(Cov.).*

—¿De qué se ríe vuestra merced?
Visto de qué, respondió la más atrevida:
—Si me dais, señoras, licencia yo satisharé por todas.
Siendo contentas, tomó un carbón, y, bajo donde decía
«renegad de pozos hondos», asentó:

No, sino de sogas cortas.

Cuento 24

Navegando una vez el rey Alejandre por mar con su
flota, tomóles tan gran fortuna [128] a todos, que en su nave
estaban rogando a los dioses que los librasen de tan gran
tormenta. En esto estaba un soldado diciendo:
—Hundinos, dioses, ¿qué esperáis?
Oyéndolo el rey, dijo:
—¿Por qué dices eso, bellaco ribaldo [129]?
Respondió:
—Porque nunca cosa que rogué a los dioses hicieron,
menos harán ésta.

Cuento 25

Yendo tres de compañía, un capitán, y un recuero, y un
rufián, allegaron a una venta que era de una viuda muy

«Sin duda todo ese sexo tiene ingenio sutil en esos sitios, porque se
ejercita en galanterías que llaman requiebros, y no se estudia más que
para decir buenas palabras y hablar rasgos ingeniosos. No los tienen ho-
nestos, y dicen que hubo una que, viendo pintadas en una pared sus
partes vergonzosas con esta inscripción: "Sin fondo", al punto tomó un
carbón y puso: "Falto de cuerda."»
—Tallemant des Réaux, Historiettes, pág. 870, quien lo recoge de la
forma siguiente:
«Un Espagnol écrivit sur la porte d'une courtisane un C. avec se mot:
Sin hundo [sic]; elle, sur le champ, y ajouta: Falta di corda [sic].»
Cuento núm. 25.   Es cuento verosímilmente tradicional (Cuentos folklóricos, núm. 162).

---

[128] Fortuna: «Borrasca, tempestad en mar o tierra» (Aut.).
[129] Ribaldo: Véase nota 91.

truhanera. Preguntáronle si había algo que cenar. Díjoles
que no había otra cosa, sino un par de perdigones [130], pero
que los cenaría con ella aquel que le declarase tres preguntas. Contentos, preguntóles qué sombra había mejor, y
vista, y ruido, en esta mundana vida. Respondió el capitán:

—Sombra de tienda de campo, vista de españoles y ruido de atambores [131].

Respondió el recuero:

—Sombra de mesón, vista de poblado, ruido de acémilas.

Respondió el rufián:

—Sombra de pabellón [132], vista de gentil mujer, ruido
de colchones.

Dijo ella:

—Vos cenaréis conmigo los perdigones.

Cuento 26

Desorejaban a un ladrón, y como un buen hombre lo
estuviese mirando, rogaba al verdugo que se las cortase
muy poco. El ladrón, entendiendo lo contrario, dijo:

—Callad en mal hora, y dejad hacer al maestro su
oficio.

Cuento 27

Siendo un albéitar al cual, porque se le probó que curó
mal un caballo, y se lo hicieron pagar por justicia, se fue
de una ciudad en otra y se ordenó de dotor en medicina,
y, por acertar algunas curas, cobró grandísima fama. Acaso
vínole a conocer el dueño del caballo, y, maravillado de
su mudanza, le dijo:

---

[130] Perdigón: «La perdiz cuando es nueva»
(Cov.).
[131] Atambor: Tambor.
[132] Pabellón: «Se llama también una especie de colgadura de la misma
hechura de la tienda de campaña, que sirve en camas, adorno de tronos»
(Aut.).

—¿Qué es esto, señor dotor, de albéitar, médico?

Respondió:

—Sí, señor, porque, matando bestias, me las hacen pagar, y personas, no.

Cuento 28

Estando en una huerta, noche de San Juan, muchos señores y señoras, y entre ellas una viuda muy chacotera, que en vida [d]el marido le había puesto el cuerno, oyendo cantar el cuquillo, dijo, enderezando las palabras a un paciente que allí estaba:

—¿Ha visto, señor, qué bellaca voz tiene aquel cantor?

Respondió el paciente:

—¿Sabe por qué? Porque se entonó en vuestra casa.

Cuento 29

Dieron una vez a un gran decidor [133], por cierta desgracia que dijo, un re mi fa sol [134] apuntado por la cara, y, como le viniesen a visitar muchos amigos suyos, estando en conversación con él, entraron dos hidalgotes chacoteros, diciendo:

—Pésame, señor, de vuestro rastro de caracol.

Dijo el otro:

—De vuestro punto froncido.

Y tantas veces reiteraron el pésame, que respondió el decidor.

—Mira, señores, de haber recibido la presente cuchillada, que ansina se llama ella, no puede dejar de pesarme muy más a mí que a vuestras mercedes, pero yo digo que, aunque os pese y repese, yo la tengo por recebida y baste.

---

[133] *Decidor:* Véase nota 20.
[134] *Re mi fa sol:* Cuchillada.

Cuento 30

Un portugués, sintiéndose agraviado en grandísima manera de un castellano que se llamaba Bargas, porque le
había dicho delante de su señora «ñafete» [135], determinan-
do de matarle, armóse, y, a cuantos topaba, decía:

—Hermaum, rogay por Bargas, el castejau [136].

Preguntáronle algunos:

—¿Cómo?, ¿que hanle muerto?

Respondía:

—Naun, mays teny pensamento de facello [137].

AQUÍ EMPIEZAN ALGUNOS CUENTOS DE VIZCAÍNOS,
MUY APACIBLES Y GRACIOSOS

Cuento 31

Como un vizcaíno estuviese solo, asentado a la puerta
de una venta, abajó un milano, y, de vuelo, apañó un an-

Cuento núm. 30. Compárese Gonzalo Correas, *Vocabulario de refranes,* pág. 570b.

«—Rezad un Paternoster por Juan Fernández. —¡Jesú!, ¿y muerto ye?
—No, sino que vo a matarle.

Gracia de poca cólera.»

Sobre *ñafete,* véase la nota 135 al texto del BUEN AVISO Y PORTACUEN-
TOS.

Cuento núm. 31. Es cuentecillo tradicional que recoge Gonzalo Correas, *Vocabulario de refranes,* pág. 453a:

---

[135] *Ñafete:* «Un cierto género de pulla que se usa en Portugal, y, si
nosotros se la decimos, se corren. Algunos curiosos quieren que tenga
alguna significación, y que no sea bernardina como birlimbao. Paréceles
que ñafete se dijo de neófito, que vale cristiano nuevo.» *(Cov.).*

Lo recoge GONZALO CORREAS, *Vocabulario de refranes,* pág. 756 a.
En las *Glosas al sermón de Aljubarrota,* págs. 48 b-49 a, aparece una
anécdota, en la que se pretende está el origen de «por qué los portugue-
ses se corren, cuando alguno les dice ñafete».

[136] El portugués habla en una mezcla de portugués y castellano. En
portugués actual su parlamento sería: —*Irmão, rogai por* Bargas, *o cas-
telhano:* —Hermano, rogad por Bargas, el castellano.

[137] En portugués actual el parlamento sería: —*Não, mas tenho pensamento de fazê-lo:* —No, pero tengo intención de hacerlo.

saroncillo. En verlo, el vizcaíno arrodillóse de presto en tierra, y, con las manos cogidas, dijo:

—Ansarino, ansarino de Dios, mi ánima como el tuyo por mí vayas rogando, pues a cielo te subes piando.

Cuento 32

Yendo a trocar una corona un vizcaíno a los cambiadores [138] de Sivilla, no halló sino una mona que estaba atada al banco de un cambiador. En verla, echóle la corona, diciendo:

—Señor cambiador, cambia corona.

La mona tomóla en las manos, y mordióla, y echóla dentro de una majarra [139], que era hacer lo mesmo que su amo hacía. Dijo el vizcaíno, viendo que se tardaba:

—Cambiador, no hagas bestia.

En esto la mona cocábale [140]. Él entonces, de picado, díjole:

—Eso no es hechos de bien, pues hombre honrado eres, buenos hechos harás. Vejecito, vejecito, daca [141] cambio corona.

Tornándole a cocar, desenvainó su espada, y diole una cuchillada, diciendo:

—Llévate eso por corona, y no harás de bestia persona.

«*Criatura verde, con el ángel vas, mi alma con el tuyo.*

Dicho aplicado a vizcaíno, viendo un patillo que le llevaba un milano, pareciéndole criatura y ángel; salen con pelo verde los patillos pequeños.»

---

[138] *Cambiadores:* Cambistas.

[139] *Majarra:* «Arquilla.» Arabismo documentado en la región valenciana (véase Alcover, s. v. *majarra o manjarra* y J. COROMINAS, *Entre dos lenguatges*, Barcelona, Curial, 1977, tomo III, pág. 124).

[140] *Cocar:* «Cocar y hacer cocos está tomado del sonido que hace la mona, para espantar los muchachos y ponerlos miedo, porque no le hagan mal» *(Cov.).*

[141] *Daca:* Véase nota 64.

Cuento 33

Un vizcaíno, por hacer saber a un tío suyo de su vida, y en qué parte se hallaba, escribió la presente carta, diciendo ansí:

«Yo tu tío carta escribio que te envío. Medina del Campo casado eres, y allí cornudo han hecho, porque mujer has quesido. Quien cornudo hecho preso tienes, tres mil maravedís das porque perdones: tres mil maravedís buenos son para capa, jubón [142]; de muerte de hombre no ganas nada. Hecha en Bilbao, a veinte y cuatro de Pamplona. Sea dada a señora tío en calle de jubón de mulas, frente horno, junto iglesia. De porte el que mandares.»

Cuento 34

Saliendo un vizcaíno de la posada, cuando ya hubo caminado una legua, acordóse que no se había despedido del huésped, por do determinó de volver. Y, viendo que reprochaba [143] el machuelo [144], descabalgo de él y atóle, de los pies delanteros, a un árbol, diciendo:

—Tú quedarás por bestia, que yo allá quieres volver.

Y, vuelto, no hallando su machuelo, porque el primero que pasó se lo llevó, iba muy congojado, mirando si lo hallaría. Por do, viendo una cierva por una montaña arriba, fue tras de ella, pensando que era su machuelo, diciendo:

—Chica, chica, cibada, que no arena, mal haya quien rabo corta, a monte te echa, a villa irás, silla y freno comprarás, y espuela que no pica, chica, chica.

Cuento 35

Un vizcaíno, habiéndose venido de su tierra, y dejada su mujer en casa de su suegro y suegra, estando en Valen-

---

[142] *Jubón:* «Vestido justo y ceñido que se pone sobre la camisa y se ataca con las calzas» *(Cov.).*
[143] *Reprochar:* Resistirse.
[144] *Macho:* «Hijo de caballo y burra, y de asno y yegua» *(Cov.).*

cia, rogó a un estudiante que le escribiese una carta para su tierra, porque sabía que su mujer no estaba en casa el suegro, la cual, notándola [145] él, dijo ansí:

—Señor, a señora suegra dirás, a principio de carta: «noramala para vos», y, a señora suegro, otro «noramala para vos, pues en casa no estás mi mujer». Y más, pon, para el suegro, mierda, para la suegra, mierda.

Respondió el estudiante:

—Demasiada mierda ponéis aquí.

Dijo el vizcaíno:

—Si demasiada te pareces, quita de ella un poco, como para vos.

En oír esto, el estudiante rasgó la carta, y dejólo en blanco [146].

Cuento 36

Yendo camino de compañía dos vizcaínos, vieron un labrador que estaba arando, al cual dijo el uno de ellos:

—Labrador, ¿qué siembras?

Respondió:

—A tiestos, hermanos.

Prosiguiendo su camino, habiendo caminado buen rato, dijo el un vizcaíno al otro:

—¿Qué quieres decir a tiestos?

Respondió el otro:

—Juras a diez que pullas te ha echado el villano. Volvamos allá.

Vueltos, dijo el vizcaíno al labrador:

—Sobre a tiestos vienes aquí hacerte desafío.

Respondió el labrador:

—Bésame en el culo.

Dijo el otro vizcaíno:

---

[145] *Notar:* «Dictar a otro que va escribiendo» *(Cov.).*
[146] *Dejar en blanco:* «Dejar a uno en blanco es haberle burlado cerca de lo que pretendía o deseaba» *(Cov.).*

—Yo también con él.
Respondió el labrador:
—Vos también con él.
—No quiero —dijo el vizcaíno—. Agradece que no quieres.
Y así se volvieron su camino.

Cuento 37

Iban camino tres vizcaínos, y, allegando a un mesón, desosos de comer arroz, el uno de ellos, se puso por cocina, diciendo que él lo guisaría. Vino acaso que, teniendo el arroz a cocer, faltándole el caldo, halló una ollica, para echar una melecina [147] al mesonero, de la cual vació en el arroz. Y cocido, y puesto en mesa, comiendo de él, decía el uno.
—¡Cómo amargas este arroz!
Y el otro:
—¡Cómo arrapas [148], garguero!
Respondió el cocinero:
—¿De esto te amaravillas? A teretorio [149] lo haces.
En esto vino la mesonera a reconocer su ollica, y, hallándola casi vacía, dijo:
—¿Quién me ha vaciado la ollica que tenía para dar melecina a mi marido?
Todos diciendo que nada sabían, sonriéndose el cocinero, dijeron los otros:
—¿De qué ríes, diablo?
Respondió:
—De que, juras a diez, que ayuda [150] has comido.

---

[147] *Melecina:* «Un lavatorio de tripas que se recibe por el sieso, y el mismo instrumento con que se echa se llama melecina, que es un saquillo de cuero con un cañuto» *(Cov.).*
[148] *Arrapar:* Arañar.
[149] *A teretorio:* Expresión incomprensible.
[150] *Ayuda:* Véase nota 9.

Cuento 38

Prosiguiendo su camino estos tres vizcaínos, y hallándose picados los dos del cocinero, pensando que adrede les hubiese hecho comer el arroz con la melecina [151] del mesonero, por vengarse de él, allegando a un lugar, buscaron un huevo pollado [152], y, revuelto con otros dos cocidos blandos, pusiéronse a almorzar, y, tomando cada uno su huevo, dejáronle al cocinero el pollado que estaba sin cocer. Y dijo el uno:

—Vaya un cuartillo de vino, que ninguno de vosotros se come el huevo de una sorbida [153] como yo.

Dijeron que sí. Pues, habiendo sorbido los dos, vino a sober su huevo el engañado, y como, el pollito piase en el garguero, no curó sino de engullir el vizcaíno, diciendo:

—Tarde piache [154].

Cuento 39

Como entrase un vizcaíno en un molino, muy cansado de caminar, y no viese en él persona ninguna, sino tan solamente una picaza que andaba suelta, hablando muy claramente, santiguándose, dijo:

Cuento núm. 38. Es cuento folclórico que también recogen Gonzalo Correas, *Vocabulario de refranes*, pág. 490a, y Francisco del Rosal, *La razón de algunos refranes*, pág. 96, y que sigue viviendo en la tradición catalana *(Cuentos folklóricos*, núm. 248). Lo refiere, además, Sebastián de Horozco, *Teatro universal de proverbios*, núm. 2921.

La frase proverbial «Tarde piache» está también en Pedro Vallés, *Libro de refranes*, I₂r.°, y en Sebastián de Covarrubias, *Tesoro de la lengua castellana*, pág. 868b. La usa Sancho en *Don Quijote*, II, 53, tomo VII, página 317.

Cuento núm. 39. Figura en Melchor de Santa Cruz, *Floresta española*, V, I, 22, pág. 136.

---

[151] *Melecina:* Véase nota 147.
[152] *Pollado:* Empollado.
[153] *Sorbida:* Sorbo.
[154] *Piache:* Pía. «Proverbio: Tarde piache, el que no habló con tiempo» *(Cov., s. v. piar).*

—Yo nunca visto pájaro persona como éste.

Y, volviéndose, en ver andar la muela, y salir harina debajo de ella, tornóse a santiguar, diciendo:

—Esta tierra santa debes de ser, porque muela andas, harina cuelas, hombres no pareces. Juras a mí que a reverencia mereces.

En esto arrodillóse de presto en tierra, y, con las manos cogidas, viniendo a besar la muela descalabróle los hocicos. Sintiéndose lastimado, dijo:

—¿Ésta es a tierra santa? Tierra diablos eres para mí.

Cuento 40

Un albardero, teniendo un sobrino suyo en casa, vizcaíno, que se llamaba Sancho, estando asentado a la mesa, que ya quería cenar, díjole:

—Sancho, corre, tráeme dinero de monjas, rábanos de huerto.

El Sancho fuese al torno, y, tocando, respondiéronle:

—Ave María.

Dijo el vizcaíno:

—No pides Ave María, que rábanos quieres, que mi tío mesa aguardas.

Dijéronle:

—¿Cúyo sóis, hermano?

Respondió:

—De uno que haces capas de bestias.

—Ansí pues, hijo, id al hortolano, que él os dará recado.

Ido, halló el hortolano que estaba llorando, porque se le había muerto un pollino. El vizcaíno, por consolarle, le dijo:

—¿De muerte de borriquito chiquitico pena tienes? Ausadas [155], señor, mi ánima cabo el suyo vayas. Dame dinero de rábanos presto.

---

[155] *Ausadas: Aosadas:* «Es un término muy usado, para asegurar y esperar de cierto una cosa, y vale tanto como "Osaría yo apostar"» *(Cov.).*

Dados los rábanos, viendo su tío cómo traía los ojos
llorosos, preguntóle:
—Parece que has llorado, Sancho.
Respondió:
—Sí, señora tío, de ver llorar a rabanero, echado has yo
lágrimas de borrico.

Cuento 41

Allegando un vizcaíno a la ciudad de Valencia, entrando
por la huerta, vio un campo de alberenjenas [156], y, pensando que eran higueras, dijo:
—Higuerito chiquitico, tan grandes higos haces, buen
tierra ésta.
Y, allegándose para coger una, tornó a decir:
—¡Ay!, higo, migo [157] mío, tú bien venido. Yo hallado
mucho huelgas toparte, darte quiero un beso.
Cogido que la hubo, y mordido, viendo que amargaba,
dijo:
—Ya entiendes: amargo sido, porque miel no venido.

Cuento 42

Envió una señora a un criado suyo, llamado Mondragón, natural de Vizcaya, que le comprase una perdiz, porque se sentía de mala disposición, y que mirase que no
hediese. Comprada que la hubo, abrióle el pico, para ver
si hedía. Viendo que no, trújola a casa, diciendo:

Cuento núm. 41. Cuentecillo que reproduce fray Juan de Pineda,
Diálogos familiares de la agricultura cristiana, BAE, 162, pág. 88a. Se
alude al mismo cuento en Sebastián de Horozco, *Teatro universal de
proverbios*, núm. 744.
Cuento núm. 42. Cuentecillo tradicional que también apuntan Luis
de Pinedo, *Libro de chistes*, pág. 114a; Melchor de Santa Cruz, *Floresta
española*, V, I, 10, pág. 134, y Juan de Arguijo, *Cuentos*, núm. 678
(*Cuentecillos*, págs. 75-77).

---

[156]   *Alberenjena:* «Lo mismo que berenjena» *(Aut.).*
[157]   *Migo:* Aféresis por *amigo.*

—He aquí un buen perdiz, señora.
Tomándola, y oliendo por bajo, como es de costumbre,
y viese que hedía a más no poder, díjole:
—Esta perdiz hiede, Mondragón.
Respondió el vizcaíno:
—De esa suerte, señora, si culo has de oler, también
hombre vivo hiedes, y mujer.

Cuento 43

Yendo un vizcaíno corriendo por el Grao de Valencia,
que su amo el patrón le enviaba, acosábale un perro en
tanta manera, que, abajándose por piedras, nunca pudo
asir de ellas, a causa que acertaba con algunas que estaban
asidas en tierra. Salido el amo del perro, y haciéndole entrar en casa, dijo el vizcaíno:
—En tierra mía de campos sueltos van asnos, y atadas
bestias, pero ésta es tierra de diablos, que sueltas perros y
atas cantos.
Y, sintiéndose lastimado, porque le había mordido,
añadió:
—¡Ah perro, perro, mal haya vos quien cría!
Respondió el amo:
—Andá para grumeta [158] de navío.
Dijo el vizcaíno:
—Juras que juras, es a mejor de nau [159] más roín que vos.
Respondió el amo:

Cuento núm. 43.   Compárese Melchor de Santa Cruz, *Floresta española*, IX, III, 3, pág. 243.
El refrán «Tierra de Campos, tierra de diablos, sueltan los perros y
atan los cantos» aparece en el *Libro de refranes* de Pedro Vallés, I₂r.°, así
como en los *Refranes o proverbios* de Hernán Núñez, f. 124v.°a. También en Gonzalo Correas, *Vocabulario de refranes*, pág. 499b:
«Tierra de Campos, tierra de diablos, que sueltan los perros y atan los
cantos.
Es tierra sin piedras; atribúyese a dicho vizcaíno.»

---

158   *Grumeta*: Parece estar en el texto por *grumete*.
159   *Nau*: «Nave» (véase Alcover, *s.v. nau*).

—Ya lo creo, andá con Dios.
Dijo el vizcaíno:
—Así es menester que creas.

Cuento 44

En Bilbao habitaban dos vizcaínos, labradores, el uno
muy simplicísimo, llamado Juanea, y el otro Oñate, estos
dos extrañísimamente [160] amigos. El Juanea, a causa que le
había dejado una herencia cierta parienta suya, y que no
pudiese gozar de ella, si no pariese su mujer, iba muy
pensativo de qué suerte podría hacer que se empreñase su
mujer, y para remedio de esto vínole a la memoria que,
así como su vecino y amigo Oñate hacía parir cada año a
su mujer, que secretamente, si él quisiese, le empreñaría la
suya. Con esta determinación le habló un día; el cual fue
contento; y le puso escondidamente en su cama por algunas noches, sin ella haber sentimiento. A cabo de días,
como la mujer se sintiese preñada, el marido, de aquel
contentamiento, lo fue a decir a Oñate, el cual, por burlarse de él, respondió:
—Si eso eres, ya sabes, vecino, que en herencia tuya
parte tienes.
Dijo Juanea:
—¿Por qué tienes parte?
Respondió:
—Porque hijo de tu mujer mío es, y no tuyo, que yo
hecho.
Dijo:

Cuento núm. 44. El mismo relato, pero con héroe portugués, figura
en las *Glosas al sermón de Aljubarrota*, pág. 52a-b.

En los *Refranes famosísimos y provechosos glosados* aparecía el refrán
«Para tu mujer empreñar, no debes a tu amigo .llamar» (véase
E. S. O'Kane, *op. cit.*, pág. 107b), que, en Hernán Nuñez, *Refranes o
proverbios*, f. 93r.°a, y Gonzalo Correas, *Vocabulario de refranes*, página
456b, adopta la forma «Para tu mujer empreñar, no debes a otro buscar».

---

[160] *Extrañísimamente:* Véase nota 2.

—Verdad es que tu hecho, pero mujer no es tuyo, que campo mío estás por cierto.

Respondió Oñate:

—Verdad dices, que a mujer tuyo campo tuya es, pero yo sembrado, y parte tienes de fruto.

Y, como en esta competencia le viniese a Juanea a la memoria que en días pasados le había dejado un garañón [161] a Oñate, para que le empreñase una yegua, y de ella tenía un potro grandecillo, le dijo:

—Pues que parte dices que tienes en hijo mío, también quieres parte garañón mío de potro tuyo que hizo en yegua tuya.

Viendo Oñate que le tocaba en el interese del potro, le dijo:

—Juras a mí, vecino, que todo esto a burlas son, que burlabas contigo. Dejemos a hijo y a potro para cada uno. Daca [162] mano, no hablemos más de estos a negocios.

Dijo Juanea:

—Daca, que amigo quieres quedar.

Y de esta suerte se despartieron [163], quedando buenos amigos.

Cuento 45

Un gran señor de salva [164] tenía en su casa un loco, medio truhán, llamado Oliver, y, estando en cierto sarao [165] de damas y caballeros, arrodillósele delante, diciendo:

—Sepa vuestra Excelencia que no puedo hacer otro por ser importunado, sino suplicarle que hay un preso en la

---

[161] *Garañón:* «El asno que echan a las yeguas o el caballo que cubre las borricas, y cada uno de éstos a la hembra de su especie» *(Cov.).*

[162] *Daca:* Véase nota 64.

[163] *Se despartieron:* Hicieron las paces. *Despartir:* «Meterse de por medio de los que riñen, para ponerlos en paz» *(Cov.).*

[164] *Señor de salva:* Véase nota 12.

[165] *Sarao:* Véase nota 30.

cárcel, el cual no debe, ni ha muerto a ninguno, que luego
le mande soltar.

A esto respondió el señor:

—Si es como tú dices, suéltenle.

No hubo acabado de hablar, cuando el truhán dio un
desaforado crujido por la chimenea del vientre, y, denos-
tándole de bellaco y sucio, respondió:

—Maldita la culpa que tengo, señor, porque con su
facultad [166] se soltó.

Cuento 46

Otra vez este mesmo Oliver, paseándose por palacio
con su señor, y viendo que el cocinero estaba escu-
dillando [167] escudillas de manjar blanco [168], puso el dedo
en una de ellas, y, cuanto pudo llevar, se puso en la boca.
No lo hubo puesto tan presto cuanto lo echó en tierra, de
caliente que estaba. A esto dijo el señor:

—A fe de quien soy, que habéis de acabar la escudilla,
pues la empezastes, don laminero. Daca [169] un palo.

El Oliver, más de miedo que de vergüenza, empezó a
comer vuestra escudilla, y, estándosela comiendo dando
saltos, de caliente que estaba, soltósele una voz por la cue-
va de los malos vientos; y tratándose de villano, respondió:

—No se ha de enojar por eso vuestra Excelencia, porque, ¿en cuál casa echarán fuego, que la gente de ella no
trabaje de salir fuera?

Cuento núm. 46. Conserva el chiste la tradición oral de Castilla y
Galicia.

---

[166] *Facultad:* «Se toma también por licencia o permiso» *(Aut.).*

[167] *Escudillar:* Distribuir comida en escudillas.

[168] *Manjar blanco:* «Cierta suerte de guisado, que se compone de pe-
chugas de gallina cocidas, deshechas con azúcar y harina de arroz, lo
cual se mezcla, y, mientras cuece, se le va echando leche, y, después de
cocido, se le suele echar agua de azahar» *(Aut.).*

[169] *Daca:* Véase nota 64.

Cuento 47

Una dama que era muy morena, estando a su gelosía [170], como viese pasar a su no querido requebrado [171], que tenía una nube [172] en el ojo, y la estuviese mirando con el antojo [173] puesto, dijo:

—¡Válame Dios, y qué ñublado [174] tiempo hace!

Viendo el requebrado que lo había tratado de tuerto, por tratarla de morena, respondió:

—Es verdad, señora, pero vuestra merced es de condición de cuervo, que siempre pica en el ojo.

Cuento 48

Comiendo un soldado una gallina, súpole tan buena, que no dejó nada, y, viendo que su criado hacía mala cara, díjole:

—Calla, hermano, que muchos días buenos te has de ver. Por agora, cómete un par de huevos.

El mozo hízolo ansí, y otro día mandóle asar su amo una perdiz, y él, en ser asada, comiósela. Venido el amo, preguntando a la hora del comer por la perdiz, dijo que se la había comido.

—¿Por qué, ladrón? —dijo el amo.

Respondió:

—Por ser éste el primer día bueno de los en que me he de ver, señor.

—¡Oh, pese a tal! —dijo el amo—, si ése es el primero, no quiero aguardar los otros. Mira qué te debo, y vete de mi casa.

Cuento núm. 47. Figura en Melchor de Santa Cruz, *Floresta española,* VIII, I, 10, pág. 221.

---

[170] *Gelosía:* Véase nota 23.
[171] *Requebrado:* «El tal galán [el que dice requiebros]» *(Cov., s. v. requebrar).*
[172] *Nube:* «La telilla que se hace en el ojo» *(Cov.).*
[173] *Antojo:* Anteojo.
[174] *Ñublado:* «Lo mismo que nublado» *(Aut.).*

Cuento 49

Un buen hombre, siendo ermitaño en una ermita, cogió de limosna una jarrilla de miel, y, como viniese a valer muy cara, púsola a la orilla de un pozo, y, contemplándola, decía:

—Yo venderé esta miel, y de los dineros compraré colmenas, y de las colmenas ovejas, y de las ovejas heredades, y de las heradades verné a ser hombre rico, y hablarme han mujer; y tomarla he que sea rica y hermosa, llamarme han señor, y terné hijos; y, si alguno fuere mal criado, darle encima de la cabeza.

En esto alzó un palo que tenía en las manos, como aquel que quería dar a los hijos, y quebró la jarrilla, echándola en el pozo. Hallándose burlado, dijo:

—Por mí se puede decir: Mi gozo en el pozo.

Cuento 50

Yendo un caballero camino a caballo en un cuartaguillo [175], y su mozo detrás, vino que había de atravesar

---

Cuento núm. 49. Cuento folclórico (T 1681*) que con frecuencia aparece en los textos españoles —*Calila y Dimna*, págs. 264-265; *El conde Lucanor*, núm. 7; Francisco Espinosa, *Refranero*, pág. 89; Juan de Mal Lara, *Filosofía vulgar*, tomo III, págs. 115-117; Samaniego, II, 2— y que sigue viviendo en la tradición americana *(Cuentos folklóricos,* núm. 216).

También hay versión en L. Domenichi, *Facezie, motti e burle,* lib. V, f. 140r.º-v.º.

El refrán «Nuestro gozo en un pozo» aparece en textos medievales (véase E. S. O'Kane, *op. cit.,* pág. 122b); en Fernando de Arce, *Adagia,* quincuagena 4.ª, núm. 27; en Blasco de Garay, *Cartas en refranes,* carta IV, pág. 164; en Pedro Vallés, *Libro de refranes,* [F₇]v.º; en Hernán Núñez, *Refranes o proverbios,* f. 88r.ºb; en Sebastián de Horozco, *Teatro universal de proverbios,* núm. 2184, y en Gonzalo Correas, *Vocabulario de refranes,* pág. 264b, quien da las variantes: «Mi gozo en [el] pozo» y «Su gozo en [el] pozo».

Cuento núm. 50. Cuento procedente de Baltasar de Castiglione, *El*

---

[175] *Cuartago:* «Caballo pequeño» *(Cov.).*

un riachuelo, y, como hubiese crecido el agua, dudando
de pasar, paróse, y dijo a su mozo:
—Pasa primero.
Conociendo la intención de su amo, respondió:
—No, no, señor, no seré yo tan mal criado que pase
primero.
Dijo el amo:
—No hay mala crianza.
Respondió el mozo:
—Sí hay, señor, pues que por el vino suele pasar pri-
mero, pase por el agua.

Cuento 51

Fuese una vez un buen hombre, dejando su mujer mi-
serablemente, y, a cabo de tiempo, volvió; y, como viese
la casa mejorada, dijo a su mujer:
—¿Qué es esto? ¿De dó salieron estos guadamaciles [176]
y tantas sillas?
Respondió:
—Marido, Dios lo ha proveído.
—¿Y ésta cama tan linda y colcha de seda?
—Dios lo ha proveído.

Cortesano, traducción de Boscán, lib. II, cap. 6, pág. 232, donde el protagonista era el duque de Urbino y el relato más breve.
   También aparece en Juan de Mal Lara, *Filosofía vulgar*, tomo IV, páginas 129-130, y en Melchor de Santa Cruz, *Floresta española*, VI, VI, 3,
pág. 169 (textos reunidos en *Cuentecillos*, págs. 66-67).
   Cuento núm. 51. El cuento procede de las *Facetiae* de Poggio, número 1, donde el protagonista era un marinero de Gaeta. También figura
en las *Fábulas colectas*, núm. 16, que incluyen varias ediciones del *Isopo*
(por ejemplo, la de Amberes, 1546).
   Es cuento que aparece en Juan de Mal Lara, *Filosofía vulgar*, tomo IV,
págs. 152-153.
   En este relato se inspira un cuento de Emilia Pardo Bazán *El tetrarca
en la aldea* (1892), *O. C.*, I, págs. 1572-1574.

---

[176] *Guadamacil*: «Cabritilla adobada, en que, a fuerza de la prensa, se
forman por el haz diferentes figuras de diversos colores» *(Aut.)*.

—¿Y esas basquiñas [177] de seda, y manillas [178] de oro?
—Dios lo ha proveído.
En esto salió un mochacho de dos años, diciendo:
—Madre, dadme pan.
Él, todo turbado, preguntó:
—¿Qué es esto?
Respondióle ella:
—Provisión de Dios.
Dijo él entonces:
—En verdad, mujer, no quisiera que Dios proveyera tanto mi casa.

Cuento 52

Cierto mancebo que no tenía sino capa y espada [179] casó con una viuda riquísima, la cual, por ser indomable, de contino le decía piojoso al mancebo. Amohinado y aborrecido de ella, paseando, llevóla a la orilla de un río, y diole tal rempujón [180], que la zabulló en el agua. Y, al tiempo que vido que no parecía, y se estaba ahogando, díjole:
—Mujer, ¿soy agora piojoso?
Ella en esto sacó los brazos del agua, haciendo con los dedos pulgares como quien mataba piojos. Viéndolo, apa-

---

Cuento núm. 52. Es cuento folclórico (T 1365 C) extensamente difundido en la tradición española (Galicia, Asturias, Aragón) y americana (*Cuentos folklóricos*, núm. 129).

Aparece en las *Facetiae* de Poggio, núm. 59, que bien podría ser la fuente directa de Timoneda, y se cuenta en forma de alusión en *El Cortesano* de Baltasar de Castiglione, traducción de Boscán, lib. III, cap. 2, pág. 300. También se hace una referencia a él en las *Cartas en refranes* de Blasco de Garay, carta III, pág. 159.

---

[177] *Basquiña:* Véase nota 73.
[178] *Manilla:* Véase nota 74.
[179] *No tener sino capa y espada:* Ser pobre. Cfr.: «Escoger para yerno un hombre de bien con su capa y espada: se entiende del que es hombre de bien, y a propósito para yerno, aunque pobre» *(Cov., s. v. capa).*
[180] *Rempujón:* «El tal golpe [el de rempujar]» *(Cov.). Rempujar:* «Dar golpe con que movemos a otro de su lugar» *(Cov.).*

ñó él de un canto y diole en las manos. Díjole uno que
lo vido:
—¿Qué hacéis, hermano?
Respondió:
—Señor, mato piojos.

Cuento 53

Como visitase cierto dotor a un enfermo, y lo hallase
muy malo, tocándole el pulso, dijo a los de casa:
—Vosotros tenéis culpa de esto.
Respondieron:
—¿Por qué, señor?
—Porque le habéis dado a comer duraznos.
Concediendo que sí, recetólo y fuese. Preguntándole al
dotor un mancebo que practicaba con él, que de qué suer-
te había conocido que había comido el paciente duraznos,
respondió:
—Porque vi cortezas de ellos por la cámara.
Dándose a visitar, a cabo de tiempo, el dicho mancebo,
entró una vez en casa de un labrador que estaba malo de
calenturas, y, como viese un albardón en la cámara, dijo:
—¿Para qué le habéis dado a comer albardones?
Respondió el enfermo:
—¡Más, cagajones [181]!

Cuento núm. 53. Procede de las Facetiae de Poggio, núm. 109, donde
el relato es más amplio, y lo que el médico ignorante cree que ha comido
el enfermo es el asno, por tomar la albarda como los restos del animal
cocido.
   También refieren el cuento Juan Cortés de Tolosa, Lazarillo de Manzanares, págs. 63-64, y el autor del entremés El doctor y el enfermo,
COTARELO, págs. 601b-602a.
   Es relato que sigue viviendo en la tradición americana (Cuentos folklóricos, núm. 245).

---

[181]   Cagajón: «El estiércol de las mulas, caballos y burros» (Aut.).

Cuento 54

Vendía una revendedera [182] higos en la plaza, y, viendo un autenticado [183] bellaco que los vendía tan caros, tomó un par de ellos en la mano, diciendo:

—A éstos en mi tierra cagajones [184] los llaman.

Respondió de presto la revendedera:

—Cómetelos.

No lo hubo acabado de decir, cuando ya los tuvo dentro en su boca. Ella entonces, muy enojada, dijo:

—Pagadme los higos que habéis comido.

Respondió él:

—Yo no he comido sino cagajones, y por vuestro mandado.

En oír la gracia, echóse la mano a la bolsa y pagólos un gentilhombre.

Cuento 55

Estando ciertas señoras en Alcalá de Henares recocijándose en una huerta, tiniendo un caracol en las manos, por burlarse de un bachiller, preguntáronle:

—Señor, ¿de dó deriva el nombre de este animalejo, o por qué causa le pusieron tal nombre?

Respondió:

—Yo se lo diré a vuestras mercedes: el primero que le vio hallóle cara una col, y dijo: «pues cara col te hallé, caracol sea tu nombre». Mas, pregúntoles yo, señoras, si le hallara cara un ajo [185], cómo se llamara?

Pronunciándolo entre dientes, conocieron la burla, y tomáronse a reír.

---

[182] *Revendedera:* Revendedora.
[183] *Autenticado:* Auténtico.
[184] *Cagajón:* Véase nota 181.
[185] *Carajo:* Miembro viril.

Cuento 56

Habíase caído un asno cargado de leña a un villano en
corte, y, como le estuviese dando de palos, vino a pasar
por allí el contador del rey, por do le dijo:

—Hermano, a paso eso.

Dejando de darle al asno, paróse, y, quitado el bonete,
como que razonaba con él, dijo:

—Así que, don asno, parientes tenéis en corte. De aquí
adelante trataros hemos con más cortesía.

Cuento 57

Un mancebo estaba jugando con su padre, y, como le
ganase al padre un real y no se lo quisiera pagar, dijo el
hijo a voces bien altas, muy enojado:

—Eso merece quien con tales juega.

Cuento 58

Cierto soldado fanfarrón, recién venido de Italia, delei-
tábase mucho en decir mentiras, y, porque se le diese fe a
lo que decía, hizo pacto con un criado suyo, que le daría
un cuarto, cuando afirmase lo que él dijese. Hecho el concierto, el soldado una vez comenzó de decir, en presencia
de muchos señores, desaforadas mentiras, y, como cada
vez estuviese preguntando al criado:

—Ven acá, ¿no pasa esto ansí?,

y él respondía:

—Sí, señor,

vino a decir una muy grande mentira, por do dijo el
criado:

—Ésa, señor, más vale de un cuarto.

Respondió el soldado:

—Que te valgan todos los diablos.

Cuento núm. 56.   Cuentecillo tradicional que también recogen Mel-
chor de Santa Cruz, *Floresta española*, VII, VI, 8, pág. 210; Sebastián de
Covarrubias, *Tesoro de la lengua castellana*, págs. 158a y 970a, y Andrés
Laguna, *Dioscorides*, II, 40, pág. 146 (textos reunidos en *Cuentecillos*,
págs. 172-173). Se alude a él en la *Carta de las setenta y dos necedades*,
BAE, 176, pág. 225a.

Aparece en L. Domenichi, *Facezie, motti e burle*, pero en el libro
séptimo que se añadió en la edición de Florencia de 1564, pág. 354.

Cuento 59

Yendo a ronda de noche por la ciudad de Granada un alguacil, encontró con un morisco que llevaba una espada. Quitándosela, mostró el moro cómo traía privilegio del rey [186] que la podía llevar, y, no acertándolo a leer, tomólo el porquerón [187] y empezó a decir ansí:

—Dase licencia y facultad [188] de traer armas en el consejo de la S.C.C.R.M...

Y, como viese estas cinco cifras, paró, y tornó a leer de principio, diciendo:

—Dase licencia y facultad de traer armas en el consejo de la señoría señoría cierta reverendísima merced...

Respondió el alguacil:

—Más, mierda.

Prosiguiendo el porquerón, dijo:

—Para vos y a vuestros hijos y herederos, y descendientes y sucesores.

Respondió el alguacil:

—Séase toda para ti, bellaco. Daca [189] en mal hora.

—Tome —dijo el porquerón.

Respondió el alguacil:

—Al mesmo tono me parece que va esto.

Cuento núm. 59. Lo que es la interpretación en otro sentido del que corresponde de una fórmula abreviada, tiene una trayectoria amplia, desde el *De oratore* de Cicerón, II, 208 —anécdota que reproduce Giovanni Pontano, *De sermone*, IV, 3, 24—, hasta los *Apophthegmata* de Erasmo, VI, *Varie Mixta*, 78, pág. 495, traducción de Támara, f. 327r.°.

En esta línea recuérdese también la diversa interpretación de unas mismas letras iniciales de palabras en la *Vida de Esopo*, 78-80.

---

[186] *Privilegio del rey:* «Privilegio real. El que gozan aquellas personas a quienes pertenece alguna cosa, cargo o estado, por cuyo respecto se concedió, que, aunque cese en particular en la persona que falta o pasa a otro estado, permanece en general en los que se van sucediendo» *(Aut.).*

[187] *Porquerón:* «El ministro de justicia que prende los delincuentes y los lleva agarrados a la cárcel» *(Cov.).*

[188] *Facultad:* Véase nota 166.

[189] *Daca:* Véase nota 64.

Cuento 60

Yendo dos señoras por la calle, la una de ellas, que se decía Castañeda, soltósele un trueno bajero, a lo cual dijo la otra:

—Niña, pápate [190] esa castaña.

Echándose de ellos por tres veces arreo [191], y respondiendo la otra lo mismo, volviéronse y vieron un doctor en medicina que les venía detrás, y, por saber si había habido sentimiento del negocio, dijéronle:

—Señor, ¿ha rato que nos sigue?

Respondió:

—De la primera castaña, señoras.

Cuento 61

Viendo una vez un filósofo a un mancebo, que era muy hermoso y de linda disposición, que estaba hablando palabras sucias y deshonestas, le reprehendió, diciendo:

—Di, hermano, ¿por qué tienes tan ruin espada en tan buena vaina?

Cuento 62

Estando diciendo una señora cortesana a un gentilhombre, que estaba confiscado [192] de mal francés [193]:

Cuento núm. 60. Es cuento folclórico que sigue viviendo en la tradición española (Asturias, Andalucía) y americana *(Cuentos folklóricos,* núm. 155).

Cuento núm. 61. Cuento de fuentes erudita: Diógenes Laercio, *Historia de los filósofos,* VI, 65, y Erasmo, *Apophthegmata,* III, *Diogenes,* 85, pág. 237 *(Fuentes clásicas,* págs. 44-45 y 96), traducción de Támara, f. 124v.º.

---

[190] *Papar:* «Algunas veces, en estilo familiar, se entiende por comer absolutamente» *(Aut.).*

[191] *Arreo:* «Sucesivamente, sin interrupción ni intermisión» *(Aut.).*

[192] *Confiscado:* Atacado.

[193] *Mal francés:* Enfermedad venérea conocida con el nombre de *bubas,* por los granos o bubas que salían en la cara, o *mal francés,* «porque (según algunos) la contrajeron los franceses, cuando entraron en Italia con el rey Carlos octavo, por medio del comercio ilícito que tuvieron con las mujeres de aquel país» *(Aut., s. v. buba o bubas).*

—Señor, ¿cuándo habéis de despedir esa mala disposición
que tenéis?

dijo otro galán, metido en los vicios de beodez y carna-
lidad:

—Señora, no puede, porque la enfermedad de este señor
está metida en los huesos.

Respondió el otro, diciendo:

—Abaste [194] que la vuestra esté entre cuero [195] y carne.

Cuento 63

Un mancebo que tenía fama de ladrón, por tratar a un
honrado hombre de potroso [196], le dijo:

—A este señor siempre le viene el mal de poniente.

Respondióle al mancebo:

—Y a vos el bien de levante.

Cuento 64

Estando el autor asentado en una silla con mucha congregación de gente, que aguardaban que se representase cierta
comedia, desclavóse un tapiz que estaba a las espaldas, por
do dijo uno que estaba a su costado, por haberles caído
encima:

—Señor, quítese ese cobriacémila.

Respondió el autor:

—Eso será para vos, que para mí repostero [197] se llama.

Este apotegma, cuyo protagonista era Diógenes el Cínico, aparecía también
en la *Silva de varia lección* de Pero Mexía, parte 1.ª, cap. 27, tomo I, página 165, que parece la fuente más directa del texto de Timoneda.
Posteriormente lo recoge Gerardo Tuningio, *Apophthegmata graeca*,
pág. 65b.

---

[194]   *Abastar:* Véase nota 66.
[195]   *Cuero:* Véase nota 63.
[196]   *Potroso:* «El enfermo de potra» *(Cov.). Potra:* «Cierta enfermedad
que se cría en los testículos y en la bolsa de ellos» *(Cov.).*
[197]   *Repostero:* «Suele algunas veces significar repostero un paño cua-
drado con las armas del señor, que se pone sobre las acémilas» *(Cov.).*

Cuento 65

Yendo sin tiento un labrador a caballo con un rocín de albarda, encontró con el autor de tal manera, que le pensó derribar. Y, como le mirase y fuese conocido, dijo el labrador:

—¿Hay en qué servir a vuestra merced, señor?

Respondió el autor:

—No, por cierto, si son los servicios de vuestro criado.

Cuento 66

Otra vez, yendo un labrador a caballo con su rocín, dio un buen encuentro al autor, por do, después de haberle dado, dijo:

—Perdone, señor.

A esto respondió el autor:

—Mejor pasara sin él.

Quiso decir que, a no haberle dado, era mejor, y pasara sin perdón.

Cuento 67

Cierto filósofo, teniendo una hija hermosa y con harto dote para casar, viendo que dos mancebos se la pedían, el uno insipiente [198] y rico, y el otro pobre y sabio, con mu-

---

Cuento núm. 65. No parece aventurado pensar que este cuento de Timoneda, protagonizado por él mismo, tenga —como con más probabilidad el siguiente, del que también es protagonista— alguna filiación de parentesco inspirador con el cuento núm. 150 de EL SOBREMESA, que es de fuente erudita. Véase la nota a dicho cuento.

Cuento núm. 66. Véase lo dicho en el cuento anterior.

Cuento núm. 67. Cuento de fuente erudita: Cicerón, *De officiis,* II, 71; Valerio Máximo, *Factorum et dictorum memorabilium libri IX,* VII, 2, *ext.* 9; Plutarco, *Apotegmas,* Reyes, Temístocles, 11, y *Vida de Temístocles,* 18; Erasmo, *Apophthegmata,* V, *Themistocles,* 11, pág. 362 (*Fuentes clásicas,* págs. 96-97), traducción de Támara, f. 192v.°.

---

[198] *Insipiente:* «El inorante, el necio» *(Cov.).*

cho acuerdo, y sobre pensado, la dio al mancebo pobre, porque era sabio. Reprochándole esto algunos parientes, que por qué la había dado al pobre, respondió:

—Más quiero dar a mi hija a hombre que tenga necesidad de dineros, que no a dineros que tengan necesidad de hombre.

Extraña [199] respuesta.

Cuento 68

Un galán, por no tener tan larga renta cuanto su deseo y parecer bien a su señora, hízose una cadena de latón dorada, y, como ella lo supiese, tratando el dicho galán (estando en conversación) a las mujeres de mentirosas y falsas, dijo la señora:

—En mí, señor, no hay ninguna cosa de ésas.

Respondió el galán:

De estas fuentes, imputando todas el apotegma a Temístocles —Timoneda lo sustituirá por un «cierto filósofo»—, en Cicerón y en Valerio Máximo no es el estadista ateniense el padre de la joven, sino que lo es uno que pide consejo a éste —como, extrañamente, lo hace Támara (Jarava, en cambio, en su traducción era fiel a la versión original de Erasmo)—. En esta ocasión, junto a la fuente del humanista holandés, no cabe duda de que en el texto de Timoneda ha dejado huellas la traducción de los *Apotegmas* de Plutarco de Diego Gracián, $C_1v.^o$.

En L. Domicio Brusoni, *Facetiarum exemplorumque libri*, IV, 14, página 309; Hernando Díaz, *La vida y excelentes dichos de los más sabios filósofos*, $[C_5]v.^o-[C_6]r.^o$; Conrado Lycosthenes, *Apophthegmata*, páginas 210a y 791a, y Gerardo Tuninigio, *Apophthegmata graeca*, pág. 14a, Temístocles es el padre de la muchacha. La versión de ser otro el que le pide consejo parece, no obstante, ligeramente más difundida: *Libro de los ejemplos*, núm. 422; Petrarca, *Rerum memorandarum libri*, III, 59, 1; Francesco Barbaro, *De re uxoria libri duo*, I, 7, $C_4v.^o$; Juan Luis Vives, *De institutione foeminae christianae*, I, *De quaerendo sponso*, pág. 124, traducción castellana, f. 65v.°; Juan de Mal Lara, *Filosofía vulgar*, tomo II, pág. 177 (*Fuentes clásicas*, pág. 112).

Cuento núm. 68. Compárese con el cuento núm. 10 de Joan Aragonés.

—Pues, a fe, que, si yo os tuviese entre manos, que yo os haría decir la verdad.

Dijo la señora:

—Igual la diría vuestra cadena en poder de un platero.

Cuento 69

Yendo camino ciertos caminantes, allegaron a una venta, a do, no hallando sino un mochacho de seis años, pusiéronse por cocina, para adrezarse la comida que traían, en que asaron una espalda de carnero; y, estándola asando, tomóles deseo de ajo, y, buscando por la casa, hallaron un grano puesto en un agujero, bueno y mondado, y, como lo majasen y, destemplado [200], lo pusiesen en la espalda, viéndolo el mochacho, de contino lloraba, diciendo:

—¡Ay, el ajo del niño! ¿Qué dirá la madre?

Ellos, no dándose acato [201] de lo que decía, comieron su espalda. Venida la ventera, preguntáronle de qué lloraba el mochacho. Preguntándoselo, y hallando menos el ajo del agujero, dijo:

—¡Ay, señores, llora por el grano que han tomado de aquí, el cual servía de caleta [202] a un niño de teta que tengo!

Entendiendo la burla, tomáronse todos a reír, viendo cuán bien les había sabido el ajo culero.

Cuento núm. 69. Un cuento muy parecido se halla en S. J. Polo de Medina, *Noches de convalecencia* (1639), O. C., págs. 471-472. Allí un arriero se come el rábano que, a idéntico fin, usa el ventero.

---

[200] *Destemplado:* Machacado.

[201] *Darse acato:* Véase nota 109.

[202] *Caleta:* Diminutivo de cala. *Cala:* «Significa la mecha que ponen a los niños en el sieso, para atraer la cámara, de jabón, aceite y sal» (*Cov.*).

Cuento 70

Hurtaron una vez a un rey la plata con que le servían. Cierto chocarrero, llamado Pedro Langosta, por tener algunos días buenos, fuese al rey, diciendo que era gran adevino, y que, dentro de diez días, se obligaba a descubrir el hurto. El rey, deseoso de cobrar su plata, hízole dar un aposiento apartado, con que le sirviesen cinco criados. Fue la dicha que aquéllos, con otros cinco, habían hecho el hurto, y, cuando hubo pasado un día, dijo el chocarrero, en presencia de los que le servían:

—Bien está, ya tenemos uno de los diez.

Y, pasados dos, dijo:

—Ya tenemos dos.

Y, prosiguiendo hasta cinco, como él lo dijese por los días, y ellos lo entendiesen por su respecto, determinaron, en gran puridad [203], con que los tuviese secretos, de descubrirle el hurto. Prometido, dijéronle en qué parte estaba enterrada la plata fuera de la ciudad... [204]

Cuento núm. 70. Es cuento folclórico (T 1641), que también recoge Gonzalo Correas, *Vocabulario de refranes,* pág. 29b, y que anda muy difundido en la tradición española (León, Castilla, Andalucía), lo mismo que en la tradición americana *(Cuentos folklóricos,* núm. 208). Recordemos la versión de Correas:

«*¡Ay Grillo, Grillo, y en qué aprieto estás metido!*
Llamábase uno Grillo, y jatóse de grande adivinador, siendo ignorante. Para tentarle, un caballero puso la mano en el suelo sobre un grillo, animalejo, y preguntó:

—Adivina lo que está aquí.

El hombre llamado Grillo dijo por sí:

—¡Ay, Grillo, y en qué confusión estás metido!

Entendió el caballero que lo decía por el grillo que estaba debajo de la mano, como que le había adivinado, y quedó con mayor opinión de adivinador, por caso fortuito, como en las demás adivinaciones suyas.»

Luis Cortés Vázquez, *Cuentos populares salmantinos,* Salamanca, 1979, pág. 225, fue el primero en observar que este fragmento del PORTACUENTOS correspondía al conocido cuento de «El tío Grillo adivino».

---

[203] *Puridad:* «Vale secreto» *(Cov., s. v. puro).*

[204] Falta, como señala R. SCHEVILL, pág. 243, el folio que contendría el final de este cuento, los cuentos 71 y 72 completos, y el comienzo del cuento 73.

Cuento 73

... [205] logreros. En oír aquello, el pobre hombre estaba muy desconfiado. Acabado que hubieron de predicar, salióse el mercader de la iglesia, y el buen hombre tras él; y, como le viese, díjole:

—¿Qué es, hulano [206]?

Respondió:

—Señor, salgo de Sant Jorge, y, en haber oído lo que el predicador dijo, no le oso pedir aquellos dineros que tenemos concertado.

—Respondió el mercader:

—*Lascia andare che egli ha fatto il suo officio, e noi faremo il nostro* [207].

Cuento 74

Un rústico labrador, estando haciendo una escudilla de madera, para dar de beber a su padre, por asco que de él tenía por ser muy gargajoso [208], mirábale un hijo que tenía de siete años, y díjole:

—Padre, ¿para quién hacéis esa escudilla?

Respondió:

—Para dar de beber a tu agüelo.

Dijo el niño de presto:

—Calla, padre, que yo os haré a vos una otra, cuando seáis viejo, porque bebáis aparte.

Cuento núm. 74. Es cuento folclórico (T 980 B) que alguna vez aparece en la tradición española *(Cuentos folklóricos,* núm. 77), posiblemente por influencia de la escuela.

---

[205]   Véase la nota 204.

[206]   *Hulano:* Véase nota 97.

[207]   *Lascia andare, che egli ha fatto il suo officio, e noi faremo il nostro:* —Déjalo estar, que él ha hecho su oficio, y nosotros haremos el nuestro.

[208]   *Gargajoso:* «El que está siempre tosiendo y echando gargajos» *(Cov.).*

Viendo la aguda respuesta del mochacho, rompió la escudilla, diciendo:

—No harás, por cierto.

Cuento 75

Pidiendo un honrado caballero, que le empezaban a salir canas, a un rey cierto cargo o dignidad, no le fue concedido. Dándose a entender que por tener canas se lo negaba, y que, si fuera más mozo, el rey se lo otorgara, diose pebradas [209], y, viéndose remozado, tornó a pedir al rey lo que antes pedido había. El rey, conociendo su codicia, le respondió:

—Esa misma merced ya me la pidió vuestro padre. Andá con Dios, que no se puede dar.

Cuento 76

Un resabido [210] de hombre, hallándose con gruesa cuantidad de dineros, hizo su cuenta, diciendo ansí:

Cuento núm. 75. Cuento de fuente erudita: Elio Espartiano, *Vita Hadriani,* 20, y Erasmo, *Apophthegmata,* VI, *Adrianus,* VIII, pág. 446 *(Fuentes clásicas,* pág. 97). Timoneda, celando el protagonismo de Adriano, lo tomó de Támara, f. 179r.°.

El relato figura también en la *Silva de varia lección* de Pero Mexía, parte 3.ª, cap. 7, tomo II, pág. 38; en Sebastián de Covarrubias, *Tesoro de la lengua castellana,* págs. 252b-253a, y en Lope de Vega, *El príncipe perfecto,* II, III, BAE, LII, pág. 136a.

En Erasmo, *Apophthegmata,* VI, *Varie Mixta,* 80, págs. 533-534 (Támara f. 299r.°), y procedente de Ausonio, epigrama 38, hay otro apotegma en verso muy parecido, de un viejo, de nombre Mirón, que solicita el amor de Laida, la famosa cortesana.

Cuento núm. 76. Es cuento verosímilmente folclórico que reproducen dos escritores del siglo XVII: Lope de Vega, «Al doctor Matías de Po-

---

[209] *Darse pebradas:* Teñirse el pelo. *Pebrada* o *pebre* es propiamente una salsa para sazonar viandas, que se componía de pimienta, azafrán y especias *(Cov.* y *Aut., s. v. pebre).*

[210] *Resabido:* «El que es demasiadamente bachiller y causa enfado a los que le oyen» *(Cov.).*

—Yo ya soy hombre en días, que puedo vivir en esta
vida diez o doce años. Dejar quiero el oficio, y comer
cada día buenas viandas. Dicho y hecho. Prosiguiendo su opinión, sobráronle los
años, faltándole los dineros, por do tuvo necesidad de ir a
pedir por Dios, y, pidiendo, decía:

—Señores, ayudad a este pobre hombre, que ha errado
la cuenta, y le sobra la vida.

Cuento 77

Por ser un tuerto muy diestro en tirar, que no asestaba
a caza, que no la derribase, envidioso de tal habilidad un
vecino suyo, preguntóle de qué suerte haría que fuese tan
buen tirador como él. Respondióle que se sacase un ojo.
Aunque creyó ser ansí, no se lo quiso quitar, sino que se
hizo un pegado, y, al tiempo que iba a tirar, atapábase el
un ojo con él, y, de esta suerte, mataba infinitísima caza.
Un día, habiendo muerto un animalazo dentro de una es-
pesura, entrando por ella, púsose una rama por el ojo descubierto de tal manera, que se lo sacó. Él entonces, para
poder ver, quitóse el pegado del otro, diciendo:

—A lá fe, quien guarda, halla.

---

rras», *Obras poéticas*, I, págs. 1242-1243, y Luis Galindo, *Sentencias fi-
losóficas*, IV, f. 98r.°. Lo recuerda alusivamente Baltasar Gracián en *El
Criticón*, III, II, *O. C.*, pág. 848b *(Cuentos folklóricos*, núm. 112).
   Cuento núm. 77. Confróntese con el refrán «Ballestero tuerto, que-
bralde el ojo, catalde muerto», que, con alguna ligera variante, figura en
Santillana, *Refranes* (véase E. S. O,Kane, *op. cit.*, pág. 58a); en Hernán
Núñez, *Refranes o proverbios*, f. 127v.°a; en Sebastián de Horozco, *Teatro universal de proverbios*, núm. 3042, y en Gonzalo Correas, *Vocabulario de refranes*, pág. 351a.
   «Quien guarda halla» es refrán que aparece en las *Cartas en refranes*
de Blasco de Garay, carta IV, pág. 163; en el *Libro de refranes* de Pedro
Vallés, [G₈]r.° y Hr.°; en los *Refranes o proverbios* de Hernán Núñez,
ff. 107r.°a y 112r.°a; en el *Teatro universal de proverbios* de Sebastián de
Horozco, núm. 2531, y en el *Vocabulario de refranes* de Gonzalo Correas, pág. 400b. En Blasco de Garay —y también en Horozco— aparece
como en Timoneda, mientras que en las otras colecciones va acompañado
de una segunda parte varia.

Cuento 78

Un rey, preciándose de muy gracioso, motejábase con
su truhán delante de muchos caballeros, y, como le con-
venciese en gracias, dijo el truhán:
—¿Qué es esto, rey? Pues yo no te doy de comer, ni
tienes por qué ya de hoy más dármelo a mí.
En esto quiso notarle de truhán, y que, pues lo era, que
no tenía necesidad de él.

Cuento 79

Maravillado cierto turco embajador que vino a Valencia,
de ver cuántos pleiteantes y letrados [211] vivían allegados a
las leyes, dijo en algarabía [212] al que le acompañaba:
—Tus leyes, cristiano, me parecen sin provecho.
Preguntándole él por qué, respondió:
—Porque los buenos no tienen necesidad de ellas, ni los
malos tampoco, pues nunca se corrigen.
Dicho notable para moro.

Cuento 80

Una vejezuela atrevida en su hablar, estando, después de
comer, delante de un rey, porque le había de sentenciar

Cuento núm. 78. Cuento de fuente erudita: Plutarco, *Cuestiones convivales*, II, 1, 5; Ateneo, *El banquete de los sabios*, VII, 53, y Erasmo,
Apophthegmata, VI, *Varie Mixta*, 12, pág. 520 *(Fuente clásica*, págs. 97-
98). Celando la identidad de los protagonistas, el rey Filipo y su corte-
sano Clísofo, Timoneda ha vertido el apotegma de la traducción de Tá-
mara, f. 335v.°.
Cuento núm. 79. Cuento de fuente erudita: Luciano, *Vida de De-
monacte*, 60, y Erasmo, *Apophthegmata*, VIII, 51, pág. 666. A través de
Támara, ff. 362v.°-363r.°, y con la correspondiente creación situacional,
Timoneda ha aplicado a las leyes de los cristianos lo que en las fuentes
se decía de las leyes en general.
El apotegma clásico figuraba también en Conrado Lycosthenes,
Apophthegmata, pág. 406a.
Cuento núm. 80. Cuento de fuente erudita: Valerio Máximo, *Facto-*

---

[211] *Letrado:* «El que profesa letras, y hanse alzado con este nombre
los juristas abogados» *(Cov.).*
[212] *Algarabía:* Lengua árabe.

cierta causa, y, como se la diese injusta, y ella viese que
el yerro estaba en el vino que había bebido, dijo a voces
muy altas:

—Señores, yo me apelo para delante del mesmo rey para
antes de comer.

A estas palabras recordó el rey, sin turbarle la osadía de
la mujer, y, con gran humildad y sofrimiento, volvió a
reconocer su pleito, y dio justa sentencia.

Cuento 81

Sintiendo un mancebo muy hábil y privado en corte que
le hedía la boca al secretario del rey, a causa que era muy
anciano, por codicia de entrar en su lugar, hizo decir al
rey que cómo podía sufrir semejante inconveniente. El

---

rum et dictorum memorabilium libri IX, VI, 2, *ext.* 1, y Erasmo, *Apopht-*
hegmata, VIII, 24, pág. 641 *(Fuentes clásicas*, págs. 98-99). Siempre de la
traducción de Támara (f. 366r.°), Timoneda ha vertido con fidelidad la
anécdota clásica, omitiendo sólo el nombre del protagonista, el rey Filipo
de Macedonia.
    Es relato que se halla también en L. Domicio Brusoni, *Facetiarum*
exemplorumque libri, I, 19, pág. 50; en Conrado Lycosthenes, *Apoph-*
thegmata, págs. 154a y 221a, y, posteriormente, en L. Guicciardini,
L'Hore di ricreatione, pág. 76, traducción de Vicente Millis Godínez,
ff. 51v.°-52r.°, y en Ambrosio de Salazar, *Las clavellinas de recreación*,
núm. 94, págs. 191-192.
    Un suceso parecido se imputaba en Erasmo, *Apophthegmata*, IV, *Phi-*
lippus, 24, pág. 252, traducción de Támara, ff. 27v.°-28r.°, a este mismo
rey, que daba injusta sentencia a un ciudadano por quedarse dormido.
Este segundo apotegma lo recogen también L. Domicio Brusoni, *Faceti-*
arum exemplorumque libri, III, 10, pág. 188; Conrado Lycosthenes,
Apophthegmata, pág. 370a, y Gerardo Tuningio, *Apophthegmata graeca*,
pág. 8a.
    Cuento núm. 81.   Cuento de fuente erudita: Erasmo, *Apophthegma-*
ta, VIII, Euripides, 7, pág. 618 *(Fuentes clásicas*, pág. 99). A través de Támara, f. 359v.°, Timoneda ha generado una situación argumental propia,
partiendo de un apotegma protagonizado por Eurípides, que también
figuraba en los *Apophthegmata* de Conrado Lycosthenes, pág. 703b. En
esta segunda colección se repetía, a continuación, el apotegma, con Demóstenes como protagonista.

rey, como se diese acato [213] de ello, y le viniese delante, le
dijo:

—Hulano [214], ¿de qué te huele tan mal la boca?

Al cual respondió:

—De muchos secretos suyos que se me han podrido en
ella.

Queriéndole dar a entender de cuán fiel le había sido,
por la cual respuesta, no sólo le confirmó en el oficio,
pero crecióle su salario.

Cuento 82

Dándose a la música de la vihuela un gran señor, el cual
era muy tartamudo, que la noche y el día no entendía en
otra cosa, hallándole una vez su truhán que estaba tañendo
una invención [215] de un libro de cifras [216], le dijo:

—¿Qué es eso, señor?

Respondió:

—Pon, pon, pongo ya.

Dijo el truhán:

—Bien lo muestra vuestra señoría con tanto cacarear.

Cuento 83

Un rey, estando en conversación de grandes señores, vi-
niéronle a visitar dos famosísimos poetas, el uno acertado
en decir mal, y el otro bien, para pedirle privilegio que les

---

Cuento núm. 82. Compárese Melchor de Santa Cruz, *Floresta espa-
ñola,* VI, II, 5, pág. 154:
«Un caballero que tartamudeaba mucho, salía de una sala tañendo vi-
huela, y dijo a don Enrique Enríquez:
—¿Qué le parece a vuestra merced co... como pongo en la vi... vihuela?
Respondióle:
—No ha de ser el poner con tanto cacarear.»
Cuento núm. 83. El refrán «Honra al bueno porque te honre, y al
malo porque no te deshonre» aparece ya en los *Refranes* de Santillana

---

[213] *Darse acato:* Véase nota 109.
[214] *Hulano:* Véase nota 97.
[215] *Invención:* Composición musical.
[216] *Libro de cifras:* Libro de música.

concediese a ciertas obras que habían de imprimir. Y,
como los viese, levantóse el rey, mandándoles dar dos sillas. Y, asentados, hecha su demanda, el rey les concedió
lo que pedían. Idos, no faltó quien dijo:
—Demasiada honra ha sido ésta para semejantes hombres, y cuanto más a un satírico.
Respondió el rey:
—Amigos, honrad los poetas, si queréis ser honrados en
vida y en muerte. Cuanto más que en estos dos he guardado el refrán que dice: «Honra al bueno porque te honre,
y al malo porque no te deshonre.»

Cuento 84

Favoreciendo ciertos indios idólatras al capitán don
Francisco Barrunelo, que estaba sobre Guzamán, faltándole la harina, por no tener donde moler las semillas, estaba muy pensativo por ello. No sabiendo un indio de qué
era su pensamiento, le dijo:
—Si tú rogases a nuestros dioses, quizá te socorrerían.
Don Francisco, por satisfacerle y burlarse de él, arrodillóse en tierra diciendo:
—Dioses de mis amigos, dadnos harina.
En oírlo, respondió el indio que no acostumbran ellos
de dar harina.
—¿No? —dijo don Francisco—. Pues por eso no tienen
ningunos salvados.

Cuento 85

Cierto soldado, viendo que a un rey en ninguna manera
se le podía hablar para pedirle alguna merced, usó de esta
maña, que dijo al camarero:

(véase E. S. O'Kane, *op. cit.*, pág. 133b). Lo recogen también Hernán
Núñez, *Refranes o proverbios*, f. 58r.°b; Sebastián de Horozco, *Teatro
universal de proverbios*, núm. 2240, y Gonzalo Correas, *Vocabulario de
refranes*, pág. 170b.
    Cuento núm. 85. Dada la semejanza textual del último parlamento,

—Señor, diga a su Alteza que está aquí un hermano
suyo que tiene necesidad de hablarle.
Entrado el soldado, hecho su debido acatamiento, díjole
el rey:
—Pues qué, ¿vos sois mi hermano?
Respondióle el soldado:
—Sí, señor.
Ansí, dijo el rey:
—¿Por qué vía?
Respondió:
—Porque todos somos hijos de una padre y una madre,
que es Adán y Eva.
Dijo el rey:
—Verdad os decís, hermano mío sois, no cumple más.
Mirad, dadle ahí un dinero [217], camarero mío.

la fuente directa del cuento de Timoneda es, sin duda, una facecia de
L. Domenichi, *Facezie, motti e burle*, lib. III, ff. 78v.°-79r.°, protagonizada
por el emperador Federico III y un pobre, y que Domenichi, a su vez,
había tomado textualmente de Heinrich Bebel, *Facetiae*, II, ff.
98v.°-99r.°.
    En Bebel, II, f. 99r.°, se lee otro relato muy parecido, con Alberto,
duque de Sajonia, como protagonista, que Domenichi, f. 79r.°, reprodujo
igualmente.
    Es texto que también aparece en los *Dichos graciosos de españoles*,
núm. 91:
    «Hizo uno saber al rey Luis de Francia que le dijesen cómo estaba allí
un hermano suyo. El rey, aunque maravillado de oírlo, pensó que pudo
ser que su padre, en las guerras que anduvo, hubiese habido algún hijo
bastardo, y mandóle que entrase. Entrado, hízole la cortesía que pudiera
hacer a su hermano, y, preguntándole que le dijese de qué manera era
su hermano, él le comenzó a derivar su generación desde Adán. Y, diciendo que Adán fue padre de todos, necesariamente eran todos sus hijos, y, siendo así, él era su hermano, que le mandase dar de comer.
Llamó a su camarero y díjole:
    —Dale a este mi hermano un escudo, porque, si a todos los hermanos
que tengo soy obligado a dar un sueldo, no me bastará todo mi estado.»
    Igualmente en Melchor de Santa Cruz, *Floresta española*, V, V, 8, pá-
gina 147.

_____

[217] *Dinero*: «En el reino de Valencia es moneda menuda; vale lo que
en Castilla tres blancas» *(Cov.).*

Respondió el soldado:

—¿Y qué, un dinero, y no más, me dan?

Dijo el rey:

—Andad, que, si todos los hermanos os dan un dinero, como yo os he dado, más rico seréis que yo.

Cuento 86

Presentaron una vez a un señor un barril [218] de anchovas [219], el cual le abrió, y, en ver que eran extrañísimas [220], diolas a guardar a su despensero. El amo por olvidarse de ellas, y el despensero con el demasiado acuerdo, fueron de presto acabadas. A cabo de días, tuviendo convidados, estando en mesa que querían comer la ensalada, dijo el señor al despensero:

—¡Hola, ce!, saca de aquellas anchovas que te di a guardar.

El despensero, para remediarse, tomó de la salmorrada [221] en un plato, y, cubierto con otro, llevándolo con una mano, y con la otra atapadas las narices, vino delante del señor. Como lo viese de aquella suerte, díjole:

—¿Qué es eso?

Respondió:

—Señor, hieden que no hay quien lo sufra.

Dijo el amo:

—Si eso es, échalas al diablo. ¿Para qué las traes delante de mí?

Cuento 87

Un soldado, hallándose sin blanca y muerto de hambre, entróse en un bodegón, pidiendo que le diesen de comer.

Cuento núm. 87. Cuento procedente de L. Domenichi, *Facezie, motti*

---

[218] *Barril:* «También llaman barriles los toneletes pequeños en que se llevan las aceitunas y los pescados en escabeche» *(Cov.).*

[219] *Anchovas:* Anchoas.

[220] *Extrañísimas:* Véase nota 2.

[221] *Salmorrada:* Salmuera.

Asentado, diéronle en la comida cuanto pidió. Acabado que hubo, y contado[222] con el huésped, tomóle de la mano en apartado, y díjole:

—Señor, ¿cuánto se paga por una buena cuchillada en esta tierra?

Respondió el huésped:

—Según la condición de las personas: cuchilladas hay de diez, y de veinte, y de treinta ducados.

En esto dijo el soldado, sacándose una daga que traía.

—Tome, señor huésped, y déme una de treinta ducados, y páguese de la comida, y volverme ha lo demás, que, en verdad, no tengo blanca.

Oída la gracia, respondió el huésped:

—Andá con Dios, hermano, que no estó en parecer de volveros nada.

Cuento 88

Echándose un trueno por el callejón tripero cierto truhán delante de un príncipe, alzó la mano y diole una pescozada[223]. A esto dijo el truhán:

—¿Por qué me dio vuestra Alteza?

Respondió:

—Por el trueno que echaste.

Dijo el truhán:

—¿Quién testiguará[224] eso?

Respondió:

—Yo, que lo he oído.

Dijo el truhán:

---

e burle, lib. IV, f. 107r.º-v.º. Timoneda ha acortado el relato de la colección italiana.

Cuento núm. 88. Es cuento folclórico (T 1588).

---

[222] *Contado:* Hecha la cuenta.
[223] *Pescozada:* «El golpe que se da en él [el pescuezo]» *(Cov.).*
[224] *Testiguar:* «Lo mismo que atestiguar» *(Aut.).*

—¿No sabe vuestra Alteza que testimonio de oída no
vale nada, si ya no es de vista? ¿Violo vuestra Alteza?
Respondió:
—Yo no.
—Pues séle decir, que contra ley me sentenció.

Cuento 89

Este mesmo truhán, habiendo enojado al mesmo prín-
cipe en gran manera, dijo a sus pajes, estando en unos
corredores:
—Echádmelo de esas barandas abajo.
En eso dijo el truhán:
—Suplico a vuestra Alteza que no me mande echar, que,
de un salto, me echaré yo mesmo.
Dijo el príncipe:
—Sea ansí.
Pues, como volviese el truhán atrás, y corriese hasta las
barandas por tres veces, diciendo:
—A la una, a las dos, y a la tercera,
y no se echase, dijo el príncipe:
—Acabad, echaldo, pues a la tercera no saltó.
Respondió el truhán:
—Pues, ¿qué?, ¿de tres se maravilla vuestra Alteza de
este salto? Pues yo se lo doy a él de cuatro.
En oírle la gracia, le perdonó el príncipe.

Cuento 90

Debiendo un mercader gran cuantidad de moneda a in-
finitos creedores [225], vínole a visitar cierto amigo suyo por
la mañana, y, como fuese muy tarde y le hallase en la
cama, díjole:

Cuento núm. 89. Compárese con el cuento núm. 11 de Joan Aragonés, y véase la nota a dicho cuento.
Cuento núm. 90. Juan Arce de Otálora, _Coloquios de Palatino y Pinciano,_ I, f. 240v.°:
«Mejor corazón tenía el otro, que le preguntaron que cómo podía dor-

---

[225] _Creedores:_ Acreedores.

—Maravillado estoy, señor, cómo podéis dormir, debiendo tanto.

Respondió:

—Más os habéis de maravillar de cómo pueden dormir tantos.

Cuento 91

Yendo por una calle muchos amigos de compañía, entre los cuales iba un estudiante, y, por burlarse todos de él, de improviso quitáronse las gorras y se arrodillaron, diciendo que tocaban la oración. Alzado, tomáronse a reír de cómo le habían hecho arrodillar. El estudiante, conociendo la burla, dijo:

—No hay de qué maravillaros de eso, porque, si un badajo hace arrodillar mucha gente, ¿es mucho que tantos badajos [226] hayan hecho arrodillar una persona?

Cuento 92

Era uno que tenía una hija en título de doncella, de muy flaca complixión, y hablánbale por yerno un hombre muy

---

mir, debiendo tanto y no teniendo con qué pagar, y respondió que más se maravillaba él cómo dormían aquellos a quien él debía.»
Compárese Melchor de Santa Cruz, *Floresta española*, V, II, 3, página 138.
En Poggio, *Facetiae*, núm. 204, aparece una facecia parecida, en la que a un perusino, triste porque tenía deudas y no las podía pagar, uno con el que se encuentra le dice que deje esa preocupación a su acreedor.
Cuento núm. 91. Aparece ya el cuento en los *Dichos graciosos de españoles*, núm. 75:
«Un caballero era sordo, y en dando el *Ave María* apeábase y hincábase de rodillas. Pasó un día por una calle, y estaban tres caballeros en conversación, y, como le vieron venir, destocáronse, dando a entender que tocaba el *Ave María*. El caballero, como se apeó, y ellos se reían de la burla, dijo:
—Señores, hasta aquí un sólo badajo me hacía apear: no es mucho que agora me hagan apear tres.»
Cuento núm. 92. Cuento procedente de Poggio, *Facetiae*, núm. 154, donde el razonamiento no se lo hace el padre a sí mismo, sino al pretendiente de la hija.

---

[226] *Badajos:* Véase nota 111.

robusto, y él andaba entre sí mesmo razonando si la casaría o no la casaría con él, y, a la postre, vino a decir:

—Si se la doy, pecador de mí, pasa peligro que no se muera.

Replicó:

—Mas, ¿qué digo yo? ¿Qué más peligro puede pasar que haber parido tres veces?

Cuento 93

Compró una vez un villano unas espuelas para un cuartaguillo [227] que tenía, doradas, para calzárselas los días de fiesta, las cuales se puso en el seno. Y, caminando caballero con su cuartago al lugar, espantóse en un paso, que no quería en ninguna manera pasar, al cual dijo:

—A fe, que si tú supieses lo que traigo en el seno, no reprocharías [228], sino que pasarías de presto.

En este cuento se inspiran unas redondillas de Baltasar de Alcázar *(Poesías,* núm. 89):
«A una dama muy deseosa de casarse, trayéndole a la memoria un ejemplo de una hermana suya.

> ¿Quieres ver trabajo cuánto
> es, Juana el casarse? Pues
> mira que tu hermana Inés
> no se casó en tiempo tanto.
> Porque su padre temía
> casarla por delicada,
> estando una vez preñada,
> sin tres que parido había.»

Cuento núm. 93. Este cuento procede de Poggio, *Facetiae,* núm. 160, y guarda bastante proximidad textual con el original, protagonizado por un veneciano.

---

[227] *Cuartaguillo:* Véase nota 175.
[228] *Reprochar:* Véase nota 143.

Cuento 94

Por diversas veces solía decir el autor Diamonte que los
detractores y maliciosos, puestos entre los prudentes y sabios, eran como los ceros del guarismo [229], que ellos no
valen nada, pero hacen valer mucho a los que con paciencia sufren sus badajadas [230]. Y en otro lugar, que es en la
epístola de *La Turiana*, porque no estén quejosos, y vean
que son alguna cosa, los llama purificadores de necedades.

Cuento 95

Comprado que hubo un clérigo un pajel [231] a una pescadora, no trayendo capazo para poderlo llevar, púsole a
su parte, para habérselo de pagar, y, estando contando los
dineros, llegó un ladrón y tomó el pajel sin que nadie lo
viese, y púsolo en un capazo que traía, y, por disimula-
ción, pasóse al otro lado del clérigo. Y, como le hallase
menos, y se estuviese santiguando de la burla, dijo el ladrón, amostrando [232] el pajel:

—Si vuestra reverencia le pusiera en el capazo como yo,
no se lo hubieran hurtado.

Y así volvió las espaldas y se fue con él seguramente.

Cuento núm. 94. La imagen de los «ceros del guarismo», con su doble posibilidad de valoración, parece haberla tomado Timoneda de la traducción de Támara, ff. 241v.° y 261r.° (Erasmo, *Apophthegmata*, V,
Orontes, 31, pág. 337, y VII, *Solon*, 6, págs. 544-545, respectivamente).
    Cuento núm. 95. Este cuento procede de las *Facezie piacevoli, fabule
e motti del Piovano Arlotto*, págs. 12-13, donde el Piovano Arlotto hace
la misma burla a un sienés en una carnicería, escondiéndose en la manga
la carne comprada por aquél.

---

[229] *Guarismo:* «El orden de los caracteres y notas, para contar el número de las cosas» *(Aut.).*
[230] *Badajadas:* «Vale tanto algunas veces como necedades» *(Cov.).*
[231] *Pajel:* «Un pescado conocido en la ribera de Valencia» *(Cov.).*
[232] *Amostrar:* «Lo mismo que manifestar o mostrar» *(Aut.).*

Cuento 96

Un ladrón en la pescadería cortó una faltriquera [233] a un gentilhombre, y, cortándosela, tenía la mano adonde había hecho el corte, y, por ser tantos los dineros que había en ella, cayeron algunos por tierra, dando a los pies del amo. El ladrón, temiendo que no hubiese habido sentimiento, astutamente dijo:

—Señor, apártese un poco, que me han caído unos dineros.

El gentilhombre, pensando que era así, ayudóselos a coger y dárselos en la mano. Ido, reconociéndose, halló que eran suyos, por do dijo:

—Vaya en buen hora. No tiene culpa el ladrón, que yo mesmo se los di.

Cuento 97

Entró una vez un famosísimo ladrón en casa de un presidente [234], y, entrado en la cámara do el señor dormía, apañó de una colcha de seda que estaba buena, y cogida sin que ninguno lo viese. Y quiso su desdicha que, al bajar por la escalera, encontró con el presidente con muchos alguaciles que venían acompañándole, y, viéndolo sobarcado [235], le dijo:

—¿Qué es eso, hermano?

Respondió el ladrón:

—Señor, una colcha es que he traído a mostrar aquí a

Cuento núm. 96. Es cuento que aprovecha Mateo Alemán, *Guzmán de Alfarache,* II, III, 6, págs. 855-856.

Cuento núm. 97. Este cuento procede de L. Domenichi, *Facezie, motti e burle,* lib. V, ff. 145v.º-146v.º. En él la facecia es mucho más larga, y la prenda robada no es vendida, sino empeñada, por el ladrón.

---

[233] *Faltriquera:* «La bolsa que se insiere en la falda del sayo» *(Cov.).*

[234] *Presidente:* «Comúnmente llamamos presidentes los que son cabezas en los consejos y chancillerías» *(Cov.).*

[235] *Sobarcado:* «Ir sobarcado, llevar debajo del arco del brazo alguna cosa que haga bulto» *(Cov., s. v. sobaco).*

la señora, y no me da de ella, sino noventa y nueve reales.
Yo se la doy por ciento.
Respondió el presidente:
—Veámosla.
Y, como le contentase, y no se diese acato [236] que era la
suya, le dijo:
—Tomad, hermano, los cien reales. Andá con Dios.
Ido el ladrón, subiendo vuestra colcha, y enseñándosela
a su mujer, se vino a descobrir que era la suya, y fue muy
reída la burla del ladrón.

Cuento 98

Hurtó cierto ladrón la gramalla [237] a un jurado [238] de Va-
lencia, de paño finísimo de grana, de su casa, y, como la
enseñase a un compañero suyo, díjole:
—Anda, vuelve por el capirón [239] desaprovechado.
Respondió:
—Sí, no hay más, sino volver por el capirón.
Dijo el otro:
—Pues yo te certifico que te lo daré en las manos antes
de mucho.
Por do se fue a cabo de tres días a la casa del jurado,
y, aguardando que no estuviese en la posada, entró, diciendo:
—Señora, aquí me envía el señor, que me dé de presto
el capirón de grana, para comprobar el paño con la gra-
malla, que la halló en poder de un corredor [240].
Ella, muy alegre, sin pensar en más, dióselo. Venido el
jurado, y contándole la mujer lo pasado, de ver la astucia

---

[236]   *Darse acato:* Véase nota 109.
[237]   *Gramalla:* «Es una ropa rozagante, de grana o terciopelo carmesí,
con ciertas insignias de oro, la cual en la corona de Aragón traen los
jurados, que son las justicias y cabezas de las repúblicas» *(Cov.).*
[238]   *Jurado:* Véase nota 237.
[239]   *Capirón:* «Antigua cobertura de cabeza» *(Cov., s. v. capirote).*
[240]   *Corredor:* «El que interviene en las compras y ventas» *(Cov.).*

tan grande del ladrón, les conmovió a reír sin tener gana
ninguna.

Cuento 99

Estando en conversación ciertos caballeros con una
dama viuda, de fama sospechosa, que, por ser agraciada,
presumía de casar con un señor de salva [241], y, por seguir
con su locura, dijéronle:

—Señora, haga cuenta que está ya casada a su contento.
Háganos mercedes en repartir entre todos los oficios de
su casa.

Ya que al uno hubo hecho mayordomo, y al otro
maestresala [242], y al otro secretario, en acabar de intitular
a todos, dijo uno que quedaba:

—Y a mí, señora, ¿sin cargo me deja?

Respondió:

—Andá, seréis mi palafrenero [243].

Dijo él:

—No quiero yo ese oficio, señora.

Dijo ella:

—¿Por qué?

Respondió:

—Porque cabalga muy a menudo.

Cuento 100

Pasando un corcovado por casa de un ropavejero [244]
tuerto, díjole:

—¡Hola!, señor, ¿por qué habéis cargado tanto?

Cuento núm. 100. Es cuento folclórico (T 1620*) que sale en varios
textos del Siglo de Oro: Melchor de Santa Cruz, *Floresta española*, VIII,

---

[241] *Señor de salva:* Véase nota 12.

[242] *Maestresala:* Véase nota 102.

[243] *Palafrenero:* «En Italia, y particularmente en Roma, vale lo mesmo
que lacayo o mozo de espuelas» *(Cov.).*

[244] *Ropavejero:* «El que vende ropas traídas y renovadas» *(Cov.,
s. v. ropa).*

Respondió el corcovado:
—Por no tener vos más de una ventana abierta.

Cuento 101

Yéndose a ahorcar un desesperado que había perdido en juego quinientos reales en unas casas caídas, al pasar de la soga que hizo por una viga, cayó un paño revuelto con cien coronas de oro. Él, en ver lo que era, de presto asió de ellas, y fuese, dejando la soga del modo que la había puesto. A cabo de días vino el que las había escondido, y, en no hallarlas, del enojo que concebió, en la mesma soga que estaba a punto, se ahorcó y murió el desdichado.

Cuento 102

Salió a merendar un gentilhombre que se llamaba Cadenas, con dos mujeres enamoradas [245], fuera de la ciudad,

---

VI, 3, pág. 231; Lucas Gracián Dantisco, *Galateo español*, XI, pág. 148; Luis Alfonso de Carballo, *Cisne de Apolo*, II, pág. 68; Gonzalo Correas, *Vocabulario de refranes*, pág. 467a; Francisco Rojas Zorrilla, *Obligados y ofendidos, y gorrón de Salamanca*, II, BAE, 54, págs. 71c-72a; Baltasar Gracián, *Agudeza y Arte de ingenio*, XVIII, I, pág. 189 (textos reunidos en *Cuentecillos*, págs. 349-351).

El cuento se reproduce en EL SOBREMESA, núm. 171.

Cuento núm. 101. Cuento de fuente erudita: *Antología griega*, IX, 44 y 45; Diógenes Laercio, *Historia de los filósofos*, III, 33, y Ausonio, epigrama 14. Probablemente Timoneda conocía el relato, que él amplifica —en griego y latín conformaba un breve epigrama—, por una fuente oral.

Figuraba también —en doble forma, narrativa y versificada— en Othmar Luscinio Argentino, *Ioci ac sales mire festivi*, núm. 150. Posteriormente lo refiere L. Guicciardini, *L'Hore di ricreatione*, pág. 212, traducción de Vicente Millis Godínez, f. 162r.°, con un tal Antonio Baristeo como protagonista.

Cuento núm. 102. Es cuentecillo que también se lee en Melchor de

---

[245] *Enamoradas:* Véase nota 78.

cerca de un pozo, en el cual no hallando aparejo para sacar agua, proveyéronse de beber de muy lejos, y, estando sin agua, vino a pasar por allí otro gentilhombre, y, preguntando si había agua para beber, respondieron:

—Bien hay en el pozo, señor, pero no tenemos con qué sacarla.

Replicó:

—Paréceme a mí que sobra con cadenas y dos herradas [246].

Cuento 103

Diciéndole al autor Diamonte que ciertos necios y maldicientes, leyendo un libro que nuevamente había compuesto y mandado imprimir, lo estaban en ciertos pasos [247] en extremo grado alabando, respondió:

—Temor tengo, por cierto, que en semejante obra no haya puesto algunas necedades.

FIN DEL LIBRO

Santa Cruz, *Floresta española*, III, VI, 1, pág. 96, y en Luis Zapata, *Miscelánea*, núm. 195 (textos reunidos en *Cuentecillos*, págs. 324-325).

Cuento núm. 103. Cuento de fuente erudita: Diógenes Laercio, *Historia de los filósofos*, VI, 5, y Erasmo *Apophthegmata*, VII, *Antisthenes*, 19, pág. 549 *(Fuentes clásicas*, págs. 99-100). Timoneda se ha arrogado en este cuento el protagonismo de un apotegma, del que era dictor Antístenes, y que aparecía también en L. Domicio Brusoni, *Facetiarum exemplorumque libri*, III, 36, pág. 252 —en esta colección, y en el mismo lugar, se repetía con atribución a Demetrio—, y en Conrado Lycosthenes, *Apophthegmata*, pág. 390a. Su fuente directa es, una vez más, Erasmo, a través de Támara, f. 264r.º.

---

[246] *Herrada*: «Cierto género de cubo con que sacan agua de los pozos» *(Cov.)*.

[247] *Pasos*: Pasajes.

EL SOBREMESA
Y ALIVIO DE CAMINANTES

SONETO A LOS LECTORES

¿Qué buscas, Sobremesa? —La prudencia.
Di, ¿para qué? —Para mis contecillos.
¿Aquésa? —Esa que sabrá sentillos.
¿Cómo? ¿Qué viste en ella? —Experiencia.
Mejor buscar sería la elocuencia,
que sigue, aguarda, apunta puntecillos.
Sin esas dos, el que querrá decillos
dirá su mesma y propia insuficiencia.
Por eso el decidor [1] hábil, prudente,
tome de mí lo que le conviniere,
según con quien terná su pasatiempo.
Con esto dará gusto a todo oyente,
loor a mi autor, y al que leyere
deseo de me ver en algún tiempo.

---

[1] *Decidor:* Véase nota 20 de BUEN AVISO Y PORTACUENTOS.

Epístola al Lector

Curioso lector, como oír y ver y leer sean tres causas principales (ejercitándolas) por do el hombre viene a alcanzar toda ciencia, esas mesmas han tenido fuerza para conmigo, en que me dispusiese a componer el libro presente, dicho *Sobremesa y Alivio de caminantes,* en el cual se contienen diversos y graciosos cuentos, afables dichos, y muy sentenciosos. Así que fácilmente lo que yo en diversos años he oído, visto y leído, podrás brevemente saber de coro [2], para poder decir algún cuento de los presentes. Pero lo que más importa para ti y para mí, porque no nos tengan por friáticos [3], es que, estando en conversación, y quieras decir algún cuentecillo, lo digas a propósito de lo que trataren. Y, si en algunos he celado los nombres a quien acontecieron, ha sido por celo de honestidad y quitar contiendas. Por tanto, así por lo uno, como por lo otro, te pido perdón, el cual no pienso que se me puede negar. Vale.

---

[2] *De coro:* «Se toma también por memoria. Úsase regularmente de esta voz con las frases Saber, decir o tomar de coro» *(Aut.).*
[3] *Friático:* «Disparatado, frío, necio, sin gracia» *(Aut.).*

PRIMERA PARTE DEL «SOBREMESA Y ALIVIO DE CAMINANTES». EN EL CUAL SE CONTIENEN MUY APACIBLES Y GRACIOSOS CUENTOS, Y DICHOS MUY FACETOS [4]

Cuento 1

Un tamborinero [5] tenía una mujer tan contraria a su opinión, que nunca cosa que le rogaba podía acabar con ella que la hiciese. Una vez, yendo de un lugar para otro, porque había de tañer en unos desposorios, y ella caballera en un asno, con su tamborino [6] encima, al pasar de un río, díjole:

Cuento núm. 1. Cuento folclórico (T 1365 A), que ya aparece en el *Arcipreste de Talavera* (pág. 154), y que también reproducen Sebastián Mey, *Fabulario*, núm. 18, y Lope de Vega[?], *La selva confusa*, II, *Acad. N.*, IX, págs. 365b-367a. Sigue viviendo el relato en la tradición española y americana *(Cuentos folklóricos,* núm. 127).

Timoneda lo pudo conocer por vía oral, o bien leerlo en las *Facetiae* de Poggio, núm. 60, o en L. Domenichi, *Facezie, motti e burle*, lib. I, ff. 28v.°-29r.°.

Parece haber tenido bastante difusión en colecciones italianas, ya que también lo recoge Gerardo Tuningio en los *Apophthegmata italica*, pág. 56.

---

[4]   *Facetos:* Véase nota 3 de BUEN AVISO Y PORTACUENTOS.
[5]   *Tamborinero:* Tamborilero.
[6]   *Tamborino:* Tamboril.

—Mujer, catad no tangáis el tamborino, que se espantará el asno.

Como si dijera: «Tañeldo», en ser en el río, sonó el tamborino, y el asno, espantándose, púsose en el hondo y echó vuestra mujer en el río. Y él por bien que quiso ayudarle, no tuvo remedio. Viendo que se había ahogado, fuela a buscar el río arriba. Díjole uno que lo estaba mirando:

—Buen hombre, ¿qué buscáis?

Respondió:

—Mi mujer, que es ahogada, señor.

—¿Y contra río la habéis de buscar?

Dijo:

—Sí, señor, porque mi mujer siempre fue contraria de mis opiniones.

Cuento 2

A un aldeano de Murcia trocábanle cierta heredad que tenía a la orilla del río con otra que estaba dentro de un cercado. La mujer rogábale que lo hiciese, y el aldeano nunca quiso conceder a su ruego. En este intermedio vino el río tan grande [7], que hubieron de huir de la heredad, y, sobre todas las lástimas que dijo la mujer, fue ésta:

—Dios vos lo perdone, marido, el no querer trocar la tierra; agora conoceréis que vale más un palmo dentro, que dos defuera.

Cuento 3

Habiendo cabido en suerte a un honrado mancebo de casarse con una viuda mal domada, y él le diese del pan y

Cuento núm. 3.   El chiste será tradicional. En el _Heptamerón_ de Margarita de Navarra (novela 46) advierte un predicador de la orden de San Francisco que, así como la cruz ahuyenta al demonio, espanta el mango de la cruz a las casadas.

[7]   _Grande:_ Véase nota 123 de BUEN AVISO Y PORTACUENTOS.

del palo, ella fuese a quejar a sus parientes. Los parientes, reprehendiendo al marido, que no había de tratar así a su mujer, sino castigarla con buenas palabras, ofreciéndoles que así lo haría, la destrabada [8] viuda regíase muy peor. El buen mancebo, por no quebrar su promesa, tomó un palo y escribió a la una parte estas palabras: *Pater noster,* y a la otra: *Ave María;* y, como ella se desmandase, diole con él. Volviéndose a quejar, y venidos los parientes, dijéronle que muy mal había complido su palabra. Respondió el mancebo:

—Antes, señores, he complido lo que me mandastes, que no la he castigado, sino con buenas palabras: pero leed lo que en este palo está escrito.

Viendo su agudeza, no tuvieron qué responder, sino volverse a sus casas.

Cuento 4

Viendo un labrador que en una higuera que tenía en su heredad se habían desesperado [9] en ella, por discurso de tiempo, algunos hombres, teniéndolo por mal agüero, determinó de cortarla. Pero antes de esto, presumiendo de gracioso, hizo hacer un pregón por la ciudad, que, si alguno había que se quisiese ahorcar en su higuera, que se determinase dentro de tres días, porque la quería cortar de su campo.

Cuento núm. 4. Cuento de fuente erudita: Plutarco, *Vida de Marco Antonio,* 70, y Erasmo, *Apophthegmata,* V, *Timon Atheniensis,* 11, página 373 *(Fuentes clásicas,* pág. 125). Esta anécdota, de la que el protagonista de la antigüedad era el misántropo Timón de Atenas, aparecía también en Pero Mexía, *Silva de varia lección,* parte 1.ª, cap. 20, tomo I, pág. 124, siendo de esta miscelánea y de la traducción de Támara, f. 200v.º, conjuntamente, de donde la ha tomado Timoneda.

Figura, además, en otras colecciones latinas: Baptista Fulgoso, *De dictis factisque memorabilibus,* IX, 11, f. 317v.º, y L. Domicio Brusoni, *Facetiarum exemplorumque libri,* IV, 31, pág. 338.

---

[8]   *Destrabada:* Desmandada.
[9]   *Desesperarse:* «Matarse de cualquiera manera por despecho» *(Cov.).*

Cuento 5

Encontrando un día el autor un amigo suyo en el mercado, y, como era por la mañana que atravesaban muchas bestias por él, le dijo:

—Señor, desempachad [10] de comprar, que van muchas bestias por el mercado.

Entonces el autor se paró, diciendo:

—No hace, por cierto, porque yo parado sé que estoy agora.

Cuento 6

Vingué a Valencia un chocarrero fingint que sabia de alquímia, lo cual posá cartells, que, al qui li donaria un ducat en or, ne tornaria dos, i, al qui dos, quatre, i, al qui tres, sis, en sí tostemps al doble. La gent, per probarlo, acudia en pocs ducats, i ell, devant ells, posava la cantitat de cada u en sa cresola de terra, escrivint lo nom de qui'ls portava en un paperet posat dins ella, i de allí a pocs dies los tornava dobles. Cevant-los d'esta manera, acudiren molts ab grossa cantitat, i ell desaparegué ab més de mil ducats. Venint los burlats a regonexer les cresoles, trobáren-les buides, ab escrits que deien:

«Plore cascú son dol ab son cresol.»

I de llavòs ençà ha restat est refrany entre la gent.

TRADUCCIÓN:

Vino a Valencia un chocarrero fingiendo que sabía alquimia, el cual colocó carteles diciendo que, al que le diera un ducado de oro, le devolvería dos, y, al que dos, cuatro, y, al que tres, seis, y así siempre el doble. La gente, para probarlo, acudía con pocos ducados, y él, delante de ellos,

---

[10] *Desempachar:* Despachar.

ponía la cantidad de cada uno en su crisol [11] de tierra, escribiendo el nombre del que se los llevaba en un papelito puesto dentro de él, y, de allí a pocos días, les devolvía el doble. Cebándolos de esta manera, acudieron muchos con gran cantidad, y él desapareció con más de mil ducados. Al venir los burlados a reconocer los crisoles, los encontraron vacíos, con unos papelitos que decían:

«Llore cada uno su dolor con su crisol [12].»

Y desde entonces ha quedado este refrán entre la gente.

Cuento 7

Estando un gentilhombre en conversación de muchas cortesanas, hubo una que, por tratarle de mísero, le pidió de merced que le prestase medio cuarto. El gentilhombre, conociendo la malicia, y por asentarla en el grado que merecía, dijo:

—Medio, no, señora, pero tome uno, y quedarán pagados los cuatro.

Cuento 8

Oyendo muchos estudiantes el curso de la lógica, entró uno de ellos, y no hallando lugar do asentarse, por ser grande en dos maneras, allegóse a otro menor, diciendo que le hiciese lugar. El otro no queriendo, asióle del brazo y quitóle de donde estaba, y asentóse diciendo:

—*Sede maiori* [13].

El menor alzó de presto la mano diciendo:

—*Parce minori* [14].

---

[11] Traducimos *cresola*, femenino de *cresol*, por «crisol», por no disponer en castellano de forma femenina correspondiente a dicho término.

[12] Timoneda, jugando con la doble significación de *gresol* o *cresol*, «candil» y «crisol», parece estar adaptando, como moraleja del cuento, el refrán «Cada u plora son dol a la llum del seu cresol» (Alcover, *s. v. dol*): «Cada uno llora su pena a la luz de su candil.»

[13] *Sede maiori:* Alusión incorrecta a la premisa mayor del silogismo: *Cede maiori:* —Da paso a la mayor.

[14] *Parce minori:* Alusión a la premisa menor del silogismo: —Concede a la menor.

Cuento 9

Un chacotero que, por hablar demasiadamente y burlarse de todos, llevaba un Dios nos libre [15] aposentado en su
rostro, encontrándose con un tuerto en el mercado de Valencia, y por burlarse de él, le dijo:

—¿Qué es la causa, hermano, que tan de mañana habéis
caminado veinte y cuatro leguas?

Respondióle de presto:

—Por haberme embarcado en vuestro bergantín.

Cuento 10

Un mochacho que su madre tenía fama de hacer placer
y pasar la deshonesta vida, tiraba piedras hacia unos gentileshombres que estaban parados al sol, por ser de invierno. Al cual, por verle tan mal criado, dijo el uno de ellos:

—Está quedo, rapaz, que por dicha darás a tu padre.

Cuento 11

En el tiempo que Roma florecía, florecieron tres cortesanas dichas Laida, Lamia y Flor. A la Laida vino a ver

---

Cuento núm. 10. Cuento de fuente erudita: Diógenes Laercio, *Historia de los filósofos,* VI, 62, y Erasmo, *Apophthegmata,* III, *Diogenes,*
66, pág. 234 *(Fuentes clásicas,* págs. 45 y 125-126). Lo había recogido
también en su *Silva de varia lección* Pero Mexía, parte 1.ª, cap. 27, tomo I, pág. 165. La fuente directa de Timoneda, que ha silenciado el
protagonismo de Diógenes el Cínico, es, simultáneamente, la traducción
de Támara, f. 123r.°, y la colectánea del humanista sevillano.

Igualmente lo incluían en sus recopilaciones de apotegmas L. Domicio
Brusoni, *Facetiarum exemplorumque libri,* IV, 19, pág. 319; Conrado Lycosthenes, *Apophthegmata,* pág. 236a, y, posteriormente, Gerardo Tuningio, *Apophthegmata graeca,* pág. 64a.

Cuento núm. 11. Cuento de fuente erudita: Aulo Gelio, *Noctes Atticae,* I, VIII; Macrobio, *Saturnalia,* II, 2, 11, y Erasmo, *Apophthegmata,*

---

[15] *Dios nos libre:* Véase nota 27 de BUEN AVISO Y PORTACUENTOS.

una vez el filósofo Demóstenes, desde Grecia o Corinto, por si era tan hermosa como le habían notificado. Y, queriendo revolverse con ella, pidióle tan gran cantidad, que le respondió riendo:

—Perdóname, Laida; no permitan los dioses que compre tan caro el arrepentimiento.

¡Extraño [16] dicho, si el día de hoy se notase!

Cuento 12

De Lamia se dice que vino otro filósofo de Atenas para solamente verla, y no para con ella ajuntarse [17], sino por ver si la podía apartar del mal camino que llevaba. Y, viniendo a conversación con ella, y contenta de hacer por el

---

IV, *Demosthenes*, 14, pág. 328 *(Fuentes clásicas, págs. 126-127)*, traducción de Támara, f. 70v.º.

La historia de Lais y Demóstenes es de bastante difusión. La recogen también el *Policraticus* de Juan de Salisbury, VI, 23, págs. 327-328; los *Facetiarum exemplorumque libri* de L. Domicio Brusoni, I, 4, pág. 22; *La vida y excelentes dichos de los más sabios filósofos* de Hernando Díaz, C₄v.º; la *Officina* de Ravisio Textor, I, pág. 200, y los *Apophthegmata* de Conrado Lycosthenes, pág. 685b. Con protagonistas innominados lo hace, asimismo, *El Cortesano* de Baltasar de Castiglione, traducción de Boscán, lib. III, cap. 4, pág. 328. La respuesta de Demóstenes figura, además, en los *Adagia* de Erasmo, *chil.* I, *centur.* 1, *prov.* 30, *Factum stultus cognoscit.*

La fuente directa de Timoneda es, sin embargo, fray Antonio de Guevara, *Epístolas familiares*, parte 1.ª, carta 63, tomo I, pág. 444 *(Fuentes clásicas*, pág. 127).

Timoneda repite el relato en la *Comedia llamada Cornelia*, Bibliófilos Españoles, XXI, pág. 347.

Cuento núm. 12. Cuento de fuente erudita: Erasmo, *Colloquia familiaria, Adulescens et scortum*, pág. 234, donde es un joven, Sofronio, el que trata de apartar de la mala vida a otra cortesana, Lucrecia. Timoneda conocería los *Coloquios* de Erasmo por alguna de las varias traducciones castellanas de los mismos.

---

[16] *Extraño:* Véase nota 2 de BUEN AVISO Y PORTACUENTOS.

[17] *Ajuntarse:* «Lo mismo que juntarse» *(Aut.). Juntarse:* «Se toma también por tener acto carnal o coito» *(Aut.).*

que fingidamente la había recuestado [18], entráronse en un
rico aposento que tenía. A la cual dijo el filósofo:
—Dime, Lamia, ¿no tienes otro lugar más oculto y se-
creto que éste?
Dijo:
—Sí tengo.
Y, entrándole en otro más adentro, dijo el filósofo:
—Otro más escondido querría.
Ella entonces metióle en otro que tenía, diciéndole:
—Cata aquí lugar que no nos puede ver sino Dios.
Respondió el filósofo:
—¿Dios? ¡Tanto que peor! Perdona, Lamia, que yo no
haré un pecado tan sucio delante de Dios.
Si tal considerasen los cristianos el día de hoy, no pe-
carían tan a rienda suelta.

Cuento 13

De Flor se cuenta que, aunque mala, era muy hones-
tísima [19] y sabia, tanto que, preguntándole una mujer que
tenía una hija qué le enseñaría para que fuese buena, respondió:

Cuento núm. 13. Este cuento es de fuente varia, y en él Timoneda
atribuye a Flor dichos de otros personajes.
La parte del cuento en la que «otra» mujer pregunta a Flor, está tomada, con enorme proximidad textual, de fray Antonio de Guevara,
Epístolas familiares, parte 1.ª, carta 63, tomo I, pág. 444, aunque allí la
protagonista era Laida, otra de las famosas cortesanas. Se lee también en
Hortensio Lando, Oracoli de'moderni ingegni, f. 67v.º, donde es una
dama noble la que pregunta a otra de las preguntas de otra.
De fuente clásica es la segunda mitad del cuento, en la que Flor contesta a «un hombre casado», haciéndolo con dos apotegmas, de los que,
del primero, el protagonista era Pitágoras (L. Domicio Brusoni, Facetiarum exemplorumque libri, III, 29, pág. 238; Erasmo, Apophthegmata,
VII, Pythagoras, 8, pág. 597; Conrado Lycosthenes, Apophthegmata, pág. 125b; posteriormente, Gerardo Tuningio, Apophthegmata graeca,
pág. 66a), y del segundo Téano, la mujer de Pitágoras (Diógenes Laercio,

---

   [18]   Recuestar: «Metafóricamente vale acariciar, atraer con el halago o
dulzura de amante» (Aut.).
   [19]   Honesta: Discreta.

—Si quieres que tu hija sea buena, enséñale desde niña que tenga temor de salir de casa y vergüenza de hablar.

Preguntóle otra qué haría con una hija que tenía, que se le comenzaba a levantar [20] y a enamorar. Respondió:

—El remedio para la moza alterada [21] y liviana es no la dejar ociosa, ni consentirle que ande bien vestida.

Preguntóle un hombre casado que cuándo se allegaría a su mujer. Respondió:

—Cuando querrás ser menos de lo que eres.

Y más, en qué tiempo era bueno. Respondió:

—Para el marido siempre; para los extraños, en ninguno.

Cuento 14

Cierto filófoso pobre, gentílico [22], por enseñar a pedir limosna a un hijo que tenía, algunos días llevábalo a las estatuas de piedra y hacía que les pidiese con el bonete en la mano, y, a cabo de rato, como no le respondiesen, vol-

---

Historia de los filósofos, VII, 43; L. Domicio Brusoni, *Facetiarum exemplorumque libri*, VII, 22, pág. 486; Erasmo, *Apophthegmata*, VII, *Pythagoras*, 11, pág. 598; Conrado Lycosthenes, *Apophthegmata*, pág. 790; Gerardo Tuningio, *Apophthegmata graeca*, pág. 76a). La fuente directa de Timoneda en los dos apotegmas ha sido Erasmo, a través de la traducción de Támara, f. 280r.°.

Cuento núm. 14. Cuento de fuente erudita: Diógenes Laercio, *Historia de los filósofos*, VI, 49, y Erasmo, *Apophthegmata*, III, *Diogenes*, 99, pág. 222 (*Fuentes clásicas*, págs. 38-39 y 128). También, en parte 1.ª, cap. 27, tomo I, pág. 164, lo incluye la *Silva de varia lección* de Pero Mexía.

Timoneda, que ha vuelto a omitir el protagonismo de Diógenes el Cínico, y ha variado la situación argumental de ser el filósofo el que pide limosna a las estatuas, por la de ser el que enseña a hacerlo a su hijo, vuelve a seguir más directamente el texto de la *Silva* que el de la traducción de Támara en f. 117v.°.

---

[20]   *Levantar:* Descarriar.
[21]   *Alterada:* Ligera.
[22]   *Gentílico:* Gentil.

vía las espaldas. Visto esto por un ciudadano, preguntóle
que por qué hacía aquello. Respondió:

—Porque aprenda a tener paciencia, la cual ha de ser
naturalmente de los pobres.

Cuento 15

Estando en corrillo ciertos hidalgotes, vieron venir un
pastor a caballo con su borriquilla, y, tomándolo en medio, por burlarse de él, dijéronle:

—¿Qué es lo que guardáis, hermano?

El pastor, siendo avisado, respondióles:

—Cabrones guardo, señores.

Dijéronle:

—¿Y sabéis silbar?

Diciendo que sí, importunáronle que silbase, por ver
qué silbo [23] tenía. Ya que hubo silbado, dijo el uno de
ellos:

—¿Qué?, ¿no tenéis más recio silbo que éste?

Respondió:

—Sí señores, pero éste abasta [24] para los cabrones que
me oyen.

Cuento 16

Habiendo perdido cierto gentilhombre gran cantidad de
dinero a primera [25] de Alemania, levantóse muy airado de
la mesa, y, desenvainando de su espada, dijo:

Cuento núm. 15.   Cuento folclórico que sigue viviendo en la tradición
española *(Cuentos folklóricos,* núm. 202).

Cuento núm. 16.   Cuento procedente de Pietro Aretino, *Dialogo del
givoco* (obra que lleva en algunas ediciones el título de *Le carte parlanti),*

---

[23]   *Silbo:* Silbido.
[24]   *Abastar:* Véase nota 66 de BUEN AVISO Y PORTACUENTOS.
[25]   *Primera:* «Juego de naipes que se juega dando cuatro cartas a cada
uno... La mejor suerte, y con que se gana todo, es el flux, que son cuatro
cartas de un palo, después el cincuenta y cinco, que se compone precisamente de siete, seis y as de un palo, después la quínola o primera, que
son cuatro cartas, una de cada palo...» *(Aut.).*

—¿No hay aquí ninguno que se mate conmigo?

Como todo hombre callase, a cabo de rato, por ser muy gran noche, asentóse en una silla, a do luego fue adormido. Después, levantándose otro desesperado, porque también había perdido, y desenvainando su espada, dijo:

—¿Quién es el que buscaba que se matasen con él? Salga, si es hombre de su palabra.

Como el otro se hubiese despertado y lo oyese, respondióle tomándolo por la mano:

—Hermano, dormid un poco sobre ese negocio, como yo, que después hablaremos.

Cuento 17

Vino un gentilhombre de la corte a posar en una venta, que la ventera era viuda, la cual tenía una hija de quince años. Y como fuese en invierno, ya después de haber cenado, estándose todos escalentando [26] al derredor del fuego, dijo la ventera:

—¿Qué hay de nuevo en la corte, señor?

El gentilhombre, por reír, le respondió:

—Lo que hay de nuevo, señora, es que ha mandado su Majestad, por falta que hay de gente para la guerra, que las mujeres ancianas casen con mancebos, y las mozas con hombres ancianos.

—¡Ay! —dijo la hija—, en verdad que su Majestad no hace lo que debe, ni parece bien ese mandamiento.

Respondió la ventera:

—Calla, rapaza, no digas eso, que lo que su Majestad

---

pág. 109. El texto de Timoneda se aproxima al de Aretino en el parlamento final: «Fratello, dormici su come ch'io, e poi favellami»/«Hermano, dormid un poco sobre ese negocio, como yo, que después hablaremos.»

También refiere el cuento François Rabelais, *Tiers Livre*, cap. 42.

Cuento núm. 17. Cuento folclórico (T 1475) que repite Lope de Vega en *Lo que pasa en una tarde*, II, *Acad. N.*, II, pág. 311a.

---

[26] *Escalentar:* Véase nota 114 de BUEN AVISO Y PORTACUENTOS.

manda está bien mandado, y parecerá bien a todo el mundo, y Dios le alargue la vida.

Cuento 18

Comprado que hubo un notario a cierto labrador una carga de leña, descargándola en su casa, a la revuelta de ella estaba una azada, y, como la viese el notario, dijo:

—Buen hombre, sobre esta carga de leña veo grandísimo pleito.

Respondió el labrador:

—¿De qué suerte?

Dijo el notario:

—De suerte que os he comprado la carga así como estaba, y no podéis quitar el azada.

Respondió el labrador:

—En fin, ¿que decís que hay pleito?

—Sí que lo hay —dijo el notario.

—¿Dij[is]te[s] que lo hay? —replicó el labrador—. Vayan diez reales que no me la podéis poner a pleito.

—Vayan —dijo el notario.

—Idos son —dijo el labrador—, ¿qué dice vuesa merced?

—Lo que digo es que, por cuanto os he comprado la carga, es mía la azada y todo.

—Vuestra —respondió el labrador—. Séalo mucho enhorabuena, llévesela. Ya ve cómo no hay pleito y son mías las apuestas, y sé más que no vos.

Cuento 19

A un cierto viejo corríanle [27] los mochachos sobre cierta cosa que le decían. El cual astutamente, por desviar que los mochachos no se la dijesen, compró confites, y, topan-

---

[27]   *Correrse:* «Vale afrentarse» (*Cov.*).

do con los que se la decían, y los que no se acordaban de
ello, dábales confites, diciendo:
—Mochachos, tomad, porque me digáis eso que me so-
léis decir.
De allí adelante no les quiso dar más, y, como los topaba, decía:
—Mochachos, ¿por qué no me decís lo que solíades?
—No diremos, si no nos dais confites: ¿pensáis que somos bobos?
Y de esta suerte hizo acallar los mochachos de lo que
tanto se corría.

Cuento 20

Viviendo marido y mujer como perro y gato, a causa
de haberse casado muy contra su voluntad, viniendo un
día a tal extremo, que el marido la hubo de abofetear, y
como ella supiese que en días pasados había muerto un
vecino suyo, sin nadie haber sentimiento de ello, empezó
a desentonarse [28], diciendo:
—¡A este traidor no hay justicia que le castigue, que
piensa matarme así como a Hulano [29]!
No faltó quien lo sintiese, que luego fue acusado, y,
según sus confesiones, condenado que lo ahorcasen. Ya
que lo llevaban [a] ahorcar, soplicó que le dejasen hablar
con su mujer. Venida, y parándose en el camino, por el

Cuento núm. 20. Cuentecillo tradicional que debió ser muy difundido en el Siglo de Oro, puesto que también lo apuntan Juan de Mal Lara,
Filosofía vulgar, tomo I, pág. 374; Pinheiro da Veiga, *Fastiginia,* páginas 19b-20a, y Gonzalo Correas, *Vocabulario de refranes,* págs. 58 y
586b (textos reunidos en *Cuentecillos,* págs. 117-119).
Las primeras frases del relato recuerdan, en forma bastante exacta, la
conclusión de la *Patraña tercera* del mismo Timoneda.
El refrán «Hablando y andando, marido a la horca» figura también en
Hernán Núñez, *Refranes o proverbios,* f. 55r.°a.

---

[28] *Desentonarse:* «Vale también levantar la voz, descomponerse desa-
tentamente» *(Aut.).*
[29] *Hulano:* Véase nota 97 de BUEN AVISO Y PORTACUENTOS.

deseo que tenía la buena mujer de ver el fin de sus días,
le dijo:
—Marido, ¿para qué os paráis? Andando y hablando,
no perdamos tiempo.

Cuento 21

Estando un vecino en casa de un compadre [30] suyo, para
amp[a]rarle [31] un ducado, que tenía grandísima necesidad
de él, y viendo que estaba recostado en una silla medio
durmiendo, por ver si estaba despierto o no, dijo:
—Compadre, hacedme placer de dejarme un ducado, si
no dormís.
Respondió:
—Duermo.
—Pues, ¿quién me responde?
Replicó:
—Vuestro descuido y mi provecho, pues no me volvis-
tes otro que el otro día os presté.

Cuento 22

Un rústico labrador, deseoso de ver el rey, pensando
que era más que hombre, despidióse de su amo pidiéndole
su soldada [32]. El cual yendo a la corte, con el largo camino

---

Cuento núm. 21. Relato que también aparece en los *Diálogos de apacible entretenimiento* de Gaspar Lucas Hidalgo *(Cuentos folklóricos,* número 203).
Cuento núm. 22. Variando ligeramente las circunstancias argumentales, Timoneda ha tomado este cuento de L. Domenichi, *Facezie, motti e
burle,* lib. IV, ff. 117v.°-118r.° (por error dice en la foliación 108), donde
el protagonista era un campesino de Siena. La versión italiana la reproduce, posteriormente, Gerardo Tuningio, *Apophthegmata italica,* páginas 55-56.
Idéntico cuento desarrolla el entremés de *La muela,* incluido en la

---

[30]   *Compadre:* Véase nota 13 de BUEN AVISO Y PORTACUENTOS.
[31]   *Amparar:* Tomar por el medio que sea.
[32]   *Soldada:* «El estipendio y paga que se da al criado que sirve»
(Aut.).

acabáronsele las blanquillas. Allegado a la corte y visto el rey, viendo que era hombre como él, dijo:

—¡Oh, pésete a la puta que no me parió, que por ver un hombre he gastado lo que tenía, que no me queda sino medio real en todo mi poder!

Y del enojo que tomó le empezó a doler una muela, y, con la pasión y la hambre que le aquejaba, no sabía qué medio se tomase, porque decía:

—Si yo me saco la muela, y doy este medio real, quedaré muerto de hambre. Si me como el medio real, dolerme ha la muela.

Con esta contienda arrimóse a la tabla [33] de un pastelero, por írsele los ojos tras los pasteles que sacaba. Y acaso vinieron a pasar por allí dos lacayos, y, como le viesen tan embebecido en los pasteles, por burlarse de él, dijéronle:

—Villano, ¿qué tantos pasteles te atreverías a comer de una comida?

Respondió:

—¡Pardiez [34], que me comiese quinientos!

Dijeron:

—¿Quinientos? ¡Líbrenos Dios del diablo!

Replicó:

—¿De eso se espantan vuesas mercedes? Aposta que me como mil de ellos.

Ellos que no, y él que sí, dijeron:

—¿Qué apostarás?

—¿Qué, señores? Que, si no me los comiere, que me saquéis esta primera muela.

Floresta de entremeses y rasgos del ocio (1680): véase Henri Recoules, «Cervantes y Timoneda y los entremeses del siglo XVII», *BBMP*, XLVIII (1972), págs. 243-246 y 273-280.

---

[33]   *Tabla*: Mostrador. «En la carnicería se llama la mesa en que tienen la carne, para pesarla y venderla» *(Aut)*.

[34]   *¡Pardiez!*: «Expresión del estilo familiar, que se usa a modo de interjección, para explicar el ánimo en que se está acerca de alguna cosa» *(Aut.)*.

El cual señaló la que le dolía. Contentos, el villano empezó a jugar de diente, con la hambre que tenía, muy a sabor. Ya que estuvo harto, paró y dijo:

—Yo he perdido, señores.

Los otros, muy regocijados y chacoteando, llamaron a un barbero y se la sacaron, aunque el villano, fingidamente, hacía grandes extremos. Y, por más burlarse de él decían:

—¿Habéis visto este necio de villano, que, por hartarse de pasteles, se dejó sacar una muela?

Respondió él:

—Mayor necedad es la de vosotros, que me habéis muerto la hambre y sacado una muela que toda esta mañana me dolía.

En oír esto, los que estaban presentes tomáronse a reír de la burla que el villano les había hecho, y los lacayos pagaron, y, de afrentados, volvieron las espaldas y se fueron.

Cuento 23

Allegándose a la ciudad de Sevilla un vizcaíno, y más que hidalgo, con su paje detrás, y escobilla [35] y todo, paseándose por ella, encontró con un grande amigo suyo, el cual le convidó a comer. Sirviéndole a la mesa con escudilla y cuchareta de plata, ya después de haber comido, saliéndose de la posada, díjole el paje:

—A buena ce, señor, mucha honra tienes hecho este tu amigo.

—¿Qué honra hecho, rapaz?

—¿Qué honra? Comer con escudillo y cuchara plata.

—¿De eso espantas, villano? De terciopelo la merecías yo.

---

[35] *Escobilla:* «Es la limpiadera con que se limpian los vestidos, comúnmente de cerdas de jabalí» *(Cov.).*

Cuento 24

Preguntó un mercader a un corredor de oreja [36]:
—Fulano, ¿Qué hay de nuevo en lonja?
Respondió:
—Ninguna cosa hay, señor.
Y, habiéndoselo preguntado por diversas veces, y él siempre acudiendo que no había nada que contar, suplicóle un día que le contase alguna mentira. Respondió:
—Mentira, señor, ¿quiere que se la diga? No se la diré que no me la pague muy bien.
—¿Pagar? ¿Y por qué?
Replicó:
—Porque en su casilugar [37] me da de comer.

Cuento 25

Uno que presumía de ser poeta porque le tuviesen en reputación de alguna cosa, en cualquier obra hallaba re-

---

Cuento núm. 25. Cuento de fuente erudita: Diógenes Laercio, *Historia de los filósofos*, II, 70, y Erasmo, *Apophthegmata*, III, *Aristippus*, 15, págs. 187-188, traducción de Támara, f. 96r.°.
En el apotegma clásico el que responde al maldiciente —la situación argumental del cuento es de Timoneda— es Aristipo. Y con él también como dictor lo citan el *Policraticus* de Juan de Salisbury, III, 14, página 168; los *Facetiarum exemplorumque libri* de L. Domicio Brusoni, III, 25, pág. 227; las *Sentencias y dichos de diversos sabios y antiguos autores* de Nicolás Liburnio, traducción de Alonso de Ulloa, lib. I, f. 21v.°, y, más tarde, *L'Hore di ricreatione* de L. Guicciardini, pág. 186, traducción de Vicente Millis Godínez, f. 141r.°-v.°.
Con atribución a Jenócrates lo hace Hernando Díaz, *La vida y excelentes dichos de los más sabios filósofos*, [D₅]r.°. El texto de la contestación en Timoneda se acerca al de este autor: «—Como tú eres señor de tu boca, así lo soy yo de mis orejas», que es traducción fiel, a la vez, del parlamento de Aristipo en Salisbury.

---

[36] *Corredor de oreja:* «Lo mismo que corredor de cambios» *(Aut.).* «Metafóricamente se le da este nombre al chismoso, que lleva y trae cuentos de una parte a otra» *(Aut.).*
[37] *En su casilugar:* En su lugar casi. Parece estar jugando Timoneda con la doble significación de *corredor de oreja.*

proche, y decía mal de un cierto componedor [38]. Al cual
viniéndole con semejantes nuevas, respondió:

—¿Fulano no es señor de su boca? Pues yo puedo ser
señor de mis oídos; y el sufrir está en oír, y no en decir.

Cuento 26

Hablándole a un mancebo labrador, si quería casarse
con una moza del mismo pueblo, respondió que no, porque le habían dicho que era gran comedora de pan, y que
no podría él mantenerla, por no tener más de lo que ganaba cada día con sus manos. Sabido por la moza, encon-
tróse con él en la plaza, y díjole:

—Sabido he que no queréis casaros conmigo porque dicen que soy gran comedora de pan: ¿sabéis cuánto lo soy,
que me obligo, con sólo este mendruguillo de pan que
traigo en el arremango [39] de la saya, de beberme un cántaro de vino?

Respondió el mancebo:

—Tanto que peor, quedad con Dios.

Timoneda es posible, sin embargo, que conociera tan sabia respuesta a
través de la idéntica contestación que daba en italiano el Piovano Arlotto
en su *Vita* (vida que precedía a sus *Facezie piacevoli, fabule e motti*),
f. [VI] r.°, y en donde se imputaban a dicho personaje, conjuntamente,
y en el mismo contexto, ésa y otra prudente respuesta de Jenócrates (la
que recoge Timoneda, aunque innominadamente, en BUEN AVISO,
núm. 23).

El mensaje del cuento, por otra parte, posee amplio repertorio en el
refranero. Confróntese, por ejemplo, «A mal hablador, discreto oidor»
de los *Refranes famosísimos y provechosos glosados* (véase E. S. O'Kane,
op. cit., pág. 125b); Hernán Núñez, *Refranes o proverbios*, f. 10r.°b, y
Gonzalo Correas, *Vocabulario de refranes*, pág. 25b.

---

[38] *Componedor:* Poeta.
[39] *Arremango:* «El mismo enfaldo o rollo que se hace con las faldas»
(Aut.).

Cuento 27

Estaba un astrólogo mirando, al tiempo que su mujer iba de parto, en qué signo nacería la criatura, y halló que le nacieron de un parto dos hijos, y que el primero había de ser un gran cortabolsas [40], y el segundo un gran matador [41]. De lo cual recibió tanta tristeza el astrólogo, que, no podiendo disimularla, la conoció su mujer, y le dijo:

—Señor, dadme parte de vuestra fatiga, porque yo la remedie.

Dijo el marido:

—Habéis de saber que hallo según mi ciencia que el primero de nuestros hijos ha de ser cortabolsas, y el segundo gran matador.

Dijo entonces la mujer:

—En la mano está el remedio: al primero haceldo bolsero, y cortará bolsas; y al segundo carnicero, y matará carneros.

Cuento 28

Un vizcaíno hizo una carta a su padre diciendo así: Señor padre, antes de hacer carta te escribo en ella una cruz, con un bésame las manos. Hágote saber que oficio que aprendido tienes es trasquiladero [42]. Jabonas barbas y cabezas; y, a poco a poco, mirando personas, me hago persona. Al tiempo que no trabajas, por ocio no estar, aprendo jaques y mates; o me hallarás rascando panza, torciendo oreja a la que voces tienes y gritos como a mosiquero [43]. A señor madre dirás que envíe una camisa con un moixcadero [44] de moixcar [45] narices. Escrita en año de VN y dos SS y un Z, en 2 y en 0 de mes de uvas, si cuentas sabes. Amen.

Cuento núm. 27. Es cuento folclórico (T 921 B*).

---

[40] *Cortabolsas:* «Ladrón» *(Cov.).*
[41] *Matador:* «El que mata a otro» *(Cov.).*
[42] *Trasquiladero:* Trasquilador.
[43] *Mosiquero:* En la jerga del vizcaíno parece estar por «músico».
[44] *Moixcadero:* Moquero.
[45] *Moiscar:* Mocar.

Cuento 29

En una villa, habiendo acabado un vizcaíno de labrar el campanario de la iglesia, y los dineros que de él hubo, acaeció que tenían un hombre para justiciar, y, por no tener verdugo, fueron al vizcaíno a decirle que, si lo quería ahorcar, que le darían un ducado y la ropa; el cual fue contento. Y de ver en cuán poco tiempo había ganado tanto, y hallándose un día sin dineros, subióse al campario, y a repique de campana acudió todo el pueblo; y él, en verlo junto, asomóse y díjoles:

—Señores, yo llamado tus señorías. Has de saber que blanca no tienes. Ya te acuerdas que por colgar hombre el otro día distes ducado. Agora he pensado una cosa, y es que a chico con grande holgaré de ahorcar todos los del villa a medio ducado cada uno, pues no tienes haciendas.

Cuento 30

Llamaba a la puerta de su dama un galán, y ella ya mohína, aunque lo conoció, díjole que quién era. Respondióle él muy requebradamente:

—Señora, es un servidor [46] suyo.

Respondió ella entonces:

—Y aun por eso hiede tanto.

Cuento 31

Navegando en una nave cierta compañía de soldados, tomóles tan gran tormenta, que, desconfiados de los re-

---

Cuento núm. 30. Equívoco que aparece con frecuencia en los textos del Siglo de Oro: Melchor de Santa Cruz, *Floresta española*, III, III, 2, pág. 94; Luis de Góngora, *Letrillas*, págs. 63, 121 y 141; Francisco López de Úbeda, *La Pícara Justina*, págs. 512 y 513; Francisco de Quevedo, *Poesía*, págs. 1008, 1032, 1083 y 1111.

Cuento núm. 31. Este cuento procede de una facecia de L. Domenichi, *Facezie, motti e burle*, lib. II, f. 45r.º, donde el argumento aparece

---

[46] *Servidor:* «Se toma también por el que corteja o festeja alguna dama» *(Aut.).* «Significa también el bacín o servicio» *(Aut.).*

medios humanos, se pudieron todos en oración, suplicando a Dios los librase de tanto mal. Y un soldado, en lugar de hacer lo mismo, fuese al aposento del capitán, y comenzó de comer de lo mejor que allí halló. Maravillado el sargento de ver aquello, díjole:

—¿Qué determinas, soldado,
agora con tu comer?
Respondió: —Pese a mal grado,
bien es que coma un bocado
quien tanta agua ha de beber.

Cuento 32

Tenía un gran señor, entre otros criados, uno muy diligente en saber escribir todo lo que de nuevo acontecía, así de burlas como de veras. Aconteció que, estando el señor sobremesa, mandóle que le trujese el libro de las novedades; y, traído, vio en el principio de una hoja que decía así:

—El duque mi señor hizo tal día una necedad, en dar

---

mucho más esquematizado. Domenichi, por su parte, había tomado la facecia de Heinrich Bebel, *Facetiae*, I, f. 33v.°. En las *Facetiae* de Bebel, III, f. 104r.°, se encuentra otro relato semejante.

Es cuento que también se lee en varios textos del Siglo de Oro: *Glosas al sermón de Aljubarrota*, pág. 66a; Melchor de Santa Cruz, *Floresta española*, IX, IV, 2, pág. 246; Ambrosio de Salazar, *Las clavellinas de recreación*, núm. 4, págs. 31-32 (reproduce exactamente los versos de EL SOBREMESA); Juan de Luna, *Segunda parte de Lazarillo de Tormes*, II, pág. 113a-b; *La vida de Estebanillo González*, II, I, pág. 94 (textos reunidos en *Cuentecillos*, págs. 261-264).

Cuento núm. 32. Cuentecillo tradicional que se lee en otros textos del Siglo de Oro: *Cuarto libro del esforzado caballero Reinaldos de Montalbán*, I, f. 26; Luis de Pinedo, *Libro de chistes*, pág. 113b; Melchor de Santa Cruz, *Floresta española*, I, III, I, págs. 21-22; Juan de Arguijo, *Cuentos*, núm. 479; Baltasar Gracián, *Agudeza y Arte de ingenio*, XXVII, I, págs. 275-276 (textos reunidos en *Cuentecillos*, págs. 62-65).

Figura también en *Facezie e motti dei secoli XV e XVI*, núm. 190.

Sobre raíces y correspondencias del motivo, véase Daniel Devoto, *Introducción al estudio de don Juan Manuel*, Ediciones Hispanoamericanas, París, 1972, págs. 404-405.

quinientos ducados a un alquimista, para que con ellos
fuese a Italia a traer aparejos para hacer plata y oro.
Dijo entonces el señor:
—Y si vuelve, ¿qué tal quedarás tú?
Respondió el criado:
—Si vuelve, quitaré a vuesa señoría, y porné a él.

Cuento 33

Requebrándose un galán con una dama, le dijo:
—Desde agora protesto, señora mía, de seros muy ser-
vidor, pues ha más de doscientos años que no he visto
otra tan hermosa como vos.
Respondió ella:
—No quiero servidor tan viejo.

Cuento 34

Estando dos mancebos esgrimiendo [47] con las manos en
una sala, el uno de ellos, sintiéndose lastimado de un golpe
que había recebido, volvióse a un aparador que estaba detrás y apañó de un majadero [48] que estaba allí, para darle
con él. Su contrario, que lo vido, dijo:
—No, no, dos contra mí, yo me doy por vencido.

Cuento núm. 34. El equívoco se atribuye a un tal Bejarano, posiblemente sevillano, en dos colecciones de cuentos del siglo XVI:
«Yendo el mismo Bejarano por una calle en Sevilla, llegóse un caballero a un oficial que vendía, entre otras cosas, manos de mortero, que
llaman majaderos, y tomó una en la mano y llamó a Bejarano. Respondió él:
—No vale, que son dos a uno.»
                                          (Dichos graciosos de españoles, núm. 55.)

«Un hombre no muy sabio, riñendo con Bejarano, iba a darle con un
majadero. Volvió las espaldas, diciendo:
—¿Dos a mí? ¿Dos a mí?»
            (Melchor de Santa Cruz, *Floresta española,* VII, V, 6, pág. 206.)

---

[47] *Esgrimir:* Pelear.
[48] *Majadero:* Véase nota 101 de BUEN AVISO Y PORTACUENTOS.

Cuento 35

Había un filósofo que tenía por opinión que no había
más de tres edades en el hombre, que son: infancia, juventud y senectud. Y por eso saludaba a la gente de tres maneras. A la infancia decía: «En hora buena vengáis.» A la
juventud: «En hora buena estéis.» A la senectud: «En hora
buena vais.» Preguntado por un amigo suyo qué significaba aquello, respondió que al mochacho decía «En hora

---

Cuento núm. 35. Cuento de fuente erudita: Plutarco, *Vida de Licur-*
go, 21; *Apotegmas,* Costumbres de los Lacedemonios, 15, y *Cómo ala-*
barse a sí mismo sin provocar envidia, 15, y Erasmo, *Adagia, chil.*
I, *centur.* 9, *prov.* 50, *Fuimus Troes,* y *Apophthegmata,* II, *Laconum insti-*
tuta, 14, pág. 137, traducción de Támara, f. 161v.°.

El origen de este cuento está en el triple coro lacedemonio de ancianos,
jóvenes y niños, que cantaban, por orden: los ancianos, que habían estado; los jóvenes, que estaban, y los niños, que estarían, en lo mejor de
la vida como esforzados varones.

Timoneda parece conocer, directa o indirectamente, la versión de los
Adagia de Erasmo, ya que la respuesta del filósofo a la pregunta del
amigo es muy semejante al epílogo que adicionaba el humanista holandés
en esta colección: *... iuxta triplex aetatum discrimen. Nam pueritia in-*
gressus est vitae, virilis aetas progressus, senecta exitus:... conforme a una
triple división de las edades. Pues la infancia es la entrada de la vida, la
juventud su florecimiento y la vejez su salida.

El relato clásico del coro lacedemonio reaparece en Gerardo Tuningio,
Apophthegmata graeca, págs. 90a-91b.

Confróntese Sebastián de Horozco, *Teatro universal de proverbios,*
núm. 180:

«Al niño, bien vengáis,
y al mancebo, bien estéis;
al viejo, en buen hora váis.
Cuando nacemos, venimos,
hasta que ya nos criamos;
cuando mancebos, vivimos;
cuando ya viejos, nos imos
a la tierra, a do paramos.
Y, según esto que véis,
de esta manera diréis:
al que es niño: bien vengáis;
al mancebo: bien estéis;
al viajero: en buen hora váis.»

Compárese también Gonzalo Correas:
«En hora buena vengáis, en hora buena estéis, en hora buena váis.

buena vengáis», porque venía al mundo; y al mancebo «En
hora buena estéis», porque está en aquella edad tan flori-
da; y al viejo «En hora buena vais», porque va camino de
la sepultura.

Cuento 36

Llevaban azotando a un ladrón, y rogaba al verdugo que
no le diese tanto en una parte, sino que mudase el golpear.
Respondió el verdugo:

—Callad, hermano, que todo se andará.

Cuento 37

Estaban unos ladrones desquiciando [49] una puerta, para
robar lo que había en la casa. Sintiéndolo el dueño de la
posada, asomóse a una ventana y dijo:

Dícese de las tres edades: hasta treinta, "vengáis"; de allí a cincuenta,
"estéis"; de ahí adelante, "váis".
(*Vocabulario de refranes*, pág. 125a.)

«*Id en buena hora, estéis en buen hora, vengáis en buen hora.*
De las tres edades: a la vejez, "id"; a la media edad, "estéis"; a la
juventud, "vengáis".»
(*Vocabulario de refranes*, pág. 164a.)

«*Hasta los treinta, venid en hora buena; de treinta a cincuenta, estéis
en hora buena; de cincuenta y lo demás, en hora buena váis.*
Varíase: "Hasta los treinta, en hora buena vengáis; hasta cincuenta, en
hora buena estéis; hasta los sesenta, norabuena váis; desde los setenta,
¿qué hacéis acá?"»
(*Vocabulario de refranes*, pág. 581a-b.)

Cuento núm. 36. Cuentecillo tradicional que también apuntan Francisco López de Úbeda en *La Pícara Justina*, I, 2, pág. 157, y Gonzalo
Correas en su *Vocabulario de refranes*, pág. 503b (textos en *Cuentecillos*,
págs. 111-112).

El refrán «Todo se andará, que la calle es larga» aparece también en
Pedro Vallés, *Libro de refranes*, I₂v.°₃ y Hernán Núñez, *Refranes o proverbios*, f. 125v.°a.

Cuento núm. 37. Cuentecillo tradicional que también recogen Melchor de Santa Cruz, *Floresta española*, IV, V, 3, pág. 116, y Gonzalo

---

[49] *Desquiciar:* «Sacar las puertas de sus quicios» *(Cov.).*

—Señores, de aquí a un rato venid, que aún no somos acostados.

Cuento 38

Andaba un pobre pidiendo por amor de dios por los ropavejeros [50] de Salamanca, y a grandes voces decía:
—¡Acordaos, señores, de la pasión de Dios!
Díjole un estudiante:
—Hermano, pasad vuestro camino, que aquí testigos son de vista.

Cuento 39

Subía un truhán delante de un rey de Castilla por una escalera, y, parándose el truhán a estirarse el borceguí [51], tuvo necesidad el rey de darle con la mano en las nalgas, para que caminase. El truhán, como le dio, echóse un pedo. Y, tratándole el rey de bellaco, respondió el truhán:

Correas, *Vocabulario de refranes*, pág. 32b (textos en *Cuentecillos*, páginas 101-102).
Cuento núm. 38. Sobre el carácter tradicional del chiste, véase Eugenio Asensio, *Itinerario del entremés desde Lope de Rueda a Quiñones de Benavente*, Gredos, Madrid, 1971, págs. 160-161.
Cuento núm. 39. Es un cuento que recordó Gonzalo Correas, *Vocabulario de refranes*, pág. 19a:
«¿A qué puerta llamará Vm. que no le respondan?
Subiendo un truhán una escalera delante de un señor, paróse a tirar las botas; dióle el tal una palmada en las ancas para que anduviese, y soltó un traque; y, riñéndole la descortesía, respondió:
—¿A qué puerta llamará Vm. que no le respondan?»
Se sigue refiriendo el cuento en el siglo XX: véase Fernando de la Granja, «Cuentos árabes en *El Sobremesa* de Timoneda», en *Al-Andalus*, XXXIV (1969) págs. 382-384.

---

[50] *Ropavejero:* Véase nota 244 de BUEN AVISO Y PORTACUENTOS.
[51] *Borceguí:* «Especia de calzado o botín con soletilla de cuero, sobre que se ponen los zapatos o chinelas» *(Aut.).*

—¿A qué puerta llamara vuestra Alteza, que no le respondieran?

Cuento 40

Estando sirviendo a la mesa de su señor, un paje, gran trovista [52], no podiendo hacer más, aflojóse por bajo. Y él, porque no tuviese de ello su amo sentimiento, comenzó a torcer el pie por tierra, haciendo ruiro. Pero el señor, sintiendo lo que pasaba, díjole graciosamente:

—¿Qué?, ¿búscasle consonante?

Cuento 41

Un mochacho llevaba dos redomas de vino por la calle, y, por apartarse de una bestia, quebró la una con la otra.

Cuento núm. 40. Compárese Gonzalo Correas:
«*Búscale consonante.*
El que tose o arrastra el pie cuando pee.»
(Vocabulario de refranes, pág. 366a.)

«*¿Búscasle consonante?*
Soltóse a medio tono un paje poeta delante de su amo, y por encubrirlo, arrastró con el pie, entendiólo el señor, y dijo: "—¿Búscasle consonante?"»
(Vocabulario de refranes, pág. 366b.)

Cuento núm. 41. Cuentecillo tradicional que aparece en varias obras del Siglo de Oro: Luis de Pinedo, *Libro de chistes,* pág. 100a-b; Melchor de Santa Cruz, *Floresta española,* II, VI, 5 págs. 79-80; Quiñones de Benavente, *Entremés famoso: El Amolador,* COTARELO, núm. 313, página 752b (textos reunidos en *Cuentecillos,* págs. 77-79). Véase sobre el relato, Fernando de la Granja, «Tres cuentos españoles de origen árabe», en *Al-Andalus,* XXXIII (1968), págs. 124-131.

La respuesta del amo es un refrán cuya forma más difundida es «Habla Roldán, y habla por su mal». Así aparece en los *Refranes famosísimos y provechosos glosados* (véase E. S. O'Kane, *op. cit.,* pág. 124b); en Blasco de Garay, *Cartas en refranes,* carta III, pág. 152; en Pedro Vallés, *Libro de refranes,* [D₇]v.°; en Hernán Núñez, *Refranes o proverbios,* f. 55v.°a, y en Gonzalo Correas, *Vocabulario de refranes,* pág. 585b. En esta última colección figura también el refrán en la forma «Habla Beltrán, y habla por su mal» (pág. 585a).

---

[52] *Trovista:* «Lo mismo que trovador» *(Aut.).*

Y, entrando llorando por su casa, preguntóle su amo (que se decía Beltrán) la causa por qué lloraba. Respondió:

—He quebrado, señor, la una redoma.

—¿Y de qué manera? —dijo el amo.

Entonces el mochacho dio con la redoma que traía quebrada en la sana, e hízola pedazos, diciendo:

—De esta manera la quebré, señor.

El amo, con paciencia, respondió:

—Habla Beltrán, y habla por su mal.

Cuento 42

Un caballero entró en una venta solo, que llegaba de camino; y uno de ciertos mercaderes que estaban comiendo díjole que cómo se llamaba. Respondió, pensando librar mejor, que don Juan Ramírez de Mendoza y de Guzmán. Dijo el mercader:

—Si viniera solo vuesa merced, convidáramosle; mas para tantos no hay aparejo.

Cuento 43

Un padre envió a su hijo a Salamanca a estudiar, y mandóle que comiese de lo más barato. El mozo, en llegando,

---

Cuento núm. 42. Cuento procedente de Giovanni Pontano, *De sermone,* III, 17, 13, y L. Domenichi, *Facezie, motti e burle,* lib. I, f. 19 r.°-v.°. La versión de Domenichi es traducción a la letra de la de Pontano, y, en ambos, un español presuntuoso, que se arroga un nombre altisonante, es rechazado como convidado, para compartir el pato que está a punto de comerse, por un tal Pirrinicolo. Sin duda la fuente de Timoneda es Domenichi.

El mismo relato aparece, con alguna variante, en la *Floresta española* de Melchor de Santa Cruz, IX, III, 1, pág. 243, y en los *Cuentos* de Garibay, pág. 220a (textos en *Cuentecillos,* págs. 247-248), así como en la comedia de Lope *El caballero del milagro,* II, *Acad. N.,* IV, pág. 168b, y en las *Sentencias filosóficas* de Luis Galindo, VIII, f. 134v.°. Se hizo tradicional en España (de «fabulilla vulgar» la califica Luis Galindo).

También trae el cuento Matteo Bandello (Rotunda, X 654.1*).

Cuento núm. 43. Facecia reproducida por Lope de Vega, *El sembrar en buena tierra,* I, *Acad. N.,* IX, pág. 406b.

preguntó qué valía una vaca; dijéronle que diez ducados, y que una perdiz valía menos de un real. Dijo entonces:

—Según eso, perdices manda mi padre que coma.

Cuento 44

Estando en un sarao [53] de damas ciertos caballeros, concertados de requebrarse cada uno con la suya, y, como al más galán le cupiese la más fea, echóse a sus faldas; y, como no le dijese ningún requiebro, preguntóle otro caballero qué era la causa. Respondió:

—He miedo que me diga de sí.

Cuento 45

Concertó con un pintor un gentilhombre que le pintase en un comedor la cena de Cristo; y, por descuido que tuvo en la pintura, pintó trece apóstoles, y, para disimular su yerro, añadió al treceno [54] insignias de correo. Pidiendo, pues, la paga de su trabajo, y el señor rehusando de dársela por la falta que había hecho en hacer trece apóstoles, respondió el pintor:

—No reciba pena vuesa merced, que ese que está como correo no hará sino cenar y partirse.

Cuento 46

Fue un amigo a visitar a otro que estaba malo de unos palos que le habían dado, el cual era gran jugador del

---

Cuento núm. 44. Idéntica réplica chistosa sale en los Coloquios de Pero Mexía, pág. 68, y en la Floresta española de Mechor de Santa Cruz, IX, IV, 11, pág. 282.

Cuento núm. 45. Cuento folclórico, que también reproduce Lope de Vega, Amar sin saber a quién, III, Acad. N., XI, pág. 308a, y que sigue viviendo en la tradición americana.

Cuento núm. 46. Compárese Dichos graciosos de españoles, núm. 198:

---

[53] Sarao: Véase nota 30 de BUEN AVISO Y PORTACUENTOS.
[54] Treceno: «Lo que acabala y cumple el número trece» (Aut.).

triunfo [55]. Y, como entrase, y viese a la cabecera una espada corta que siempre traía consigo, le dijo:

—¡Cuerpo del diablo con vos!, pues salió el triunfo de bastos, ¡atravesárades [56] la espadilla [57]!

Cuento 47

Eran dos amigos: el uno tejedor, y el otro sastre. Vinieron por tiempo a ser enemigos, de tal manera que el sastre decía en ausencia del tejedor mucho mal, y el tejedor mucho bien en ausencia del sastre. Visto por una señora lo que pasaba, preguntó al tejedor qué era la causa que decía bien del sastre, diciendo el otro mal de él. Respondió:

—Señora, porque mintamos los dos.

Cuento 48

Un tendero daba de menos en todo cuanto vendía, y, acusándole por tiempo su conciencia, comunicó con su mujer el remedio que se ternía. Y ella respondió:

—El remedio será que de aquí adelante tratemos en lana, y, así como en las cosas de la tienda dábamos de

---

«Fue don Enrique de Granada a visitar a otro que estaba malo de unos palos que le dieron, y tenía colgada a su cabecera una espada, y dijo:
—Atravesáronos el basto, y no triunfastes con el espada.»
Cuento núm. 48. Es cuento folclórico (T 1853), que también apunta Juan de Arquijo, *Cuentos*, núm. 645, y que sigue viviendo en la tradición española (*Cuentos folklóricos*, núm. 241).

---

[55] *Triunfo:* «Llaman también a un juego de naipes lo mismo que el del burro» *(Aut.).* *Burro:* «Se llama también un juego de naipes en que se dan tres cartas a cada jugador, y se descubre la que queda encima de las que sobran, para señalar el triunfo de que ha de jugarse cada mano... Los ases son las superiores, y las figuras y demás cartas como al juego del hombre...» *(Aut.).*

[56] *Atravesar:* «En el juego es lo mismo que echar traviesas, esto es envidar alguna cosa fuera de lo que se juega» *(Aut.).*

[57] *Espadilla:* «Se llama también el as de espadas en la baraja de naipes» *(Aut.).*

menos, así en el peso de la lana daremos de más a las hilanderas.

Entendido por el marido el mal consejo de la mujer, dijo:

—Doblado engaño es ése.

Cuento 49

Habiendo un caballero muerto una grulla, mandóle a su cocinero que la asase, y, como el señor tardase, comióse el cocinero la una pierna. Y, venido el señor, y puesta la grulla en la mesa, dijo:

—¿Qué es de la otra pierna?

Respondió el cocinero que no tenía más de una. Calló por entonces el señor, y, cuando fue otro día a caza de grullas, dijo el cocinero:

—Mire, señor, que no tienen más de una pierna (y es porque acostumbran de tener la otra alzada). Entonces el caballero fue hacia ellas, y díjoles «—¡Oxte!» [58], y volaron cada una con sus dos piernas. Y dijo el caballero:

—¿Ves cómo tiene cada una dos piernas?

Respondió el cocinero:

—También si a la que estaba en el plato dijera «¡Oxte!», sacara su pierna.

Cuento 50

Hubo un zapatero de muy flaca memoria, llamado Pero Díaz, el cual había prestado un ducado, y no se acordaba

---

Cuento núm. 49. Cuento folclórico (T 785 A), que también traen Melchor de Santa Cruz, *Floresta española*, II, II, 62, pág. 61, y Garibay, *Cuentos*, pág. 220b (textos en *Cuentecillos*, pág. 79-81), y que sigue viviendo en la tradición americana.

También es cuento del *Decamerón* (VI, 4).

Cuento núm. 50. «—Buenos días, Pero Díaz. —Más querría mis blanquillas» es refrán que recogen Pedro Vallés, *Libro de refranes*, B₃v.°,

---

[58]   *¡Oxte!:* «Interj. Aparta, no te acerques, quítate» *(Aut.).*

a quién. Dábale tanta pena esta imaginación, que lo dijo a
su mujer. Y ella diole por consejo que, a cualquiera que
le dijese:

—Buenos días, Pero Díaz,

que le respondiese:

—Más querría mis dineros,

porque, cuando lo dijese a quien no le debía nada, pasaría
adelante. Haciéndolo así, cuando encontró con quien le
debía el ducado, dijo:

—Yo os lo daré sin que me lo pidáis de esa manera.

Y así vino a saber quién le debía el ducado y a cobrarlo.

Cuento 51

Recibió un caballero por criado un mozo, al parecer
simple, llamado Pedro. Y, por burlarse de él, diole un día
dos dineros [59], y díjole:

—Ve a la plaza, y tráeme un dinero de uvas y otro
de aij.

El pobre mozo, comprado que hubo las uvas, se reían
y burlaban de él, viendo que pedía un dinero de aij. Conociendo que su amo lo había hecho por burla, puso las
uvas en la capilla [60] de la capa, y encima de ellas un ma-
nojo de ortigas. Y, llegado a casa, díjole el amo:

—Pues, ¿traes recaudo [61]?

Dijo el mozo:

—Sí, señor, ponga la mano en la capilla y sáquelo.

Puesta la mano, encontró con las ortigas, y dijo:

---

y Hernán Núñez, *Refranes o proverbios*, f. 20r.º a. Interesante variante
ofrece Gonzalo Correas, *Vocabulario de refranes*, pág. 365b: «—Buenos
días, Pero Díaz. —Más quisiera mis blanquillas que todos sus buenos
días.»

---

[59]   *Dinero*: Véase nota 217 de BUEN AVISO Y PORTACUENTOS.

[60]   *Capilla*: «Pieza de tela que se pone a la espalda de la capa, de una
tercia de largo y un palmo de ancho, y cosida por todas partes» *(Aut.)*.

[61]   *Recaudo*: «Se toma también por lo mismo que recado, que es como
ahora se dice» *(Aut.)*.

—¡Aij!
Respondió el mozo:
—Tras eso vienen las uvas, señor.

Cuento 52

Contendiendo un portugués y un castellano en Sevilla sobre cuál era mejor rey, el de España o el de Portugal, vino a desmentirle [62] el portugués, por do el castellano le dio una cuchillada. Después el mesmo castellano aportó [63] en Lisboa. El portugués, en verle, fue a tomar parecer de un amigo suyo, presidente [64], que si le daría otra cuchillada al castellano. Respondióle que no, pero que juntase con él y le dijese que cuál rey le parecía mejor, el de España o el de Portugal, y que, si decía que el de España, que le diese una cuchillada, y si el de Portugal, que lo dejase estar. Ido el portugués, interrogó al castellano su demanda, el cual respondió que el rey de Portugal era mejor rey. Dijo el portugués:
—¿Por qué no defiendes tu rey, majadero?
Respondió el castellano:
—Porque cada gallo canta en su gallinero.

Cuento núm. 52. El refrán «Cada gallo en su gallinero canta» aparece entre los proverbios judeo-españoles (véase E. S. O'Kane, *op. cit.*, página 119a). Gonzalo Correas, *Vocabulario de refranes*, pág. 377b, anota de él dos formas: «Cada gallo canta en su gallinero, y el español en el suyo y en el ajeno, cuando es bueno» y «Cada gallo canta en su gallinero, y el que es bueno, en el suyo y en el ajeno».
Igualmente difundida debió de ser la variante «Cada gallo canta en su muladar», que recogen las *Cartas en refranes* de Blasco de Garay, carta I, pág. 115; el *Libro de refranes* de Pedro Vallés, [B₅]r.°; el *Teatro universal de proverbios* de Sebastián de Horozco, núm. 481, y el *Vocabulario de refranes* de Gonzalo Correas, pág. 377b.

---

[62] *Desmentir:* «Decir a otro que miente» *(Cov.).*
[63] *Aportar:* «Es tomar puerto, y muchas veces llegar a parte no pensada, sino que acaso yendo perdidos llegaron a aquel lugar» *(Cov.).*
[64] *Presidente:* Véase nota 234 de BUEN AVISO Y PORTACUENTOS.

Cuento 53

Cierto señor de salva [65] preciábase tanto en decir mentira, en especial en contar casos hazañosos [66] que le habían acontecido en la guerra, para lo cual alegaba por testigo de vista a un mayordomo suyo, hombre de mucho crédito. Una vez el señor, desbaratándose en contar cierta mentira, dijo:

—Mi mayordomo hará fe que pasó así.

Corrido [67] el mayordomo, dijo:

Cuento núm. 53. Cuento que en sí es de fuente erudita: Diodoro Sículo, *Biblioteca Histórica*, XV, 6, 3-4; alusión en Cicerón, *Epistulae ad Atticum*, IV, 6, 2; Plutarco, *De la fortuna y virtud de Alejandro Magno*, II, 1, y *De la tranquilidad del alma*, 12; Luciano, *Contra el indocto*, 15. El relato clásico es el siguiente: el poeta Filóxeno, encarcelado por Dionisio el tirano, a causa de haber hecho en público un juicio peyorativo de un poema suyo, cuando, liberado, vuelve a ser llamado por el tirano, para que le enjuicie otro poema, viendo la mala calidad del mismo, pide que le vuelvan a llevar a la cárcel.

Esta versión clásica prolifera en textos humanísticos: Erasmo, *Adagia*, chil. II, *centur.* 1, *prov.* 31, *In lapicidinas*, y *Apophthegmata*, VI, *Varie Mixta*, 16, pág. 521 (no figura en la traducción de Támara); L. Domicio Brusoni, *Facetiarum exemplorumque libri*, II, 1, pág. 58, y alusión en V, 13, pág. 376; Ravisio Textor, *Officina*, II, pág. 360, y II, pág. 409; Conrado Lycosthenes, *Apophthegmata*, págs. 144a, 417a y 614a.

Nicolás Liburnio, *Sentencias y dichos de diversos sabios y antiguos autores*, traducción de Alonso de Ulloa, lib. I, f. 11r.º-v.º, la ofrece de una forma muy próxima a la versión popularizada que presenta Timoneda en su cuento. En Liburnio, tras la nueva lectura de un poema, Filóxeno se levanta para salir, y, al preguntarle el tirano adónde va, responde: «—A la prisión.» Lo mismo hace Tomaso Porcacchi, *Motti diversi*, págs. 437-438, sólo que con Filóxeno impersonalizado en «un gramático siracusano»: éste contesta a idéntica pregunta de Dionisio, diciendo: «—Alle Latomie, Signori» (no olvidemos que la Latomía era la cárcel de Siracusa).

Apuntan el cuentecillo, con notables variantes, Alonso Sánchez de la Ballesta, *Diccionario*, pág. 483, y Gonzalo Correas, *Vocabulario de refranes*, págs. 173a y 523b (textos reunidos en *Cuentecillos*, págs. 60-62).

Pedro Vallés, *Libro de refranes*, [I₆]r.º, reseña la frase proverbial «Voime a la cárcel», que se corresponde con el *adagium* latino *In lapicidinas*.

---

[65] *Señor de salva:* Véase nota 12 de BUEN AVISO Y PORTACUENTOS.

[66] *Hazañoso:* «Heroico y valeroso» *(Aut.).*

[67] *Corrido:* Véase nota 27.

—Señor, no sé tal cosa.

Recibió tanta afrenta el señor de su respuesta, que lo mandó poner en la cárcel. Pero, ya que lo hizo soltar, no dejando de hacer lo mismo, tanto que, ofreciéndosele en otro caso semejante alegar con su mayordomo, y preguntándole si era como él decía, le respondió:

—Señor, a la cárcel me voy.

Cuento 54

Había un tabernero muy diestro en bautizar el vino, con lo cual allegó a tener quinientos ducados. Y, tomando la dicha cantidad envuelta en un paño colorado, se fue a comprar vino fuera de la ciudad; y, por el gran calor que hacía, le fue forzado apearse junto a una fuente, a do se asentó; y sacó los dineros y púsolos cabe sí. Viendo un águila, que iba volando, el paño colorado con que estaban atados, pensando que era algún pedazo de carne, apañó súbitamente de ellos. El tabernero, siguiéndola de rastro, vido que se le cayeron, con el peso tan grande, en medio de una laguna de agua, do probó por diversas veces de entrar por ellos. Y, por ser tan sobrada el agua, determinó dejarlos, diciendo:

—Vaya en buen hora mi bien, que, de donde salió, se volvió.

Cuento 55

Un caballero vino a posar en uno de dos mesones que estaban a los lados de una cruz de piedra, y pidió para su

---

Cuento núm. 54. Compárese Gonzalo Correas, *Vocabulario de refranes*, pág. 65a:

«*Agua lo dió, y agua lo llevó.*

Díjolo el tabernero que el agua le llevó el caudal.»

También alude al relato Sebastián de Horozco, *Teatro universal de proverbios*, núm. 1641, al glosar el proverbio «Lo que del agua es, al agua se vuelve».

Es cuento que sigue viviendo en la tradición española y americana (*Cuentos folklóricos*, núm. 249).

Cuento núm. 55. Se lee el mismo cuento en la *Floresta española* de Melchor de Santa Cruz, III, VI, 3, págs. 99-100.

cu[a]rta[go] [68] medio celemín de cebada, y, vuelto a reconocerle, halló que le habían quitado de ella. Salió a la puerta, y dijo razonando con la cruz:

—¡Oh, señor!, ¿y hasta aquí os habéis puesto entre dos ladrones?

Respondió el mesonero del otro mesón, que estaba a la puerta:

—Señor, ¿y qué merezco yo?

Dijo el caballero:

—Sed vos el que se salvó, y callad.

Cuento 56

Viniendo un soldado de Italia, muy próspero, fue convidado por un grande amigo suyo. Estando en la mesa, había un extraño [69] decidor [70], que tenía fama de judío. El cual, por tratar al soldado de puto, tomó con la punta de un cuchillo el obispillo [71] de la gallina, y púsoselo delante, diciendo:

—Jaque.

Entonces el soldado, de presto, tomó asi mesmo una lonja de tocino, y púsosela delante, diciendo:

—Mate.

Cuento 57

Teniendo celos un viejo de su mujer, por ser moza y hermosa, de un cierto amigo suyo, mercader viudo, cayó

Cuento núm. 56. Cuentecillo tradicional que también se lee en el *Libro de chistes* de Luis de Pinedo, pág. 109b, y en la *Floresta española* de Melchor de Santa Cruz, VII, III, 15, pág. 201 (textos reunidos en *Cuentecillos*, págs. 183-184).

---

[68] *Cuartago:* Véase nota 175 de BUEN AVISO Y PORTACUENTOS.
[69] *Extraño:* Véase nota 2 de BUEN AVISO Y PORTACUENTOS.
[70] *Decidor:* Véase nota 20 de BUEN AVISO Y PORTACUENTOS.
[71] *Obispillo:* «La rabadilla de las aves» *(Aut.).*

malo de cierta enfermedad, de la cual no dándole vida,
llamó a su mujer, diciéndole:

—Ya sabéis, señora mía, que no puedo escapar de
aquesta dolencia de muerte. Lo que os suplico es, si placer
me habéis de hacer, que no os caséis con este amigo mío
que suele venir a casa, de quien algunos celos he tenido.

Respondió la mujer:

—Marido, aunque quiera, no puedo, porque ya estoy
prometida con otro.

Cuento 58

Una mujer de un rústico labrador tenía amores con un
licenciado [72], el cual era compadre [73] de su marido. Y el
labrador convidóle un día a un par de perdices. Como la
mujer las hubiese asado, y se tardasen, y a ella le creciese
el apetito, se las comió. Venidos a comer, no tuvo otro
remedio, sino dar a su marido la cuchilla, que la amolase.
Estándola amolando, acercóse al licenciado, y dijo:

—Idos de presto, señor, que, porque mi marido ha sabido de nuestros amores, os quiere cortar las orejas: ¿no
veis cómo amuela la cuchilla?

El entonces dio de huir. Dijo la mujer:

—Marido, ¡el compradre se lleva las perdices!

Saliendo el labrador a la puerta con la cuchilla en la
mano, decía:

—Compadre, ¡a lo menos la una!

Respondió el licenciado:

—¡Oh, hideputa [74]!, ¡ni la una ni las dos!

Cuento núm. 58. Cuento folclórico (T 1741) muy difundido en la
tradición española (Galicia, Asturias, Castilla, Aragón) y americana
(*Cuentos folklóricos*, núm. 226).

---

[72] *Licenciado:* «El que ha recebido en alguna facultad el grado, para
poderla enseñar y ejercitar, como persona aprobada en ella» *(Cov.).*
[73] *Compadre:* Véase nota 13 de BUEN AVISO Y PORTACUENTOS.
[74] *Hideputa:* Véase nota 40 de BUEN AVISO Y PORTACUENTOS.

Cuento 59

Eran dos amigos, que el uno tenía fama de ladrón, y el otro de cobarde. Y, estando entre muchos amigos en chacota, apostaron a correr con el cobarde. Y el que solía usar de presas dijo:

—No corráis con él, que perderéis, porque es hombre que se vale mucho de los pies.

Respondió el otro:

—Igual es de pies que de manos.

Cuento 60

Fue un soldado muy feo con un guárdenos Dios [75] por la cara, que iba detrás de una mujer fea, diciéndole:

—Perla graciosa, volveos, y vea yo ese hermoso rostro.

Volvióse la mujer, y, en verle, dijo:

—Eso no puedo decir yo de vuesa merced.

Respondió él:

—Bien podríades, mintiendo como yo.

Cuento 61

Hubo un galán gran componedor de versos y epitafios para sepulturas, que en otro no se ocupaba ni tenía gracia.

Cuento núm. 60. Facecia de origen italiano, puesto que figura en varias colecciones italianas (Rotunda, I 1356), en especial entre las *Facetiae* de Poggio, núm. 271, y las *Facezie piacevoli, fabule e motti* del Piovano Arlotto, pág. 56, así como en las *Facezie e motti dei secoli XV e XVI,* núm. 173. No obstante, forma también parte del repertorio de Heinrich Bebel, *Facetiae,* III, f. 157r.º.

Cuento núm. 61. Gonzalo Correas, *Vocabulario de refranes,* páginas 279b-280a, abrevia el cuento en la forma siguiente:

«*Si los rocines mueren de amores, ¿qué harán los hombres?*

En la *Floresta* [sic] se pone por dicho de un galán que se le murió el rocín corriéndole delante de su dama.»

El epitafio parodia la conocida canción recogida por Miguel de Fuenllana:

---

[75] *Guárdenos Dios:* Cuchillada.

Éste sirvía una dama, y, corriendo su caballo delante de ella, cayó súbitamente el caballo en tierra, y murió. La dama, por burlarse de él díjole:

—Señor, veamos qué epitafio le pornéis en su sepultura por haberse muerto delante de mí.

Dijo:

—Señora, éste:

> Si los rocines
> se mueren de amores,
> ¡ay, triste de mí!,
> ¿qué harán los hombres?

Cuento 62

Estando contendiendo muchos amigo, y tratando de las rentas que los grandes tienen en Castilla, decía el uno:

—Yo querría ser duque del Infantazgo;

el otro, conde de Benavente; el otro, marqués del Gasto; el otro, arzobispo de Toledo. Hubo uno de ellos que dijo:

—Yo querría ser melón.

Preguntado por qué, dijo:

—Porque me oliésedes en el rabo.

Cuento 63

Una moza aldeana llevaba delante de sí una burra, que, por ir a su mismo lugar, do tenía un pollino, caminaba

---

«Si los delfines mueren de amores,
¡triste de mí!, ¿qué harán los hombres?»

(Dámaso Alonso y José Manuel Blecua, *Antología de la poesía española. Poesía de tipo tradicional*, núm. 136. Sobre esta canción y su popularidad, véase Margit Frenk Alatorre, *Estudios sobre lírica antigua*, Castalia, Madrid, 1978, págs. 238-239.)

Una breve parodia de la misma canción aparece en la comedia de Lope *Amar, servir y esperar*, I, Acad. N., III, pág. 220b.

Cuento núm. 62. Cuento procedente de Poggio, *Facetiae*, núm. 183. Timoneda ha concretado en las rentas de los grandes de Castilla los bienes que deseaban los conversantes florentinos de la facecia latina.

Figura en la *Floresta española* de Melchor de Santa Cruz, II, VI, 11, pág. 81.

Cuento núm. 63. Cuentecillo tradicional que también refieren Tirso de Molina, *La elección por la virtud*, I, O. C., I, págs. 194b-195b, y

más que la moza. Encontrándose con un cortesano, díjole:

—Hermana, ¿de dónde bueno sois?

Respondió ella:

—Señor, de Getafe.

—Decidme, ¿conocéis en ese lugar la hija de Lope Hernández?

Dijo ella:

—Muy bien la conozco.

—Pues hacedme tan señalado placer, que, de mi parte, le llevéis un beso.

Respondió el aldeana:

—Señor, délo a mi burra, porque llegará antes que yo.

Cuento 64

Un villano iba caballero en un rocín muy largo y flaco. En el camino, encontrándose con un caballero, díjole, por burlarse con él:

—Hermano, ¿a qué precio vendéis la vara [76] del rocín?

Respondió de presto el villano, alzando la cola de su rocín:

—Señor, entrad en la botica [77], y decíroslo han.

Gonzalo Correas, *Vocabulario de refranes*, pág. 309a (textos en *Cuentecillos*, págs. 168-170).

Cuento núm. 64. Dos facecias de L. Domenichi, *Facezie, motti e burle*, lib. I, f. 4v.°, y lib. VI, f. 169r.°, protagonizadas por un sienés y un florentino, respectivamente, son la fuente de este cuento. Una facecia idéntica aparecía ya, no obstante, en Bernardino Tomitano, *Quattro libri della lingua toscana*, f. 295r.°. Posteriormente la recogió Gerardo Tuningio, *Apophthegmata italica*, pág. 81.

Es cuentecillo que reproducen Melchor de Santa Cruz, *Floresta española*, X, 4, pág. 256, y Alonso López Pinciano, *Filosofía antigua poética*, III, pág. 56.

---

[76] *Vara:* «La medida para medir paños, sedas, lienzos y otras cosas que tengan trato o longitud» (*Cov.*).

[77] *Botica:* «En germanía significa también la tienda del mercero» (*Aut.*).

Cuento 65

Un caminante entró en una viña por comer uvas. Están-
dolas comiendo vino la guarda [78], y pidióle prenda [79]. Respondió el caminante:

—Hermano, yo no soy entrado aquí para comer, sino
para cagar.

Dijo la guarda:

—Pues mostrad dónde habéis cagado.

Cansados de ir los dos por la viña, encontraron con un
déposito [80] de buey. Dijo el caminante:

—¡Ah!, veis aquí donde cagué.

Respondió la guarda:

—No es verdad, porque esa mierda es de buey.

Dijo el caminante:

—¡Fuerte cosa es la vuestra! Si quiero cagar mierda de
buey, ¿vedármelo heis vos?

Cuento 66

Un colegiano [81] del colegio del Arzobispo de Sevilla estando comiendo a la mesa, y el repartidor, repartiendo sus
raciones a cada uno, descuidóse de dar carne al dicho colegiano. Él, no sabiendo de qué modo pedirla, vido que
un gato le estaba maullando delante. Él entonces dijo a
voces bien altas, que el mismo repartidor lo oyese:

Cuento núm. 66. Cuentecillo tradicional que reproducen Gonzalo
Correas, *Vocabulario de refranes*, pág. 32b, y Calderón, *El pintor de su
deshonra*, III, BAE, XIV, pág. 85b (textos en *Cuentecillos*, páginas. 235-236).

---

[78]   *Guarda:* «El que tiene a su cuenta alguna cosa y está obligado a
mirar por ella, como la guarda de las viñas, guarda del monte» *(Cov.).*

[79]   *Prenda:* «Lo que se toma al que es prendado» *(Cov.). Prendar:*
«Sacar prenda al que debe alguna cosa o al que ha hecho algún daño»
(Cov.).

[80]   *Depósito:* Excremento.

[81]   *Colegiano:* Colegial.

—¿Qué diablos me estás moliendo [82]? Aún no me han dado la carne, ¿y ya me pides los huesos?

Cuento 67

En un banquete que tenía hecho un caballero a ciertos gentileshombres, servía un paje a la mesa, muy goloso. Y, como traían al principio de la comida unos pedazos de longaniza a la mesa del señor, de presto se puso un pedazo en el escarcela [83]. Venido delante de su señor, y visto cómo le asomaba la longaniza por la bolsa, díjole al paje:

—Di, paje, ¿qué moneda corre?

Respondió, viendo que era descubierto:

—Señor, longanizas.

Cuento 68

Un tejedor de terciopelo, presumiendo de muy hidalgo, dejó de seguir su oficio, diciendo que había hallado que era un caballero; y así jamás se partía de entre caballeros. Vino una vez a hallarse en casa de una señora que se hacía

---

Cuento núm. 67. Cuento que reproduce Melchor de Santa Cruz, *Floresta española*, II, VI, 12, pág. 81.

Cuento núm. 68. La fuente de este cuento es *El Cortesano* de Baltasar de Castiglione, traducción de Boscán, lib. II, cap. 6, pág. 245 —alusión a la anécdota en lib. II, cap. 7, págs. 263-264—. Timoneda ha cambiado un poco las circunstancias del argumento, así como a los protagonistas, que en Castiglione eran Alonso Carrillo y la marquesa de Moya.

Con protagonistas innominados aparecía también la anécdota en L. Domenichi, *Facezie, motti e burle*, pero en el libro séptimo, añadido en la edición de Florencia, 1564, pág. 373.

Es cuento que reproducen Cristóbal de Villalón, *El Scholástico*, página 223, y Melchor de Santa Cruz, *Floresta española*, XI, III, 2, página 274.

---

[82] *Moler:* «Metafóricamente vale molestar gravemente y con impertinencia» *(Aut.).*

[83] *Escarcela:* «Modernamente se toma por la bolsa o bolsillo asido al cinto» *(Aut.).*

JOAN TIMONEDA

llamar doña Juana, la cual secretamente hacía placer a sus amigos; y, como éste le pidiese celos de un gentilhombre, haciendo mil fieros [84] que lo había de matar, por tratarle de hombre de baja mano [85], le dijo ella:

—Señor, si le matáis, no escaparéis de ahorcado.

Respondió él:

—Antes sí, con pedirme vuesa merced.

Cuento 69

Tenía un aldeano una mujer hermosa, la cual se revolvía con un criado de casa. Y, como el marido lo sospechase, ella, por deshacerle la sospecha, díjole un día:

—Señor marido, habéis de saber que, por haberme requerido de amores mi criado, y porque vos veáis si es así,

---

Cuento núm. 69. Cuentecillo tradicional que reproduce un romance de finales del siglo XVI y el *Vocabulario de refranes* de Gonzalo Correas, páginas 294a y 509b-510a (textos en *Cuentecillos,* págs. 220-228).

Lo escenificó Timoneda en su *Comedia Cornelia,* Bibliófilos Españoles, XXI, págs. 382-385. En él se inspira el entremés de *El amigo verdadero* (véase Henri Recoules, «Cervantes y Timoneda y los entremeses del siglo XVII», en *BBMP,* XLVIII, 1972, págs. 246-247 y 280-285).

Idéntico asunto desarrolla Giovanni Boccaccio en la novela VII, 7, del *Decamerón.*

«Sobre cuernos penitencia» es refrán que recogen varios textos medievales (véase E. S. O'Kane, *op. cit.,* pág. 94b), los *Adagia* de Fernando de Arce, quincuagena 4ª, núm. 39; el *Libro de refranes* de Pedro Vallés, [H₈]v.°; los *Refranes o proverbios* de Hernán Núñez, f. 121v.°b; el *Teatro universal de proverbios* de Sebastián de Horozco, núm. 2864, y el *Vocabulario de refranes* de Gonzalo Correas, pág. 294a.

«Cornudo y apaleado» tiene menos aparición: Vallés, [B₆]v.°; Horozco, núm. 627, y Correas, págs. 294a y 509b-510a.

Conjuntamente, como en Timoneda, se reseñan los dos refranes en las *Cartas en refranes* de Blasco de Garay, carta I, pág. 120: «Como el cornudo y apaleado, sobre cuernos, penitencia.»

---

[84]   *Fieros:* «Bravatas y baladronadas con que alguno intenta aterrar a otro» *(Aut.).*

[85]   *Hombre de baja mano:* Infame. Cfr. *Bajamanero:* «Voz de la germanía, que significa el ladrón que entra en una tienda, y, señalando con la una mano una cosa, hurta con la otra lo que tiene junto a sí» *(Aut.).*

le he prometido esta noche de aguardarle junto de la puerta del corral. Por tanto conviene que os vistáis de mis vestidos, para aguardarle en el mismo lugar.

Dicho esto, fuese al criado, y, contado su negocio, díjole:

—Toma un palo, y, en venir que le veas vestido de mis vestidos dale con él, diciendo: «—¿Tan ligeramente me habéis de creer, perra traidora?, que esto no lo hacía sino por probarte.»

En fin, venidos al puesto, habiendo recebido los palos el cornudo, dijo a su criado:

—A no ser tú tan fiel como lo has mostrado, se pudiera decir por mí «cornudo y apaleado».

—Mas no —dijo el criado—, sino «sobre cuernos, penitencia».

Cuento 70

Paseándose por fuera de la ciudad una tarde dos pacíficos, honrados y buenos hombres, que iban en busca de sus mujeres, oyeron cantar un cuquillo; y dijo el uno de ellos:

—Por vos ha cantado el cuquillo, compadre [86].

—No, sino por vos —dijo el otro.

Vinieron en tanta contienda sobre esto, que fueron de-

Cuento núm. 70. Cuento que Timoneda pudo conocer por las *Facezie piacevoli, fabule e motti del Piovano Arlotto,* págs. 97-98, donde la contienda se establecía entre dos campesinos, que acuden, con numerosos presentes cada uno, al Piovano Arlotto como juez.

También es cuento folclórico (T 1861) que apuntan varios escritores del Siglo de Oro: Melchor de Santa Cruz, *Floresta española,* IV, I, 2, págs. 103-104; Alonso López Pinciano, *Filosofía antigua poética,* III, pág. 45; Sebastián de Covarrubias, *Tesoro de la lengua castellana,* págs. 289a y 376b-377a, y Gonzalo Correas, *Vocabulario de refranes,* págs. 479b-480a (textos reunidos en *Cuentecillos,* págs. 91-93), y que sigue viviendo en la tradición española (Asturias, Galicia, Cataluña) *(Cuentos folclóricos,* núm. 244).

---

[86]   *Compadre:* Véase nota 13 de BUEN AVISO Y PORTACUENTOS.

lante el juez, para que lo averiguase. Viendo el juez la locura de ellos, hízoles formar proceso; y, al cabo de haber gastado algunas blanquillas, sentenció diciendo:

—Habéis de saber, buenos hombres, que por mí ha cantado el cuquillo: andad con Dios.

Cuento 71

Estando en Salamanca muchos estudiantes en chacota, el uno de ellos tiróse un pedo callado, o de quistión [87], como suelen decir. Excusándose todos de lo hecho, dijo el más resabido [88]:

—Hulano [89] lo hizo: yo lo sé cierto, sin falta.

Respondió el acusado:

—Dice verdad, porque él ya tiene gustados mis pedos.

Cuento 72

Comiendo en una aldea un capellán un palomino asado, rogábale un caminante que le dejase comer con él, y que

---

Cuento núm. 72. Cuento folclórico (T 1804 B) que reproducen varios escritores del Siglo de Oro: Pedro de Mercado, *Diálogos de filosofía natural y moral,* ff. 103v.°-104r.°; Mateo Luján, *Guzmán de Alfarache, N. P.,* página 661a; Gonzalo Correas, *Vocabulario de refranes,* págs. 16b-17a (textos reunidos en *Cuentecillos,* págs. 94-96).

Conviene añadir dos alusiones: una en Juan Luis Vives, *Lingua latinae exercitatio (Dialogi), Triclinium,* pág. 130, y otra en Juan de Mal Lara, *Filosofía vulgar,* tomo III, pág. 119.

También pertenece el cuento a la tradición árabe (Fernando de la Granja, «Cuentos árabes en *El Sobremesa* de Timoneda», en *Al-Andalus,* XXXIV, 1969, págs. 384-388).

Timoneda pudo leerlo en L. Domenichi, *Facezie, motti e burle,* lib. II, f. 64r.°.

Debe confrontarse, además, con el refrán «Más querría estar al sabor que al olor», refrán que, con alguna variante, se encuentra en *La Celestina* y en la *Recopilación de refranes y adagios comunes y vulgares de España* de Sebastián de Horozco (véase E. S. O'Kane, *op. cit.,* pá-

---

[87] *Quistión:* Cuestión, pendencia.

[88] *Resabido:* Véase nota 210 de BUEN AVISO Y PORTACUENTOS.

[89] *Hulano:* Véase nota 97 de BUEN AVISO Y PORTACUENTOS.

pagaría su parte; y, no queriendo, el caminante comió su pan a secas, y después dijo:

—Habéis de saber, reverendo que, vos al sabor, y yo con el olor, entrambos habemos comido del palomino, aunque no queráis.

Respondió el capellán:

—Si eso es, vuestra parte quiero que paguéis del palomino.

El otro que no, y él que sí, pusieron por juez al sacristán del aldea, que estaba presente. El cual dijo al capellán que cuánto le había costado el palomino. Dijo que medio real. Mandó que sacase un cuartillo el caminante, y el mismo sacristán lo tomó, y, sonándole encima de la mesa, dijo:

—Reverendo, teneos por pagado del sonido, así como él del olor ha comido.

Dijo entonces el huésped:

—A buen capellán, mejor sacristán.

Cuento 73

Un ciego escondió cierta cantidad de dineros al pie de un árbol, en un campo que era de un labrador riquísimo.

gina 207b); en Pedro Vallés, *Libro de refranes*, [E₈] r.°; en Hernán Núñez, *Refranes o proverbios*, f. 7r.°a, y en Gonzalo Correas, *Vocabulario de refranes*, pág. 534a. En Sebastián de Horozco, *Teatro universal de proverbios*, núm. 1852, adopta la forma «Más vale estar al sabor que al olor».

Por lo que respecta al refrán «A buen capellán, mejor sacristán» conviene decir que más difundida debió de ser la versión «A mal capellán, mal (peor) sacristán», ya que así recogen el refrán los *Refranes famosísimos y provechosos glosados* (véase E. S. O'Kane, *op. cit.*, pág. 74b); el *Libro de refranes* de Pedro Vallés, [A₈]v.°; los *Refranes o proverbios* de Hernán Núñez, f. 7r.°a; el *Teatro universal de proverbios* de Sebastián de Horozco, número 250, y el *Vocabulario de refranes* de Gonzalo Correas, pág. 25b.

Cuento núm. 73. Cuento folclórico que reproducen varios escritores del Siglo de Oro: Ambrosio de Salazar, *Las clavellinas de recreación*, número 41, págs. 91-92; Juan de Arguijo, *Cuentos*, núm. 563; Baltasar

Un día, yendo a visitarlos [90], hallólos menos. Imaginando que el labrador los hubiese tomado, fuese a él mismo, y díjole:

—Señor, como me parecéis hombre de bien querría que me diésedes un consejo: y es que yo tengo cierta cantidad de dineros escondida en un lugar bien seguro, agora tengo otros tantos, y no sé si los esconda donde tengo los otros, o en otra parte.

Respondió el labrador:

—En verdad que yo no mudaría lugar, si tan seguro es ése como vos decís.

—Así lo pienso hacer —dijo el ciego.

Despedidos los dos, el labrador, prestamente, tornó la cantidad que le había tomado en el mismo lugar, por coger los otros. Vuelto el ciego, cogió sus dineros, que ya perdidos tenía, muy alegre, diciendo:

Gracián, *Agudeza y Arte de ingenio*, XXXVIII, II, pág. 97 (textos reunidos en *Cuentecillos*, págs. 106-108).

Siguió este relato unos derroteros complicados. La versión de Ambrosio de Salazar parece proceder de un texto de L. Guicciardini (véase Fernando de la Granja, «Nunca más perro al molino», en *Al Andalus*, XXXIX, 1974, págs. 431-442). Pero ya conocía el cuento Raimundo Lulio (Menéndez Pelayo, *Orígenes de la novela*, I, págs. 135-136, y Fernando de la Granja, *op. cit.*).

Continúa viviendo en la tradición española y americana *(Cuentos folklóricos*, núm. 199) y pertenece al folclore árabe (Fernando de la Granja, *op. cit.*)

Timoneda pudo conocerlo por vía oral o tomarlo del *Libro de los dichos y hechos del rey don Alonso* de Antonio Beccadelli (el Panormitano), traducción de Juan de Molina, lib. III, f. XXXXIr.°-v.°, donde la historia se refiere como contada por el rey Alfonso V de Nápoles de un ciego de Agrigento, que había ido a veces de caza con el rey. Este ciego es, igualmente, el protagonista en la versión de Baptista Fulgoso, *De dictis factisque memorabilibus*, VII, 3, ff. 223v.°-224r.°.

El refrán «Nunca más perro al molino» se lee en *La Celestina* (véase E. S. O'Kane, *op. cit.*, pág. 188b); por dos veces, en las *Cartas en refranes* de Blasco de Garay, carta III, pág. 157, y carta IV, pág. 167; en el *Libro de refranes* de Pedro Vallés, [F₇]r.°; en el *Teatro universal de proverbios* de Sebastián de Horozco, núm. 2192, y en el *Vocabulario de refranes* de Gonzalo Correas, pág. 266b.

---

[90]   *Visitar:* Reconocer.

—Nunca más perro al molino: de aquésta quedo escarmentado.

Cuento 74

Cierto mercader púsose en la faltriquera [91] cincuenta reales, para darlos a uno, que los debía. Acaso estando arrodillado oyendo misa, sintió cómo un ladrón le hurgaba la faltriquera, por do le dijo:

—Tate, hermano, no de aquésos, que están contados.

Cuento 75

Com naturalment es de pratica que, quant porten a soterrar algú, demanar als capellans qui es lo que porten, per saber si es home o dona, o persona coneguda, demaní un dia a un capellà, portant una dona a soterrar:

—Diga, reverent, ¿qui és lo cos?

Respongué:

—No és cos, sinó faldetes.

TRADUCCIÓN:

Como suele ser costumbre, cuando llevan a enterrar a alguno, preguntar a los curas a quién es al que llevan, para saber si es hombre o mujer, o persona conocida, pregunté un día a un cura que llevaba a enterrar a una mujer:

—Diga, reverendo, ¿quién es el cuerpo?

Respondió:

—No es cuerpo [92], sino faldillas.

---

[91]   *Faltriquera:* Véase nota 233 de BUEN AVISO Y PORTACUENTOS.

[92]   No está demasiado claro el sentido de la respuesta del cura. Es posible que el juego de palabras que se establece con él término *cos*, «cuerpo», se sitúe entre las significaciones de «cadáver» —evidente—, y de «la parte del vestido que cubre el tronco» (véase Alcover, *s. v. cos*), con lo cual se trataría de un juego de palabras semejante al del cuento número 14 de Joan Aragonés.

Cuento 76

Arrodillándose un alguacil real, llamado Valdovinos, delante un presidente [93] de Granada, para que le firmase cierta provisión [94], no pensándolo hacer, tiróse un pedo a medio tono, de lo cual hubo sentimiento un caballero que estaba en el mesmo aposento, apasionado [95] del mesmo mal, y dijo:

—Sospirastes, Valdovinos,
las cosas que yo más quería.

Oyendo la gracia, dijo el presidente:
—Yo nunca he visto hasta agora que ningún alguacil tenga poder de soltar, sino de prender.
Respondió el alguacil:
—Pues sepa vuestra señoría que necesidad no tiene ley.

Cuento 77

Pedía un labrador a otro, amigo suyo, dentro en su misma casa, que le prestase un asno que tenía, para ir con él

Cuento núm. 76. El mismo cuentecillo refiere, en breve composición poética, Juan Fernández de Heredia, Obras, Clásicos Castellanos, número 139, pág. 210. Los versos que aplica maliciosamente el caballero proceden del conocido romance «Tan clara hacía la luna».
«La necesidad no tiene ley» es proverbio que aparece también en las Cartas en refranes de Blasco de Garay, carta IV, pág. 162, y que constituye la traducción castellana del aforismo jurídico latino Necessitas non habet legem. Sebastián de Horozco, Teatro universal de proverbios, núm. 1487, lo recoge en la forma «La necesidad carece de ley».
Cuento núm. 77. Cuento folclórico que reproducen varios escritores del Siglo de Oro: Julián de Medrano, Silva curiosa, págs. 157-158; Melchor de Santa Cruz, Floresta española, VII, I, 24, pág. 190; Gaspar Lucas

[93] Presidente: Véase nota 234 de BUEN AVISO Y PORTACUENTOS.
[94] Provisión: «Se llama asímismo el despacho y mandamiento, que, en nombre del rey, expiden algunos tribunales, especialmente los consejos y chancillerías, para que se ejecute lo que por ellos se ordena y manda» (Aut.).
[95] Apasionado: «El congojado y afligido» (Cov.).

a la ciudad. El otro excusándose que no lo tenía, que ya lo había prestado a otro, sucedió que en este medio comenzó de roznar [96] el asno en el establo. Entonces dijo el que se lo demandaba:

—Decid, compadre [97], ¿no es aquel que rozna vuestro asno?

Respondió el dueño:

—Recia cosa es la vuestra, compadre. ¿Qué?, ¿más crédito tiene el asno que yo?

—Así me parece.

—Pues entrad por él.

Cuento 78

Estando en conversación un rey de Aragón una noche con muchos grandes señores, y tratando de sueños, dijo un gentilhombre de su casa:

Hidalgo, *Diálogos de apacible entretenimiento*, I, II, pág. 285b; Quiñones de Benavente, *Entremés de los pareceres*, COTARELO, núm. 294, pág. 698a (textos reunidos en *Cuentecillos*, págs. 352-355), y que sigue viviendo en la tradición de lengua española *(Cuentos folklóricos*, núm. 204).

Cuento núm. 78. Impersonalizando en «un rey de Aragón» a Alfonso V de Nápoles, desdoblando en dos criados los dos presuntos sueños de un mismo criado, y variando el contenido del segundo sueño, Timoneda ha tomado este cuento de *El Cortesano* de Baltasar de Castiglione, traducción de Boscán, lib. II, cap. 6, págs. 250-251 —Castiglione, sin embargo, lo imputaba, por error, a Alfonso I—.

Giovanni Pontano, *De sermone*, V, 2, 44, refería ya un relato —que constituye propiamente la segunda parte del de *El Cortesano*—, en el que uno dice al rey Alfonso V haber soñado que recibía de él un saquillo lleno de monedas de oro (en el sueño de *El Cortesano* será «muchos ducados»), contestándole el rey que el cristiano no debe creer en sueños. Esta versión pontaniana es reproducida fielmente por Conrado Lycosthenes, *Apophthegmata*, pág. 247b.

Con una segunda parte sólo de sueño y negativa, y Alonso de Aguilar como protagonista, figura el cuento en Melchor de Santa Cruz, *Floresta española*, II, II, 18, pág. 50.

---

[96] *Roznar:* «Vale también rebuznar» *(Aut.).*
[97] *Compadre:* Véase nota 13 de BUEN AVISO Y PORTACUENTOS.

—Pues sepa vuesa Alteza que esta noche pasada soñé que de su mano era armado caballero, y me proveyó de muy buenas armas y caballo.

A esto le respondió el rey:

—Pues así es, razón será que se cumpla tu sueño.

Y así le armó caballero, y le dio largamente de comer. Oyendo esta grandeza otro criado, hijo de un caballero muy rico, deseoso de cierta villa, aguardó que el rey estuviese en semejante conversación que la pasada, y, viendo su lance [98], le dijo:

—Sepa vuesa Alteza que soñé la otra noche que me hacía merced de tal villa.

Conociendo el rey la trampa y codicia de este su criado, respondió:

—Andad de ahí, no creáis en sueños.

_____

«No creáis en sueños» es frase proverbial que se encuentra en los _Refranes famosísimos y provechosos glosados_ (véase E. S. O'Kane, _op. cit._, pág. 216b), y en el _Libro de refranes_ de Pedro Vallés, [F₆]r.°, y que Gonzalo Correas, _Vocabulario de refranes_, pág. 257b, completa con «ni en alusiones ni agüeros».

En el _Teatro universal de proverbios_ de Sebastián de Horozco, núm. 2113, aparece el proverbio «No creáis en sueños, porque no son verdaderos», con la glosa siguiente:

«Una dama me contaba
que le había acontecido,
cómo una noche soñaba
que un caballero le daba
un muy costoso vestido.
Él, viniéndolo a saber,
como no tenía dineros,
fue sagaz en responder:
"—En sueños no es de creer,
porque no son verdaderos."»

Confróntese también el refrán «De los sueños, cree los menos», que se halla entre los refranes judeo-españoles (véase E. S. O'Kane, _op. cit._, página 216b), y que incluye Hernán Núñez, _Refranes o proverbios_, f. 31 r.°b, quien añade la glosa: «Mejor dijera: no creas malos, ni buenos.»

_____

[98] _Lance:_ «Vale también ocasión, tiempo y coyuntura, para hacer o decir alguna cosa» _(Aut)._

Cuento 79

Una cortesana, siendo poco su caudal, y habiendo empleado todo su ajuar en guadameciles [99] para un pequeño aposento que tenía, vino un galán a visitarla, y ella le dijo:

—¿Qué le parece, señor, de mi pobre posada?

Respondió:

—Paréceme que es como el lechón, que lo mejor que tiene son los cueros.

Cuento 80

Viviendo con un gran señor muchos criados, dábales tan poco salario, y tan mal pagado, que pasaban con harto trabajo. Dejado esto aparte, tenía otro [100], que, si acaso en su casa se le moría alguno de sus criados, gastaba tan largo en su enterramiento, que era cosa de extremo. Visto esto por un truhán suyo, dijo:

—Con este señor mejor partido es morir que vivir.

Cuento 81

Estaban en Corte juntos en una posada, por ciertos negocios, un poeta y un músico, a los cuales servía un solo criado. Y, estando los dos una noche platicando, dijo el uno al otro:

—¿Qué os parece, señor, en qué reputación tienen estos

Cuento núm. 79. Compárese Luis de Pinedo, _Liber facetiarum_, f. 30v.º: «Cueros. A una casa compuesta de guademecís dijo que fuera buena para lechón.»

Cuento núm. 81. Un cuento muy parecido se lee en la _Floresta española_ de Melchor de Santa Cruz, II, VI, 15, pág. 82. Al mismo alude Escarpín en _Los dos amantes del cielo_, II, (Calderón, _Comedias_, BAE, XII, pág. 248a).

[99] _Guadamecil o guadamacil:_ Véase nota 176 de BUEN AVISO Y PORTACUENTOS.

[100] _Otro:_ Otra cosa.

cortesanos a los poetas y músicos, que nos llaman hombres sin seso?

—Para eso, buen remedio —dijo el otro—. Ven acá, mozo: mañana traerás un par de cabezuelas de cabrito; toma, ves ahí los dineros.

El mozo, comprado que hubo por la mañana las cabezuelas, y puestas en el punto para comer, viendo que sus amos se tardaban de venir, aquejado de la hambre, sacó los sesos, y, comidos, atólas como se estaban. Puestos sus amos a la mesa, y ellas delante vacías, dijéronle así:

—Ven acá, mozo, ¿qué es esto?

—Señores, músico y poeta, que carecen de sesos.

Cuento 82

Un caballero en Sevilla tenía amores y acostamiento [101] de un cortesana, la cual se revolvía con un mercader indiano [102] muy mulato. Estando un día en conversación entre muchos caballeros, dijo éste, hablando de las cortesanas de Sevilla:

—Hulana [103] harto es hermosa, si no fuese un poco sucia. Y Hulana des[a]graciada. Y Hulana soberbia. Y Hulana interesada.

Hubo uno de ellos que le dijo:

—La vuestra, señor, me parece que, por ser honesta, se viste de negro.

Cuento 83

Allegando dos vizcaínos que venían de camino a una venta, preguntaron si había algo que cenar. Dijo la hués-

---

Cuento núm. 83. Sale el mismo cuento en la *Floresta española* de Melchor de Santa Cruz, V, I, 13, pág. 134, y en la *Filosofía antigua poética* de Alonso López Pinciano, III, pág. 61.

---

[101] *Tener acostamiento:* Acostarse.
[102] *Indiano:* «Se toma por el sujeto que ha estado en las Indias, y después vuelve a España» *(Aut.).*
[103] *Hulana:* Véase nota 97 de BUEN AVISO Y PORTACUENTOS.

peda que no tenía sino un panal de miel. Respondió el
uno de ellos:

—No entiendes, señora, qué cosa es panal de miel.

Dijo el otro su compañero, presumiendo de muy agudo:
—Deja estar, señora, este mi compañero, que es asno;
pon un tajada [a] asar.

Cuento 84

Un caballero dio a un criado suyo, vizcaíno, unas
turmas [104] de carnero, para que se las guisase; y, a causa
de ser muy ignorante, diole en un papel por escrito cómo
las había de guisar. El vizcaíno púsolas sobre un poyo;
vino un gato, llevóse las turmas. A la fin, no pudiendo
haberlas, teniendo el papel en las manos, dijo:

—¡Ah, gato, gato!, poco te aprovechas llevarlas, que sin
éste no sabrás guisarlas.

Cuento 85

Entró en los estrados [105] con su espada un caballero en
la chancillería [106] de Granada, por solicitar cierto pleito
que tenía. Y, como en semejante lugar no se puede entrar
con espada, llegóse a él un portero, que tenía un Dios os
salve [107] por la cara, a tomársela. El cual le rogó que se la
dejase. No aprovechando nada, quitósela él mismo de la
cinta, y, dándosela, dijo:

Cuento núm. 84. Es cuento folclórico (T 1689 B).
Cuento núm. 85. Cuentecillo que reproducen Melchor de Santa
Cruz, *Floresta española*, X, 6, pág. 256, y Luis Zapata, *Miscelánea*, nú-
mero 195.

---

[104] *Turma:* «Lo mismo que testículo o criadilla» *(Aut.).*
[105] *Estrados:* «Las salas donde los consejeros y oidores del rey oyen
las causas» *(Cov.).*
[106] *Chancillería:* «La audiencia real, como es la de Valladolid, Granada y las demás» *(Cov.).*
[107] *Dios os salve:* Cuchillada.

—Tomad, hermano, pero yo os prometo, a fe de quien soy, que no tiene ella la culpa.

Cuento 86

Paseábase un galán delante unas damas, que todas eran morenas, a las cuales llegó un pobre a pedir limosna. Y ellas enviáronle al galán, el cual le dio medio cuarto. Llamándole ellas al pobre, y sabiendo la dádiva que le había dado, corríanle [108], diciendo:

—Pues, ¿cómo, señor, no había un cuarto en poder de vuesa merced?

Respondióles él:

—No se maravillen vuesas mercedes que en mí no haya un cuarto, pues en vosotras todas no hay una blanca.

Cuento 87

Paseábase un músico, tiple y capado, por delante de un ropavejero [109], famosísimo judío, viejo y retajado [110]; el cual, por burlarse del músico, le dijo:

—Señor, ¿cómo le va a su gavilán sin cascabeles [111]?

Respondió el capado:

Cuento núm. 86. Equívoco que reproduce Melchor de Santa Cruz, *Floresta española,* XI, IV, 6, pág. 281, y que recuerda Francisco de Quevedo, *Poesía,* núm. 698.
El mismo equívoco, en versión italiana, figura en Gerardo Tuningio, *Apophthegmata italica,* pág. 129.
Cuento núm. 87. Cuentecillo que reproducen Melchor de Santa Cruz, *Floresta española,* III, III, 2, pág. 93, y Sebastián de Covarrubias, *Tesoro de la lengua castellana,* pág. 297a.

---

[108] *Correrse:* Véase nota 27.
[109] *Ropavejero:* Véase nota 244 de BUEN AVISO Y PORTACUENTOS.
[110] *Retajado:* «El que se ha circuncidado» *(Cov.).*
[111] *Cascabeles:* «A los halcones les ponen cascabeles, para poder rastrearlos por ellos, cuando el cazador los pierde» *(Cov).*

—Así como al de vuesa merced sin capirote [112].

Cuento 88

Preguntó un trapacero [113] al autor un día:
—Decid, Fulano, ¿hay algunas coplas nuevas para vender?
Diciéndole que no, tornó a replicar:
—Pues, ¿qué?, ¿no hay alguna mentira que podamos decir por Valencia?
Respondió:
—Sí, señor: decid que sois hombre de bien.

Cuento 89

Tenía un mercader un hijo muy pródigo, que robaba la casa de su padre cuanto podía. Dándole un día reprehensión [114] sobre ello, le dijo:
—Hijo, así como vendes mal vendido a otros lo que me quitas de casa, véndemelo a mí.
Respondió el hijo:
—Pues, ¡sus!, padre, haced cuenta que os he hurtado ya aquellos cántaros de cobre: ¿qué me daréis por ellos?

Cuento núm. 88. Arrogándose el protagonismo de un campesino que venía de Florencia, al que interroga M. Antonio de Cercina, Timoneda ha tomado el cuento de L. Domenichi, *Facezie, motti e burle*, lib. III, f. 69r.°. Aparece también, con el mismo protagonista, en *Facezie e motti dei secoli XV e XVI*, núm. 149, y en los *Apophthegmata italica* de Gerardo Tuningio, pág. 43.
Cuento núm. 89. Véase, sobre este cuento, Fernando de la Granja, «Cuentos árabes en *El Sobremesa* de Timoneda», en *Al-Andalus*, XXXIV, 1969, págs. 388-394.

---

[112] *Capirote:* «Cubierta hecha de cuero y ajustada, que se pone al halcón y otras aves de cetrería en la cabeza, y les tapa los ojos para que se estén quietas en la mano o en la alcándara, el cual se le quitan cuando ha de volar» *(Aut.).*
[113] *Trapacero:* «Lo mismo que trapacista» *(Aut.). Trapacista:* «Embustero, engañador en las compras, ventas o cambios» *(Aut.).*
[114] *Dar reprehensión:* Reprehender.

El padre dijo:

—Ves aquí cinco reales por ellos.

Respondió el hijo:

—Dádmelos acá; pero yo os prometo que de aquí adelante no os venderé cosa, porque compráis muy barato.

Cuento 90

Estándose vistiendo un mancebo ladrón que acababan de azotar, y dándose priesa por ahorrar la grita [115] de los mochachos, dijo uno de los hombres que lo estaban mirando al otro:

—¿Habéis visto?, ¡y qué priesa se da en vestirse!

Respondió el otro:

—Mirad qué tanta, que se ha vestido primero el jubón [116] que la camisa [117].

Cuento 91

Caminando un caminante por su camino, encontró con dos hidalgos que llevaban dos perdices. Hízose con ellos, y, en llegando a la posada, mucho como servicial, aderezó las perdices, y, cortadas por sus manos, las puso en la mesa. Viendo su poquedad [118] de ellos, en que no habían hecho proveer de otra cosa más que de las perdices, usó de esta maña con ellos: y fue que, haciéndole asentar para

---

Cuento núm. 90. Cuentecillo que recuerdan varios escritores del Siglo de Oro: Mateo Alemán, *Guzmán de Alfarache*, I, I, 5, pág. 175, y I, III, 5, págs. 393-394; Lope de Vega, *El castigo del discreto*, II, *Acad. N.*, IV, pág. 204b; Francico de Quevedo, *Poesías*, núm. 855, pág. 1224; Sebastián de Covarrubias, *Tesoro de la lengua castellana*, pág. 279a (textos reunidos en *Cuentecillos*, págs. 113-115).

---

[115] *Grita:* Griterío, abucheo.

[116] *Jubón:* Véase nota 142 de BUEN AVISO Y PORTACUENTOS.

[117] *Camisa:* «La vestidura de lienzo que el hombre trae debajo de la demás ropa, a raíz de las carnes» *(Cov.).*

[118] *Poquedad:* «vale miseria» *(Cov.).*

que comiese con ellos, sacóse un cuchillo y con la punta
de él tomaba el pedazo de la perdiz. Dijéronle:
—Comed con la mano, y dejaos de cerimonias.
Respondió el caminante:
—Haríalo yo, señores, si lo sufriese mi oficio.
Dijéronle:
—¿Cómo? ¿Qué oficio tenéis?
Respondió:
—Verdugo, señores.
—¡Oh, pese a tal! —dijeron ellos—, ¡cómete tú solo las
perdices!

Cuento 92

Un gentilhombre, harto rico, yendo perdido por los
amores de una cortesana, y habiéndole escrito infinitas
cartas, y a ninguna le hubiese respondido, suplicóle que,
por uso de buena crianza, le respondiese alguna cosa. La
cual le escribió de esta manera:
—Señor, si tanto me queréis como decís, suplícoos que
al presente me prestéis cincuenta ducados, que tengo mucha necesidad de ellos.
Diole por respuesta:
—Señora, a eso que decís de dar, dardada [119], que amor
con amor se paga.

Cuento 93

Había prometido un señor de salva [120] una capa riquísima a un truhán, la cual había sacado en un recibimiento
del rey. Ya que hubieron dejado el rey en su posada, pa-

Cuento núm. 92. El refrán «Amor con amor se paga» lo recoge el
Vocabulario de refranes de Gonzalo Correas, pág. 77a.

---

[119] *Dardada:* Herida de dardo. Se trata de un juego de palabras: «dardada» / «dar, dada».
[120] *Señor de salva:* Véase nota 12 de BUEN AVISO Y PORTACUENTOS.

rándose el dicho señor a tener palacio [121] con unas damas que estaban en una ventana, comenzó de lloviznar. El truhán, congojado, dijo:

—Aguije, señor, que llueve, y se moja.

Respondióle el señor:

—¿Y qué se te da a ti que me moje?

—Dáseme, porque se moja y gasta mi ropa.

FIN DE LA PRIMERA PARTE DEL «SOBREMESA Y ALIVIO DE CAMINANTES»

---

[121] *Tener palacio:* Conversar.

SEGUNDA PARTE DEL «SOBREMESA
Y ALIVIO DE CAMINANTES».
EN EL CUAL SE CONTIENEN
ELEGANTÍSIMOS DICHOS
Y SABIAS RESPUESTAS
Y EJEMPLOS AGUTÍSIMOS PARA
SABERLOS CONTAR EN ESTA HUMANA
VIDA

ESCRIBE EL AUTOR POR SATISFACCIÓN
DE LO PROMETIDO Y ENMIENDA DEL «SOBREMESA»

ESTANZA

Aquí se cumple, amigos, la promesa
que en el *Sarao de amor* fui prometiendo;
aquí se acaba y da fin *Sobremesa,*
sus cuentos en dos libros repartiendo;
aquí se humilla, y lleva por empresa
a toda corrección irse poniendo;
aquí pide y suplica a los lectores
que enmienden y perdonen sus errores.

COMIENZA EL SEGUNDO LIBRO LLAMADO «SOBREMESA Y ALIVIO DE CAMINANTES»

Cuento 94 (cuento 1)

Haciendo un capitán cierta compañía de soldados, vino a recoger tantos, que, haciendo reseña [122] de todos, despidió muchos. Viniendo a despedir un mancebo sin barbas, díjole el mancebo:

—Mi señor capitán, ¿qué es la causa que me despide vuesa merced?

Viéndole tan bien criado, fuele forzado responder, diciendo así:

—Mirad, amigo, no os despido sino porque no tenéis barba, que el soldado parece mal sin ella.

Dijo el mancebo:

—Y, ¿qué tanta barba es menester que tenga, señor?

Respondió el capitán:

—Cuanta se pueda tener un peine en ella.

Cuento núm. 94(1). El mismo cuento aparece en las *Glosas al sermón de Aljubarrota,* pág. 161b, y en dos comedias: Lope de Vega, *La fuerza lastimosa,* III, BAE, 246, pág. 75b, y Lope de Vega[¿], *Guerras de amor y de honor,* I-II, *Acad. N.,* VI, págs 145b-146b y 150b.

---

[122] *Reseña:* Véase nota 18 de BUEN AVISO Y PORTACUENTOS.

Entonces el mancebo sacó un peine y metióselo por la carne en la barba [123]. Maravillado el capitán de caso tan hazañoso, no solamente lo recibió, mas hízolo su sargento.

Cuento 95 (cuento 2)

De Antígono, rey, escribe Séneca, en el tercero libro *De la ira*, que, como los mayores [124] de su reino estuviesen juntos y hablasen mal de él, y él los oyese estando detrás de un paramento [125], les dijo:

—Hablad quedo, caballeros, que el rey os oye.

Cuento 96 (cuento 3)

Léese de Vespasiano que, como un caballero suyo le dijese palabras pesadas [126] y de reprehensión, por ciertos

---

Cuento núm. 95 (2). Cuento de fuente erudita: Séneca, *De ira*, III, 22, 2; Plutarco, *Apotegmas*, Reyes, Antígono, 10, y *De la represión de la ira*, 9, y Erasmo, *Apophthegmata*, IV, *Antigonus,*10, pág. 271 *(Fuentes clásicas*, págs. 61-62 y 128), traducción de Támara, f. 251r.º-v.º.

La versión seguida por Timoneda es, en este caso, la de Séneca, que él mismo apunta. En las *Flores de L. Anneo Séneca* de Juan Martín Cordero, en la selección que el traductor hace del *De ira*, no se reseña el ejemplo de Antígono. Timoneda debía de conocerlo, pues, por otro camino, probablemente por algún florilegio.

Es, de otro lado, un relato de amplia difusión: *Libro de los ejemplos*, núm. 341; L. Domicio Brusoni, *Facetiarum exemplorumque libri*, I, 16, pág. 45; Pero Mexía, *Silva de varia lección*, parte 2.ª, cap. 7, tomo I, página 306; L. Domenichi, *Facezie, motti e burle*, lib. II, f. 31r.º; Conrado Lycosthenes, *Apophthegmata*, pág. 468b; L. Guicciardini, *L'Hore di ricreatione*, págs. 145-146, traducción de Vicente Millis Godínez, ff. 108v.º-109r.º; Ambrosio de Salazar, *Las clavellinas de recreación*, número 166, págs. 289-290.

Cuento núm. 96(3). Cuento de fuente erudita, que presenta una doble

---

[123] *Barba*: «Se toma también por toda aquella parte inferior que cae debajo del labio y boca» *(Aut.)*.

[124] *Mayor*: «Se llama también el superior o jefe de alguna comunidad o cuerpo» *(Aut.)*.

[125] *Paramento*: «Se toma también por cualquier paño con que se cubre alguna cosa» *(Aut.)*.

[126] *Pesado*: «Vale asimismo ofensivo, sensible» *(Aut.)*.

descuidos en que había caído, le respondió muy mansamente y con gran paciencia, diciendo:
—Tus palabras son dignas de risa, y mis yerros de enmienda.

Cuento 97 (cuento 4)

Venido un embajador de Venecia a la corte del Gran
Turco, y dándole audiencia a él juntamente con otros mu-

---

versión: de un lado, una versión clasico-renacentista, y, de otro, una
versión medieval. Timoneda reproduce esta segunda.

El apotegma clásico parte de Suetonio, *Vitae Caesarum, Vespasianus*,
16, y en él un vaquero echa en cara a Vespasiano su avaricia, diciéndole
que «la zorra muda el pelo, pero no las costumbres». La anécdota, que
acaba ahí, es reproducida fielmente por Petrarca, *Rerum memorandarum
libri*, II, 73, 2-3; Baptista Fulgoso, *De dictis factisque memorabilibus*, VI,
2, ff. 167v.°-168r.°; L. Domicio Brusoni, *Facetiarum exemplorumque
libri*, I, 1, pág. 4; Erasmo, *Apophthegmata*, VI, *Vespasianus*, 6, pág. 441,
traducción de Támara, f. 176r.°-v.°, y Conrado Lycosthenes, *Apophthegmata*, págs. 81b y 423a.

En el relato medieval, Vespasiano, que sigue siendo censurado como
avaro, es, a la vez, modelo de paciencia (paso que no resulta extraño,
puesto que ya en Suetonio el emperador aparecía como perdonador de
las ofensas). La nueva configuración surge de la adición de una simple
respuesta, por parte de Vespasiano, a la increpación del interlocutor; respuesta en la que dice al vaquero que «para hombres tales es la risa, para
sus yerros, la enmienda y, para los criminales, el castigo». En esta forma
anotan el *exemplum* el *Policraticus* de Juan de Salisbury, III, 14, página 172, y el *Libro de los ejemplos*, núm. 346.3.

El cuento de Timoneda sigue la versión medieval, pero con desdibu-
jación de la primera parte del apotegma, y abreviación de la mansa contestación. Es lo mismo que hará Melchor de Santa Cruz, *Floresta española*, II, II, 43, pág. 55, quien, además, sustituirá a Vespasiano por el
conde de Lemos.

Cuento núm. 97(4).   Cuentecillo muy difundido, que apuntan o es-
cenifican, achacándolo a distintos personajes, varios escritores del Siglo
de Oro: Luis de Pinedo, *Libro de chistes*, págs. 116a y 116b; Melchor
de Santa Cruz, *Floresta española*, VIII, I, 29, págs. 191-192; Lope de
Vega, *El honrado hermano*, II, BAE, 191, págs. 25-26; Mira de Ames-
cua [¿], *El palacio confuso*, I, Acad. N., VIII, págs. 326b-329a; Calderón,
Judas Macabeo, I, BAE, VII, pág. 315b-c; Baltasar Gracián, *Agudeza y
Arte de ingenio*, XLV, II, pág. 134 (textos reunidos en *Cuentecillos*, páginas 293-299).

chos que había en su corte, mandó el Turco que no le diesen silla al embajador de Venecia, por cierto respecto. Entrados los embajadores, cada cual se asentó en su debido lugar. Viendo el veneciano que para él faltaba silla, quitóse una ropa de majestad que traía, de brocado [127], hasta el suelo, y asentóse sobre ella. Acabando todos de relatar sus embajadas, y hecho su debido acatamiento al Gran Turco, salióse el embajador veneciano, dejando su ropa en el suelo. A esto dijo el Gran Turco:

—Mira, cristiano, que te dejas tu ropa.

Respondió el embajador:

—Sepa tu Majestad que los embajadores de Venecia no acostumbran llevarse las sillas en que se asientan.

Cuento 98 (cuento 5)

Estando un gran señor comiendo a su mesa, y los criados con las espaldas vueltas al aparador, entró un ladrón y tomó uno de los mejores platos que había. Y, viendo el ladrón que el señor le estaba mirando, hízole señas que callase, y fuese. Hallándose el plato menos al recoger de la plata, dijo el señor:

—No os lo cumple buscar, que un ladrón se lo ha llevado, que yo lo he visto.

—Pues, ¿por qué no lo decía vuestra señoría?

Respondió el señor:

Cuento núm. 98(5). Idéntico cuentecillo apunta, en forma distinta, Gonzalo Correas, *Vocabulario de refranes,* pág. 585a:

«*Haga quien hiciere, calle quien lo viere, mal haya quien lo dijere.*»

Sucedió a Quintanilla, aquel célebre caballero de Medina del Campo, que, alzadas las mesas, se fueron los criados a comer, y un ladrón llegó al aparador y tomó algunas piezas de plata, y, viéndolo, calló y le dejó ir. Nótase el ánimo de que con aquello se remediase el necesitado.»

El refrán «Haga quien lo hiciere, calle quien lo viere, mal haya quien lo dijere» se inserta también en los *Refranes o proverbios* de Hernán Núñez, f. 55v.ºa.

---

[127] *Brocado:* «Tela tejida con seda, oro o plata, o con uno y otro, de que hay varios géneros» *(Aut.).*

—Porque me mandó que callase.

Cuento 99 (cuento 6)

En presencia del rey de Nápoles y otros muchos caballeros, trujo un lapidario [128] infinitísimas piedras preciosas. Ya después de haber vendido muchas, halló menos un diamante riquísimo, y dijo:

—No creo yo que en presencia de vuestra Alteza se me pierda un diamante que me falta.

Entonces el rey, como prudente, mandó traer un plato lleno de salvado, y mandó que todos pusiesen la mano cerrada en el plato, así como él lo haría, y la sacasen abierta. Hecho esto, mandó que mirase el lapidario el plato, y halló su diamante.

Cuento 100 (cuento 7)

En un banquete, estando el señor que lo hacía en la mesa, vido cómo uno de los convidados se escondió una cuchareta de oro. Él, por el consiguiente, se escondió otra. Viniendo por diversas veces a la mesa el guarda plata por buscar las cucharetas que le faltaban, dijo el señor:

—Toma, descuidado, toma esta cuchareta, que el señor Fulano te dará la otra, que no lo hacíamos sino por probarte.

Cuento 101 (cuento 8)

A una dama que era gran decidora [129] no había persona que le hiciese comer ajo, ni cosa que supiese a él. Un galán

---

Cuento núm. 101(8). El mismo relato aparece en la *Floresta española* de Melchor de Santa Cruz, II, I, 11, pág. 40, donde la dama es Isabel la Católica.

---

[128] *Lapidario:* «El que trabaja y labra las piedras preciosas, o tiene conocimiento de ellas» *(Aut.).*

[129] *Decidora:* Véase nota 20 de BUEN AVISO Y PORTACUENTOS.

que la servía hízole un banquete, y dijo al cocinero que, de cualquier manera que fuese, le hiciese comer ajo. El cocinero, por más disfrazar el negocio, picó algunos ajos en el mortero, y, quitados de allí, hizo una salsa verde en el mismo mortero, y llevándola delante de la dama, al primer bocado paró, y dijo:

—¡Oh, hideputa [130] el villano! ¡Cuál viene disfrazado de verde, como si no le conociésemos acá!

Cuento 102 (cuento 9)

Un ladrón vido a un clérigo tomar ciertos dineros y ponerlos en un saquillo. Siguiéndole de rastro, vido que se paró y detuvo hablando con un hombre delante la casa de un broslador [131] que tenía una casulla colgada a la puerta. Entonces dijo el ladrón al broslador:

—Señor, ¿cuánto valdrá esta casulla?, porque en mi lugar tienen necesidad de ella.

En fin, avenidos que fueron, dijo el ladrón:

—Querría, señor, probarla en alguno.

En esto el clérigo se había despedido del hombre con quien hablaba, y venía la calle abajo, al cual dijo el ladrón:

—Reverendo, háganos tan señalada merced, por cortesía, de entrar aquí a probarse esta casulla.

Cuento núm. 102(9). Cuento procedente de Erasmo, *Colloquia familiaria, Convivium fabulosum,* págs. 343-344. El relato de Timoneda, aunque algo más abreviado, es adaptación del de Erasmo, si bien muy probablemente de forma indirecta, es decir, no a través de alguna de las traducciones de los *Coloquios,* sino más bien con la mediación de alguna colección italiana, sin descartar la vía oral.

Marcel Bataillon, «Erasmo cuentista. Folklore e invención narrativa», en *Erasmo y el erasmismo,* Crítica, Barcelona, 1977, pág. 98, n. 37, ofrece, al aludir a este cuento, un dato que no podemos dejar de tener en cuenta, y es el de la posibilidad de una versión más sencilla del mismo, a partir de la cual Erasmo amplificara su historia, que Timoneda, en cambio, habría plasmado en esa forma sencilla.

---

[130] *Hideputa:* Véase nota 40 de BUEN AVISO Y PORTACUENTOS.
[131] *Broslador:* «Bordador» *(Cov.).*

Entrado el clérigo, y quitándose la clocha [132], dejó encima de ella el saquillo de los dineros; y, puesta la casulla, dijo el ladrón:

—Vuélvase vuestra reverencia de espaldas, por ver cómo asienta.

Vuelto, apañó del saco el ladrón y dio por la puerta afuera. El clérigo, así como estaba, revestido, fue tras él diciendo:

—¡Al ladrón! ¡Al ladrón!

El broslador aguijó tras el clérigo, pensándose si sería maña armada entre los dos para llevarse la casulla, y asióle de ella, por lo cual se detuvo. Entre tanto, el astuto ladrón tuvo lugar de ponerse en salvo con su moneda.

Cuento 103 (cuento 10)

Había un epitafio [e]scrito en latín en una pared, y, parándose unos letrados [133] a leerle, leíanlo tan bajo, que nadie lo oía. A la sazón paróse un soldado detrás de ellos, y, con no saber leer ni entender lo que decía, estaba diciendo:

—¡Oh, qué bueno! ¡Lindo está, por cierto!

Volviéndose un letrado de aquéllos, dijo:

—¿Y qué es lo que entendéis vos de esto, gentilhombre?

Respondió el soldado:

—Nada, que por no entenderlo es bueno; que, si lo entendiese, ¡maldita la cosa que valdría!

Cuento núm. 103(10). Confróntese Erasmo, *Stultitiae Laus,* VI, quien, hablando de la ofuscación que los maestros de retórica buscan producir en los lectores con las palabras griegas y arcaicas que insertan en sus discursos latinos, dice, por boca de la Locura: *ut... qui non intelligunt, hoc ipso magis admirentur quo minus intelligunt:* de modo que... quienes no lo entienden, sienten mayor admiración por el preciso hecho de no entenderlo.

---

[132] *Clocha* o *clotxa:* «Túnica» (véase Alcover, *s.v. clotxa 2).* Se refiere al manteo.

[133] *Letrado:* Véase nota 211 de BUEN AVISO Y PORTACUENTOS.

Cuento 104 (cuento 11)

Fue convidado un necio capitán, que venía de Italia, por un señor de Castilla a comer. Después que hubieron comido, alabóle el señor al capitán un pajecillo que tenía, muy agudo y gran decidor [134] de repente. Visto por el capitán, maravillado de su agudeza, dijo:

—¿Ve vuesa merced estos rapaces cuán agudos son? Pues sepa que, cuando grandes, no hay mayores asnos en el mundo.

Respondió el pajecillo al capitán:

—Más que agudo debía ser vuesa merced cuando mochacho.

Cuento 105 (cuento 12)

Estando afeitando el barbero a un gentilhombre en su casa, el cual estaba muy mohíno de él por ser tan parlero [135], que, cuando vino a hacerle la barba, dijo:

—Señor, ¿cómo quiere que le haga la barba?

Respondió el gentilhombre:

—Callando.

Cuento núm. 104(11). Sustituyendo a los protagonistas históricos por un «capitán que venía de Italia» y un «señor de Castilla», Timoneda ha tomado este cuento de Poggio, *Facetiae*, núm. 221, o de L. Domenichi, *Facezie, motti e burle*, lib. I, f. 3r.º. Figura también en Giovanni Pontano, *De sermone*, III, 17, 2.

Repiten el cuento varios escritores del Siglo de Oro: Garibay, *Cuentos,* pág. 215a; Juan Pérez de Moya, *Varia historia de santas e ilustres mujeres,* f. 308r.º; Luis Zapata, *Miscelánea,* núm. 195; Gonzalo Correas, *Vocabulario de refranes,* pág. 562a (textos reunidos en *Cuentecillos,* páginas 316-318). Igualmente Luis Galindo, *Sentencias filosóficas,* VI, f. 74r.º.

Cuento núm. 105(12). Cuento de fuente erudita: Plutarco, *Apotegmas,* Reyes, Arquelao, 2, y *De la charlatanería,* 13 y Erasmo, *Apophthegmata,* V, *Archelaus,* 2, pág. 349 *(Fuentes clásicas,* págs. 30-31 y 128-129). Ahora Timoneda ha podido tomar el apotegma —en el que ha sustituido al protagonista, el rey Arquelao, por un gentilhombre—, de la

---

[134]   *Decidor:* Véase nota 20 de BUEN AVISO Y PORTACUENTOS.
[135]   *Parlero:* «El que habla mucho» *(Cov.).*

Cuento 106 (cuento 13)

En [la] feria de Medina del Campo entraron muchas damas y caballeros en una botica [136] de estos que venden cabezones [137] labrados de oro y seda, y muchas otras delicadezas de lienzos de labores. Y, después de haber comprado muchas cosas, un gentilhombre de aquéllos abrazóse [138] con un aderezo de camisa labrado de oro y perlas. El mercader violo, y, para cobrarlo, usó de esta maña, que, ya que se querían ir, dijo altico, que bien lo oyesen: —En verdad, señor, que el cabezón y polainas [139], no las puedo dar por ese precio que me da: por eso perdone.

---

traducción de los *Apotegmas* de Plutarco de Diego Gracián, [A₈]r.°-v.°, o bien de Támara, f. 248 r.° , aunque más bien parece haberlo hecho de la *Silva de varia lección* de Pero Mexía, parte 1.ª, cap. 5, tomo I, págs. 40-41. El apotegma clásico figuraba también en L. Domicio Brusoni, *Facetiarum exemplorumque libri*, III, 26, pág. 228, y, posteriormente, en Gerardo Tuningio, *Apophthegmata graeca*, pág. 5b.

Es cuentecillo que reproducen varios escritores del Siglo de Oro: Alonso Sánchez de la Ballesta, *Diccionario*, pág. 93; Sebastián de Covarrubias, *Tesoro de la lengua castellana*, pág. 272a; Tirso de Molina, *Averígüelo Vargas* I, *O. C.*, II, pág. 1033b; Gonzalo Correas, *Vocabulario de refranes*, pág. 435b; Juan de Robles, *El culto sevillano*, pág. 229 (textos reunidos en *Cuentecillos*, págs. 158-159). También Jerónimo Martín Caro y Cejudo, *Refranes y modos de hablar castellanos con latinos que les corresponden*, pág. 42.

Confróntese, además, el refrán «Barbero, o loco, o parlero»: Santillana, *Refranes* (véase E. S. O'Kane, *op, cit.*, pág. 59b); Pedro Vallés, *Libro de refranes*, B₂v.°; Hernán Núñez, *Refranes o proverbios*, f. 17v.°b; Gonzalo Correas, *Vocabulario de refranes*, pág. 350a.

Cuento núm. 106(13). Se lee un relato muy parecido entre los *Cuentos* de Juan de Arguijo, núm. 155.

---

[136] *Botica*: Véase nota 77.

[137] *Cabezón*: «Cierta lista o tira de lienzo, que rodea el cuello, y se prende con unos botones, a la cual está afianzada la camisa, que, para que pueda estrecharse al tamaño del cabezón, se le hacen unos pliegues o rayados, que se cosen a él; el cual suele ser labrado de hilo, y en algunas partes de seda» *(Aut.)*.

[138] *Abrazarse*: Robar.

[139] *Polaina*: «Cierto género de botín o calza, hecha regularmente de paño, que cubre la pierna hasta la rodilla, y se abotona o abrocha por la parte de afuera. Tiene un guarda polvo que cubre por arriba el zapato» *(Aut.)*.

El caballero respondió:
—Si no se pueden dar, véislas ahí.

Cuento 107 (cuento 14)

Siendo un embajador prolijo en su razonamiento delante
un príncipe, al cabo que hubo hecho su embajada, dijo:
—Perdone vuestra Alteza, si he sido largo en mi relatar.
Respondió el príncipe:
—No tenéis de qué pedirme perdón, porque verdade-
ramente yo no sé lo que os habéis dicho.

Cuento 108 (cuento 15)

Un filósofo pobre vino una vez a pedir limosna a uno
que era gran gastador y tenía mucho dinero delante, que
jugando ganaba, y pidióle un ducado. Y, como no sea costumbre de los pobres demandar la limosna tasada, díjole
el jugador que por qué le pedía más a él que a ninguno
de los otros que estaban allí jugando. Respondióle así:

Cuento núm. 107(14). Cuento de fuente erudita: Plutarco, *De la
charlatanería,* 2; Diógenes Laercio, *Historia de los filósofos,* V, 20, y
Erasmo, *Apophthegmata,* VII, *Aristoteles,* 24, pág. 579. Con nueva sus-
titución del protagonista de las fuentes (Aristóteles pasa a ser simplemen-
te «un príncipe»), Timoneda lo ha vertido de la traducción de Támara,
ff. 287v.º-288r.º, habiendo mediado también Pero Mexía, *Silva de varia
lección,* parte 1.ª, cap. 5, tomo I, pág. 40.
  El apotegma clásico lo incluían también en sus colecciones L. Domicio
Brusoni, *Facetiarum exemplorumque libri,* III, 25, pág. 227; Conrado
Lycosthenes, *Apophthegmata,* págs. 74a y 433b, y, posteriormente,
L. Guicciardini, *L'Hore di ricreatione,* pág. 190, traducción de Vicente
Millis Godínez, f. 144r.º-v.º.
  Cuento núm. 108(15). Cuento de fuente erudita: Diógenes Laercio,
Historia de los filósofos, VI, 67, y Erasmo, *Apophthegmata,* III, *Diogenes,*
93, pág. 239 *(Fuentes clásicas,* págs. 47 y 129), traducción de Támara, ff.
125v.º-126r.º. Timoneda, indeterminando a Diógenes el Cínico —el protagonista del apotegma clásico— en «un filósofo pobre», lo ha tomado
de la *Silva de varia lección* de Pero Mexía, parte 1.ª, cap. 27, tomo I,
pág. 166.
  El relato clásico figuraba también en L. Domicio Brusoni, *Facetiarum
exemplorumque libri,* III, 33, pág. 248; en Nicolás Liburnio, *Sentencias
y dichos de diversos sabios y antiguos autores,* traducción de Alonso de
Ulloa, lib. I, f. 10v.º, y, más tarde, en Gerardo Tuningio, *Apophthegmata
graeca,* pág. 65b.

—Hágolo porque de los otros pienso recebir limosna muchas veces, y de ti no más de ésta.

Cuento 109 (cuento 16)

Acabando de hacer una hermosa casa un hombre de mala vida y fama, puso un escrito encima de la puerta, que decía así:

No entre por esta puerta cosa mala.

Visto y leído por un gran decidor [140], dijo a voces altas, porque algunos lo oyesen:

—Pues, ¿por dónde entrará el señor de la posada?

Cuento 110 (cuento 17)

Preguntó un gran señor a ciertos médicos que a qué hora del día era bien comer. El uno dijo:

—Señor, a las diez.

Cuento núm. 109(16). Cuento de fuente erudita: Diógenes Laercio, _Historia de los filósofos,_ VI, 39, y Erasmo, _Apophthegmata,_ III, _Diogenes,_ 53, págs. 212-213 _(Fuentes clásicas,_ págs. 42-43 y 129-130), traducción de Támara, f. 111v.º. Suprimido, de nuevo, el protagonismo de Diógenes el Cínico, Timoneda sigue también en este cuento como fuente más directa la _Silva de varia lección_ de Pero Mexía, parte 1.ª, cap. 27, tomo I, página 165. Reproducen también el apotegma clásico L. Domicio Brusoni, _Facetiarum exemplorumque libri,_ IV, 12, pág. 308; Conrado Lycosthenes, _Apophthegmata,_ pág. 466a, y Gerardo Tuningio, _Apophthegmata graeca,_ págs. 58a-59b. Alude a él, aunque de una forma muy entreverada, Juan Luis Vives, _Linguae latinae exercitatio (Dialogi), Domus,_ pág. 98.

Cuento núm. 110(17). Cuento de fuente erudita: Diógenes Laercio, _Historia de los filósofos,_ VI, 40, y Erasmo, _Apophthegmata,_ III, _Diogenes,_ 60, pág. 214 _(Fuentes clásicas,_ págs. 48 y 130), traducción de Támara, f. 112v.º. Con otra omisión más del protagonismo de Diógenes el Cínico, y una pequeña creación situacional propia también, con respecto a las fuentes, Timoneda ha vuelto a tomar el apotegma directamente de la _Silva de varia lección_ de Pero Mexía, parte 1.ª, cap. 27, tomo I, pág. 166.

La sentenciosa respuesta del filósofo cínico sobre la hora adecuada para comer, aparece, en forma de tercetillo, en el proverbio 131 de los _Trescientos proverbios, consejos y avisos_ de Pedro Luis Sanz:

---

[140]   _Decidor:_ Véase nota 20 de BUEN AVISO Y PORTACUENTOS.

El otro, a las once; el otro, que a las doce. Dijo el más anciano:

—Señor, la perfecta hora del comer es, para el rico, cuando tiene gana; y, para el pobre, cuando tiene de qué.

Cuento 111 (cuento 18)

Saliéndose el Rey Chiquito de Granada, y su madre con él, con mucha morisma de estima, por entregar la ciudad al rey don Fernando, subidos en un recuesto y volviéndose hacia Granada, tomáronse todos a llorar. A lo cual dijo la madre del rey:

—En verdad, señores, que hacéis bien de llorar, que, ya que no peleastes como hombres defendiendo vuestra patria, que lloréis agora como mujeres por dejarla.

Cuento 112 (cuento 19)

Queriendo un rey hacer mercedes a un criado suyo, llamóle y díjole así:

> «Cuando el rico tiene hambre
> entonces debe comer,
> y el pobre, poderlo haber.»

Se trata de un dicho clásico de gran fortuna: L. Domicio Brusoni, *Facetiarum exemplorumque libri*, II, 14, pág. 92; Nicolás Liburnio, *Sentencias y dichos de diversos sabios y antiguos autores*, traducción de Alonso de Ulloa, lib. II, f. 60r.°; Feliciano de Silva, *Segunda Celestina*, página 243; Conrado Lycosthenes, *Apophthegmata*, pág. 152b; L. Guicciardini, *L'Hore di ricreatione*, pág. 94, traducción de Vicente Millis Godínez, f. 50v.°; Melchor de Santa Cruz, *Floresta española*, VI, VIII, 4, pág. 174; Gerardo Tuningio, *Apophthegmata graeca*, pág. 59b; Ambrosio de Salazar, *Las clavellinas de recreación*, núm. 92, pág. 189.

Cuento núm. 111(18).   Cuento procedente de fray Antonio de Guevara, *Epístolas familiares*, parte 2.ª, carta 19, tomo II, págs. 252-254, donde constituye un relato más extenso.

También lo traen Melchor de Santa Cruz, *Floresta española*, V, VI, 2, págs. 148-149; Giovanni Botero, *Detti memorabili*, I, f. 48v.°, y Baltasar Gracián, *Agudeza y Arte de ingenio*, XXX, II, pág. 33.

Cuento núm. 112(19).   Cuento de fuente erudita: Plutarco, *Apotegmas*, Reyes, Lisímaco, 2, *De la charlatanería*, 12, y *De la curiosidad*, 4, y Erasmo, *Apophthegmata*, VI, *Varie Mixta*, 25, pág. 504, traducción de

—Por los buenos servicios que de ti he recebido, he determinado y quiero que seas mi secretario.

Respondióle como sabio:

—De buena gana recibiría, rey, tus mercedes, con tal que no fuese para descubrirme secreto tuyo, porque es pesada cosa, en especial secretos de rey.

Cuento 113 (cuento 20)

Haciendo alguna gente [141] un capitán por mandado del rey para cierta parte, y que lo tuviese secreto, por bien que le fue preguntado por diversos amigos, jamás pudieron saber de él para dónde hacía la gente. Concertaron que una amiga, que él mucho quería, se lo preguntase. Hecho así, y preguntándoselo ella, respondió:

Támara, f. 330v.º. Omitiendo a los protagonistas, el rey Lisímaco y el poeta Filípides, Timoneda vuelve a seguir en este cuento, como fuente más directa, a Pero Mexía, Silva de varia lección, parte 1.ª, cap. 4, tomo I, pág. 32.

L. Domicio Brusoni, Facetiarum exemplorumque libri, VI, 10, página 426, y Conrado Lycosthenes, Apophthegmata, pág. 60a-b, incorporan también en sus repertorios el apotegma clásico.

Cuento núm. 113(20). Cuento de fuente erudita: Valerio Máximo, Factorum et dictorum memorabilium libri IX, VII, 4, 5; Plutarco, Apotegmas, Romanos, Cecilio Metelo, 2, y De la charlatanería, 9; Erasmo, Apophthegmata, V, Caecilius Metellus, 2, pág. 418, traducción de Támara, f. 228v.º. Con Cecilio Metelo en el anonimato de «un capitán», y algunas variaciones situacionales con respecto a las fuentes, Timoneda ha tomado asimismo este otro cuento directamente de la Silva de varia lección de Pero Mexía, parte 1.ª, cap. 4, tomo I, pág. 37.

Atribuido a su verdadero protagonista, Cecilio Metelo, figura el relato además en Pedro Crinito, De honesta disciplina, XIX, 7, págs. 294-295; en Conrado Lycosthenes, Apophthegmata, págs. 138b-139a y 704b-705a, y en Gerardo Tuningio, Apophthegmata latina, pág. 59.

Con «Lucio» Metelo de protagonista lo recoge fray Antonio de Guevara, Epístolas familiares, parte 1.ª, carta 11, tomo I, pág. 84. Con atribución distinta de la clásica, Giovanni Botero, Detti memorabili, I, f. 28v.º (a don Sebastián, el rey de Portugal), y Baltasar Gracián, Agudeza y Arte de ingenio, XXX, II, págs. 32-33, y El Criticón, II, VIII, O. C., página 772b (a Pedro III de Aragón).

---

[141] Hacer gente: «Levantar algún capitán soldados» (Cov.).

—Mirad, amiga mía, en cuánto tengo yo los secretos del rey, que, si pensase que mi camisa lo[s] sabía, luego la quemaría.

Cuento 114 (cuento 21)

Dos embajadores del rey de Inglaterra viniendo con embajada al emperador de Alemania, después de haber hecho su debido acatamiento, el más avisado de ellos hizo su demanda tan breve y compendiosa cual hacer se podía. El otro fue tan importuno y largo, que el emperador se enojaba en gran manera. Conociendo su compañero este desabrimiento, hízole señal que abreviase. Concluido, dioles por respuesta el emperador que se miraría en ello. Respondió el avisado:

—Suplico a vuestra Majestad que nos conceda nuestra demanda, so pena que torne mi compañero a relatar su embajada.

Fue tan sabroso esto para el emperador, que respondió:

—Antes quiero conceder que obedecer.

Cuento 115 (cuento 22)

Ciertos mancebos, estando cenando, con las demasiadas viandas y abundancia de vinos, dispararon las lenguas en

---

Cuento núm. 114(21). Este cuento procede de Poggio, *Facetiae*, número 125. Timoneda ha alterado muy ligeramente la situación argumental, y ha cambiado a los protagonistas, que en la facecia latina eran unos embajadores perusinos y el papa Urbano V.

La plasticidad de esta facecia de Poggio no puede ser más evidente, dada la varia atribución de la misma que hacen los escritores al referirla. A un emisario de la Universidad de Salamanca y al rey Felipe II imputan, respectivamente, la frase y la prudente actitud, Liñán y Verdugo, *Guía y avisos de forasteros (Costumbristas españoles,* I, pág. 136a), y Baltasar Porreño, *Dichos y hechos del rey don Felipe Segundo,* f. 54.

Cuento núm. 115(22). Cuento de fuente erudita: Valerio Máximo, *Factorum et dictorum memorabilium libri IX,* V, 1, *ext.* 3; Quintiliano, *Institutio oratoria,* VI, 3, 10; Plutarco, *Vida de Pirro,* 8, y *Apotegmas,* Reyes, Pirro 6; Erasmo, *Apophthegmata,* VI, *Varie Mixta,* 1, pág. 462 *(Fuentes clásicas,* págs. 62-63 y 131-132), traducción de Támara, f. 313v.°.

Timoneda cela en un «rey» a Pirro y deja sin concluir la anécdota de

decir mal de su rey muy sueltamente; y no fue tan secreta
la plática, que el rey no lo supiese el día siguiente. Man-
dólos llamar a todos ante sí, y, preguntándoles si era verdad que ellos habían dicho mal de él, apuntándoles palabras conocidas, respondió uno, muy avisado:

—Rey, de todo lo que dijeron que dijimos de ti, es verdad; y aun ten por cierto que más dijéramos, si no se nos
acabara el vino.

Cuento 116 (cuento 23)

Viniendo de Grecia un sabio greciano [142] a visitar a un
rey que tenía división con su mujer e hijos, que no vivía
con ellos, le preguntó el rey al sabio si había paz y con-
cordia entre las ciudades y república[s] de Grecia. Por decirle que sí, y que curase de él, le respondió:

—Pregúntalo a tu casa, y mira por ella.

---

las fuentes —en realidad Plutarco y Diego Gracián tampoco la termina-
ban—, al no contar la reacción del rey, riéndose y perdonando a los
maldicientes.

Este apotegma de Pirro y sus detractores es de amplia fortuna: Juan
de Salisbury, *Policraticus*, VII, 25, págs. 444-445; *Libro de los ejemplos*,
núm. 419; Giovanni Pontano, *De sermone*, V, 2, 14; L. Domicio Brusoni, *Facetiarum exemplorumque libri*, I, 16, pág. 45; Pero Mexía, *Silva
de varia lección*, parte 2.ª cap. 7, tomo I, pág. 307 —la fuente más directa
de Timoneda—; Conrado Lycosthenes, *Apophthegmata*, págs. 415b y
463a; L. Guicciardini, *L'Hore di ricreatione*, págs. 51-52, traducción de
Vicente Millis Godínez, f. 33r.º-v.º; Gerardo Tuningio, *Apophthegmata
graeca*, pág. 13b; Ambrosio de Salazar, *Las clavellinas de recreación*,
núm. 65, págs. 140-141.

Cuento núm. 116(23). Cuento de fuente erudita: Plutarco, *Cómo dis-
tinguir a un adulador de un amigo*, 30, *Apotegmas*, Reyes, Filipo, 30, y
Vida de Alejandro, 9, y Erasmo *Apophthegmata*, IV, *Philippus*, 30, páginas 253-254, traducción de Támara, f. 29r.º.

Timoneda ha omitido los nombres de todos los protagonistas del apotegma clásico (Demarato, Filipo de Macedonia, su mujer Olimpia y Alejandro Magno), al par que lo ha simplificado y dejado inconcluso, pues

---

[142]   *Greciano*: Griego.

Cuento 117 (cuento 24)

Llegándose al rey Filipe, padre del rey Alejandre, algunos familiares de su casa a decirle que desterrase ciertos maldicientes que decían mal de él, respondió:

—Eso sería añadir leña al fuego, y que fuese disfamado entre gentes extrañas. Cuanto más que ellos lo hacen por una de dos cosas: o por probar mi paciencia, o porque enmiende mi vida. Cuanto a lo primero, si en mí no hay eso que ellos dicen, en no querer castigarlos se prueba mi paciencia; y, si lo hay, téngoles que agradecer, pues procuraré de enmendar mi vida.

¡Oh, sabia respuesta, y mal usada entre cristianos!

Cuento 118 (cuento 25)

Una mujer muy atrevida, natural de Macedonia, viniendo ante el rey Demetrio, muy aquejada, para pedir justicia,

---

nada dice de la reacción del rey, que, no sólo no se enoja, sino que se aviene con su familia.

El relato de Filipo y Demarato se lee también en Francesco Barbaro, *De re uxoria libri duo*, II, 1, D₂v.°; en Baptista Fulgoso, *De dictis factisque memorabilibus*, VI, 2, f. 169r.°; en L. Domicio Burusoni, *Facetiarum exemplorumque libri*, II, 20, pág. 103; en la *Silva de varia lección* de Pero Mexía, parte 2.ª, cap. 7, tomo I, pág. 309 —de esta miscelánea lo ha tomado Timoneda—, y en Conrado Lycosthenes, *Apophthegmata*, págs. 110a, 185a-b y 417a-b.

Cuento núm. 117(24). Cuento de fuente erudita: Plutarco, *Apotegmas*, Reyes, Filipo, 5, y Erasmo, *Apophthegmata*, IV, *Philippus*, 4, página 246 *(Fuentes clásicas,* págs. 67 y 133), traducción de Támara, ff. 23v.°-24v.°. La *Silva de varia lección* de Pero Mexía, parte 2.ª, cap. 7, tomo I, pág. 311, parece ser también en este cuento la fuente más inmediata de Timoneda, que ahora ha mantenido al protagonista del cuento, el rey Filipo.

El mismo apotegma se imputa a Pirro en Plutarco, *Vida de Pirro*, 8.

La versión de Filipo la reproducían además L. Domicio Brusoni, *Facetiarum exemplorumque libri*, I, 16, pág. 46, y Conrado Lycosthenes, *Apophthegmata*, págs. 154a, 462b y 468b. Posteriormente se repite en Gerardo Tuningio, *Apophthegmata graeca*, pág. 6a.

Cuento núm. 118(25). Cuento de fuente erudita: Plutarco, *Apotegmas*, Reyes, Filipo, 31, y Erasmo, *Apophthegmata*, IV, *Philippus*, 31, pá-

fuele respondido por el rey mismo que no podía por en-
tonces, que estaba ocupado en ciertos negocios.
Dijo ella:
—Pues no puedes oír, deja de ser rey.
Por esta aguda respuesta fue oída, y le hizo luego jus-
ticia.

Cuento 119 (cuento 26)

Sabiendo Dionisio tirano que, por ser tan cruel, todos
le deseaban la muerte, y que una vejezuela rogaba por su
vida, maravillado de esto, mandóla traer ante sí, y preguntóle qué era la causa que rogaba por él. Respondió:

gina 254, y VI, *Adrianus*, 18, pág. 448 *(Fuentes clásicas*, págs. 64-65
y 133).
El apotegma de Plutarco tiene por protagonista a Filipo de Macedonia.
En la colección de Erasmo, junto con él (traducción de Támara, f. 29r.°-
v.°), aparece otro, protagonizado por Adriano (Támara, f. 180r.°), doble
imputación que recogía ya Baptista Fulgoso, *De dictis factisque memorabilibus*, VI, 2, f. 168r.°.
Pero la imputación del relato no era doble, sino triple, ya que también
se le atribuye la anécdota al rey Demetrio: L. Domicio Brusoni, *Facetiarum exemplorumque libri*, III, 13, pág. 201; Pero Mexía, *Silva de varia
lección*, parte 2.ª, cap. 7, tomo I, págs. 308-309 (lo hace a Demetrio y
Adriano), y Conrado Lycosthenes, *Apophthegmata*, pág. 417b (este colector ofrece igualmente las versiones de Filipo —pág. 19b— y Adriano
—página 424a—).
El protagonista en Timoneda es Demetrio, sin duda por influjo de la
Silva de Mexía.
Recuerda el dicho Baltasar Gracián en el *Oráculo manual y Arte de
prudencia*, 252, O. C., pág. 217a.
Cuento núm. 119(26). Cuento de fuente erudita: Valerio Máximo,
Factorum et dictorum memorabilium libri IX, VI, 2, *ext.* 2, y Erasmo,
Apophthegmata, VI, *Varie Mixta*, 2, págs. 538-539 *(Fuentes clásicas*, páginas 63-64 y 134), traducción de Támara, f. 298v.°. Timoneda, que ha
mantenido el protagonismo de Dionisio, ha vuelto a tener en cuenta la
versión que recogía Pero Mexía en la *Silva de varia lección*, parte 2.ª,
cap. 7, tomo I, págs. 307-308.
La anécdota de Dionisio y la vieja aparece también en el *Policraticus*
de Juan de Salisbury, VII, 25, pág. 445; en los *Gesta romanorum*, número 131; en el *Libro de los ejemplos*, núm. 380; en L. Domicio Brusoni,
Facetiarum exemplorumque libri, VI, 21, pág. 437, y en Conrado Lycosthenes, *Apophthegmata*, pág. 418b. Se alude a ella en el *Teatro universal de proverbios* de Sebastián de Horozco, núm. 2759.

—Has de saber, Dionisio, que, siendo yo moza, tuvimos un tirano y cruel por señor; rogué a Dios por su muerte, y murió. Después tiranizó la tierra otro muy peor; y, rogando que Dios se lo llevase, también murió. Agora has venido tú, muy peor que los pasados: tengo temor que, si mueres, verná otro más malo. Por eso ruego a Dios que te dé vida y te sostenga por muchos años.

A esta respuesta se sonrió el rey, y la dejó ir libre, cosa tan fuera de su condición.

Cuento 120 (cuento 27)

Un señor de salva [143], para lavarse las manos, quitóse un riquísimo anillo que traía, y, alargando el brazo, tomóle el paje que más cerca le estaba, sin él mirar quién fuese. Habiéndose lavado, no se acordó más de él; sino que otro día, haciendo lo mismo, el codicioso paje que ya tenía el otro anillo, alargó la mano para tomarle, por do le dijo:

—No digo a vos, que guardáis mucho las cosas.

Cuento 121 (cuento 28)

Yendo una vez un embajador del rey de Hungría con cierta embajada al Gran Turco, un sabio suyo, con licencia del mesmo Turco, en la sala do había de entrar el embajador cristiano hizo pintar infinitísimas cruces. Llamado el embajador, y vistas tantas cruces por el suelo, quitóse el bonete antes de entrar en la sala, y arrodillóse, y a la pri-

---

Cuento núm. 120(27). Cuento que figura ya en Baptista Fulgoso, *De dictis factisque memorabilibus*, IV, 8, f. 131v.°, pero que se difunde por *El Cortesano* de Baltasar de Castiglione, traducción de Boscán, lib. II, cap. 6, pág. 242, que es la fuente de Timoneda, quien ha cambiado al rey Alfonso V de Aragón —Castiglione decía, por error, Alfonso I—, por «un señor de salva», y ha variado, igualmente, el contenido del parlamento.

Se lee en la *Floresta española* de Melchor de Santa Cruz, II, I, 19, página 42.

---

[143]   *Señor de salva:* Véase nota 12 de BUEN AVISO Y PORTACUENTOS.

mera besó y adoró, y, de las otras no haciendo caso, pasó
adelante e hizo acatamiento al Gran Turco. Viendo esto el
sabio, dijo:

—Mal ha parecido, cristiano, pisar las cruces de tu Dios
y no reverenciarlas.

A lo cual respondió el embajador:

—Yo hice lo que debía, y tú no hablas como sabio,
porque en una sola creo y adoro, do murió mi Redentor
Cristo, que a las otras no les hago desacato en pisarlas.

Cuento 122 (cuento 29)

El duque de Calabria fue tan dado a la música, que no
había en España quien tantos y tan buenos músicos tuviese, a causa de los grandes salarios que les daba. Viniendo
un gran músico forastero al real para oír la música, el día
de los Reyes, que tanto le habían alabado, oída e informado de la renta del duque, dijo:

—Para tan chica capa [144], gran capilla [145] es ésta.

Cuento 123 (cuento 30)

Como el duque de Calabria dilatase una vez la paga de
sus cantores, importunábale el maestro de capilla [146] a pe-
dírsela, diciendo:

—Mire vuestra Excelencia que se dilata nuestra paga.

Respondía él:

—Mírese.

Como por diversas veces se la hubiese demandado con
decir «Mire vuestra Excelencia», y él le había respondido
«Mírese», dijo un día el maestro:

---

[144] *Capa:* Hacienda.
[145] *Capilla:* «También se llama capilla la congregación de los cantores»
(Cov.).
[146] *Maestro de capilla:* «El que gobierna el facistol y cantores, llevándo-
les el compás y volviendo a entrar en labor al que yerra» *(Cov.).*

—¿Contino se ha de estar vuestra Excelencia en *mi?*
Para ser buen cantor, diga *fa:* fágase.
Respondió el duque:
—Perdonad, que vos me entonastes.

Cuento 124 (cuento 31)

Un rey de Castilla, yendo camino solo con un paje diligente que le había seguido, y muy familiar suyo, y desasortado [147] en haber mercedes, acaso pasando el rey por un riachuelo, paróse el caballo a mear; por do dijo el paje, porque el rey lo sintiese:
—Este caballo es de la condición de su amo, que siempre da a quien más tiene.
Dijo el rey:
—Calla, necio, que mercedes de rey más se alcanzan por ventura que por diligencia.
—Eso no creeré yo —replicó el paje.
A lo cual calló el rey, y, venido a palacio, tomó dos arcas, y la una hinchó [148] de plomo, y la otra de oro; y llamó al paje, y díjole:
—Mira, cata ahí dos arcas, la una llena de plomo, y la otra llena de oro: sin allegar a ellas, la que señalares será para ti.

Cuento núm. 124(31). Cuento sacado del *Decamerón*, X, 1, y reproducido o aprovechado en varios textos del Siglo de Oro: Antonio de Torquemada, *Coloquios satíricos*, NBAE, VII, pág. 589; Alonso López Pinciano, *Filosofía antigua poética*, I, pág. 108; Jerónimo de Mondragón, *Censura de la locura humana y excelencias de ella*, Selecciones Bibliófilas, Barcelona, 1953, págs. 129-130 (dos versiones); Julián de Medrano, *Silva curiosa*, págs. 162-163; Sebastián de Horozco, *Teatro universal de proverbios*, núm. 1874; Lope de Vega, *El servir con mala estrella*, III, BAE, LII (véase en especial, págs. 66a-67); Juan de Arguijo, *Cuentos*, número 132.
La primera parte del cuento aparece en Melchor de Santa Cruz, *Floresta española*, II, II, 71, pág. 63.

[147] *Desasortado:* Desafortunado.
[148] *Hinchar:* Henchir.

Cuando hubo señalado, acertó con la de plomo. Entonces dijo el rey:

—Agora bien creerás que las mercedes dependen de ventura.

Cuento 125 (cuento 32)

En Castilla un duque dio a cierto médico, porque le visitaba y había curado de cierta enfermedad, una loba [149] de seda forrada de telilla [150] de oro, muy galana. Viniendo un día a visitarle, y viendo el duque que no la llevaba puesta, dijo:

—¿Qué es esto, señor doctor? ¿Qué es de mi loba? ¿Por qué no la traéis?

Respondió:

—Señor, come mucho, y no la puedo sustentar.

Dijo el duque:

—Pues, ¡sus!, den os cincuenta ducados de partido para sustentamiento [151] de ella.

Cuento 126 (cuento 33)

En cierta quistión [152], habiendo hecho correr y volver las espaldas un animoso soldado a otro, y estándole preguntando al esforzado ciertos amigos, que conocían a los

---

Cuento núm. 126(33). Cuentecillo tradicional que recuerdan Luis Zapata, *Miscelánea,* núm. 195, y Lope de Vega, *La cortesía de España,* III, Acad. *N.,* IV, pág. 372b (textos reunidos en *Cuentecillos,* págs. 300-301).
La réplica chistosa se atribuye a Carvajal en los *Comentarios reales* del Inca Garcilaso, pág. 292a.

---

[149] *Loba:* «Se llama también cierto género de vestidura talar, que hoy usan los eclesiásticos y estudiantes, la cual empieza por un alzacuello que ciñe el pescuezo, y ensanchándose después hasta lo último de los hombros, cae perpendicularmente hasta los pies. Tiene una abertura por delante, y dos a los lados para sacar los brazos» *(Aut.).*

[150] *Telilla:* Véase nota 49 de BUEN AVISO Y PORTACUENTOS.

[151] *Sustentamiento:* «El sustento o alimento» *(Aut.).*

[152] *Quistión:* Véase nota 87.

dos, si había huido el otro, como les habían dicho, acaso vino a pasar el huidor, y dijéronle:

—Señor, ¿no ve su contrario?

Respondió:

—No le conozco, porque siempre le vi de espaldas.

Cuento 127 (cuento 34)

Un maestro de escuelas estaba enseñando a un discípulo suyo todas las pruebas de las cuatro reglas del aritmética. Y acaso los estaba mirando un medio truhancillo, y dijo:

—Maestro, la prueba del sabio, ¿cuál es?

Respondió el maestro:

—El necio.

—¿Y del necio?

—El dinero.

Cuento núm. 127(34). La primera parte del cuento puede confrontarse con Hernando Díaz, *La vida y excelentes dichos de los más sabios filósofos,* E₅r.º: «El hombre debe ser sabio, para poder sufrir la ignorancia de los que poco saben», con el tercetillo núm. 144 de los *Trescientos proverbios, consejos y avisos* de Pedro Luis Sanz: «Puédese decir, sin duda / discreto, sabio y cortés / quien sufre al que no lo es», con el refrán «Discreto y sabio es quien sufre al que no lo es» (Pedro Vallés, *Libro de refranes,* [C₅]v.º; Gonzalo Correas, *Vocabulario de refranes,* pág. 329a), y con Gregorio González, *El Guitón Honofre,* pág. 92.

La segunda parte parece estar en la línea del tópico del desprecio de las riquezas por parte del sabio. En este sentido puede compararse, sobre todo, con Séneca, *De vita beata,* XXVI, 1, quien afirma que las riquezas, en el sabio son esclavas, mientras que en el necio mandan. Juan Martín Cordero, *Flores de L. Anneo Séneca,* f. 154r.º, traduce el pasaje.

Puede cotejarse también con el dicho de Quilón de que por la piedra de toque se prueba el oro, y por el oro, la calidad del hombre. Este dicho del sabio de Grecia es de amplia referenciación: Diógenes Laercio, *Historia de los filósofos,* I, 71; Baptista Fulgoso, *De dictis factisque memorabilibus,* VII, 2, f. 215r.º; Erasmo, *Apophthegmata,* II, *Chilo,* 4, pág. 154 (traducción de Támara, f. 166 r.º); Pero Mexía, *Silva de varia lección,* parte 4.ª, cap. 10, tomo II, pág. 305; Hernán López de Yanguas, *Los dichos o sentencias de los siete sabios de Grecia,* tercetillo 17, pág. 312 (quien lo atribuye a Cleóbulo, en vez de a Quilón); Conrado Lycosthenes, *Apophthegmata,* págs. 74b y 190b.

Cuento 128 (cuento 35)

A cierto capitán el rey Alejandre, por gratificarle algunos servicios, mandóle dar a su tesorero dos mil ducados. El tesorero, como estuviese algo de punta con el capitán, en la mañana, al tiempo que el rey se había de levantar, mandó poner en su aposento una mesa, y los dos mil ducados encima de ella en plata, pensando que, en ver el rey tanto dinero, se arrepentiría de la promesa. Pero, como el rey presumió la malicia, dijo:

—¿Qué es esto?

Respondió el tesorero:

—Señor, los dos mil ducados que mandó dar al capitán.

—¿Qué?, ¿tan poca cosa es? Denle otros tantos.

Cuento 129 (cuento 36)

Siendo un viejo demasiadamente avaricioso, en las cosas del servicio de su casa lo era en extremo, y fuera de compás: y era que, si veía encendidas dos lumbres, mataba la una; y, si candela fuera de la mesa ardía, hacía lo mesmo. Por tiempo vino que adoleció, y, no dándole vida, y estando ya *in extremis* [153], encendióle una candela un hijo suyo. Y, estándole diciendo:

—Padre, acordaos de la pasión de Dios,

le respondió:

—Ya me acuerdo, hijo; pero mira tú, hijo mío, que te

Cuento núm. 128(35). Cuento de fuente erudita: Plutarco, *Vida de Marco Antonio*, 4, y L. Domicio Brusoni, *Facetiarum exemplorumque libri*, III, 7, págs. 181-182. No cabe duda de que Timoneda conocía la anécdota por una vía oral, ya que cambia al protagonista, Marco Antonio, por Alejandro Magno, trueque comprensible, por otra parte, dado que el prototipo de la liberalidad suele ser Alejandro Magno.

Recuerda el cuento Lope de Vega[¿], *El ingrato*, I, *Acad. N.*, VI, página 489, quien muy probablemente lo tomó de Timoneda, ya que también se lo atribuye a Alejandro Magno.

---

[153] *In extremis:* En el último momento de la vida.

acuerdes que, en acabando que acabe yo de dar el alma a
mi Dios, mates la candela.

Cuento 130 (cuento 37)

Como están las habilidades repartidas entre los hombres, era uno tan certero en poner garbanzos, tirando de
lejos, por la boca de un cántaro, que una vez, estándolos
tirando delante de un príncipe, le pidió mercedes por ello.
A lo cual le respondió, conociendo la desaprovechada habilidad:

—Denle una hanega [154] de garbanzos.

Cuento 131 (cuento 38)

Un caballero fue muy enamorado y gran poeta. Por estas dos cosas, que la una era bastante, vino a ser loco en
tanta manera, que un hermano suyo le tenía en su casa
encerrado en un lugar apartado. Y, como una vez viniese
a verle, viéndole hacer cosas no debidas, díjole:

—Hermano, ¿para qué hacéis esas cosas? Mirad que sois
incomportable [155].

Respondióle:

—¿Y cómo? ¿Es mucho que allá donde yo toda mi vida

Cuento núm. 130(37). Cuento de fuente erudita: Quintiliano, *Institutio oratoria*, II, 20, 3, y Pedro Crinito, *De honesta disciplina*, XV, 2,
págs. 230-231. Se alude a él en *El Cortesano* de Baltasar de Castiglione,
traducción de Boscán, lib. II, cap. 3, pág. 195. Timoneda no lo conocía
por esta obra, ya que, aunque impersonalizando en «un príncipe» a Alejandro Magno, su protagonista, ofrece una versión completa del mismo.
Con toda probabilidad llegaría hasta él por vía oral.
Cuento núm. 131(38). Tal réplica chistosa la atribuyen Luis de Pinedo, *Libro de chistes*, pág. 111a, y Luis Zapata, *Miscelánea*, núm. 195,
a Garci Sánchez de Badajoz. Pero quedaba indecisa la tradición, puesto
que también se achacaba la frase a un tal N. de Gumiel, según Luis de
Pinedo, *Liber facetiarum*, f. 72r.°.

---

[154] *Hanega:* Véase nota 95 de BUEN AVISO Y PORTACUENTOS.
[155] *Incomportable:* «Lo que no se puede tolerar o llevar, física o moralmente» *(Aut.).*

os he sufrido de necio, que me sufráis vos a mí algunos ratos de loco?

Cuento 132 (cuento 39)

Siendo preso y llevado un cosario delante el rey Alejandre, le dijo:

—Ven acá, rebelde, ¿no tienes vergüenza de ir así robando por la mar?

A lo cual respondió:

—Verdad es, rey, que por ir cual voy solo, me llaman ladrón; mas a ti, que te usurpas todo el mundo, por ir tan acompañado, te llaman señor. Si fueses cual yo voy, llamarte ían como a mí.

Dijo el rey:

—En fin, ¿que yo robo?

Respondió:

—También yo, señor, pero yo por pobreza, y tú por codicia.

Viendo el rey su animosidad, no sólo le perdonó, mas hízole su capitán.

Cuento 133 (cuento 40)

Así como aquel filósofo nota tres necedades en los hombres, que son: ir por mar pudiendo ir por tierra, y tomar

---

Cuento núm. 132(39). Cuento de fuente erudita: Cicerón, *De re publica*, III, 14; San Agustín, *De civitate Dei*, IV, 4, 2, y Erasmo, *Apophthegmata*, IV, *Alexander*, 41, pág. 264. Timoneda, amplificando algo la narración, lo ha tomado de la traducción de Támara, f. 37v.°.

La historia de Alejandro y el pirata tuvo gran difusión, sobre todo en textos medievales: Juan de Salisbury, *Policraticus*, III, 14, pág. 169; *Gesta romanorum*, núm. 118; *Libro de los ejemplos*, núm. 42.

También la incluyen Conrado Lycosthenes, *Apophthegmata*, págs. 21b y 57b; L. Guicciardini, *L'Hore di ricreatione*, pág. 13, traducción de Vicente Millis Godínez, f. 4v.°, y Ambrosio de Salazar, *Las clavellinas de recreación*, núm. 11, págs. 49-50. La recuerda, además, Bances Candamo en su comedia *El esclavo en grillos de oro*, I, BAE, XLIX, página 306b.

Cuento núm. 133(40). La represión de «ir por mar, pudiendo ir por tierra», se remonta, lo mismo que la estructura general del cuento, a las tres cosas de las que Catón el Censor se arrepentía de haber hecho, en

dineros sin contarlos, y comenzar algún camino en ayunas, noto yo el día de hoy otras tres necedades. Y es la primera, estando en la cama con su mujer, para el *multiplicate* [156], demandarle licencia. Y en la mesa aguardar que le rueguen que coma. Y, teniendo sed, no pedirlo.

Cuento 134 (cuento 41)

Estando un poeta mostrando ciertas coplas a un otro amigo suyo, y gran decidor [157], vino a leer un verso que decía así:

Ya parte la nave, bien como sin freno.

Respondió el que lo escuchaba, por tratarle de bestia:

—Eso no es maravilla, mayor fuera con él.

Cuento 135 (cuento 42)

Fue avisado un rey que un mancebo de su mesma estatura y edad le parecía en grandísima manera. Deseoso el

Plutarco, *Vida de Catón el Censor*, 9; L. Domicio Brusoni, *Facetiarum exemplorumque libri*, IV, 25, pág. 326, y Erasmo, *Apophthegmata*, V, *Cato senior*, 43, pág. 406, así como en Pero Mexía, *Silva de varia lección*, parte 1.ª, cap. 4, tomo I, págs. 31-32 *(Fuentes clásicas*, págs. 22-23). Timoneda ha tomado literalmente la censura de la traducción de Támara, f. 221v.º.
Los arrepentimientos de Catón figuran, posteriormente, en L. Guicciardini, *L'Hore di ricreatione*, pág. 234, traducción de Vicente Millis Godínez, f. 180r.º.
Cuento núm. 135(42). Cuento de fuente erudita: Macrobio, *Saturnalia*, II, 4, 19-20, y Erasmo, *Apophthegmata*, IV, *Augustus*, 33, págs. 284-285 *(Fuentes clásicas*, págs. 60-61 y 135). Esta anécdota, cuyo protagonista era Augusto, aparecía también en la *Silva de varia lección* de Pero Mexía, parte 1.ª, cap. 41, tomo I, pág. 247. Timoneda, que ha desprotagonizado a Augusto en «un rey», parece haberla tomado de la traducción de Támara, f. 57 v.º.

---

[156] *Multiplicate:* Multiplicaos. Alusión a *Génesis*, I, 28, que en la versión de la *Vulgata* dice: *Crescite et multiplicamini:* Creced y multiplicaos.
[157] *Decidor:* Véase nota 20 de BUEN AVISO Y PORTACUENTOS.

rey de ver si era así, mandóle llamar, y, conociendo ser
verdad, preguntóle:
—Dime, mancebo, ¿acuérdaste si, por dicha, tu madre
por algún tiempo estuvo en esta mi casa?
Respondió:
—Señor, mi madre, no; pero mi padre, sí.

Cuento 136 (cuento 43)

Estando jugando el rey Argesilao con sus hijos, llevando
una caña entre las piernas como caballo, por enseñarlos a

En Erasmo había otro apotegma muy parecido, protagonizado por un
procónsul romano en Sicilia (Apophthegmata, VI, Varie Mixta, 93, pág.
478, traducción de Támara, f. 354r.°), que procede de Valerio Máximo,
Factorum et dictorum memorabilium libri IX, IX, 14, ext. 3.
A la vez recogían el apotegma de Augusto y el del procónsul Petrarca,
Rerum memorandarum libri, II, 52, 1-2; L. Domicio Brusoni, Facetiarum exemplorumque libri, V, 1, pág. 340, y VI, 20, pág. 435, y Conrado
Lycosthenes, Apophthegmata, págs. 66b, 161b, 361a y 705b (en todos
estos lugares el de Augusto), y 705b (el del procónsul).
La versión de Augusto es, no obstante, la más conocida. Se hacía eco
de ella también el Policraticus de Juan de Salisbury, III, 14, pág. 171.
Figura, asimismo, en L'Hore di ricreatione de L. Guicciardini, pág. 79,
traducción de Vicente Millis Godínez, f. 55v.°; en los Apophthegmata
latina de Gerardo Tuningio, págs. 14-15; en Las clavellinas de recreación
de Ambrosio de Salazar, núm. 97, pág. 194; en Liñán y Verdugo, Guía
y avisos de forasteros, Costumbristas españoles, I, pág. 67, y en Baltasar
Gracián, Agudeza y Arte de ingenio, XXXVIII, pág. 97.
La fortuna de esta agudeza ha sido amplia. De «historia... muy común
y referida por muchos» la califica Antonio de Torquemada, Jardín de
flores curiosas, f. 8r.°. Véase R. Foulché-Delbosc, «Mi madre no, pero mi
padre sí», en Revue Hispanique, XXII (1910), págs. 443-447, y «Mi madre no, pero mi padre sí. II», en Revue Hispanique, XXV (1911), página 345.
La forma latina de la respuesta: Mater nunquam, pater persaepe, constituye un adagium, que incluye Erasmo, Adagia, prolegomena, IV.
Cuento núm. 136(43). Cuento de fuente erudita: Plutarco, Vida de
Agesilao, 25, y Apotegmas, Lacedemonios, Agesilao, 70; Eliano, Historia
varia, XII, 15, y Erasmo, Apophthegmata, I, Agesilaus, 68, pág. 38. Timoneda lo ha adaptado de la traducción de Támara, f. 17v.°.

cabalgar, entró un amigo suyo. Y, como lo viese, rogóle el rey que no lo dijese a nadie hasta que también él fuese padre de hijos —para enseñarle que aquello no era liviandad, sino puro amor y afición.

Cuento 137 (cuento 44)

En cierta batalla de Nápoles, teniendo un soldado a su enemigo debajo de sí y con la boca en tierra, para darle de puñaladas, rogábale que le dejase volver de pechos arriba, y entonces que le matase. Preguntóle por qué. Respondió:

—Porque, si me hallaren mis amigos muerto, no se avergüencen de verme las heridas en las espaldas.

Entonces el vencedor, viéndole en cuánto preciaba la honra el vencido, no sólo le perdonó, mas quiso que fuese su amigo para siempre.

En L. Domicio Brusoni, *Facetiarum exemplorumque libri*, II, 34, página 125; en Conrado Lycosthenes, *Apophthegmata*, págs. 257b-258a y 267a; en L. Guicciardini, *L'Hore di ricreatione*, pág. 246, traducción de Vicente Millis Godínez, f. 188r.°-v.°, y en Juan de Mal Lara, *Filosofía vulgar*, tomo II, página 256, se inserta también el apotegma de Agesilao jugando con sus hijos.

Muy parecido a él, pero con Sócrates como protagonista, y Alcibíades como espectador del juego, que se burla, además, del sabio, existe otro, que procede de Valerio Máximo, *Factorum et dictorum memorabilium libri IX*, VIII, 8, *ext.* 1, y Eliano, *Varia historia*, XII, 15, y que se lee en el *Policraticus* de Juan de Salisbury, VIII, 12, págs. 516-517; en Petrarca, *Rerum memorandarum libri*, I, 9, 2, y en Conrado Lycosthenes, *Apophthegmata*, páginas 566b-567a.

Es muy comprensible la larga y varia fortuna de este ejemplo de amor paterno: así, en Francia, se lo imputaban al rey Enrique IV, a quien habría sorprendido el embajador de España jugando con sus hijos, andando a gatas en una cámara de Palacio.

Cuento núm. 137(44). Cuento de fuente erudita: Plutarco, *Diálogo sobre el amor*, 17, y Erasmo, *Apophthegmata*, II, *Lacones innominati*, 74, pág. 131. Sustituyendo a un soldado lacedemonio por otro de una batalla de Nápoles, y añadiendo el epílogo, Timoneda ha tomado —con gran aproximación textual— el apotegma de la traducción de Támara, ff. 312v.°-313r.°, quien alteraba en «amigos» lo que en Erasmo (y Plutarco) era su amado.

El relato clásico había sido acogido también por L. Dominicio Brusoni, *Facetiarum exemplorumque libri*, II, 43, pág. 155, y Conrado Lycosthenes, *Apophthegmata*, pág. 271a.

Cuento 138 (cuento 45)

Porque ciertos criados del presidente [158] de Cádiz llamaban traidores a unos reconciliados [159], fuéronsele a quejar, y, en oír la causa, respondió el presidente, así mostrando que estaba bien dicho:

—No os maravilléis, amigos míos, que estos mis criados son tan torpes y rústicos de ingenio, que no saben decir sino al pan, pan, y al vino, vino. Id con Dios, que yo los castigaré.

Cuento 139 (cuento 46)

Siendo convidado un caballero por un grande amigo suyo a cenar, de camino se encontró con otros dos hidalgos, que los hubo de llevar, más por fuerza que por grado.

Cuento núm. 138(45). Cuento de fuente erudita: Plutarco, *Apotegmas,* Reyes, Filipo, 15, y Erasmo, *Apophthegmata,* IV, *Philippus,* 14, págs. 248-249 *(Fuentes clásicas,* pág. 136). Timoneda, que ha nacionalizado a Filipo de Macedonia, el protagonista del apotegma de la antigüedad, en «un presidente de Cádiz», lo ha tomado de la traducción de Támara, f. 25r.º.
Aparecía, igualmente, el apotegma clásico en Conrado Lycosthenes, *Apophthegmata,* págs. 745b-746a.
Cuento núm. 139(46). Cuento de fuente erudita: Plutarco, *Consejos para conservar la salud,* 4, *Apotegmas,* Reyes, Filipo, 20, y *Cuestiones convivales,* VII, 6, 1, y Erasmo, *Apophthegmata,* IV, *Philippus,* 19, página 250 *(Fuentes clásicas,* pág. 137). Timoneda lo ha adaptado también directamente de la traducción de Támara, f. 26v.º, cambiando, de nuevo, el protagonismo de Filipo de Macedonia de las fuentes, ahora por el de «un caballero».
El apotegma clásico figuraba además en L. Domicio Brusoni, *Facetiarum exemplorumque libri,* II, 2, pág. 68; en Conrado Lycosthenes, *Apophthegmata,* pág.478a, y, posteriormente, en Gerardo Tuningio, *Apophthegmata graeca,* pág. 7b.

---

[158]   *Presidente:* Véase nota 234 de BUEN AVISO Y PORTACUENTOS.
[159]   *Reconciliados:* «Reconciliar. En el Santo Oficio de la Inquisición es volver a recebir al gremio de la santa madre Iglesia los que se habían apartado de su fe, apostatando; y este acto se llama reconciliación y los tales penitentes reconciliados» *(Cov., s. v.reconciliar).*

Y, como entrasen en casa del huésped, conoció que se había turbado, por no tener aparejado de cenar para tantos. Por lo cual dijo a todos secretamente que no comiesen mucho de las primeras viandas, porque las había para la postre preciosísimas. Persuadidos con este comer poco, bastaron las viandas, y burló a sus amigos, y socorrió la falta de su huésped.

Cuento 140 (cuento 47)

Hurtaron a un capitán en Flandes de su aposento unos borceguíes [160] hechos de molde para sus pies, porque los tenía lisiados y tuertos [161]. Hallándolos menos, dijo:
—Plega a Dios que le vengan bien a quien me los hurtó.

Cuento 141 (cuento 48)

Vendiéndose ciertos cautivos en presencia de un rey que estaba asentado en su trono, el cual, por tener descosidas sus calzas [162], mostraba sus vergüenzas sin haber senti-

---

Cuento núm. 140(47). Cuento de fuente erudita: Plutarco, *Cómo debe el joven escuchar la poesía,* 3; Ateneo, *El banquete de los sabios,* VIII, 19, y Erasmo, *Apophthegmata,* II, *Lacones innominati,* 79, página 132 *(Fuentes clásicas,* págs. 137-138). La traducción de Támara, f. 313r.°, es la fuente directa. Demónides de Lacedemonia —Dorión en Ateneo— ha pasado a ser «un capitán de Flandes» en Timoneda.

Es cuento que recuerdan varios escritores del Siglo de Oro: Mechor de Santa Cruz, *Floresta española,* VIII, VII, 1, pág. 232; Juan de Arguijo, *Cuentos,* núm. 425; Gonzalo Correas, *Vocabulario de refranes,* página 489b; Cubillo de Aragón, *El invisible príncipe del baúl,* I, BAE, XLVII, pág. 181c (textos reunidos en *Cuentecillos,* págs. 347-348). También en Luis Galindo, *Sentencias filosóficas,* IX, f. 135r.°.

Cuento núm. 141(48). Cuento de fuente erudita: Plutarco, *Apotegmas,* Reyes, Filipo, 19, y Erasmo, *Apophthegmata,* IV, *Philippus,* 18, página 250 *(Fuentes clásicas,* págs. 138-139). Timoneda ha vuelto a tomar

---

[160] *Borceguíes:* Véase nota 51.
[161] *Tuertos:* Torcidos.
[162] *Calzas:* «Se llamaban también los calzones angostos, que se ataban con muchas agujetas por la cintura, para que estuviesen firmes y sin arrugas» *(Aut.).*

miento de ello, un cautivo de los que se vendían dijo a voces muy altas:

—Perdóname, rey, cata que yo buen amigo fui de tu padre.

Respondió el rey:

—¿Por dónde o de qué manera fue esa amistad?

Dijo el cautivo:

—Dame licencia que me llegue a ti, y yo te lo diré.

Dejándole que llegase, díjole en secreto:

—Rey, cubre tus vergüenzas.

Luego el rey, disimuladamente, se cubrió, y dijo a voces muy altas:

—Dejaldo libre, pues tan servidor ha sido de mi padre.

Cuento 142 (cuento 49)

Convidado a comer cierto alcalde en Castilla por un grande amigo suyo, y, por causa que había de juzgar cierto negocio después de haber comido, bebió muy templadamente. Conociéndolo el huésped, dijo, ya después de comer:

---

directamente de la traducción de Támara, f. 26r.°-v.°, este otro cuento, cuyo protagonista en las fuentes era también Filipo de Macedonia.

Es relato de la antigüedad que también acogían en sus colecciones L. Domicio Brusoni, *Facetiarum exemplorumque libri*, I, 3, pág. 17, y Conrado Lycosthenes, *Apophthegmata*, pág. 45a-b.

Cuento núm. 142(49). Cuento de fuente erudita: Aulo Gelio, *Noctes Atticae*, XI, 14, y Erasmo, *Apophthegmata*, VI, *Varie Mixta*, 96, pág. 478 *(Fuentes clásicas*, pág. 139). Timoneda, con paralelo textual, lo ha adaptado directamente de la traducción de Támara, f. 318v.°, nacionalizando a Rómulo en un «alcalde de Castilla». Conocería, no obstante, sin duda, la versión de L. Domenichi, *Facezie, motti e burle*, lib. V, f. 129v.°, protagonizada por un tal Marco Antonio Francesco. El colector italiano, a su vez, aunque haya cambiado al protagonista, es muy posible que recibiera el apotegma a través de Erasmo, pero en los *Colloquia familiaria*, *Convivium fabulosum*, pág. 339, donde también lo reseñaba el humanista holandés.

En Melchor de Santa Cruz, *Floresta española*, VI, VIII, 24, pág. 179, el protagonista está indeterminado.

El apotegma clásico aparece también en Gerardo Tuningio, *Apophthegmata latina*, pág. 78.

—Si tan comedidamente bebiesen todos los hombres del mundo, barato valdría el vino.

Respondió el alcalde:

—Antes os digo de verdad que más caro, si cada uno bebiese lo que querría, como yo, que he bebido lo que he querido, y no más.

Cuento 143 (cuento 50)

Instituyendo el rey Filipo a un grande amigo suyo, y letrado [163], por principal juez de sus reinos, este tal, siendo viudo, y porque ya le salían canas, por parecer mancebo, dábase pebradas [164]. Sabiéndolo el rey, quitóle el oficio, diciendo:

—Quien con sus cabellos no es fiel, menos lo será con el administración del reino.

Quiso sentir que, pues engañaba sus cabellos, también engañaría la república.

Cuento 144 (cuento 51)

Siendo un filósofo muy templado en el beber, convidáronle unos amigos suyos a cenar, y en la cena emborracháronse todos. Y, como sobre mesa tratasen de algunas habilidades que sabía hacer cada uno, dijo el filósofo, por tratarlos de borrachos:

Cuento núm. 143(50). Cuento de fuente erudita: Plutarco, *Apotegmas,* Reyes, Filipo, 23, y Erasmo, *Apophthegmata,* IV, *Philippus,* 23, págs. 251-252 *(Fuentes clásicas,* págs. 139-140). Timoneda lo ha tomado de la traducción de Támara, f. 27v.°.

Figuraba ya en L. Domicio Brusoni, *Facetiarum exemplorumque libri,* II, 42, pág. 152; en Nicolás Liburnio, *Sentencias y dichos de diversos sabios y antiguos autores,* traducción de Alonso de Ulloa, lib. I, f. 6v.°; en Conrado Lycosthenes, *Apophthegmata,* págs. 292b-293a y 370b-371a, y, posteriormente, en Gerardo Tuningio, *Apophthegmata graeca,* pág. 8a.

---

[163] *Letrado:* Véase nota 211 de BUEN AVISO Y PORTACUENTOS.
[164] *Darse pebradas:* Véase nota 209 de BUEN AVISO Y PORTACUENTOS.

—Cubridme los ojos y llevadme adonde quisiéredes, y
que acierto adónde estoy.
    Hecho esto, dijéronle:
—¿Dónde estás?
    Respondió:
—Entre tinajas.
    Dejándole caer, dijo:
—Entre locos.

Cuento 145 (cuento 52)

Léese de un señor de salva [165], valenciano (que por hu-
mildad [166] se calla su nombre), que rogó a su camarero que
secretamente le trujese alguna señora que durmiese con él.
Al fin, siendo ya muy tarde, le trujo una muy hermosa.
Díjole en verla:
—Señora, ¿cómo habéis venido tan tarde?
    Respondió ella:
—Sepa su señoría que la causa ha sido esperar que mi
marido se acostase.
    Respondióle él:
—Pues, id, buena mujer, y aguardad que se levante.
    Y, volviéndose a su camarero, le riñó, porque tenía por
muy grande pecado echarse con mujer ajena.

Cuento 146 (cuento 53)

Falleciendo un mercader que por muy rico era tenido,
hallaron que era más lo que debía, que no lo que tenía.

Cuento núm. 145(52). Cuento de fuente erudita: Plutarco, *Apotegmas,* Reyes, Alejandro, 3, y Erasmo, *Apophthegmata,* IV, *Alexander,* 3,
págs. 255-256 *(Fuentes clásicas,* págs. 140-141). La traducción de Támara,
f. 31r.º-v.º, parece ser la fuente más directa, aunque, seguramente, en
paralelo a Diego Gracián, B₃r.º. Alejandro Magno, el protagonista del
apotegma clásico, que también recogía Conrado Lycosthenes, *Apophthegmata,* págs. 14a-b y 111b, se ha folclorizado en «un valenciano».
    Cuento núm. 146(53). Cuento de fuente erudita: Macrobio, *Saturna-
lia,* II, 4, 17, y Erasmo, *Apophthegmata,* IV, *Augustus,* 31, pág. 284

---

[165] *Señor de salva:* Véase nota 12 de BUEN AVISO Y PORTACUENTOS.
[166] *Humildad:* Respeto.

Y, como los acreedores a quien él debía, por justicia, en pública almoneda, le vendiesen la ropa, el rey de aquella tierra mandó a su mayordomo que le comprase una colcha con que dormía este mercader. Dijo el mayordomo:

—¿Búrlase vuestra Alteza?

Respondió:

—No me burlo, porque tengo necesidad de ella para poder dormir.

Quiso notar que cómo podía dormir un hombre que debiese tanto, pues a él los cuidados le hacían estar desvelado.

Cuento 147 (cuento 54)

Viniendo el rey Alejandre determinado de destruir la ciudad de Lámpsaco, y con juramento de no hacer cosa

---

(*Fuentes clásicas*, págs. 141-142). Timoneda, que ha suprimido el protagonismo de Augusto, lo ha tomado de la traducción de Támara, f. 57r.º.

La anécdota de Augusto y la colcha, o colchón, del deudor, es motivo afortunado en las colecciones de relatos breves: Petrarca, *Rerum memorandarum libri*, II, 38, 11; Giovanni Pontano, *De sermone*, V, 2, 27; L. Domicio Brusoni, *Facetiarum exemplorumque libri*, V, 10, pág. 368; Othmar Luscinio Argentino, *Ioci ac sales mire festivi*, núm. 187; Conrado Lycosthenes, *Apophthegmata*, págs. 168a y 244a; L. Guicciardini, *L'Hore di recreatione*, págs. 44-45, traducción de Vicente Millis Godínez, f. 27r.º-v.º; Melchor de Santa Cruz, *Floresta española*, V, II, 2, pág. 138; Gerardo Tuningio, *Apophthegmata latina*, págs. 13-14; Ambrosio de Salazar, *Las clavellinas de recreación*, núm. 56, págs. 129-130.

Curiosamente hay una alusión a ella en el segundo dístico latino con que Fernando de Arce, *Adagia*, quincuagena 1.ª, núm. 39, glosa el refrán «El que algo debe no reposa como quiere».

Cuento núm. 147(54). Cuento de fuente erudita: Valerio Máximo, *Factorum et dictorum memorabilium libri IX*, II, 3, *ext.* 4, y Erasmo, *Apophthegmata*, VI, *Varie Mixta*, 8, pág. 501 (*Fuentes clásicas*, págs. 142-143). De la traducción de Támara, f. 328 v.º, es de donde lo ha vertido Timoneda, que ha mantenido a los protagonistas, Alejandro y Anaxímenes.

Este relato de la salvación de Lámpsaco gracias a la sagacidad de Anaxímenes, fue tambien muy difundido: Petrarca, *Rerum memorandarum libri*, III, 28, 1; *Libro de los ejemplos*, núm. 233; L. Domicio Brusoni,

que le rogasen, sabiéndolo el filósofo Anaxímenes, maestro del rey, salióle al encuentro, y, postrándosele por tierra, dijo:

—Yo te suplico, ¡oh, rey!, que destruyas la ciudad de Lámpsaco.

Viendo el rey la cautela de este sabio, por no quebrar el juramento, hubo de usar de misericordia.

Cuento 148 (cuento 55)

Filóxeno, famosísimo poeta, viendo que unos cantareros cantaban sus versos trastrocando y quebrando algunos de ellos, con un báculo que llevaba dio en los jarros, quebrando gran parte de ellos, y diciendo:

—Pues vosotros dañáis mis obras, yo también dañaré las vuestras.

Cuento 149 (cuento 56)

Bebía un filósofo en una taberna, y de tal manera, que le vio otro amigo suyo, que pasaba por la calle. El que

---

Facetiarum exemplorumque libri, II, 3, pág. 74; Hernando Díaz, *La vida y excelentes dichos de los más sabios filósofos*, B₂v.° y [D₆]r.°; Conrado Lycosthenes, *Apophthegmata*, pág. 741a; L. Guicciardini, *L'Hore di ricreatione*, págs. 22-23, traducción de Vicente Millis Godínez, ff. 10v.°-11r.°.

Igualmente se hace eco de él Bernardino Tomitano, *Quattro libri della lingua toscana*, ff. 296v.°-297r.°, pero con Aristóteles y su patria, en lugar de Anaxímenes y Lámpsaco.

Cuento núm. 148(55). Cuento de fuente erudita: Diógenes Laercio, *Historia de los filósofos*, IV, 36; L. Domicio Brusoni, *Facetiarum exemplorumque libri*, V, 13, pág. 376; Erasmo, *Apophthegmata*, VI, *Varie Mixta*, 24, pág. 504, y Conrado Lycosthenes, *Apophthegmata*, pág. 771b. Timoneda, que ha vuelto a mantener al protagonista del mismo, el poeta Filóxeno, lo ha tomado, una vez más, de Erasmo a través de la traducción de Támara, f. 330r.°.

Sobre este cuento y su historia, véase Daniel Devoto, «El zapatero de don Juan Manuel», en *Textos y contextos*, Gredos, Madrid, 1974, páginas 112-113.

Cuento núm. 149(56). Cuento de fuente erudita: Plutarco, *Cómo percibir los propios progresos en la virtud*, 11; Diógenes Laercio, *Historia de los filósofos*, VI, 34, y Erasmo, *Apophthegmata*, III, *Diogenes*, 33, página 208 *(Fuentes clásicas*, págs. 143-144). En él sigue siendo la traducción

bebía, por no ser visto, escondíase hacia dentro. Visto esto
por el que pasaba, dijo:
—Eso es ponerte más en ella.

Cuento 150 (cuento 57)

Un ganapán [167], yendo cargado con una gran carga a
cuestas, encontró con uno que iba por la calle, y, en ha-
berle dado, dijo:
—¡Guardaos, señor!
Preguntóle el que había recibido:
—¿Qué?, ¿otra vez me quieres dar?

---

de Támara, f. 109r.°, la fuente inmediata, y Timoneda ha suprimido —según su práctica más frecuente— los nombres de los protagonistas, Demóstenes y Diógenes.
El apotegma clásico figura en Gerardo Tuningio, *Apophthegmata graeca*, pág. 58a.
     Cuento núm. 150(57).   Cuento de fuente erudita: Diógenes Laercio,
Historia de los filósofos, VI, 41, y Erasmo, *Apophthegmata*, III, *Diogenes*,
62, pág. 214 *(Fuentes clásicas*, pág. 144), traducción de Támara, f. 112v.°.
Estas fuentes citadas corresponden a un apotegma protagonizado por
Diógenes el Cínico, a quien uno a un golpe con una viga, respondiendo
el filósofo a la voz de que se guarde, por parte de quien le ha golpeado,
con la pregunta de si es que le quiere «dar» otra vez.
     Este apotegma de Diógenes se encuentra también en el repertorio de
Conrado Lycosthenes, *Apophthegmata*, págs. 6a y 774a.
     Muy semejante a él existe otro, protagonizado por Catón el Censor,
al que otro individuo da también un golpe, esta vez con un arca, con-
testando el estadista romano, a la idéntica voz precautoria, con la pregunta de si es que lleva otra cosa, además del arca: Cicerón, *De oratore*,
II, 279, y Erasmo, *Apophthegmata*, V, *Cato senior*, 49, pág. 407, traducción de Támara, f. 222r.°.
     Parecida difusión debieron tener uno y otro apotegmas, ya que ambos
aparecían ya, como luego en Erasmo, en los *Facetiarum exemplorumque
libri* de L. Domicio Brusoni, III, 14, pág. 208, y III, 16 pág. 216, y,
posteriormente, en Gerardo Tuningio, *Apophthegmata graeca*, pág. 59b,
y *Apophthegmata latina*, pág. 55, respectivamente.
     Curioso es el caso que presenta *El Cortesano* de Baltasar de Castiglione,
traducción de Boscán, lib. II, cap. 6, pág. 246. El apotegma reseñado en
esta obra es el de Catón, pero Boscán traduce la respuesta de Catón en

---

[167] *Ganapán*: «Este nombre tienen los que ganan su vida y el pan que
comen (que vale sustento), a llevar a cuestas y sobre sus hombros las
cargas, hechos unos atlantes» *(Cov.)*.

Cuento 151 (cuento 58)

A un señor de salva [168] en Castilla un pobre escudero demandábale socorro para casar una hija suya. El señor, habiendo compasión de su trabajo, aunque no era de su condición, le dijo que demandase lo que había menester. Pues, conociendo el escudero no ser el señor muy largo en hacer mercedes, pidióle veinte y dos reales. Maravillado el señor de esto, dijo a su camarero:

—¿No miráis este pecador, que, diciéndole yo que pidiese lo que menester había, no ha querido pedir más de veinte y dos reales?

Respondió el camarero:

—No se maraville vuestra señoría, que conoció la figura [169] y quedóse con veinte y dos [170].

Cuento 152 (cuento 59)

Antes que se bautizasen los moriscos del reino de Valencia, a un morisco de un lugar llamado Alberique habíale hurtado un ladrón no sé qué ropa, el cual se lo negaba.

---

la forma «—¿Cómo?, ¿otra vez me quieres dar?», es decir, con la contestación de Diógenes, y no con la de Catón, cuando en la versión original *Il libro del cortegiano*, Venecia, 1528, Castiglione decía: «—Hai tu altro in spalla che quella cassa?», o sea, daba la respuesta auténtica de Catón. Sin duda, Boscán, que ha transmutado la contestación, conocía la anécdota de Diógenes.

Cuento núm. 152(59). Cuento de fuente erudita: Cicerón, *De oratore*, II, 220, y alusión en II, 255; Quintiliano, *Institutio oratoria*, VI, 3, 81; Erasmo, *Apophthegmata*, VI, *Varie Mixta*, 38, pág. 468, traducción de Támara, f. 315v.º.

---

[168]   *Señor de salva*: Véase nota 12 de BUEN AVISO Y PORTACUENTOS.

[169]   *Figura*: «En la baraja de los naipes son aquellos tres que hay en cada palo, que representan cuerpos, y se llaman rey, caballo y sota» *(Aut.)*.

[170]   *Veinte y dos*: Puntos o tantos. Sin duda se trata de un juego de naipes concreto.

Venidos a juicio, buenamente, delante de un juez, para que
lo averiguase, antes de ser oídos daba tan grandes voces el
morisco contra el delincuente, que el juez, viendo quién
era, dijo:

—¿Has de callar, perro? ¿Por qué diablos estás ladrando?
Respondió:
—Porque veo un ladrón.

Cuento 153 (cuento 60)

Un marqués, señor de salva [171], encontrándose un día
con el baile [172] general de Valencia, no le quitó [173] el bonete, habiéndoselo quitado el baile a él, de lo cual quedó
muy quejoso. Sabiéndolo el marqués, topó un día con un

Timoneda ha sustituido por «un morisco» y «un ladrón» a los orado-
res Cátulo y Filipo del apotegma clásico, que, no obstante, en Petrarca,
Rerum memorandarum libri, II, 37, 11, son Publio Sulpicio y Filipo.
Es cuento de gran difusión: L. Domicio Brusoni, *Facetiarum exemplorumque libri*, II, 40, pág. 148; Conrado Lycosthenes, *Apophthegmata*,
págs. 159b y 296a; Tomaso Porcacchi, *Motti diversi*, pág. 444 (versión
en la que Porcacchi se remonta al término latino *catulus:* «perrillo»,
como explicación de la motejación de llamarle perro y preguntarle por
qué ladra Filipo a Cátulo); L. Guicciardini, *L'Hore di ricreatione*, páginas 154-155, traducción de Vicente Millis Godínez, f. 116r.º-v.º; Gerardo
Tuningio, *Apophthegmata latina*, pág. 74; Ambrosio de Salazar, *Las clavellinas de recreación*, núm. 176, págs. 303-304.
Sin protagonistas, y reducido a un juego de palabras —como, fundamentalmente, ocurre en el relato de Timoneda (ladrar/ladrón)—, figura
en *El Cortesano* de Baltasar de Castiglione, traducción de Boscán, lib. II,
cap. 5, pág. 228.
El juego de palabras también en Baltasar Gracián, *El Criticón*, III, 3,
O. C., pág. 864a: «No son ladrados los ladrones, con que ninguno tiene
cosa suya.»

[171] *Señor de salva:* Véase nota 12 de BUEN AVISO Y PORTACUENTOS.
[172] *Baile:* «En la ciudad de Valencia es el juez del patrimonio real; y
en aquel reino, y en el de Aragón y Cataluña, vale tanto como justicia,
y significa poder o potestad» *(Cov.).*
[173] *Quitar:* «Quitar el sombrero, gorra, etc.: Apartarle de la cabeza,
descubriéndola en señal de cortesía y respeto» *(Aut.).*

paje del baile que llevaba dos gorras nuevas en la mano.
Preguntándole que cúyas eran, respondió el paje:

—De mi señor el baile.

Tomóselas el marqués, y dijo:

—Decid a vuestro señor el baile que, porque no quede
quejoso que el otro día no le quité una gorra, que agora
le quito dos.

Cuento 154 (cuento 61)

Habiendo librado de la muerte un soldado en una batalla al rey Creso, y ya después de ser vencidos los enemigos, y estando el rey en su tienda, quiso saber quién
era el soldado que tanto bien le hizo. Venido, y traído
que fue delante del rey con otros soldados que le acom-
pañaban, echóse la mano el rey a la bolsa y diole cinco
talentos de merced. El soldado, muy afrentado, bajó su
cabeza y púsose a contar muchas veces los talentos, de
manera que le dijo un compañero:

—Andad acá, ¿de qué sirve eso?

Respondió el soldado:

—Dejadme, que tal caso como éste nunca se ha de acabar de contar.

Cuento 155 (cuento 62)

Una cierta dama valenciana, ultra que era muy sabia,
tenía una tacha, que hablaba más de lo que era menester.
Un día, estando en un sarao [174], tomáronle unos desmayos;
y fueron corriendo a decirlo a su marido, diciéndole que
su mujer estaba sin habla. El cual, como lo oyese, dijo:

—Dejalda estar, que, si eso le dura, será la más acertada
mujer del mundo.

---

[174]   *Sarao:* Véase nota 30 de BUEN AVISO Y PORTACUENTOS.

Cuento 156 (cuento 63)

Un caballero a quien no sabía mal el vino, estando en
conversación con otros después de haber comido, parecióle
a él que fue afrentado de otro caballero; y por esto le
desafió que se mataría con él, y con las armas que quisiese.
Respondió su contrario que él aceptaba el desafío, con tal
que no fuese en cueros [175].

Cuento 157 (cuento 64)

Una señora que siempre quería saber, a Hulana [176] quién
la sirve, y Hulano a quién sirve, y Hulana en qué entiende,
y Hulano de qué vive, demandó a un caballero, estando
en conversación, que le prestase un libro que tenía de
las vidas de los diez emperadores [177]. Respondió:
—Señora, ya le vendí, porque soy muy enemigo de saber
vidas ajenas.

Cuento 158 (cuento 65)

Traían a un sobrino de Garci Sánchez dos mujeres en
casamiento, de las cuales, la una era de muy buena parte,
sino que había hecho un yerro de su persona; y la otra
era confesa [178], con la cual le daban un cuento [179] en dote.
Llegándose este sobrino a demandar consejo y parecer a
su tío sobre cuál de aquestas dos tomaría por mujer, le
respondió así:

Cuento núm. 158(65). Agudeza que también atribuye a Garci Sánchez de Badajoz el recopilador de los *Dichos graciosos de españoles,* número 199. La da como anónima Sebastián de Covarrubias, *Tesoro de la
lengua castellana,* pág. 352a.

[175] *Cueros:* Véase nota 63 de BUEN AVISO Y PORTACUENTOS.
[176] *Hulana:* Véase nota 97 de BUEN AVISO Y PORTACUENTOS.
[177] Alude a la *Década de las vidas de los diez césares y emperadores
romanos* de fray Antonio de Guevara.
[178] *Confeso:* «El que desciende de padres judíos o conversos» *(Cov.).*
[179] *Cuento:* «Es un cuento diez veces ciento mil» *(Cov.).*

—Sobrino, yo más querría que me diesen con el cuento [180] que no con el hierro [181].

Cuento 159 (cuento 66)

Como se casase un viejo al cabo de setenta años, y reprochándoselo algunos amigos suyos que había hecho gran locura, respondió que decían verdad, que el hombre en hacerse viejo perdía el seso, y que, mientras le tuvo, siendo mozo, nunca le pudieron hacer casar.

Cuento 160 (cuento 67)

A un mancebo, trayéndole, para que escogiese, dos casamientos, el uno de una doncella loca con cinco mil ducados de dote, y otra muy sabia con cuatro mil, escogió la loca, diciendo:
—Vengan los cinco mil ducados, que yo no he hallado un ducado de diferencia de la más sabia a la más loca.

Cuento 161 (cuento 68)

Viniendo a visitar un amigo a otro y demandándole en su posada, sintió cómo él dijo a su criado que le dijese

Cuento núm. 159(66). La fuente de este cuento, con gran semejanza textual, es una facecia de L. Domenichi, *Facezie, motti e burle*, lib. III, f. 76r.º protagonizada por un tal Maestro Batholomeo, médico de Pistoia. También forma parte, y con el mismo protagonista, del repertorio de *Facezie e motti dei secoli XV e XVI*, núm. 206.
Cuento núm. 160(67). Con ligeras variaciones en la cuantía de la dote, este otro cuento procede igualmente de L. Domenichi, *Facezie, motti e burle*, lib. III, ff. 75v.º-76r.º. La facecia que ha servido de fuente a este cuento precede, en la colección italiana, inmediatamente a la que es la fuente del cuento anterior de Timoneda, y su protagonista es también el citado Bartholomeo, médico de Pistoia.
Cuento núm. 161(68). Cuento de fuente erudita: Cicerón, *De ora-*

[180] *Cuento:* «Y en la lanza hallamos dos extremos, y al uno llamamos hierro de la lanza, y al otro cuento. Jugó de estos dos vocablos el que dijo a un galán que casó desigualmente, que, por enmendar el yerro, le dieron después con el cuento, que fue el dote.» *(Cov.).*
[181] *Hierro:* Véase nota 180.

que no estaba en casa. Fuese muy quejoso. Después vino el que se hizo negar a visitar al quejoso, y, entrando por casa, dijo:

—¿Quién está acá? ¿Está el señor en la posada?

Respondió el otro, conociéndole, desde un entresuelo:

—No está en casa.

—¿Cómo no?, ¡si yo le siento hablar!

Tornóle a responder, diciendo:

—Fuerte cosa es, señor, la vuestra, que queráis que tenga más crédito vuestro criado que yo. Dígoos que no quiero estar en casa: andad con Dios.

Cuento 162 (cuento 69)

Oyendo un presidente [182], fuera de juicio, a un querellante, ausente la parte contraria, atapóse con la mano el un oído. Dijo el querellante, acabado que hubo de hablar:

tore, II, 276, y Erasmo, *Apophthegmata*, VI, *Varie Mixta*, 52, págs. 489-490 *(Fuentes clásicas*, pág. 145), traducción de Támara, f. 324v.º. Dos amigos anónimos encubren a Ennio y Escipión Nasica, los protagonistas del apotegma clásico, que Timoneda ha podido tomar también de Baltasar de Castiglione, *El Cortesano*, traducción de Boscán, lib. II, cap. 6, páginas 244-245.

Repite la narración Erasmo en los *Colloquia familiaria*, *Diluculum*, págs. 547-548.

La recogía igualmente Conrado Lycosthenes, *Apophthegmata*, páginas 410b y 570b-571a. Se lee, además, en *L'Hore di ricreatione* de L. Guicciardini, págs. 142-143, traducción de Vicente Millis Godínez, f. 106r.º-v.º; en la *Floresta española* de Melchor de Santa Cruz, VII, I, 20, página 189, y en los *Apophthegmata latina* de Gerardo Tuningio, página 82.

Cuento núm. 162(69). Cuento de fuente erudita: Plutarco, *Vida de Alejandro*, 42, y Erasmo, *Apophthegmata*, IV, *Alexander*, 45, pág. 265 *(Fuentes clásicas*, pág. 146). Timoneda, que ha convertido en «un presidente» a Alejadro Magno, y que ha particularizado en una situación concreta la costumbre de éste de escuchar en los juicios con una oreja tapada, lo ha adaptado de la traducción de Támara, f. 38r.º.

El relato del sabio proceder de Alejandro Magno aparecía también en

---

[182] *Presidente:* Véase nota 234 de BUEN AVISO Y PORTACUENTOS.

—¿Hame oído bien vuestra señoría?
Respondió:
—Bien, por cierto, pues este otro oído he guardado para
vuestro contrario —dando a entender que el juez no ha
de determinar causa ninguna, sin que primero oiga las dos
partes, para quedar satisfecho.

Cuento 163 (cuento 70)

Habiendo presentado a un caballero un plato de cerezas,
por fruta nueva, estando sobre mesa, el cual tenía dos hijos, el uno bastardo y el otro legítimo, que comían en otra
mesa apartados; viendo el bastardo que no le daban de
ellas, alzó la mano y dio un bofetón al legítimo. Viéndolo
el padre, dijo:
—Ladrón, ¿por qué has hecho eso?
Respondió:
—Señor, porque me estaba diciendo: «No te darán cerezas, no.»
En gustar el caso el padre, dioles cerezas a los dos, porque el uno las demandaba con astucia, y el otro llorando.

Cuento 164 (cuento 71)

Estando el duque de Calabria en el castillo de Játiva,
vino a visitarle un día el marqués de Cenete. Y, al pasar

Francesco Barbaro, *De re uxoria libri duo*, II, 1, Dv.°; en L. Domicio
Brusoni, *Facetiarum exemplorumque libri*, III, 10, pág. 189; en Conrado
Lycosthenes, *Apophthegmata*, pág. 370a, y posteriormente, en L. Guicciardini, *L'Hore di ricreatione*, págs. 188-189, traducción de Vicente Millis Godínez, f. 143r.°.
    Lo recuerda asimismo Baltasar Gracián en el *Oráculo manual y Arte
de prudencia*, núm. 227, *O. C*, pág. 211b, y en la *Agudeza y Arte de
ingenio*, XXX, pág. 36.
    Confróntese con el proverbio judeo-español «El juez no juzgue hasta
que no siente todos los dos cabos» (véase E. S. O'Kane, *op. cit.*, página 241a), con el de Sebastián de Horozco, *Teatro universal de proverbios*, núm. 2999, «Tú que has de juzgar, oye a entrambas partes», y con
el refrán «No hagas nada, alcalde, sin oír la otra parte» (Gonzalo Correas, *Vocabulario de refranes*, pág. 263b).
    El consejo y recuerdo a los jueces de no deberse juzgar sin escuchar a
las dos parte en litigio, constituye, además, un tópico de recurrencia en
la antigüedad. Así, por ejemplo, en Luciano, *No debe creerse en la ca-
lumnia*, 8, y *Hermótimo*, 30.

de una puerta, siguiendo el duque y el marqués sus acostumbradas cortesías, dijo el duque al marqués:

—Pase vuestra señoría.

Respondió el marqués:

—Pasaré como escudero, por obedecer a su excelencia.

Cuento 165 (cuento 72)

Viendo uno que era tan buen razonador, que él mismo no se entendía; tanto que, estando en conversación muchos amigos suyos sobre mesa contando cuentos, y que, en acabar de contarlos, todos se reían, púsose a contar un cuento que, cuando le hubo acabado, quedó tan frío, que ninguno se rió. Viendo que ninguno se conmovía a reír, dijo:

—Ya os podéis comenzar de reír, señores, que yo he acabado de contar mi cuento.

DEO GRATIAS
FIN DE LA SEGUNDA PARTE DEL PRESENTE LIBRO
LLAMADO
«SOBREMESA Y ALIVIO DE CAMINANTES»

CUENTOS AÑADIDOS EN LA EDICIÓN DE ÉVORA, 1575

Cuento 166

Un vizcaíno tenía siete hijos, al uno de los cuales, como a más sabio, envió a Castilla, para que deprendiese [183], así la lengua castellana, como otras agudezas y finezas, para poder tratar en todas partes, y para que, después de él muerto, encaminase en otro tanto a sus hermanos. Y, habiendo estado un mes en Castilla, fue tal su dicha, que, por una gracia que dijo delante un gran señor, le hizo mercedes, y, pensando que otro tanto sería de sus hermanos, fue por ellos. Y, como tuviesen mucho hato que traer, el padre les dio un macho [184] que tenía, en el cual cargaron su hato. Y, a la pasada de un río, había una puente de madera no muy segura, y dio por consejo el que había estado en Castilla, como más sabio, que pasase el macho a vado. Fue tan recia la corriente, que echó al macho en un arenal que había tras un pilar de la puente, de do nunca le pudieron hacer salir. Y ordenó el mayor que se asiesen los unos de los otros, hasta que el uno de ellos lo pudiese asir entre las piernas; y él, como más fuer-

---

Cuento núm. 166. Cuento folclórico (T 1250) que sigue viviendo en la tradición española (Galicia, León) y americana *(Cuentos folklóricos,* núm. 94).

---

[183] *Deprender:* Véase nota 11 de BUEN AVISO Y PORTACUENTOS.
[184] *Macho:* Véase nota 144 de BUEN AVISO Y PORTACUENTOS.

te y diestro, asióse de una viga de la puente. Y, como todos estuviesen bien asidos, les dijo:

—¿Estáis todos bien?

Respondieron que sí. Entonces dijo él:

—Pues, esperad, y escupirme he en las manos. De modo que, por escupirse en ellas, soltó la viga, por lo cual vinieron a caer todos donde el macho estaba.

Cuento 167

Como los gabachos de su natural sean apocados y míseros, acaeció ir dos de ellos camino, los cuales, por no gastar los zapatos por las arenas y agudas piedras que había, se los descalzaron y lleváronlos en las manos. Quiso Dios que el uno de ellos tropezó en una piedra aguda, de modo que vino a henderse el pie. Y, como se viese tan malherido, volvióse a su compañero, y díjole:

—¡Oh, hideputa [185], Peyre!, y, si tuviera el zapato en el pie, ¡cómo me hubiera hecho ocho maravedís de costa!

Cuento 168

Un caballero de Granada aposentó a un loco en su casa, que era muy decidor [186] y parlero [187]. Y, habiéndole dado muy bien de cenar, le mandó dar una cama en un terrado,

---

Cuento núm. 167. Cuento folclórico (T 1704) que ya aparece en el *Libro de los ejemplos*, núm. 37, y que sigue viviendo en la tradición peninsular y americana *(Cuentos folklóricos,* núm. 224).

Confróntese con el difundido refrán «Zapato, roto o sano, más vale en el pie que en la mano», que recogen Santillana, *Refranes* (véase E. S. O'Kane, *op, cit.,* pág. 235a); Pedro Vallés, *Libro de refranes,* [B₅]v.°; Hernán Núñez, *Refranes o proverbios* f. 22r.°b; Sebastián de Horozco, *Teatro universal de proverbios,* núm. 539, y Gonzalo Correas, *Vocabulario de refranes,* pág. 298b.

Cuento núm. 168. Procede de la *Floresta española* de Melchor de Santa Cruz, I, IV, 4, pág. 25.

---

[185] *Hideputa:* Véase nota 40 de BUEN AVISO Y PORTACUENTOS.
[186] *Decidor:* Véase nota 20 de BUEN AVISO Y PORTACUENTOS.
[187] *Parlero:* Véase nota 135.

o azotea descubierta, adonde, así por haber cenado mucho,
como por el sereno y frialdad de la noche, que, por ser
tiempo de invierno, era demasiada, le sucedió una relaja-
ción de vientre, la cual por ser súbita y la noche fría, se
hubo de ensuciar en la cama. Y, deseando que amaneciese
por no ser hallado con hurto tan hediondo en las manos,
madrugó todo lo que pudo; y, sin despedirse del caballero,
dijo a un criado suyo, que, al salir de casa, encontró:
—Mirad, diréis a vuestro señor que, pues no me dio
cama en cámara, que se sirva de cámara [188] en cama.
Y así se despidió reprehendiendo en esto al caballero,
que, por haberle dado en lugar tan frío cama, había cau-
sado la soltura de su vientre.

Cuento 169

Un recién casado presumía de muy comedido y bien
criado, y, a cuantos encontraba, hablaba cortésmente y les
quitaba [189] la gorra. Y era con esto tan corto de vista, que
no divisaba bien si era hombre o mujer a quien saludaba,
o alguna bestia. Acaeció así que un día, yendo cabalgando,
y llevando la mujer a las ancas de la mula, encontró dos
puercos que estaban hozando [190] y volcándose por un cenagal. Y, creyendo fuesen gente de bien, los saludó qui-
tándoles la gorra. La desposada, afrentada, le dijo:
—Señor, ¿no ve vuestra merced que son puercos, y se
reirán de ello los que pasaren?
Respondió:
—Mujer, ¿qué pierde un hombre por ser bien criado?

Cuento núm. 169. Damasio de Frías, *Diálogo de la discreción* (1579),
págs. 149-150:
«... como cuentan de un gran señor de estos reinos, que a las bestias
quitaba la gorra: reprendido de un su criado porque hacía aquello:
"¿Qué se pierde —le respondió— el [sic] ser bien criado con todos?"»

---

[188]   *Cámara:* «Flujo de vientre» *(Cov.).*
[189]   *Quitar:* Véase nota 173.
[190]   *Hozar:* «Mover y levantar la tierra con el hocico, buscando alguna
cosa, lo que hacen frecuentemente el puerco y el jabalí» *(Aut.).*

Cuento 170

Un hidalgo portugués que estaba en Málaga servía y requebraba allí una señora, y era otrosí muy corto de vista. Y, pasando un día a caballo por su casa, estaba en la ventana do solía mostrársele otras veces un gato muy poderoso. Él, viendo el bulto y creyendo fuese su señora, arremetió el caballo e hizo otras muchas locuras, y llegóse a la ventana, y comenzó a hablar al gato y requebrarlo, teniéndolo por su dama. Un criado suyo le avisó que mirase lo que hacía y decía, porque lo que estaba en la ventana era un gato. Corrido [191] el portugués, disimuló diciendo:

—Majadero, ¿no sabes tú que quiero yo tanto a mi señora, que aun a los gatos de su casa debo yo de hablar y tratar cortésmente?

Cuento 171

Yendo un gibado [192] por una calle, encontró con un amigo suyo, que era tuerto. Y, queriendo el tuerto motejar al gibado, le dijo:

—Fulano, ¿adónde habéis cargado tan de mañana?

Respondió el gibado, pareciéndole la pregunta aguda y maliciosa:

—Razón tenéis, porque aún vos no habéis abierto más de una ventana.

Cuento núm. 170. Cuentecillo que reproducen Lope de Vega, *El mayor imposible*, II, *Acad. N.*, XII, pág. 603b, *Las bizarrías de Belisa*, II, *Acad. N.*, XI, págs. 457b-458a, y el autor de la comedia *Ventura y atrevimiento*, I, *Acad. N.*, X, pág. 302a.
Cuento núm. 171. Cuento tomado de PORTACUENTOS, núm. 100. Véase la nota a dicho cuento.

---

[191] *Corrido:* Véase nota 27.
[192] *Gibado:* Giboso.

CUENTOS DE JOAN ARAGONÉS

Cuento 1

El duque de Ferrara tenía un truhán, y como un día el duque dijese no haber en toda Ferrara más de hasta quince o veinte físicos [1], contradíjole el truhán, diciendo que había más de cuatrocientos. Dijo el duque que no era así. Respondió el truhán que apostaría con su señoría doscientos escudos que había más de los cuatrocientos físicos que decía. El duque, riendo, dijo que le placía; y así apostaron. El truhán, otro día por la mañana, púsose muchos paños por los carrillos, fingiendo que tenía mal de muelas, y púsose a la puerta de la iglesia adonde el duque había de ir

---

Cuento núm. 1. Cuento cuya fuente puede ser varia, ya que de las bufonadas de su protagonista, Pietro Gonnella, cortesano del marqués de Ferrara, y modelo de hombre gracioso, hubo una amplia difusión desde el siglo XIV. La más probable, sin embargo, para este relato del supuesto dolor de muelas de Gonnella, es Giovanni Pontano, *De sermone*, VI, 2, 29, y junto a ella, por supuesto, las *Buffonerie* del Gonnella, págs. 122-123. No hay que olvidar tampoco que lo incorporan las *Facezie, motti e burle* de L. Domenichi, lib. II, ff. 46v.º-47r.º

El cuento de Joan Aragonés se aparta, no obstante, de estas versiones en dos puntos: el «truhán» va a la iglesia acompañado de su hijo, y no solo como Gonnella, y el duque acude a misa, en lugar de que el «truhán» vaya a su palacio a que le vea con su aparatoso atuendo, que era lo que hacía Gonnella.

Reproducen la facecia varios textos del siglo XVI: *La lozana andaluza*, LIV; los *Coloquios* de Pero Mexía (págs. 57-59); los *Coloquios de Palatino y Pinciano* de Juan Arce de Otálora (II, f. 114).

---

[1] *Físico:* Médico. «Y así los llamamos físicos en cuanto saben la teoría de la medicina, y médicos en cuanto con la práctica nos curan» *(Cov.).*

a misa, y llevó consigo un su hijo, al cual mandó que, a
todos los que le diesen medicina para su mal, que los pusiese en escrito. Pues, como el duque viniese a misa y
hallase a su truhán entrapado [2], díjole:

—¿Qué es esto, Fulano?

Respondió el truhán:

—Señor, he tenido y tengo tan grande dolor de muelas,
que estoy fuera de sentido.

Díjole entonces el duque:

—Para ese mal tomarás tal y tal hierba, y harás un emplasto de esta y de esta manera, y ponértelo has; y sobre
mi cabeza que luego ternás salud.

Haciendo todo aquello escrebir, el duque se entró en
misa. Y luego cuantos entraban y salían daban al truhán
medicinas para su mal, y así escribió más de seiscientos
físicos en su memorial; y, quitándose sus trapos, fuese luego a palacio, y dijo al duque:

—¿Está todavía vuestra señoría en que no hay en Ferrara más de quince o veinte físicos?

—Sí —dijo el duque—, y lo torno a apostar de nuevo
contigo.

—Pues que vuestra señoría torna a afirmar ser así, yo le
quiero dar a entender al contrario.

Y, sacando el memorial, le enseñó ser el mesmo duque
físico, con todos los que le habían dado remedio para su
mal. Conociendo el duque la verdad, le mandó dar los
doscientos escudos que con él apostó.

Cuento 2

A Garci Sánchez le acaeció que, estando penado [3] por
una dama, subióse, muerto por sus amores, a un terrado

Cuento núm. 2. También aparece el dicho en el *Liber facetiarum* de
Luis de Pinedo (f. 42v.°) y en la *Floresta española* de Melchor de Santa

---

[2] *Entrapado:* Cubierto de trapos.
[3] *Penado:* «El que está con pena» *(Cov.).*

que tenía, desde donde algunas veces la podía ver. Y, estando allí un día, un grande amigo suyo lo fue a ver; el cual preguntando a sus criados que adónde estaba, le fue dicho que allá arriba en el terrado. Él se subió derecho allá, y, hallándolo solo, le dijo que cómo estaba allí. Respondió prontamente Garci Sánchez:

—¿Adónde puede estar mejor el muerto que en terrado?

—dando a entender que, pues estaba muerto, era razón que estuviese enterrado.

Cuento 3

Solía un villano muy gracioso llevar a un rey muchos presentes de poco valor, y el rey holgábase mucho, por cuanto le decía muchos donaires. Acaeció que una vez el villano tomó unas truchas y llevólas, como solía, a presentar al rey. El portero de la sala real, pensando que el rey haría mercedes al villano, por haber parte, le dijo:

—No te tengo de dejar entrar, si no me das la mitad de lo que el rey te mandare dar.

El villano le dijo que le placía de muy buena voluntad, y así entró y presentó las truchas al rey. Holgóse con el presente, y más con las gracias que el villano le dijo; y, muy contento, le dijo que le demandase mercedes. Entonces el villano dijo que no quería otras mercedes, sino que su alteza le mandase dar quinientos azotes. Espantado el rey de lo que le pedía, le dijo que cuál era la causa por qué aquello le demandaba.

Cruz (VI, III, 2, pág. 157): ambos textos lo atribuyen a Garci Sánchez de Badajoz.

El juego de palabras «enterrado/en terrado» se repite en otros textos del Siglo de Oro: Timoneda, *Comedia llamada Cornelia*, Bibliófilos Españoles, XXI, pág. 366; Calderón, *El maestro de danzar*, I, BAE, IX, pág. 80b-c.

Cuento núm. 3. El relato, que recuerda Rodrigo Fernández de Ribera *(El mesón del mundo,* Madrid, Lagasa, 1979, pág. 91), puede proceder de Straparola, VII, 3 (véase Rotunda, K 187). También es cuento folclórico (T 1610) que sigue viviendo en la tradición americana *(Cuentos folklóricos,* núm. 186).

Respondió el villano:

—Señor, el portero de vuestra Alteza me ha demandado la mitad de las mercedes, y no hallo otra mejor parte que a él le quepan doscientos y cincuenta azotes, y a mí otros tantos.

Cayóle tanto en gracia al rey, que luego le hizo mercedes, y al portero mandó castigar.

Cuento 4

Acaeció que un caballero de alta sangre, mas pobre de hacienda, servía a una señora muy rica y hermosa, mas del linaje de las doce tribus. Y, como ella se viese tan poderosa y hermosa, no solamente menospreciaba al caballero, mas hacía burla de él por ser pobre. Pues como un día ella estuviese a la ventana, y él llegase y le suplicase hiciese por él, dijo ella a un paje suyo:

—Dame un dinero [4].

Dado que se lo hubo, tomólo ella y arrojóselo como por limosna, motejándole de pobre. El caballero, como vio el dinero en tierra, dijo a un criado suyo, de manera que la dama lo pudo bien oír:

—Mozo, toma ese dinero, y guárdalo bien, porque es uno de los treinta.

Cuento 5

Era un rey muy liberal en cuanto hacía, y las cosas que le presentaban, de cualquier persona que fuesen, las rece-

---

Cuento núm. 5. Como se indica en BUEN AVISO, núm. 36 (véase la nota a dicho cuento), este cuento procede de Erasmo, *Colloquia familiaria, Convivium fabulosum,* págs. 345-346 (quien, como señala Marcel Bataillon, «Erasmo cuentista. Folklore e invención narrativa», en *Erasmo y el erasmismo,* Crítica, Barcelona, 1977, págs. 89-90, pudo derivarlo del

---

[4]   *Dinero:* Véase nota 217 de BUEN AVISO Y PORTACUENTOS.

bía en servicio, y hacía merced a los que con simple intención se las traían. Acaeció, pues, que un labrador, hecho al buen tiempo, halló un grande y muy poderoso rábano en una huerta suya, el cual juzgó en su pensamiento que no era digna otra persona de comerlo, sino solamente el rey. Y así tomó su rábano, y se lo fue a presentar, diciendo:

—Señor, tome vuestra Alteza este rábano y comáselo, que yo no hallo otro que lo merezca comer, según es grande, sino vuestra Alteza.

El rey, conociendo su simpleza, recibió el rábano, y dijo a su mayordomo que lo guardase, y mandóle dar cinco mil escudos en pago de su simple intención. Sabidas y publicadas las grandes mercedes que el rey hizo por el rábano, otro labrador halló en una heredad suya un grande y muy poderoso membrillo, que, como lo vio, luego dijo:

—Este membrillo no pertenece, sino para el rey, y, si por el rábano dio cinco mil escudos, por éste, que vale el doble, bien dará diez mil.

Con este pensamiento y codicia lo llevó luego a presentar al rey, diciendo:

—Señor, tome vuestra Alteza este membrillo, que no lo merece comer otro, si él no.

El rey, como era discreto y de entendimiento delicado, luego conoció que aquel labrador venía con demasiada codicia. Tomando, pues, el membrillo en sus manos, alabándolo mucho, dijo a su mayordomo:

—Tomad este membrillo y guardadlo muy bien, y traedme el rábano que el otro día os mandé guardar.

Haciéndolo así el mayordomo, tomó el rey con sus propias manos el rábano, y dijo al labrador:

---

poema latino bajo-medieval *Rapularius*), y L. Domenichi, *Facezie, motti e burle*, lib. III, ff. 72v.º-73v.º.

La fuente directa de Joan Aragonés, que ha impersonalizado a Luis XI en «un rey», y ha sustituido el caballo del segundo regalo por un membrillo, es Domenichi. El texto se aproxima —como en BUEN AVISO número 36— en la ponderación de la recompensa por parte del rey: «una gioia che gli era costa mille scudi»/«que él me costó cinco mil escudos». Es cuento folclórico (T 1689 A) que sigue viviendo en la tradición peninsular y americana *(Cuentos folklóricos*, núm. 219).

—Tomad, hombre honrado, este rábano, que yo os juro por mi corona real que él me costó cinco mil escudos.

Así el labrador codicioso se fue corrido [5] y confuso, pensando haber por el membrillo al doble que el otro por el rábano. Por cierto, el rey fue sapientísimo en tener conocimiento de las intenciones de aquellos labradores.

Cuento 6

Debajo de Zaragoza, en la ribera del río Ebro, está la ciudad de Tortosa, por el cual río suelen ir y venir muchas barcas con provisiones. Acaeció, pues, que subiendo hacia Zaragoza por el camino real un hombre junto al río, muy alto de cuerpo y tuerto de un ojo, topó a otro muy pequeño y corcovado, de tal manera que casi iba el pecho por tierra. Y, como el tuerto así lo vio, queriéndolo motejar de corcovado o giboso, no mirando él sus faltas, díjole:

—Hombre de bien, ¿adónde van las barcas?

El corcovado, alzando la cabeza, como vio al otro sin ojo, respondió:

—Señor, a Tortosa.

Cuento 7

En el tiempo del rey don Fernando acaeció que, habiendo de venir la corte a Madrid, mandó la villa que todos los vecinos emparamentasen la delantera de su casa, por do el rey había de pasar, so pena de tantos mil maravedís. Velasquillo, un muy famoso truhán del mesmo rey, vivía en la calle, y no tenía paños de corte [6] para poner en la delantera de su puerta. El cual, por no caer en la pena que la villa había puesto, tomó una haca [7] que tenía, y colgóla

---

[5] *Corrido:* Véase nota 27 de EL SOBREMESA Y ALIVIO DE CAMINANTES.
[6] *Paños de corte:* «Se llaman los tapices con que se adornan y abrigan los aposentos en invierno» *(Aut.).*
[7] *Haca:* Jaca.

desde una ventana encima de la puerta, la cabeza para abajo. Como el rey pasase y la viese colgada, rióse mucho en verla, y preguntó quién la había colgado allí. Fuele respondido que Velasquillo, su truhán. Mandóle llamar y díjole que por qué había colgado su haca. Respondió:

—Señor, porque no tenía paños para servir a vuestra Alteza, quise servirle con hacer a mi haca paramento para recebirle.

Cayóle al rey en tanta gracia, que le mandó que fuese a palacio, y descolgase los paños de corte que quisiese y se los llevase, para, cuando entrase en la villa, con ellos lo pudiese honradamente recebir. Y, como no se dijese al sordo ni al perezoso, prestamente fue a palacio y se proveyó de ellos.

Cuento 8

Como Velasquillo era muy gracioso es decir, lo mesmo era en obrar. Acaeció, pues, que tres caballeros, yéndose paseando, toparon a un hombre que traía una grande trucha, los cuales se la compraron; y concertaron de convidar a Velasquillo a ella, con condición que cada uno dijese un dicho de la Sagrada Escritura al propósito, y tomase una parte de la trucha. Mandáronla hacer tres partes, la una de la cabeza, la otra del medio, la otra de la cola, y que la cociesen con muchos ajos. Y, estando aparejada, llamaron a Velasquillo con el dicho concierto. Y, asentándose a la mesa todos cuatro, sacaron la trucha en un gran plato con el caldo de ajos en que la habían cocido. El uno de los caballeros, alargando la mano, tomó la parte de la cabeza, diciendo:

—*In capite libri scriptum est de me* [8].

El otro tomó la parte del medio, diciendo:

---

[8]   *In capite libri scriptum est de me:* Al frente del libro me está prescrito. *Salmos,* 39 (40), 8. Versión de la *Vulgata.*

—*In medio consistit virtus* [9].
Luego acudió el otro y tomó la cola, diciendo:
—*In-cola ego sum in terra* [10].
Velasquillo, que se vio sin nada, tomó el plato de los
ajos con entrambas manos, diciendo:
—*Asperges me, Domine, hysopo* [11].
Y echóselos por encima a todos.

Cuento 9

Estando la corte en Toledo, acaeció que andaba un caballero enamorado de una dama muy hermosa. Y, supli-
cándole un día tuviese por bien de darle audiencia, ella le
respondió que al presente no había lugar, que se volviese
a la tarde, que ella haría lo que él tanto deseaba. Él, con

Cuento núm. 9. El mismo cuento aparece en el BUEN AVISO (núme-
ro 18). Véase también Gonzalo Correas:
«*Dios te guarde de hombre con librete, y de mujer con gañivete.*
«... "Mujer con gañivete" es la brava y desenvuelta, y que la llaman
Marimacho, que es gran falta en mujeres la braveza y desvergënza...»

(*Vocabulario de refranes*, pág. 328a.)

«*Mozo con librete y mujer con gañivete, míralos y vete.*
«... "Cañivete" se dice o "gañivete", el cuchillejo: y en la *Floresta* [sic]
mudó una letra "ca" en "ga", despidiendo al galán que la preguntó:
"¿Espero o es-pera? —No, sino gañivete." Ambos usaron de la alusión
y ambigüedad, él juntó letras, y ella mudó una y hizo dos palabras;
desde allí no distinguen de "cañivete" o "gañivete".»

(*Vocabulario de refranes*, pág. 560b.)

«Mozo con librete y mujer con gañivete, míralos y vete» figura también en Sebastián de Horozco, *Teatro universal de proverbios*, número 1922.

---

[9]   *In medio consistit virtus:* La virtud se halla en el medio. Es el conocido aforismo aristotélico difundido por la Escolástica. A él alude también Timoneda en BUEN AVISO, núm. 71.
[10]   *Incola ego sum in terra:* Peregrino soy en la tierra. *Salmos,* 118
(119), 19. Versión de la *Vulgata.* Hay un juego de palabras: «incola»/
«in-cola».
[11]   *Asperges me, Domine, hyssopo:* Me rociarás, Señor, con hisopo.
Salmos, 50 (51), 9. Versión de la *Vulgata.*

aquella palabra, se despidió, y aguardó a la hora concertada, donde se fue a la casa de la señora; y hallóla que estaba a la ventana mondando una pera con un cuchillo pequeño. El cual, como así la vio, le dijo:

—Señora, ¿es-pero o es-pera [12]?

Respondió ella tan presto:

—No es sino gañivete [13].

Entonces el caballero, como sabio que era, luego la entendió, y, volviendo las riendas a su caballo, se fue. Fue, sin duda, la respuesta de la dama sabia y delicada, y la pregunta del caballero delicada y aguda. Por cuanto el caballero quiso decir:

—Señora, ¿espero yo a vuestra merced?, ¿o espérame ella a mí?

Y, porque entonces no había lugar para poder entrar el caballero, porque estaba la posada embarazada con otro que estaba dentro, respondió ella a esta causa:

—No es sino gañi-vete.

Cuento 10

Un gentilhombre estaba muy enamorado de una dama, y, por parecerle bien, mandó hacer una gran cadena de latón morisco [14], y mandóla dar por encima un color de oro; y así estaba muy potente con su sobredorada cadena al cuello. Acaeció que un día halló sola a la dama, y, después de muchas pláticas, díjole:

—Juro a tal, señora, que estoy el más aparejado hombre del mundo, para darle un par de toques.

Cuento núm. 10. Idéntico relato se publica, con alguna variante, en el PORTACUENTOS (núm. 68).

---

[12] El juego de palabras «es-pero»/«es-pera» aparece también en BUEN AVISO, núm. 18, que es el mismo cuento que éste de Joan Aragonés.

[13] *Gañivete:* Véase nota 26 de BUEN AVISO Y PORTACUENTOS. El juego de palabras «gañivete»/«gañi-vete» aparece también en BUEN AVISO, núm. 1. Véase además la nota a este cuento de Joan Aragonés.

[14] *Latón morisco:* «Latón. Vale lo mesmo que arambre, metal conocido, fusil; y algunos le llaman alatón morisco» *(Cov.).*

Respondió ella prestamente:

—Dadlos vos, señor, a vuestra cadena, que ella os dirá quién es.

La cual respuesta fue bien avisada.

Cuento 11

Habiendo hecho un enojo Velasquillo a la reina, mandólo sentenciar a muerte. Él, viendo que determinadamente había de morir, suplicó a la reina que le dejase escoger la muerte, y que estuviese presente a verle morir; al fin ella se lo concedió. Entonces él escogió que quería morir despeñado. Y, estando toda la corte al salto, que había de saltar, esperando lo que había de suceder, llegó siete o

Cuento núm. 11. El mismo relato, con protagonista anónimo y un príncipe en lugar de la reina como Majestad enojada, sale en el PORTA-CUENTOS (núm. 89). Se trata, sin duda, de un cuento tradicional, puesto que ya figura entre los *Dichos graciosos de españoles*, núm. 86. Esta última versión, más extensa que la de Joan Aragonés, concreta los motivos del «enojo» que causó Velasquillo a la reina, en forma que mal podía pasar a un texto impreso:

«Casi esto mismo es lo que se cuenta, que Velasquillo, truhán del rey don Fernando el Católico, había perdido una haca y no la podía hallar. Subióse acaso encima de un árbol de donde se descubría el rey y la reina que estaban burlando, y, diciéndole el rey que le mostrase las piernas, la reina lo hizo, y dijo el rey:

—Paréceme, señora, que veo a todo el mundo.

Oyéndolo Velasquillo, dijo desde el árbol donde estaba:

—Decid: ¿vistes por allá mi haca?

La reina recibió de esto gran enojo, y, teniéndolo por caso de traición, mandólo ahorcar, y juntamente por otras cosas que de éste había semejantes —lo cual al fin más fue por ponerle miedo que por ejecutar en él sentencia de muerte, según era donoso y acepto al rey y a todos los de su corte—. Estando así, haciéndole que se echase de la escalera, acometiólo tres veces a hacer, y díjole el alguacil:

—Acaba ya, que lo has acometido tres veces y nunca acabas.

Dijo él:

—Pues tomadlo vos de cuatro.»

En L. Domenichi, *Facezie, motti e burle*, en el libro VII añadido en la edición de Florencia, 1564, pág. 355, aparece el relato del castigo, con un prisionero del duque de Urbino como protagonista, coincidiendo el número de saltos intentado por el condenado —tres— y su respuesta con la versión de los *Dichos graciosos* y del PORTACUENTOS.

ocho vesces Velasquillo al salto y tornábase atrás, que no osaba arrojarse. Un caballero, muy enojado, porque hacía detener allí a la reina, díjole:

—¡Oh, cuerpo de tal con el cobarde, que ha llegado al salto siete o ocho veces, y no ha osado arrojarse de miedo!

Volvióse a él Velasquillo, y díjole:

—Pues, si tan esforzado os halláis, tomaldo vos en veinte saltos, que yo os lo doy.

La reina que aquello oyó, cayóle tanto en gracia, que le perdonó la muerte, y aun le hizo mercedes.

Cuento 12

Al afamado poeta Garci Sánchez de Badajoz, el cual era natural de Écija, ciudad en el Andalucía (este varón delicado, no solamente en la pluma, mas en prontamente hablar), a éste le acaeció que, estando enamorado de una señora, la fue a festejar delante de una ventana de su casa, a la cual estaba apartada. Pues, como encima de su caballo le hiciese grandes fiestas, dando muchas vueltas por su servicio, acertó a tropezar el caballo, y, como la señora lo viese así caído en tierra, dijo, de manera que él lo pudo oír:

—Los ojos...

Respondió él tan presto, y sin tener tiempo para pensar lo que había de decir:

—...Señora, y el corazón

vuestros son.

Cuentos añadidos en la edición de Évora, 1575

Cuento 13

Preguntó una doncella a un sabio qué era la causa que las tetas le habían crecido. A la cual no respondió más de que le dijo que entrase en un corral que tenía de conejos y le asiese un par de ellos. Y fue, y volvióle respuesta que no podía asir ninguno. Respondió el sabio:

—Si así te guardaras tú de los hombres, como los conejos de ti, no te crecieran tanto las tetas.

Cuento 14

Estando el rey don Sancho en un regocijo [15], un truhán suyo le pidió por merced le diese un sayo [16] que traía, recamado de perlas y granos de oro, y otorgóselo, y mandóle que fuese otro día de mañana por él. Yendo por él, como fuese cosa tan suntuosa y estimada, el camarero se quedó con el cuerpo [17] y diole las mangas. Y, como el camarero fuese persona de estado, y el truhán no le osase pedir el cuerpo del sayo, usó de este ardid, que fue por todas las iglesias y monasterios, y hizo tañer a muerto, diciendo haber muerto un caballero principal en palacio. Y, como entrase tanta clerecía [18] en palacio, asomóse el rey a una ventana y vido al truhán en medio de ellos, vestidas las mangas del sayo, y preguntóle que por qué cuerpo venían. Respondió el truhán:

—Señor, venimos por el cuerpo [19] de estas mangas.

Cuento 15

Como se viese un viejo muy más cano que ninguno de cuantos en su pueblo había, y, espantado de ello, se fue a

---

Cuento núm. 14. Idéntico cuento —cuyos protagonistas son esta vez el marqués de Villena y el truhán Perico de Ayala— sale en la *Floresta española* de Melchor de Santa Cruz, II, V, 10, págs. 75-76.

---

[15] *Regocijo:* Fiesta.
[16] *Sayo:* «Vestidura que recoge y abriga el cuerpo, y sobre ella se pone la capa para salir fuera de casa» *(Cov.).*
[17] *Cuerpo:* La parte del vestido que cubre el tronco.
[18] *Clerecía:* Conjunto de clérigos.
[19] *Cuerpo:* Juego de palabras semejante al del cuento núm. 75 de EL SOBREMESA Y ALIVIO DE CAMINANTES. Véase nota 92 de EL SOBREMESA Y ALIVIO DE CAMINANTES.

un filósofo, al cual preguntó qué era la causa que él estaba tan cano. El cual respondió que se fuese a pasear un poco por una cerca adelante que allí estaba, y que volviese luego, y le daría respuesta. Y fue, y volvió luego ante el filósofo. Y entonces le dijo el filósofo que si había hallado algo orillas de aquella cerca. Y él dijo que no, sino un muchacho ahorcado. Respondió el filósofo:

—Pues, si a ti te ahorcaran muchacho, no tuvieras canas.

VARIANTES DE LAS EDICIONES ANTIGUAS DE «EL SOBREMESA Y ALIVIO DE CAMINANTES».

EPÍSTOLA AL LECTOR

— *Medina del Campo, 1563:* «... el libro presente, dicho *Alivio de caminantes*... algún contecillo... y evitar contiendas... así por el uno como por el otro... el cual pienso no se me podrá negar.»
Amberes, 1577: Las mismas variantes de la edición de Medina.

Cuento 26

— *Zaragoza, 1563:* «... encuentra con él en la calle, y dícele... en el remango...»
— *Medina del Campo, 1563:* «... grande comedora... encuentra con él en la calle, y dícele... en el remango... "Tanto que peor."»
Alcalá de Henares, 1576: «... grande comedora... encuentra con él en la calle y dícele... con este solo mendruguillo... en el remango de la saya, beber un cántaro... "Tanto que peor."»
Amberes, 1577: Las mismas variantes de la edición de Medina.
— *Évora, 1575:* «... grande comedora... encontró con él en la calle... el remango de la saya... respondió él: "Tanto que peor."»
Sevilla, 1596: «... hablando a un mancebo... grande comedora... encontró con él y díjole... casar conmigo... sabéis qué tanto... este mendrugo... el remango de la saya beberme un cántaro... respondió él: "Tanto que peor."»

Sevilla, 1603: Las mismas variantes de la edición de 1596.

Cuento 27

— *Medina del Campo, 1563:* «... andaba de parto... halló que le nacerían... no pudiendo disimular... hacedlo bolsero...»
Alcalá de Henares, 1576: «... andaba de parto... no pudiendo disimular, lo conoció...»
Amberes, 1577: Las mismas variantes de la edición de Medina.
— *Évora, 1575:* «Un astrólogo estaba mirando... andaba de parto... le nacerían... ser cortabolsas... disimular, su mujer lo conoció... y el segundo matador. Dijo entonces ella...»
Sevilla, 1596: «... estaba de parto... dos hijos, que... ser cortabolsas y el segundo había de ser gran... disimular, su mujer lo conoció... porque la remedie... y el segundo matador. Dijo entonces ella...»
Sevilla, 1603: «... estaba de parto... en qué signo naciera... que le nacerían... el primero de ellos había de ser cortabolsas, y el segundo había de ser gran... disimular, su mujer lo conoció... porque la remedie... y el segundo matador. Dijo entonces ella...»

Cuento 28

— *Zaragoza, 1563:* «... en año de un i y dos ss y un z...»

Cuento 29

— *Medina del Campo, 1563:* «... todos los de la villa...»
Alcalá de Henares, 1576: «... a chico con grande de tus señorías holgaré ahorcar... la villa...»
Amberes, 1577: Las mismas variantes de la edición de Medina.
— *Évora, 1575:* «... si quería ahorcar, que... viendo pues haber ganado tanto en tan breve tiempo... al repique... y en verlo junto, asómase... a tus señorías... colgar un hombre... ahorcar a todos los de la villa...»

Sevilla, 1596: «Habiendo en una villa acabado un vizcaíno... si quería ahorcarle... la ropa de él, y fue contento.
Viendo, pues, haber ganado tanto en tan breve tiempo... y
viéndolos junto[s]... a tus señorías... colgar un hombre...
yo holgaré de ahorcar a todos...»
Sevilla, 1603: Las mismas variantes de la edición de
1596.

Cuento 30

— *Medina del Campo, 1563:* «... respondióle muy...»
Amberes, 1577: Las mismas variantes de la edición de
Medina.
— *Évora, 1575:* «... y ella enojada... respondióle con
grandes requiebros...»
Sevilla, 1596: «... y él respondióle... con eso [sic]...»
Sevilla, 1603: Las mismas variantes de la edición de
1596.

Cuento 31

— *Zaragoza, 1563:* «Yendo en una nave... vase al aposento... comienza de comer...»
— *Medina del Campo, 1563:* «Yendo en una nave...
grande tormenta... pusiéronse todos... vase al aposento del
capitán y comienza...»
Alcalá de Henares, 1576: «Yendo en una nave... tan
grande tormenta... pusiéronse todos... lo mesmo, vase al
aposento... comienza de comer...»
Amberes, 1577: Las mismas variantes de la edición de
Medina.
— *Évora, 1575:* «Yendo en una nao... tan grande tormenta... pusiéronse todos... vase al aposento del capitán y
comienza... le dijo... tanta agua espera beber.»
Sevilla, 1596: «Yendo en una nave... tomóles gran tormenta... pusiéronse todos en oración a Dios... vase al aposento... le dijo... grado, coma su bocado...»
Sevilla, 1603: Las mismas variantes de la edición de
1596.

Cuento 32

— *Évora, 1575:* «... todo lo que acontecía de nuevo...
mandó que trujese... si vuelve, ¿qué dirás tú? "Quitaré..."»
Sevilla, 1596: «... muy diligente en escrebir... mandó
que le trujese... si vuelve, ¿qué dirás tú? "Quitaré..."»
Sevilla, 1603: Las mismas variantes de la edición de
1596.

Cuento 33

— *Évora, 1575:* «... más de doscientos años que vos
deseo servir...»
Sevilla, 1596: «Un galán requebrándose...»
Sevilla, 1603: Las mismas variantes de la edición de
1596.

Cuento 34

— *Zaragoza, 1563:* «... apaña... para darle. Su contra-
rio...»
— *Medina del Campo, 1563; Alcalá de Henares, 1576,*
y *Amberes, 1577:* Las mismas variantes de la edición de
Zaragoza.
— *Évora, 1575:* «... para darle. Su contrario...»
Sevilla, 1596: «... uno de ellos... para darle. Su contra-
rio...»
Sevilla, 1603: Las mismas variantes de la edición de
1596.

Cuento 35

— *Zaragoza, 1563:* «Era un filósofo...»
— *Medina del Campo, 1563:* «Era un filósofo... pre-
guntado qué significaba... y al mancebo "Norabuena..."...»
Alcalá de Henares, 1576: «Era un filósofo... preguntado
qué significaba...»
Amberes, 1577: Las mismas variantes de la edición de
Alcalá.
— *Évora, 1575:* «Era un filósofo... Norabuena... nora-
buena... norabuena... preguntado qué significaba aquello,

dijo que, porque venía al mundo, al que era muchacho decía... en hora buena estéis... y al que es ya viejo...»
Sevilla, 1596: «Era un filósofo... Norabuena... y a la juventud decía: Norabuena... y a la senectud: Norabuena... preguntando qué significaba aquello dijo que porque venía al mundo el que era muchacho decía: "Norabuena vengaís"; y al mancebo le decía "Norabuena estéis"... y al que es ya viejo decía "Norabuena váis", porque se iba a la sepultura.»
Sevilla, 1603: Las mismas variantes de la edición de 1596.

Cuento 36

— *Zaragoza, 1563:* «Iban azotando...»
— *Medina del Campo, 1563:* «Como fuesen azotando un ladrón, y rogase...»
Alcalá de Henares, 1576, y Amberes, 1577: Las mismas variantes de la edición de Medina.
— *Évora, 1575:* Las mismas variantes de las ediciones de Medina, Alcalá y Amberes.
Sevilla, 1596: «Como fuesen azotando a un ladrón, y rogase... "Callad, que todo se andará."»
Sevilla, 1603: Las mismas variantes de la edición de 1596.

Cuento 37

— *Medina del Campo, 1563:* «... no estamos acostados.»
Alcalá de Henares, 1576, y Amberes, 1577: Las mismas variantes de la edición de Medina.
— *Évora, 1575:* «Unos ladrones estaban... aún no dormimos.»
Sevilla, 1596: «... y sintiéndolo el señor... aún no dormimos.»
Sevilla, 1603: Las mismas variantes de la edición de 1596.

Cuento 38

— *Medina del Campo, 1563:* «... los ropavejeros de cierto pueblo...»

Alcalá de Henares, 1576, y *Amberes, 1577:* Las mismas variantes de la edición de Medina.

— *Évora, 1575:* «Pidiendo un hombre pobre limosna por la calle de los ropavejeros de cierto pueblo, diciendo a grandes voces: "Señores, acordaos...", al cual respondió un estudiante que allí estaba... todos son testigos de vista.»

Sevilla, 1596: «Pidiendo un hombre pobre limosna por la calle de los ropavejeros de cierto pueblo, diciendo a grandes voces: "Señores, acordaos...", al cual respondió... testigos somos todos de vista.»

Sevilla, 1603: Las mismas variantes de la edición de 1596.

Cuento 39

— *Zaragoza, 1563:* «... en las ancas... y, tratándole de bellaco el rey... "¿A qué puerta llamará que no le respondan?"»

— *Medina del Campo, 1563:* «... delante de un rey por una escalera... en las ancas... echó un pedo. Y, tratándolo de bellaco el rey... "¿A qué puerta llamará que no le respondan?"»

Alcalá de Henares, 1576: «... delante de un rey por una escalera... en las ancas... echó un traque. Y, tratándolo de bellaco el rey... "¿A qué puerta llamará que no le respondan?"»

Amberes, 1577: Las mismas variantes de la edición de Medina.

— *Évora, 1575:* «... delante de un rey por una escalera... los borceguíes... en las ancas... echó un pedo, y, tratándole de bellaco el rey... "¿A qué puerta llamará que no le respondan?"»

Sevilla, 1596: «Un truhán subía por una escalera delante de un rey, y, parándose... los borceguíes... en las ancas... echó un pedo, y, tratándole de bellaco el rey... llamará que no le respondan.»

Sevilla, 1603: Las mismas variantes de la edición de 1596.

Cuento 40

— *Medina del Campo, 1563:* «Un paje, muy gran trovador, estando sirviendo a la mesa...»
Alcalá de Henares, 1576, y Amberes, 1577: Las mismas variantes de la edición de Medina.
— *Évora, 1575:* «Un paje, muy gran trovador, estando sirviendo a la mesa... y porque no tuviese su amo de ello... sabiendo bien lo que pasaba...»
Sevilla, 1596: «Un paje, muy gran trovador, estando sirviendo a la mesa... por abajo... no tuviese su señor de ello... sabiendo bien lo que pasaba...»
Sevilla, 1603: Las mismas variantes de la edición de 1596.

Cuento 41

— *Zaragoza, 1563:* «... da con la redoma... y hácela pedazos...»
— *Medina del Campo, 1563:* «... que se llamaba Beltrán...»
Alcalá de Henares, 1576: Las mismas variantes de la edición de Zaragoza.
Amberes, 1577: Las mismas variantes de la edición de Medina.
— *Évora, 1575:* «Llevaba un muchacho... por una calleja... y como entrase... la una redoma. "¿De qué manera...?" ... entonces respondió el dicho amo con mucha paciencia...»
Sevilla, 1596: «Llevaba un muchacho... por una calle... y como entrase... que se llamaba Beltrán... entonces respondió el dicho amo con mucha paciencia...»
Sevilla, 1603: Las mismas variantes de la edición de 1596.

Cuento 42

— *Zaragoza, 1563:* «... por librar mejor...»
— *Medina del Campo, 1563:* «... que estaban allí comiendo díjole: "¿Cómo se llama?"... por librar mejor...»
Alcalá de Henares, 1576, y Amberes, 1577: Las mismas variantes de la edición de Medina.

— *Évora, 1575:* «... que estaban allí comiendo le dijo: "¿Cómo se llama?" Respondió por librar mejor...»
Sevilla, 1596: «... que estaban allí comiendo le dijo... por librar mejor...»
Sevilla, 1603: Las mismas variantes de la edición de 1596.

Cuento 43

— *Medina del Campo, 1563:* «... de las cosas más baratas. Y el mozo... preguntó cuánto valía... valía un real. Dijo él entonces...»
Alcalá de Henares, 1576, y Amberes, 1577: Las mismas variantes de la edición de Medina.
— *Évora, 1575:* «Un hombre envió... de las cosas más baratas, y el mozo... valía un real. Dijo él entonces...»
Sevilla, 1596: «Un hombre envió... de las cosas más baratas... y una perdiz valía un real. Entonces dijo él...»
Sevilla, 1603: Las mismas variantes de la edición de 1596.

Cuento 44

— *Medina del Campo, 1563:* «... la causa que no le decía ninguna cosa...»
Alcalá de Henares, 1576, y Amberes, 1577: Las mismas variantes de la edición de Medina.
— *Évora, 1575:* «... en sus faldas... la causa que no le decía ninguna cosa...»
Sevilla, 1596: «... en sus faldas... la causa que no le decía cosa ninguna... que diga...»
Sevilla, 1603: Las mismas variantes de la edición de 1596.

Cuento 46

— *Zaragoza, 1563:* «... malo de palos...»
— *Medina del Campo, 1563:* «...le dijo: "Pues salió..."»
Alcalá de Henares, 1576: «... él dijo: "Pues salió..."»
Amberes, 1577: Las mismas variantes de la edición de Medina.

— *Évora, 1575:* «Un amigo fue a visitar... traía él consigo, le dijo: "Pues salió..."»
Sevilla, 1596: «Un amigo fue a visitar... él dijo: "Pues salió... atrevesáramos..."»
Sevillo, 1603: «Un amigo fue a visitar... una espadilla... él dijo: "Pues salió..."»

Cuento 47

— *Medina del Campo, 1563:* «...porque mintamos entrambos a dos.»
Alcalá de Henares, 1576, y *Amberes, 1577:* Las mismas variantes de la edición de Medina.
— *Évora, 1575:* «Dos amigos eran... vinieron a tiempo... visto lo que pasaba por una señora... que decía tanto bien... tanto mal de vos... "Señora porque mintamos entrambos a dos."»
Sevilla, 1596: «... le preguntó al tejedor... porque mintamos entrambos.»

Cuento 49

— *Zaragoza, 1563:* «... mandó a su cocinero...»
— *Medina del Campo, 1563; Alcalá de Henares, 1576,* y *Amberes, 1577:* Las mismas variantes de la edición de Zaragoza.
— *Évora, 1575:* «... mandó a su cocinero... la una pierna. Venido el señor, y puesta en la mesa la grulla... que no tiene más de una (y es...)... y hallaron cada una...»
Sevilla, 1596: «... mandó a su cocinero... que no tiene más de una (y es...)...»

Cuento 50

— *Zaragoza, 1563:* «Era un zapatero... a cualquiera que le dijere... que responda... pasaría adelante. Y, cuando encontró...»
— *Medina del Campo, 1563:* «Era un zapatero de flaca memoria... y dábale tanta pena... a cualquiera que le dije-

ra... que le responda... pasaría adelante. Y, cuando encontró... Y así cobró el ducado.»
Alcalá de Henares, 1576 y Amberes, 1577: Las mismas variantes de la edición de Medina.
— *Évora, 1575:* «Era un zapatero de flaca memoria... no se acordaba quién se lo debía, y era tanta la pena que tenía de ello, que se lo dijo... le responda... pasaría adelante. Y, cuando encontró con quien se lo debía, le dijo: "Yo os lo pagaré sin que me lo digáis de esta manera." Y así cobró su ducado.»
Sevilla, 1596: «Era un zapatero de flaca memoria... no se acordaba quién se lo debía, y era tanta la pena que tenía de ello, que se lo dijo... que cualquiera que le dijera... que le respondiera... pasaría adelante. Y, cuando encontró con quien se lo debía, le dijo: "Yo os lo pagaré sin que me lo digáis de aquesta manera." Y así cobró su ducado.»

Cuento 51

— *Zaragoza, 1563:* «... en la capilla, y encima... Puesta, como encontró con las ortigas, dijo...»

Cuento 52

— *Medina del Campo, 1563:* «Un portugués y un castellano contendiendo en Sevilla sobre cuál era mejor rey, el de Castilla... fuese a tomar... se juntase con él...»
Alcalá de Henares, 1576: «Un portugués y un castellano contendiendo en Sevilla... aportó a Lisboa... fuese a tomar... majadero. Porque...»
Amberes, 1577: «Un portugués y un castellano contendiendo en Sevilla sobre cuál era mejor rey, el de Castilla... fuese a tomar... se juntaba con él... dijo él: "¿Por qué...?"...»
— *Évora, 1575:* «... mejor rey, el de Castilla o el de Portugal, el castellano dijo que el de Castilla, y el portugués desmintióle... el castellano vino a darle una gran cuchillada... y viéndolo el portugués... se juntase con él... era

mejor, el de Portugal o el de Castilla... el de Castilla... pero si dijese que el de Portugal... entonces dijo...»

Sevilla, 1596: «... era mejor rey, el de Castilla o el de Portugal, el castellano dijo que el de Castilla, y el portugués desmintióle... el castellano vino a le dar una gran cuchillada... y viéndole el portugués... se juntase con él y que le dijese... era mejor, el de Portugal o el de Castilla... el de Castilla, que le diera... pero, si dijese que el de Portugal... entonces dijo...»

Sevilla, 1603: Las mismas variantes de la edición de 1596.

Cuento 53

— *Zaragoza, 1563:* «...no dejaba de hacer... si era como decía...»

— *Medina del Campo, 1563:* «... se preciaba... testigo de vista un mayordomo... hará fe que es así... no dejaba de hacer... si era como decía...»

Alcalá de Henares, 1576: «... se preciaba... fue una vez el señor.. hará fe que es así... no dejaba de hacer... preguntando si era como decía...»

Amberes, 1577: Las mismas variantes de la edición de Medina.

— *Évora, 1575:* «Un señor... cosas hazañosas... con un mayordomo... en la cárcel, y después hízolo soltar, no dejando él su vicio acostumbrado, tanto... en otra cosa semejante... como decía...»

Sevilla, 1596: «Un señor... cosas hazañosas... con un mayordomo... de muy mucho crédito... el mayordomo, le dijo... tan grande afrenta... de aquella respuesta... en la cárcel, y después hízolo soltar. Y no dejando el señor su vicio acostumbrado, tanto, que ofrecíasele en otra cosa semejante... como decía... le respondía...»

Sevilla, 1603: Las mismas variantes de la edición de 1596.

Cuento 54

— *Zaragoza, 1563:* «... determinó de dejarlos...»
— *Medina del Campo, 1563:* «... vido que se cayeron...
determinó de dejarlos...»
Alcalá de Henares, 1576: «... y tomó la dicha cantidad...
vido que se cayeron... determinó de dejarlos...»
Amberes, 1577: Las mismas variantes de la edición de
Medina.
— *Évora, 1575:* «... en aguar bien el vino... llegó... to-
mándolos, envolviólos en un paño muy colorado, y se
fue... determinó de dejarlos... en hora buena...»
Sevilla, 1596: «... en bien aguar el vino... llegó... y él
tomando la dicha cantidad... grande calor... una clara fuente... sacó sus dineros, púsolos junto a sí... donde probó...
determinó de dejarlos...»
Sevilla, 1603: «... diestro en bien aguar... llegó... y él
tomando la dicha cantidad de un paño... grande calor...
una clara fuente... sacó sus dineros, púsolos junto a sí...
donde probó... determinó de dejarlos... vaya en hora
buena...»

Cuento 55

— *Zaragoza, 1563:* «... cuartago...»

Cuento 56

— *Zaragoza, 1563:* «... el coprón de la gallina... un corte de tocino...»

Cuento 57

— *Zaragoza, 1563:* «... vos suplico... no vos caséis...»
— *Medina del Campo, 1563:* «... y de un cierto amigo...
en aquella dolencia...»
Amberes, 1577: Las mismas variantes de la edición de
Medina.
— *Évora, 1575:* «... amigo suyo, viudo...»
Sevilla, 1596, y *Sevilla, 1603:* Las mismas variantes de
la edición de Évora.

Cuento 58

— *Zaragoza, 1563:* «... Idvos... vos quiere cortar...»
— *Medina del Campo, 1563:* «... y díjole... está amolando la cuchilla...»
Alcalá de Henares, 1576: «... Estando amolando... y díjole... y os quiere... está amolando... dio a huír...»
Amberes, 1577: Las mismas variantes de la edición de Medina.
— *Évora, 1575:* «La mujer de un rústico... que amolase... que mi marido ha sabido... y os quiere... cómo está amolando... él, desque tal vio, dio... entonces la mujer se fue a su marido y dijo... y respondió...»
Sevilla, 1596: «La mujer de un rústico... que amolase... que mi marido ha sabido... y os quiere... cómo está amolando... él, desque vio tal, dio... entonces la mujer se fue a su marido y dijo... y respondió...»
Sevilla, 1603: Las mismas variantes de la edición de 1596.

Cuento 60

— *Medina del Campo, 1563:* «... un guárdenos Dios muy bien cumplido... el cual iba muerto por alcanzar una mujer, la cual no era hermosa, sino muy fea, y decíale... ese hermoso rostro, el cual a mí da gran pena por no poderle gozar... y, desque lo vio tan feo, le dijo: "Eso no puedo decir por cierto de vuestra merced"...»
Alcalá, 1576: «... un guárdenos Dios muy cumplido... el cual iba muerto por alcanzar una mujer, la cual no era hermosa, sino muy fea, y decíale... volveos acá... rostro, el cual me da gran pena por no poderle gozar... y, desque lo vio tan feo, le dijo... decir por cierto de vuestra merced... "Bien pudiérades..."»
Amberes, 1577: Las mismas variantes de la edición de Medina.
— *Évora, 1575:* «... harto feo, con un guárdenos Dios bien cumplido... el cual andaba muerto por alcanzar una mujer, la cual no era hermosa, sino muy fea y decíale...

ese hermoso rostro, el cual a mí da gran pena por no poderle gozar... y, desque lo vido tan feo, le dijo: "Eso no puedo yo decir por cierto de vuestra merced"...»

Sevilla, 1596: «... un guárdenos Dios muy cumplido... el cual andaba muerto por alcanzar una mujer, la cual no era hermosa, sino fea, y decíale... volveos acá... ese hermoso rostro para mí, el cual a mí da muy grande pena por no poderle gozar. Volviéndose la mujer, desque lo vido que era tan feo, le dijo... yo decir por cierto de vuestra merced; y respondióle el soldado...»

Sevilla, 1603: Las mismas variantes de la edición de 1596.

Cuento 61

— *Zaragoza, 1563:* «... y corriendo su cuartago... el cuartago...»

— *Medina del Campo, 1563:* «... y epitafios, que en otra cosa... y corriendo su cuartago... el cuartago... le dijo... le pornéis por haberse muerto... si los rocines mueren de amores; triste...»

Alcalá de Henares, 1576: «...que en otra cosa no se ocupaba... y corriendo su cuartago... el cuartago... le dijo... qué epitafio le pornéis por... los rocines mueren...»

Amberes, 1577: Las mismas variantes de la edición de Medina.

— *Évora, 1575:* «... y epitafios, que en otra cosa no... servía a una dama... su cuartago... el cuartago... le dijo... le pornéis... los rocines mueren...»

Sevilla, 1596: «Había un galán... y epitafios, que en otra cosa no... servía a una dama... su cuartago... el cuartago... le dijo... le pornéis por haber muerto delante mí... los rocines mueren...»

Sevilla, 1603: Las mismas variantes de la edición de 1596.

Cuento 62

— *Zaragoza, 1563:* «... el conde de Benavente... el marqués del Gasto...»

Cuento 63

— *Zaragoza, 1563:* «... Respondió: "De Getafe"...»
— *Medina del Campo, 1563:* «... encontrando con...
respondió: "De Getafe"... respondió la aldeana... déselo...»
Alcalá de Henares, 1576: «... Respondió: "De Getafe"...
respondió la aldeana... déselo... antes que no yo.»
Amberes, 1577: Las mismas variantes de la edición de
Medina.
— *Évora, 1575:* «... encontrando con... respondió: "Señor, de Getafe." Dijo él: "Conocéis..." "Sí, señor, sí conozco." "Pues hacedme merced" —dijo él— ...la aldeana...
délo vuestra merced... anda más que yo.»
Sevilla, 1596: «... donde tenía un pollino... encontrando
con... le dijo... respondió: "De Getafe"... délo vuestra
merced... que llegará...»
Sevilla, 1603: «... donde tenía un pollino... encontrando
con... le dijo... respondió: "De Getafe"... déselo vuestra
merced...»

Cuento 64

— *Zaragoza, 1563:* «Iba un villano caballero... y flaco,
por su camino. Encontrando con... ¿a cómo vendéis?... alzando la cola al rocín...»

Cuento 65

— *Zaragoza, 1563:* «Era entrado... estando comiendo...
Amostradme dónde. Cansados...»

Cuento 66

— *Zaragoza, 1563:* «... y el racionero repartiendo... el
mismo racionero...»
— *Medina del Campo, 1563:* «Un colegial... el racionero iba repartiendo... al dicho colegial... de qué manera...
a altas voces, que el mesmo racionero... "¿Qué diablo me
estás maullando y moliendo? El racionero aún no me ha
dado... ¿y tú te abalanzas con priesa a demandarme los
huesos?"»

Alcalá de Henares, 1576, y *Amberes, 1577:* Las mismas variantes de la edición de Medina.

— *Évora, 1575:* «Un colegial... el racionero iba repartiendo... al dicho colegial... de qué manera... delante de él. Entonces dijo a altas voces que el mismo racionero... "¿Qué diablo me estás maullando y moliendo? Aún no me ha dado... ¿y tú ya te adelantas con priesa a demandarme los huesos?"»

Sevilla, 1596: «Un colegial... el racionero iba repartiendo... a todos, y descuidóse... colegial... de qué manera... delante de él. Entonces dijo a altas voces... racionero... maullando y moliendo, el racionero aún no me ha dado... y tú ya te adelantas con priesa a demandarme los huesos.»

Sevilla, 1603: Las mismas variantes de la edición de 1596.

Cuento 67

— *Zaragoza, 1563:* «... unos pedazos de longanizas... venido delante su señor, vido cómo se le asomaba... "Di, ¿qué moneda...?"...»

— *Medina del Campo, 1563:* «En un banquete que hacía un gran señor a ciertos caballeros, servía un paje (que tenía) a la mesa, muy grande goloso... longanizas... él muy presto se puso un gran pedazo en la escarcela... vio cómo se le asomaba... "Di, ¿qué moneda...?"...»

Alcalá de Henares, 1576: «En un banquete que hacía un gran señor a ciertos caballeros, servía un paje que tenía a la mesa, muy gran goloso... longanizas... un gran pedazo... vio cómo se le asomaba... al paje: "¿Qué moneda...?"...»

Amberes, 1577: Las mismas variantes de la edición de Medina.

— *Évora, 1575:* «En un banquete que hacía un gran señor a ciertos caballeros, servía a la mesa un paje que tenía, muy gran goloso, y, como traía... él muy de presto se puso un gran pedazo... vido cómo se asomaba... díjole: "Di, ¿qué moneda corre?" Respondió: "Señor, longaniza."»

Sevilla, 1596: «En un banquete que hacía un señor a ciertos caballeros, sería a la mesa un paje que tenía, muy grandísimo goloso... él muy presto... un gran pedazo... vido cómo se asomaba... la bolsa, díjole: "Di, ¿qué moneda...?" Respondió: "Señor, longaniza."»

Sevilla, 1603: Las mismas variantes de la edición de 1596.

Cuento 68

— *Zaragoza, 1563:* «... le dijo: "Señor..."...»

Cuento 69

— *Zaragoza, 1563:* «... conviene que vos vistáis...»

Cuento 70

— *Medina del Campo, 1563:* «Paseándose por afuera... un cuclillo. Dijo... el cuclillo... de haber ellos gastado... el cuclillo: por eso andad con Dios.»

Alcalá, 1576: «... un cuclillo. Dijo el uno... el cuclillo... de haber ellos gastado... el cuclillo, por eso andad con Dios.»

Amberes, 1577: Las mismas variedades de la edición de Medina.

— *Évora, 1575:* «... un cuquillo, dijo... delante del juez para que los averiguase... la sentencia que dio fue ésta, que dijo... que el cuquillo por mí ha cantado, por eso andad...»

Sevilla, 1596: «... oyendo cantar... dijo el uno... la sentencia que dio fue ésta. Dijo... que el cuquillo por mí ha cantado, por eso andad...»

Sevilla, 1603: «... un cuquillo, dijo... para que los averiguase... la sentencia que dio fue ésta... que el cuquillo por mí ha cantado, por eso andad...»

Cuento 71

— *Zaragoza, 1563:* «En Salamanca estando... porque él tiene gustados...»

Cuento 72

— *Zaragoza, 1563:* «... dijo al capellán cuánto...»

— *Medina del Campo, 1563:* «... y que él pagaría... comía su pan... entrambos hemos comido... si eso es así...»

Alcalá de Henares, 1576: «... que él pagaría... comía su pan... entrambos hemos comido... si eso es así... el huésped a los dos...»

Amberes, 1577: Las mismas variantes de la edición de Medina.

— *Évora, 1575:* «... que el pagaría... y no quiso el capellán, y el caminante... sabed... con el sabor... hemos comido... respondió: "Medio real"... que sacase el caminante un cuartillo, y tomóle el sacristán y hízolo sonar encima de una mesa, diciendo... del sonido, como él se tuvo por contento del olor. Entonces dijo...»

Sevilla, 1596: «... que él pagaría... y no quiso el capellán, y el caminante... sabed... con el sabor... respondió: "Medio real"... que sacase el caminante un cuartillo, y tomóle el sacristán y hízolo sonar encima de una mesa, diciendo... del sonido, como él se tuvo por contento del olor. Entonces dijo...»

Cuento 73

— *Zaragoza, 1563:* «Escondió un ciego... agora tengo otra tanta, no sé si la esconda en donde... Así lo pienso de hacer...»

— *Medina del Campo, 1563:* «Escondió un ciego... un campo, el cual era... agora tengo otra tanta, no sé si la esconda en donde... así lo pienso de hacer...»

Alcalá de Henares, 1576: «Escondió un ciego... un campo, el cual era... agora tengo otra tanta, no sé si la esconda... así lo pienso de hacer... Y, despedidos, el labrador... de aquesta manera quedo...»

Amberes, 1577: Las mismas variantes de la edición de Medina.

— *Évora:* Escondió un ciego... un campo, el que era... cierta cantidad de dinero escondido... otro tanto, y no sé si lo esconda adonde... si tan seguro es como decís... que había tomado... volvió el ciego... de aquesto...»

Sevilla, 1596: «Escondió un ciego... un labrador rico... cierta cantidad de dineros escondidos... yo tengo otro tanto, y no sé si lo esconda... si tan seguro es como decís... y, despedidos... muy prestamente... la dicha cantidad que había... aquel mismo lugar... ya por perdidos...»

Cuento 74

— *Medina del Campo, 1563:* «... se puso... a uno a quien los debía. Y acaso... un famoso ladrón le estaba atentando...»

Alcalá de Henares, 1576: «... se puso... a uno a quien los debía... sintió un famoso ladrón le estaba tentando... que son contados.»

Amberes, 1577: Las mismas variantes de la edición de Medina.

— *Évora, 1575:* «Un cierto mercader se puso... cincuenta ducados... y acaso... le estaba atentando la bolsa... que son contados.»

Sevilla, 1596: «Un cierto mercader se puso... cincuenta ducados... y acaso... le estaba atentando la bolsa... aquellos, que son contados.»

Cuento 75

— *Zaragoza, 1563:* «... es la pratica...»

Cuento 76

— *Zaragoza, 1563:* «... tenga poder para soltar...»

— *Medina del Campo, 1563:* «... tiró un pedo... tenga poder para soltar, sino de prender... no tiene etc.»

Alcalá de Henares, 1576: «... tiró un pedo... tenga poder para soltar, sino para prender... no tiene etc.»

Amberes, 1577: Las mismas variantes de la edición de Medina.

— *Évora, 1575:* «... tiró un pedo... sepa su señoría que la necesidad no tiene etc.»

Sevilla, 1596: «... tiró un pedo... las cosas que más quería... sepa vuestra señoría...»

Cuento 77

— *Zaragoza, 1563:* «... ¿no es aquel que razona vuestro asno?...»
— *Medina del campo, 1563:* «... que lo había prestado... "Necia condición es..."...»
Alcalá de Henares, 1576: «Pidió un labrador... dentro en su casa... que lo había prestado... "Recia condición..."...»
Amberes, 1577: Las mismas variantes de la edición de Medina.
— *Sevilla, 1596:* «Un labrador pedía... que lo había prestado... sucedió que un otro asno roznó en la calle, y en este medio comenzó a roznar el asno en el establo... se lo pedía... "A mí así me parece"... entrad allá dentro por él.»

Cuento 78

— *Zaragoza, 1563:* «... "Anda de ahí, no creas en sueños."»
— *Medina del Campo, 1563:* «... el rey de Aragón... a esto respondió... "Anda de ahí, no creas en sueños."»
Alcalá de Henares, 1576: «... el rey de Aragón... "Anda de ahí, no creas en sueños."»
Amberes, 1577: Las mismas variantes de la edición de Medina.
— *Sevilla, 1596:* «... el rey de Aragón... a esto respondió... si así es... la noche pasada... de su criado... anda... no creas...»
Sevilla, 1603: «... el rey de Aragón... me proveía... a esto respondió... si así es... y dio de comer... la noche pasada... de su criado... anda... no creas...»

Cuento 80

— *Medina del Campo, 1563:* «... si por caso...»
Amberes, 1577: Las mismas variantes de la edición de
Medina.
— *Sevilla, 1596:* «Tenía un gran señor a la continua
muchos criados, y dábales... y éste tan mal... si por caso...
se moría... cosa extraña, y visto...»
Sevilla, 1603: Las mismas variantes de la edición de
1596.

Cuento 81

— *Zaragoza, 1563:* «... un solo mozo... "¿Qué vos parece...?"... vacías, así dijeron... "¿Qué es esto?" "Músico
y poeta..."»
— *Medina del Campo, 1563:* «... un solo mozo... toma,
cata ahí los dineros... puestas a punto para las comer...
aquejándole la hambre... así dijeron... "¿Qué es esto?"
"Músico y poeta..."»
Alcalá de Henares, 1576: «... en una posada dos amigos
(en ciertos negocios), y el uno era poeta, y el otro era un
músico, a los cuales servía un solo mozo... los dos solos...
"¿No véis en qué reputación y estima tienen..."... cata ahí
los dineros... las cabezuelas de cabrito, y puestas a punto
para las comer... aquejándole la hambre... así dijeron...
"¿Qué es esto?" "Músico..."»
Amberes, 1577: Las mismas variantes de la edición de
Medina.
— *Évora, 1575:* «Estando en corte... a los que les servía
un mozo... cata ahí... otro día de mañana el mozo compró
las cabezuelas y púsolas a punto para las comer, y viendo... y aquejado... juntólas... puestos los amos... dijeron...
"¿Qué es esto?" "Músicos y poetas —dijo él— carecen de
seso."»
Sevilla, 1596: «... un mozo... cata ahí... otro día de mañana el mozo compró las cabezuelas y púsolas a punto
para las comer, y viendo... en venir aquejábale la hambre...

así dijeron... "¿Qué es esto?" "Músicos y poetas carecen de seso."»

Sevilla, 1603: Las mismas variantes de la edición de 1596.

Cuento 82

— *Zaragoza, 1563:* «... por ser deshonesta *[sic]*...»

— *Medina del Campo, 1563:* «... en gran conversación... la vuestra, señor, por ser honesta...»

Alcalá de Henares, 1576: «... la vuestra, señor, por ser honesta...»

Amberes, 1577: Las mismas variantes de la edición de Medina.

— *Évora, 1575:* «En Sevilla un caballero... se revolvió... estando en conversación... sucia... también, y es soberbia... también, sino que es interesa[da]. Uno de ellos dijo... señor, por ser honesta...»

Sevilla, 1596: «En Sevilla un caballero... estando en conversación... dijo hablando de las mujeres cortesanas... sucia... soberbia... es interesada. Uno de ellos le dijo... señor, por ser honesta...»

Sevilla, 1603: «En Sevilla un caballero tenía amores con una cortesana... se revolvió...»

Cuento 83

— *Medina del Campo, 1563:* «... que no tenía otra cosa sino... que es un asno, y pon un tajado a asar.»

Alcalá de Henares, 1576: «... que no tenía otra cosa sino... y pon un tajado a asar.»

Amberes, 1577: Las mismas variantes de la edición de Medina.

— *Évora, 1575:* «... que no tenía otra cosa, sino... es un asno, y ponga un tajado [a] asar.»

Sevilla, 1596: «... que no tenía otra cosa sino... que este mi compañero... y pon un tajado a asar.»

Sevilla, 1603: «... dos vizcaínos a una venta... que no

tenía otra cosa sino... dijo el uno: "No entiendes..."... que este mi compañero es un asno, y pon un tajado a asar.»

Cuento 84

— *Zaragoza, 1563:* «... a un mozo suyo... vino un gato y llevóse... Al fin... "¡Ah, gato! poco..."»
— *Medina del Campo, 1563:* «... a un mozo suyo... dióle un papel... vino un gato y llevóse... Al fin... "¡Ah, gato! poco te aprovecha..."»
Alcalá de Henares, 1576, y Amberes, 1577: Las mismas variantes de la edición de Medina.
— *Évora, 1575:* «... a un mozo suyo... diole un papel... y vino un gato y llevóle... Al fin... "¡Ah, gato! poco te aprovecha..."»
Sevilla, 1596: «... a un mozo suyo... y vino un gato y llevóse... al fin... alcanzarlas... "¡Ah, gato! poco te aprovecha..."»
Sevilla, 1603: «... a un mozo suyo... diole por escrito... y vino un gato y llevóle las turmas. No pudiendo alcanzarlas... "¡Ah, gato! poco te aprovecha..."»

Cuento 85

— *Zaragoza, 1563:* «... chancillería de Sevilla...»

Cuento 86

— *Medina del Campo, 1563:* «... delante de unas damas... y supiendo *[sic]* la cuantía... pues en todas ellas...»
Alcalá de Henares, 1576: «... delante de unas damas... llamando ellas... sabiendo la cuantía... pues en todas ellas...»
Amberes, 1577: Las mismas variantes de la edición de Medina.
— *Évora, 1575:* «Estábase paseando... limosna. Ellas... llamando ellas... él respondió... en todas vuestras mercedes...»
Sevilla, 1596: «Estábase paseando... delante de unas da-

mas... llamándolo ellas... pues entre todas vuesas mercedes...»
Sevilla, 1603: Las mismas variantes de la edición de 1596.

Cuento 87

— *Zaragoza, 1563:* «... tiple capado...»

Cuento 88

— *Zaragoza, 1563:* «... Diciendo que no...»

Cuento 89

— *Zaragoza, 1563:* «... un hijo pródigo... dándole reprehensión un día... así como vendes a otros... por poco precio... vos he hurtado... yo vos prometo... no vos venderé...»
— *Medina del Campo, 1563:* «... un hijo pródigo... dándole reprehensión un día... así como vendes a otros... de cosa por poco precio... os he hurtado aquellos cántaros... no os venderé más cosa ninguna...»
Alcalá de Henares, 1576, y Amberes, 1577: Las mismas variantes de la edición de Medina.
— *Évora, 1575:* «Un mercader tenía un hijo pródigo... dándole reprehensión un día... así como vendes a otro lo que me quitas de casa por poco precio... os he hurtado aquellos cántaros... cata ahí cinco reales... cosa ninguna...»
Sevilla, 1596: «... un hijo pródigo... dándole reprehensión un día... así como vendes a otro... de casa por poco precio... os he hurtado aquellos cántaros... cata ahí cinco reales. Respondió... démelos... yo prometo... no le venda cosa alguna, porque compra...»
Sevilla, 1603: Las mismas variantes de la edición de 1596.

Cuento 90

— *Medina del Campo, 1563:* «... un hombre de los que... a otro... qué priesa se está dando...»
Alcalá de Henares, 1576: «... ¡qué priesa se está dando!...»
Amberes, 1577: «Las mismas variantes de la edición de Medina.
— *Évora, 1575:* «... qué priesa se estaba vistiendo...»
Sevilla, 1596: «... "¿Habéis visto?, ¡qué priesa... vestir...!"...»
Sevilla, 1603: Las mismas variantes de la edición de 1596.

Cuento 91

— *Zaragoza, 1563:* «Yendo camino un caminantes... dejadvos de cerimonias... dijeron ¡cómete...!»

Cuento 92

— *Zaragoza, 1563:* «Yendo perdido un gentilhombre, harto rico por amores... suplico vos... que decís me dar...»
— *Medina del Campo, 1563:* «Yendo perdido un gentilhombre, harto rico, por amores... suplicóle mucho que... me déis cincuenta...»
Alcalá de Henares, 1576, y Amberes, 1577: Las mismas variantes de la edición de Medina.
— *Évora, 1575:* «Yendo perdido un gentilhombre, harto rico, por amores... suplicóle mucho que... me déis cincuenta... respondió...»
Sevilla, 1596: «Yendo perdido un gentilhombre, harto rico, por amores... suplicóle mucho que... la cual escribió... me déis cincuenta... respondió... que me decís...»
Sevilla, 1603: «Yendo perdido un gentilhombre por amores... la cual escribió... me déis cincuenta... respondió... que me decís...»

Cuento 93

— *Zaragoza, 1563:* «... respondióle: "¿Y qué...?" ...»
— *Medina del Campo, 1563; Alcalá de Henares, 1576,* y *Amberes, 1577:* Las mismas variantes de la edición de Zaragoza.
— *Évora, 1575:* «Había un señor prometido una riquísima capa... dejado el rey... damas, las cuales estaban en cierta ventana, y comenzó de llover muy recio... congojado porque veía que se echaba a perder su capa, le dijo: "Aguije vuestra merced, señor, que se moja." Respondióle: "¿Qué...?" Dijo el truhán...»
Sevilla, 1596: «Había un señor prometido una riquísima capa... en recibimiento... damas, las cuales estaban en cierta ventana, y comenzó de llover muy recio... congojado porque veía que se echaba a perder su capa, le dijo: "Aguije vuestra merced, señor, que se moja." Respondióle: "¿Qué...?" ...»
Sevilla, 1603: «Había un señor prometido una riquísima capa... en recibimiento... dejado al rey... en cierta ventana, y comenzó de llover recio... congojado porque veía que se echaba a perder su capa, le dijo: "Aguije vuestra merced, señor, que se moja." Respondióle: "¿Qué...?" Dijo el truhán... se moja mi ropa.»

SEGUNDA PARTE DEL «SOBREMESA Y ALIVIO DE CAMINANTES»

— Zaragoza, 1563: «... para saberse regir...»

Cuento 94(1)

— *Zaragoza, 1563:* «... díjole: "Mi señor..."... no vos despido...»
— *Medina del Campo, 1563:* «Habiendo un capitán compañía... y viniendo a despedir... díjole: "Mi señor..." ... y no os despido... porque el soldado...»
Alcalá de Henares, 1576: «Habiendo un capitán recogi-

do compañía... y viniendo a despedir... yo no os despido...
porque el soldado... se puede tener...»
Amberes, 1577: Las mismas variantes de la edición de
Medina.
— *Évora, 1575:* «Haciendo un capitán compañía... sin
barba, díjole: "Mi señor..."... yo no os despido...»
Sevilla, 1596: «Haciendo un capitán compañía... sin bar-
ba, díjole: "Mi señor..."... yo no os despido... que tenga.
Dijo el capitán... metióselo por la barba...»
Sevilla, 1603: Las mismas variantes de la edición de
1596.

Cuento 95(2)

— *Évora, 1575:* «De Antonio, rey [*sic*]...»
Sevilla, 1596, y *Sevilla, 1603:* La misma variante de la
edición de Évora.

Cuento 96(3)

— *Évora, 1575:* «... caído, respondió mansamente y con
paciencia...»
Sevilla, 1596: Las mismas variantes de la edición de
Évora.
Sevilla, 1603: «... palabras de reprehensión... caído, res-
pondió con paciencia...»

Cuento 97(4)

— *Zaragoza, 1563:* «... del Gran Turco, dándole... asentóse encima de ella. Acabados todos... Respondió: "Sepa...
no acostumbran de llevarse..."»
— *Medina del Campo, 1563:* «... del Gran Turco, dándole... mandó el Gran Turco... asentóse encima de ella...
Respondió: "Sepa... acostumbran de llevarse..."»
Alcalá de Henares, 1576: «... del Gran Turco, dándole...
mandó el Gran Turco... asentóse encima de ella... Respondió: "Sepa... acostumbran dejarse..."»
Amberes, 1577: Las mismas variantes de la edición de
Medina.

Cuento 98(5)

— *Zaragoza, 1563:* «... hízole de señas... hallando el plato... no vos lo cumple buscar, porque...»
— *Medina del Campo, 1563:* «... y los criados vueltos de espaldas... que había en la mesa... hízole de señas... hallando el plato menos... no os cumple buscar, porque... lo he bien visto... respondióle...»
Alcalá de Henares, 1576, y Amberes, 1577: Las mismas variantes de la edición de Medina.
— *Évora, 1575:* «... los criados vueltos de espaldas... hízole de señas... y como hallasen menos el plato... y yo lo vi... dijo el señor...»
Sevilla, 1596: «Un gran señor estando comiendo... y los criados vueltos de espaldas... hízole de señas... y como hallasen menos el plato... díjoles el señor... porque un ladrón... que yo lo vi... dijo él...»
Sevilla, 1603: Las mismas variantes de la edición de 1596.

Cuento 99(6)

— *Zaragoza, 1563:* «... un plato de salvado, lleno... así como él, y la sacasen...»
— *Medina del Campo, 1563:* «... y muchos caballeros... infinitas piedras... así como él, y la sacasen...»
Alcalá de Henares, 1576, y Amberes, 1577: Las mismas variantes de la edición de Medina.
— *Évora, 1575:* «Un lapidario trujo en presencia del rey de Nápoles y de muchos caballeros muchas piedras... vendido de ellas... así como él, y la sacasen... dijo al lapidario que mirase en el plato...»
Sevilla, 1596: «Un lapidario trujo en presencia del rey de Nápoles y de muchos caballeros muchas piedras... vendido de ellas... un plato de salvado... en el plato, como él, y la sacasen... dijo al lapidario que mirase en el plato...»
Sevilla, 1603: «Un lapidario trajo en presencia del rey y de muchos caballeros muchas piedras... vendido de ellas... un diamante, y dijo... un plato de salvado... en el plato,

como él, y la sacasen... dijo al lapidario que mirase en el plato...»

Cuento 100(7)

— *Zaragoza, 1563:* «... una cuchara... las cucharas... esta cuchara... »
— *Medina del Campo, 1563:* «... una cuchara... y, por el consiguiente, él escondió otra... las cucharas... dijo: "Toma... esta cuchara... no lo hecimos..."»
Alcalá de Henares, 1576: «... una cuchara... y, por el consiguiente, él escondió otra... las cucharas... dijo: "Toma... esta cuchara..."»
Amberes, 1577: Las mismas variantes de la edición de Medina.
— *Évora, 1575:* «... una cuchara de oro, y, por el consiguiente, él se escondió... las cucharas... dijo: "Toma... esta cuchara..."»
Sevilla, 1596: «... uno de los criados escondió una cuchara... y, por el consiguiente, él escondió otra... las cucharas... dijo: "Toma... esta cuchara..."»
Sevilla, 1603: Las mismas variantes de la edición de 1596.

Cuento 101(8)

— *Alcalá de Henares, 1576:* «... y llevándolo delante la dama...»

Cuento 102(9)

— *Zaragoza, 1563:* «... y venía calle abajo... merced de entrar aquí por cortesía... Entrado el clérigo, dejó el saquillo encima de su clocha, y, puesta la casulla... "Vuélvase de espaldas..."... diciendo: "¡Al ladrón!" El broslador... por lo cual le detuvo...»
— *Medina del Campo, 1563:* «... y se detuvo hablando con un conocido... merced de entrar aquí por cortesía... Entrando el clérigo, dejó el saquillo encima de su clocha...

"Vuélvase de espaldas..."... diciendo: "¡Al ladrón!" El broslador... pensando si sería... por lo cual le detuvo...»
Alcalá de Henares, 1576: «... y se detuvo hablando con un conocido... merced de entrar aquí por cortesía... Entrando el clérigo, dejó el saquillo encima de su manteo, y, puesta la casulla... "Vuélvase de espaldas..."... diciendo: "¡Al ladrón!" El broslador... pensando si... por lo cual le detuvo...»
Amberes, 1577: Las mismas variantes de la edición de Medina.
— *Évora, 1575:* «... visto que se paró y se detuvo hablando con un conocido... esta casulla —¿Por qué lo dices? —Porque... Señor, querría... merced de entrar aquí por cortesía para probar... entrando el clérigo, dejó el saquillo encima de su clocha, y, puesta la casulla... vuélvase de espaldas... diciendo: "¡Al ladrón!" El broslador... pensando si... le detuvo...»
Sevilla, 1596: «... y se detuvo hablando con un conocido... Señor, querría probarla... merced de entrar aquí por cortesía para... Entrando el clérigo, dejó el saquillo encima de su manteo, y, puesta la casulla... "Vuélvase de espaldas...." y, vuelto, apañó del saquillo... diciendo: "¡Al ladrón!" El broslador... pensando si...»
Sevilla, 1603: «... siguiéndole, vido que se detuvo hablando con un conocido... al broslador: "¿Cuánto valdrá...? ... de ella." Avenidos... Señor, querría probarla... háganos merced de entrar aquí por cortesía para probarse... entrado el clérigo, dejó el saquillo encima de su manteo, y, puesta... "Vuélvase de espaldas..." y, vuelto, apañó del saquillo... diciendo: "¡Al ladrón!" El broslador... pensando si... el astuto ladrón se puso en salvo....»

Cuento 104(11)

— *Zaragoza, 1563:* «... gran decidor de presto...»
— *Medina del Campo, 1563:* «... y después que hubieron comido... gran decidor de presto... y, maravillado de la agudeza del pajecico... cuán agudos son en la mocedad...»

Alcalá de Henares, 1576: «... y después de comido... un pajecillo que traía... gran decidor de presto... y, maravillado la agudeza del pajecico... cuán agudos son en la mocedad... debía de ser vuestra merced...»
Amberes, 1577: Las mismas variantes de la edición de Medina.
— *Évora, 1575:* «Un necio capitán que venía de Italia fue convidado por un señor... gran decidor de presto...»
Sevilla, 1596: «Un necio capitán que venía de Italia fue convidado por un señor... gran decidor de presto... y, maravillado... cuán agudos que son...»
Sevilla, 1603: «Un capitán que venía de Italia fue convidado por un señor de Castilla... gran decidor de presto... y, maravillado... cuán agudos que son. Sepa que...»

Cuento 105(12)

— *Medina del Campo, 1563:* «Estando un barbero afeitando... ¿cómo manda que...?...»
Alcalá de Henares, 1576, y *Amberes, 1577:* Las mismas variantes de la edición de Medina.
— *Évora, 1575:* «Estando un barbero afeitando... le dijo...»
Sevilla, 1596: «Estando un barbero afeitando... parlero, cuando... le dijo...»
Sevilla,, 1603: «Estando un barbero afeitando... parlero, cuando... le dijo... respondió: "Callando."»

Cuento 106(13)

— *Zaragoza, 1563:* «... respondió el caballero...»
— *Medina del Campo, 1563,* y *Alcalá de Henares, 1576:* La misma variante de la edición de Zaragoza.
Amberes, 1577: «... dijo alto... respondió el caballero...»
— *Évora, 1575:* «... para haberlo de cobrar... en el precio que me da... respondió el caballero...»
Sevilla, 1596: «... para haberlo de cobrar... que ya se querían ir, y dijo altico... en el precio que me da... respondió el caballero...»

Cuento 108(15)

— *Zaragoza, 1563:* «... un ducado. Como... dijo el jugador... y de tu [*sic*]...»

Cuento 109(16)

— *Zaragoza, 1563:* «... que decía: "No entre..."...»
— *Évora, 1575:* «Yendo un filósofo por una calle de cierta ciudad, vido un epitafio a la entrada de una casa, que decía así: "Por aquí no entre cosa mala." Y, conociendo el filósofo al señor de la casa. dijo: "Pues, ¿por dónde entra su dueño?"»
Sevilla, 1596, y *Sevilla, 1603:* La misma versión de la edición de Évora.

Cuento 110(17)

— *Medina del Campo, 1563:* «... y el otro, que a las doce...»
Alcalá de Henares, 1576: «... y el otro, que a las doce... la perfecta hora de comer...»
Amberes, 1577: La misma variante que la edición de Medina.
— *Évora, 1575:* «... y el otro, a las once; y el otro... cuando tiene qué.»
Sevilla, 1596: «Preguntando un gran señor... y el otro... y el otro, a las doce... tiene qué.»

Cuento 111(18)

— *Zaragoza, 1563:* «... hacéis bien, que ya que no... en defender...»

Cuento 112(19)

— *Zaragoza, 1563:* «... con tal que no sea... secreto de rey.»

Cuento 113(20)

— *Medina del Campo, 1563:* «... para dónde se hacía la gente... mi camisa lo supiese...»
Alcalá de Henares, 1576: «... para dónde se hacía la gente... y, hecho así... señora y amiga mía...»
Amberes, 1577: Las mismas variantes de la edición de Medina.

Cuento 114(21)

— *Zaragoza, 1563:* «... hízole del codo que abreviase...»
— *Medina del Campo, 1563:* «...hízole del codo que abreviase... que miraría...»
Alcalá de Henares, 1576: «...conoció su compañero el desabrimiento, hízole del codo que abreviase... que miraría...»
Amberes, 1577: Las mismas variantes de la edición de Medina.
— *Évora, 1575:* «...cual hacer se podría... hízole del codo que... que miraría... a su Majestad...»
Sevilla, 1596: «... se enojaba en oírle... hízole del codo que abreviase. Concluyendo... que miraría... a su Majestad...»

Cuento 115(22)

— *Zaragoza, 1563:* «... y no fue tan secretamente, que...»
— *Medina del Campo, 1563:* «... abundancias de vino... y no fue tan secretamente, que... no lo supiese. El día siguiente...»
Alcalá de Henares, 1576: «... abundancia de vino... y no fue tan secretamente, que... no lo supiese. El día siguiente... las palabras...»
Amberes, 1577: Las mismas variantes de la edición de Medina.
— *Évora, 1575:* «Estando cenando ciertos mancebos... decir mal del rey... tan secreto, que... supiese. El día siguiente... y preguntóles...»

Sevilla, 1596: «... y con las demasiadas viandas... y no fue tan secreto, que... supiese. El día siguiente... y preguntóles...»

Sevilla, 1603: «... y con las demasiadas viandas y abundancia de vino... y no fue tan secreto, que... supiese. El día siguiente... y preguntóles... que dicen que dijimos...»

Cuento 117(24)

— *Zaragoza, 1563:* «... Filipo...»

— *Medina del Campo, 1563:* «... en no querer yo castigarlos... sabia y discreta respuesta, y tan pocas veces usada.»

Alcalá de Henares, 1576, y *Amberes, 1577:* Las mismas variantes de la edición de Medina.

— *Évora, 1575:* «... y mal usada.»

Sevilla, 1596: «... respondió entonces... y mal usada.»

Sevilla, 1603: Las mismas variantes de la edición de 1596.

Cuento 118(25)

— *Zaragoza, 1563:* «... por esta aguda y atrevida respuesta...»

— *Medina del Campo, 1563:* «Una mujer atrevida... por el mesmo rey... porque estaba ocupado... díjole ella... por esta aguda y atrevida respuesta...»

Alcalá de Henares, 1576, y *Amberes, 1577:* Las mismas variantes de la edición de Medina.

— *Évora, 1575:* «Una mujer atrevida... por el mesmo rey... y dijo ella... por esta aguda y atrevida respuesta...»

Sevilla, 1596: «Una mujer atrevida... por el mesmo rey... por esta aguda y atrevida respuesta...»

Sevilla, 1603: Las mismas variantes de la edición de 1596.

Cuento 119 (26)

— *Zaragoza, 1563:* «... cosa fuera de su condición.»

Cuento 120(27)

— *Alcalá de Henares, 1576:* «...y alargó el brazo un paje... y sin él mirar...»
— *Évora, 1575:* «Para lavarse las manos un señor de salva, se quitó... tomólo... más cerca estaba...»
Sevilla, 1596: «Para lavarse las manos un señor de salva, se quitó... tomólo... más cerca estaba... no se acordó de él más...»
Sevilla, 1603: Las mismas variantes de la edición de 1596.

Cuento 122 (29)

— *Evora, 1575:* «... alabado, y informado...»
Sevilla, 1596, y *Sevilla, 1603:* La misma variante de la edición de Évora.

Cuento 123(30)

— *Medina del Campo, 1563:* «... con decir: "Mire vuestra Excelencia que se dilata nuestra paga", y él había respondido...»
Alcalá de Henares, 1576, y *Amberes, 1577:* Las mismas variantes de la edición de Medina.
— *Évora, 1575:* «... importunábale mucho el maestro... diciendo... respondió él... como se la hubiese demandado por diversas veces, y él siempre dijese "Mírese"... el maestro de capilla... ha de decir *fa, fa...*»
Sevilla, 1596: «...importunábale muy mucho el maestro... diciendo... respondió él... como se la hubiese demandado por diversas veces, y él siempre dijese "Mírese"... el maestro de capilla: "¿Contino ha de estar...?... ha de decir *fa, fa...*"...»
Sevilla, 1603: Las mismas variantes de la edición de 1596.

Cuento 124(31)

— *Zaragoza, 1563:* «Yendo camino solo un rey de Castilla con un paje... desafortunado en haber mercedes... la una llena de plomo, la otra de oro... agora creerás...»

— *Medina del Campo, 1563:* «Yendo camino solo un rey de Castilla con un paje... y familiar suyo, y desdichado en... y acaso... la una llena de plomo, y la otra de oro... agora creéras...»

Alcalá de Henares, 1576: «Yendo camino solo un rey de Castilla con un paje... y familiar suyo y desdichado en haber mercedes, y acaso... porque el rey lo pudiese sentir... eso no creo yo, respondió... la una llena de plomo, y la otra de oro... con la del plomo... agora creerás...»

Amberes, 1577: Las mismas variantes de la edición de Medina.

— *Évora, 1575:* «Yendo un rey camino con solo un paje suyo bienquisto, y, como el paje fuese desdichado en... alto que el rey... díjole el rey... dijo el paje: «"Eso no creeré yo"...díjole: "Cata ahí... y la otra de oro... la que tú señalares..."... entonces le dijo... agora creéras...»

Sevilla, 1596: «Yendo un rey camino con un solo paje suyo bienquisto, y como el paje fuese desdichado en... a orinar... alto que el rey... díjole el rey... dijo el paje: "Eso no creeré yo"... y la una de ellas... díjole: "Cata ahí... la que tú señalares..." Cuando acertó con la de plomo, entonces le dijo... agora creerás...»

Sevilla, 1603: Las mismas variantes de la edición de 1596.

Cuento 125(32)

— *Zaragoza, 1563:* «... a un cierto médico... denvos...»

— *Medina del Campo, 1563:* «... dió a un cierto médico... aforrada... "¿Qué es esto, doctor?..."...»

Alcalá de Henares, 1576: «... cierta loba... aforrada... "¿Qué es esto, doctor?..."...»

Amberes, 1577: Las mismas variantes de la edición de Medina.

— *Évora, 1575:* «Un duque de Castilla... y le había curado... harto galana... entonces mandó el duque que le diesen...»
Sevilla, 1596: «... aforrada... harto galana... entonces mandó el duque que le diesen... para sustento...»
Sevilla, 1603: «... y le había curado cierta enfermedad... aforrada... harto galana... a visitarle, viendo... entonces mandó el duque que le diesen... para sustento...»

Cuento 126(33)

— *Medina del Campo, 1563:* «... que conocían los dos...»
Alcalá de Henares, 1576: «... como se les había dicho...»
Amberes, 1577: La misma variante de la edición de Medina.
— *Sevilla, 1596:* «... si había el otro huido...»
Sevilla, 1603: «... un soldado a otro, y, preguntándole... si había el otro huido, como les habían dicho, vino a pasar...»

Cuento 128(35)

— *Zaragoza, 1563:* «... presumió el negocio...»
— *Medina del Campo, 1563:* «... mandó a su tesorero que le diese... con el capitán, mandó poner en la mañana una mesa al tiempo que el rey se había de levantar, en su aposento, y los dos mil... presumiese el negocio...»
Alcalá de Henares, 1576, y Amberes, 1577: Las mismas variantes de la edición de Medina.
— *Évora, 1575:* «... mandó darle... presumió el negocio, le dijo...»
Sevilla, 1596, y Sevilla, 1603: Las mismas variantes de la edición de Évora.

Cuento 129(36)

— *Zaragoza, 1563:* «... y fuera de compás en esto, que, si veía... vino a adolecer... mira tú que te acuerdes que, acabando que acabe de dar el alma a Dios...»

— *Medina del Campo, 1563:* «... y fuera de compás en esto, que, si se veía... vino adolecer... estando *in extremis...* un hijo. Y estándole... mira tú que te acuerdes que, acabando que acabe de dar el alma a Dios...»
Alcalá de Henares, 1576, y Amberes, 1577: Las mismas variantes de la edición de Medina.
— *Évora, 1575:* «... y fuera de compás en esto, que, si veía... mataba una, y, si ardía candela fuera de la mesa... vino a adolecer... vida, estando *in extremis...* un su hijo... él respondió... mira tú que te acuerdes que, como acabare de dar el alma a Dios...»
Sevilla, 1596: «... y fuera de compás en esto, que, si veía... si ardía candela... por tiempo adoleció... estando *in extremis...* un su hijo... mira tú que te acuerdes que, como acabe de dar el alma a Dios...»
Sevilla, 1603: «... era en extremo... fuera de compás en esto, que, si veía encendidas... y, si ardía candela fuera de la mesa... por tiempo adoleció... y, estando *in extremis...* su hijo... de Dios, respondió... pero mira que te acuerdes que, como acabe de dar el ánima a Dios...»

Cuento 130(37)

— *Medina del Campo, 1563:* «... tirándole de lejos... estando tirando...»
Alcalá de Henares, 1576, y Amberes, 1577: Las mismas variantes de la edición de Medina.

Cuento 131(38)

— *Medina del Campo, 1563:* «... y grande poeta... que donde toda mi vida...»
Alcalá de Henares, 1576: «Un caballero muy enamorado y grande poeta... que donde toda mi vida...»
Amberes, 1577: Las mismas variantes de la edición de Medina.
— *Évora, 1575:* «Había un caballero... en lugar apartado. Y, como viniese una vez a verlo... le dijo... que donde yo...»

Sevilla, 1596: Las mismas variantes de la edición de Évora.

Sevilla, 1603: «Había un caballero... en lugar apartado. Y, como viniese una vez a verlo... le dijo... yo os he sufrido de necio...»

Cuento 132(39)

— *Medina del Campo, 1563:* «... mas tú que te usurpas... por tan acompañado...»

Alcalá de Henares, 1576: «... más tú que te usurpas...»

Amberes, 1577: Las mismas variantes de la edición de Medina.

— *Évora, 1575:* «... mas tú que te usurpas... por tan acompañado... que si fueses... hízolo su capitán.»

Sevilla, 1596: «... mas tú que te usurpas... que si fueses...»

Sevilla, 1603: «... delante del rey... mas tú que usurpas... que si fueses...»

Cuento 133(40)

— *Zaragoza, 1563:* «... noto el día de hoy... el multiplicante...»

Cuento 135(42)

— *Zaragoza, 1563:* «... deseoso de ver... estuvo en esta ciudad...»

— *Medina del Campo, 1563:* «... se le parecía... deseoso de ver... di, mancebo... estuvo en esta ciudad...»

Alcalá de Henares, 1576, y *Amberes, 1577:* Las mismas variantes de la edición de Medina.

— *Évora 1575:* «... deseoso de ver... estuvo en esta ciudad... mi padre sé que ha estado muchas veces.»

Sevilla, 1596: «Un rey avisado que... deseoso de saber si... estuvo en esta ciudad... mi padre sé que ha estado muchas veces.»

Sevilla, 1603: Las mismas variantes de la edición de 1596.

Cuento 136(43)

— *Zaragoza, 1563:* «... por enseñarle...»
— *Medina del Campo, 1563:* «... y, como lo viese el rey, rogóle que no lo dijese... por enseñarle... amor y voluntad.»
Alcalá de Henares, 1576: «... y, como lo viese el rey, rogóle que no lo dijese... por enseñarle...»
Amberes, 1577: Las mismas variantes de la edición de Medina.

Cuento 137(44)

— *Medina del Campo, 1563:* «... viendo en cuánto el vencido preciaba la honra...»
Amberes, 1577: Las mismas variantes de la edición de Medina.
— *Évora, 1575:* «... preciaba su honra, no sólo... para mientras él viviese.»
Sevilla, 1596, y *Sevilla, 1603:* Las mismas variantes de la edición de Évora.

Cuento 138 (45)

— *Zaragoza, 1563:* «... no vos maravilléis...»

Cuento 140(47)

— *Medina del Campo, 1563:* «Hurtando... plega a Dios...»
Alcalá de Henares, 1576, y *Amberes, 1577:* Las mismas variantes de la edición de Medina.
— *Évora, 1575,* y *Sevilla, 1603:* Las mismas variantes de la edición de Medina.
Sevilla, 1596: «Hurtando... plega a Dios... a quien los hurtó.»

Cuento 141(48)

— *Zaragoza, 1563:* «... asentado en su tribunal...»
— *Medina del Campo, 1563:* «... asentado en su tribu-

nal... y un cautivo... dijo a altas voces: "Dejadlo ir libre..."»

Alcalá de Henares, 1576: «... asentado en su tribunal... dijo a altas voces: "Dejadlo ir libre..."»

Amberes, 1577: Las mismas variantes de la edición de Medina.

— *Évora, 1575:* «Como se vendiesen... asentado en su tribunal... y un cautivo de los que vendían... y dejóle llegar. El cautivo entonces le dijo... "Dejaldo ir libre..."»

Sevilla, 1596: «Como se vendiesen... asentado en su tribunal... y un cautivo... Dejóle llegar. El cautivo entonces le dijo... Luego el rey dijo... "Dejaldo ir libre..."»

Sevilla, 1603: «Como se vendiesen... asentado en su tribunal... y un cautivo... respondió el rey: "¿De qué manera...?" Y dejóle llegar. El cautivo entonces le dijo... el rey dijo... "Dejaldo ir libre..."»

Cuento 142(49)

— *Zaragoza, 1563:* «... antes vos digo... lo que quería...»

Cuento 146(53)

— *Zaragoza, 1563:* «... cómo podría dormir... le hacían velar.»

— *Medina del Campo, 1563:* «... le hacían velar.»

Alcalá de Henares, 1576, y *Amberes, 1577:* La misma variante de la edición de Medina.

— *Évora, 1575:* «... que era tenido por muy rico... que lo que tenía... aquel mercader, y dijo... que debía... le hacían velar.»

Sevilla, 1596: Las mismas variantes de la edición de Évora.

Cuento 147(54)

— *Zaragoza, 1563:* «Yendo determinado el rey Alejandre para destruir... yo te suplico, rey...»

Cuento 148(55)

— *Zaragoza, 1563:* «... dio en los jarros y quebrólos, diciendo...»
— *Medina del Campo, 1563,* y *Amberes, 1577:* Las mismas variantes de la edición de Zaragoza.
Alcalá de Henares, 1576: «... y quebrando de ellos... dio en los jarros y quebrólos, diciendo...»

Cuento 149(56)

— *Zaragoza, 1563:* «... en una taberna de tal manera...»

Cuento 150(57)

— *Zaragoza, 1563:* «... Guardadvos...»
— *Medina del Campo, 1563:* «... y en habiendo encontrado con él, le dijo... el que había recebido el golpe...»
Alcalá de Henares, 1576: «... un grande cargo... y en habiendo encontrado con él, le dijo...»
Amberes, 1577: Las mismas variantes de la edición de Medina.
— *Évora, 1575:* «Yendo un ganapán cargado... y habiéndole dado...»
Sevilla, 1596: Las mismas variantes de la edición de Évora.

Cuento 151(58)

— *Medina del Campo, 1563:* «... para casar a una hija... maravillado mucho de esto el señor, habló con su camarero así: "¿No miráis a este pecador... lo que había menester...?"...»
Alcalá de Henares, 1576: «... para casar a una hija... maravillándose de esto mucho el señor, habló con su camarero así... lo que había menester...»
Amberes, 1577: Las mismas variantes de la edición de Medina.
— *Évora, 1575:* «... maravillado mucho de esto el se-

ñor, habló con su camarero y dijo... lo que había menester...»

Sevilla, 1596: Las mismas variantes de la edición de Évora.

Cuento 152(59)

— *Zaragoza, 1563:* «... los moros del reino... a un morisco de Alberique... el moro con el delincuente... "Por ver un ladrón."»

— *Medina del Campo, 1563:* «... los moros del reino... a un morisco de Alberique... delante un juez... el moro con el delincuente... oyendo quién era... diablo... "Por ver un ladrón."»

Alcalá de Henares, 1576: Las mismas variantes de la edición de Zaragoza.

Amberes, 1577: Las mismas variantes de la edición de Medina.

— *Évora, 1575:* «... los moros del reino... un morisco de Alberique... delante un juez... el moro con el delincuente... "Por ver un ladrón."»

Sevilla, 1596: «... los moros del reino... un morisco de Alberique... se la negaba... delante un juez... el moro con el delincuente... "Por ver un ladrón."»

Cuento 153(60)

— *Zaragoza, 1563:* «... el baile de Valencia... preguntóle... Respondió el paje: "De mi amo, señor"... a vuestro amo el baile...»

— *Medina del Campo, 1563:* «... el baile de Valencia... de lo cual quedó quejoso... con el paje del baile... preguntóle cúyas eran... Respondió el paje: "De mi amo, señor"... a vuestro amo el baile...»

Alcalá de Henares, 1576: «... el baile de Valencia... de lo cual quedó quejoso... con el paje del baile... preguntóle cúyas eran. Respondióle el paje: "De mi amo, señor"... a vuestro amo el baile...»

— *Évora, 1575:* «... el baile de Valencia... quedó que-

joso... con el paje del baile... preguntóle... y tomóselas...
di a tu señor...»
Sevilla, 1596: «... el baile de Valencia... quedó quejoso...
con el paje del baile... preguntóle... y tomóselas... "Di a
tu señor... una gorra, le quito dos."»

Cuento 154(61)

— *Zaragoza, 1563:* «... el soldado, afrentado...»
— *Medina del Campo, 1563:* «... el soldado, afrentado...
y contó... un caso...»
Alcalá de Henares, 1576, y Amberes, 1577: Las mismas
variantes de la edición de Medina.
— *Évora, 1575:* «... el soldado, afrentado... y contó...
que caso...»
Sevilla, 1596: Las mismas variantes de la edición de
Évora.
Sevilla, 1603: «... y después de ser vencidos... venido
que fue delante... echó la mano... el soldado, afrentado...
y contó... que caso...»

Cuento 155(62)

— *Zaragoza, 1563:* «... tomóle un desmayo... diciendo
que su mujer... le tura, será la mejor mujer...»
— *Medina del Campo, 1563:* «... tenía una tacha, y era
que a veces hablaba... estando en sarao, tomóle un desmayo... diciendo que su mujer... si eso le tura, será la mejor mujer...»
Alcalá de Henares, 1576: «... tenía una tacha, y era que
a veces hablaba... estando en sarao, tomóle un desmayo...
si eso tura, será la mejor mujer...»
Amberes, 1577: Las mismas variantes de la edición de
Medina.
— *Évora, 1575:* «... tomóle un desmayo, por do perdió
la habla, y... a su marido, como su mujer... la mejor mujer...»
Sevilla, 1596: Las mismas variantes de la edición de
Évora.

Sevilla, 1603: «Una cierta dama, ultra que... tomóle un desmayo, por do perdió la habla, y fueron a decir a su marido cómo su mujer... el cual dijo... la mejor mujer...»

Cuento 156(63)

— *Zaragoza, 1563:* «... con él, con las armas...»
— *Medina del Campo, 1563:* «Era un caballero... y estando... con él, con las armas...»
Alcalá de Henares, 1576, y *Amberes, 1577:* Las mismas variantes de la edición de Medina.
— *Évora, 1575,* y *Sevilla, 1596:* Las mismas variantes de la edición de Medina.
Sevilla, 1603: «Era un caballero... y estando en conversación después... y le desafió... con él con las armas...»

Cuento 157(64)

— *Sevilla, 1596:* «... Fulana... la sirve, y Fulano en qué entiende, y Fulano de qué vive, demandando...»
Sevilla, 1603: «... a Fulana quién la sirve, y Fulano en qué entiende, y Fulano de qué vive, demandando a un caballero que le prestase...»

Cuento 158(65)

— *Zaragoza, 1563:* «... llegándole este sobrino...»
— *Medina del Campo, 1563:* «... llegando este mozo... respondióle...»
Alcalá de Henares, 1576, y *Amberes, 1577:* Las mismas variantes de la edición de Medina.
— *Évora, 1575:* «... llegándole este sobrino... respondióle...»
Sevilla, 1596: Las mismas variantes de la edición de Évora.
Sevilla, 1603: «... en casamiento. La una... llegándole este sobrino... respondióle...»

Cuento 161(68)

— *Zaragoza, 1563:* «Yendo a visitar... y en entrando por casa... desde el estudio... dígovos...»

Cuento 162(69)

— *Medina del Campo, 1563:* «Oyendo un presidente a un querellante fuera del juicio... y, después que el querellante hubo propuesto ante él su causa y dicho todo lo que había de decir, dijo al presidente... por cierto, mas este otro oído guardo para oír a... cosa ninguna sin primero oír... para del todo quedar...»

Alcalá de Henares, 1576, y *Amberes, 1577:* Las mismas variantes de la edición de Medina.

— *Évora, 1575:* «... para oír a vuestro contrario... determinar cosa ninguna sin primero oír...»

Sevilla, 1596: «... fuera del juicio... díjole... para oír a vuestro contrario... determinar cosa alguna sin primero oír ambas las partes...»

Sevilla, 1603: Las mismas variantes de la edición de 1596.

Cuento 165(72)

— *Zaragoza, 1563:* «... de contarlos, se reían... cuando hubo acabado... ya podéis comenzar de reíros... yo ya he acabado de contar...»

Cuento 166

Sevilla, 1596: «... como más sabio... después que él muriese... un mes allá en Castilla, fue tanta su dicha... echó el macho... escupirme he las manos...»

Sevilla, 1603: «... al uno como más sabio... otras agudezas para poder... después que él muriese... un mes allá en Castilla, fue tanta su dicha... un macho en el cual... una puente no muy... echó el macho... como más fuerte, asióse a una viga... estuviesen asidos... estáis bien... escupirme he las manos... a caer todos abajo.»

Cuento 168

Sevilla, 1596: «... un terrado, azotea descubierta...»
Sevilla, 1603: «... un terrado descubierto... de la noche, le sucedió...»

Cuento 169

Sevilla, 1596: «... por un cenagal. Creyendo... las saludó...»
Sevilla, 1603: «... y revolcándose por un cenagal. Creyendo fuese...»

Cuento 170

Sevilla, 1596: «... muy poderoso. Y él, viendo el bulto, creyendo... y a requebrarlo...»
Sevilla, 1603: «... estaba a la ventana... muy poderoso. Y él, viendo el bulto, creyendo... y a requebrarlo... tratar con cortesía.»

VARIANTES DE LAS EDICIONES ANTIGUAS DE LOS «CUENTOS» DE JOAN ARAGONÉS

Cuento 1

— *Évora, 1575:* «Tenía el duque de Ferrara un truhán, y, como un día el duque... que había cuatrocientos físicos y más... fingiendo tener... un hijo... que les pusiese por escrito... y hallase su truhán entrapado, le dijo: "¿Qué es eso...?" El respondió... tan gran dolor... haciendo escribir todo aquello, se entró el duque... y cuantos entraban... se fue a palacio... al contrario. Sacando...»

Sevilla, 1596: «... que había cuatrocientos físicos más que decía. El duque, riéndose... fingiendo tener mal... consigo a un hijo... por escrito... le dijo... él respondió... tan gran dolor... un emplasto de esta manera; haciendo escrebir todo aquello, entró el duque... y cuantos... se fue a palacio... al contrario. Sacando...»

Sevilla, 1603: Las mismas variantes de la edición de 1596.

Cuento 2

— *Alcalá de Henares, 1576:* «... muerto de sus amores...»

— *Évora, 1575:* «... se subió... de donde... la podía ver. Estando allí, un grande amigo... a ver, y, preguntando a sus criados dónde estaba, le respondieron: "Arriba..." y subióse derecho... cómo estaba allá. E Garci Sánchez le dijo... que era razón...»

Sevilla, 1596: «Le acaeció a Garci Sánchez... de donde... que arriba, y subióse... estaba allá...»

Sevilla, 1603: «Le acaeció a Garci Sánchez... de do... le

fue... que arriba... y subióse... hallándole... estaba allá... muerto, que era...»

Cuento 3

— *Évora, 1575:* «Un villano muy gracioso solía llevar... de buena voluntad... fue tanto el placer que el rey tomó, así del presente como de sus donaires, que le dijo que pidiese mercedes... dijo qué es la causa que aquello demandaba... parte sino que... en tanta gracia... que le hizo mercedes...»
Sevilla, 1596: «Un villano muy gracioso solía... de buena voluntad... fue tanto el placer que el rey tomó, así del presente como de sus donaires, que le dijo que pidiese mercedes... le dijo qué era la causa que aquello demandaba... mejor parte sino que... en tanta gracia... que le hizo mercedes...»
Sevilla, 1603: Las mismas variantes de la edición de 1596.

Cuento 4

— *Alcalá de Henares, 1576:* «... de alta sangre, pobre de hacienda... arrojólo...»
— *Évora, 1575:* «... dándoselo... tan recio que la dama lo podía...»
Sevilla, 1596: «... arrojóselo como de limosna...»
Sevilla, 1603: Las mismas variantes de la edición de 1596.

Cuento 5

— *Alcalá de Henares, 1576:* «... hacía mercedes a los que... y muy poderoso rábano, el cual juzgó... por este que vale al doblo... no lo merece comer otro sino él...»
— *Évora, 1575:* «... sino sólo el rey... este rábano, cómaselo... a su mayordomo que se lo guardase... las grandes mercedes que el rey había hecho... y como lo vio... lo llevó luego presentar... vuestra alteza tome... como era sabio y de... guardadlo bien... al doblo...»

Sevilla, 1596: «... sino sólo el rey... díjole a su mayordomo que se lo guardase... sabidas las grandes mercedes
que el rey había hecho... como era sabio y de... guardadlo
bien... y dijo: "Tomad... que me costó..."... al doblo...»
Sevilla, 1603: Las mismas variantes de la edición de
1596.

Cuento 7

— *Alcalá de Henares, 1576:* «... toldasen... un truhán
muy famoso...»
— *Évora, 1575:* «... por donde el rey... rióse mucho y
preguntó... colgado. Y fuele respondido... que mandó
que... no lo dijese al sordo ni perezoso...»
Sevilla, 1596: «... rióse mucho y preguntó... que mandó
que... y con ellos lo pudiese él más honradamente... no lo
dijese a sordo ni perezoso...»
Sevilla, 1603: «... emparamentasen las delanteras... por
donde... un famoso truhán... la cabeza cara abajo... rióse
mucho y preguntó... que mandó que fuese... y con ellos
lo pudiese él más honradamente... no lo dijese a sordo ni
perezoso...»

Cuento 8

— *Évora, 1575:* «... en un grande plato con el caldo de
ajos que... cuando se vio... y echó por encima de todos el
caldo y ajos.»
Sevilla, 1596: «... los cuales la compraron... en un grande plato con el caldo de ajos que... cuando se vio... y echó
por encima de todos el caldo y ajos.»
Sevilla, 1603: Las mismas variantes de la edición de
1596.

Cuento 9

— *Évora, 1575:* «... de le dar audiencia... lo que tanto
deseaba... ¿es-pera o es-pero?... de presto...»
Sevilla, 1596: «... ella respondió... y que ella haría...»

Sevilla, 1603: «... de le dar audiencia, ella respondió... ¿es-pera o es-pero?... de presto...»

Cuento 10

— *Évora, 1575:* «... estaba enamorado... hizo hacer... de alatón... mandóle... una color... le dijo...»
Sevilla, 1596: «... estaba enamorado... hizo hacer... de alatón... mandóle... una color... halló sola la dama... le dijo...»
Sevilla, 1603: Las mismas variantes de la edición de 1596.

Cuento 11

— *Alcalá de Henares, 1576:* «... la reina que aquello le oyó...»
— *Évora, 1575:* «... mandóle... verlo morir... ocho o nueve veces... ocho o nueve veces... y dijo así... que aquello oyó... muchas mercedes.»
Sevilla, 1596: «Habiendo héchole... mandóle... verlo morir... ocho o nueve veces... ocho o nueve veces... y dijo así... que aquello oyó... muchas mercedes.»
Sevilla, 1603: «Habiéndole hecho... mandóle... verlo morir... ocho o nueve veces... ocho o nueve veces... y dijo así... que aquello oyó... muchas mercedes.»

Cuento 12

— *Alcalá de Henares, 1576:* «... en prontamente hablar lo era, acaecióle... casi caído...»
— *Évora, 1575:* «... le fue a festejar... estaba ella puesta... lo viese casi caído... lo pudiese bien oír... tan presto, sin tener...»
Sevilla, 1596: «Al muy afamado... prontamente hablar, a aqueste le acaeció... le fue a festejar... estaba ella puesta... lo pudiese bien oír... tan presto, sin tener...»
Sevilla, 1603: Las mismas variantes de la edición de 1596.

Cuento 13

Sevilla, 1596: «... un portal que tenía... no te crecieran las tetas.»
Sevilla, 1603: Las mismas variantes de la edición de 1596.

Cuento 14

Sevilla, 1596: «... un sayo que él traía, recamado con perlas...»
Sevilla, 1603: «... un sayo que él traía, recamado con perlas... que fuese otro día por él...»

Cuento 15

Sevilla, 1596: «Viéndose un viejo... y espantándose mucho de ello... al cual respondió... aquella cerca. Y él dijo...»
Sevilla, 1603: Las mismas variantes de la edición de 1596.

BIBLIOGRAFÍA Y SIGLAS *

---

* Véase también el apartado «Criterio de la presente edición».

1. TEXTOS

AGUSTÍN, SAN: *De civitate Dei libri XXII*, ed. B. Dombart, Bibliotheca Teubneriana, Leipzig, 2 vols.

ALCALÁ YÁÑEZ, JERÓNIMO DE: *El Donado hablador* (1624-1626), *N.P.*

ALCÁZAR, BALTASAR DE: *Poesías*, ed. Rodríguez Marín, Real Academia Española, Madrid, 1910.

ALEMÁN, MATEO: *Guzmán de Alfarache*, en Francisco Rico, ed., *La novela picaresca española. I*, Clásicos Planeta, núm.12, Barcelona, 1967.

ALONSO, DÁMASO, y BLECUA, JOSÉ MANUEL: *Antología de la poesía española. Poesía de tipo tradicional*, Gredos, Madrid, 1969.

Antología griega, Les Belles Lettres, París, 13 vols.

ARCE, FERNANDO DE: *Adagiorum ex vernacula, id est hispana lingua latino sermone redditorum quinquagenae quinque* (1533), ed. facsímil con traducción de T. Trallero Bardají, Barcelona, 1950.

ARCE DE OTÁLORA, JUAN: *Coloquios de Palatino y Pinciano*, ms. 10725-10726 de la Biblioteca Nacional de Madrid.

ARCIPRESTE DE TALAVERA: Alfonso Martínez de Toledo, *Arcipreste de Talavera o Corbacho*, Clásicos Castalia, núm. 24.

ARETINO, PIETRO: *Dialogo del givoco o Le carte parlanti* (1543), Lanciano, Milán, 1916.

ARGUIJO, JUAN DE: *Cuentos*, ed. Beatriz Chenot y Maxime Chevalier, Diputación Provincial de Sevilla, Sevilla, 1979.

ARISTÓTELES: *Retórica*, ed. A. Tovar, Clásicos Políticos, Madrid, 1971.

ATENEO DE NAUCRATIS: *El banquete de los sabios*, ed. G. Kaibel, Bibliotheca Teubneriana, Leipzig, 3 vols.

AUSONIO, DÉCIMO MAGNO: *Opuscula*, ed. R. Peiper, Bibliotheca Teubneriana, Leipzig, 1886.

BANCES Y LÓPEZ-CANDAMO, FRANCISCO ANTONIO DE: *El esclavo en grillos de oro*, BAE, 49.

BARBARO, FRANCESCO: *De re uxoria libri duo* (1513), Amberes, s. a.

BARLACCHIA, DOMENICO: *Facezie* (1565). Véase MAINARDI, ARLOTTO.

BEBEL, HEINRICH: *Facetiarum libri tres* (1508-1512), edición con N. Frischlin, *Facetiae selectiores* y otros, Estrasburgo, 1609.

BECCADELLI, ANTONIO (el Panormitano): *El libro de los dichos y hechos del rey don Alonso*, trad. de Juan de Molina, Valencia, 1527.

BEESON, CH. H.: *A primer of Meideval Latin*, Chicago, 1925.

BOCCACCIO, GIOVANNI: *Il Decameron*, Bari, 1927.

BOTERO, GIOVANNI: *Detti memorabili di personaggi illustri* (1608), Antonio Turino, Venecia, 1610.

BRUNEL, ANTONIO DE: *Viaje de España* (1665), *Viajes de extranjeros por España y Portugal*, ed. J. García Mercadal, II, Aguilar, Madrid, 1959.

BRUSONI, L. DOMICIO: *Facetiarum exemplorumque libri VII* (1518), *apud* Ioannem Frellonium, Lyón, 1562.

CALDERÓN DE LA BARCA, PEDRO: *Comedias*, BAE.

Calila e Dimna, Clásicos Castalia, núm. 133.

CARBALLO, LUIS ALFONSO DE: *Cisne de Apolo* (1602), en Biblioteca de Antiguos Libros Hispánicos, XXV-XXVI, Madrid, 1958.

CARO Y CEJUDO, JERÓNIMO MARTÍN: *Refranes y modos de hablar castellanos con latinos que les corresponden*, Julián Izquierdo, Madrid, 1675.

CASTIGLIONE, BALTASAR DE: *Il libro del Cortegiano*, Aldo Romano et Andrea d'Asola, Venecia, 1528.

CASTIGLIONE, BALTASAR DE: *El Cortesano*, trad. de Juan Boscán (1534), ed. Teresa Suero, Bruguera, Barcelona, 1972.

CASTILLEJO, CRISTÓBAL DE: *Diálogo de mujeres* (1544), Clásicos Castellanos, núm. 72.

CERVANTES, MIGUEL DE: *Don Quijote de la Mancha* (1605-1615) Clásicos Castellanos, núms. 4, 6, 8, 10 ,13, 16, 19, 22.

CERVANTES, MIGUEL DE: *El Viaje del Parnaso* (1614), en *Obras Completas*, Aguilar, Madrid, 1967.

CICERÓN, MARCO TULIO: *De officiis*, ed. M. Testard, Les Belles Lettres, París, 2 vols.

CICERÓN, MARCO TULIO: *De oratore*, eds. Henri Bornecque y E. Courbaud, Les Belles Lettres, París, 3 vols.

CICERÓN, MARCO TULIO: *De re publica*, ed. Esther Bréguet, Les Belles Lettres, París, 1980, 2 vols.

CICERÓN, MARCO TULIO: *Epistulae ad Atticum*, Bibliotheca Oxoniensis, Oxford, 2 vols.

CICERÓN, MARCO TULIO: *Tusculanae disputationes*, ed. Georges Fohlen, Les Belles Lettres, París, 1968-1970, 2 vols.

CORNAZZANO, ANTONIO: *Proverbii in facezie* (1523), Francesco Bindoni y Mupheo Pasini, Venecia, 1532.

CORTÉS DE TOLOSA, JUAN: *Lazarillo de Manzanares* (1620), Clásicos Castellanos, núm. 186.

CORREAS, GONZALO: *Vocabulario de refranes y frases proverbiales* (1627), ed. Louis Combet, Burdeos, 1967.

COTARELO: *Colección de entremeses:* Cotarelo y Mori, Emilio, *Colección de entremeses, loas, bailes, jácaras y mojigangas desde finales del siglo XVI a mediados del XVIII*, NBAE, XVII-XVIII.

COVARRUBIAS Y HOROZCO, SEBASTIÁN DE: *Tesoro de la lengua castellana o española* (1611), Turner, Madrid, 1984.

CRINITO, PEDRO: *De honesta disciplina libri XXV* (1504), Seb. Gryphius, Lyón, 1543.

CUBILLO DE ARAGÓN, ÁLVARO: *Comedias*, BAE, XLVII.

DELICADO, FRANCISCO: *Retrato de la lozana andaluza*, eds. Bruno M. Damiani y Giovanni Allegra, Porrúa, Madrid, 1975.

Diálogo intitulado El Capón (primeros años del siglo XVII), *R. Hi.*, 38, 1916.

DÍAZ, HERNANDO: *Vida y excelentes dichos de los más sabios filósofos que hubo en este mundo* (1520), Cromberger, Sevilla, 1541.

Dichos graciosos de españoles (hacia 1540), ms. de la biblioteca de Antonio Rodríguez-Moñino.

DIODORO SÍCULO: *Biblioteca Histórica*, Firmin Didot, París, 1855, 2 vols.

DIÓGENES LAERCIO: *Historia de los filósofos*, ed. R. D. Hicks, The Loeb Classical Library, Londres, 1966-1970, 2 vols.

DOMENICHI, LUDOVICO: *Facezie, motti e burle* (1548), *Detti e fattia di diversi signori e persone private*, F. Lorenzini, Venecia, 1564.

DOMENICHI, LUDOVICO: *Facezie, motti e burle di diversi signori e persone private*, Appresso i Giunti, Florencia, 1564; edición ampliada con el séptimo libro.

ELIANO, CLAUDIO: *Historia varia*, Leiden, 1731, 2 vols.

ERASMO DE ROTTERDAM, DESIDERIO: *Adagiorum veterum collectanea* (1500), *Opera omnia*, II, Leiden, 1703.

ERASMO DE ROTTERDAM, DESIDERIO: *Apophthegmatum ex optimis utriusque linguae scriptoribus per Desiderium Erasmum Roterodamum collectorum libri octo* (1531-1532), Seb. Gryphius, Lyón, 1548.

ERASMO DE ROTTERDAM, DESIDERIO: *Libro de apothegmas, que son dichos graciosos y notables*, trad. de Francisco Támara, Martín Nucio, Amberes, 1549.

ERASMO DE ROTTERDAM, DESIDERIO: *Libro de vidas y dichos graciosos, agudos y sentenciosos*, trad. de Juan de Jarava, Juan Steelsio, Amberes, 1549.

ERASMO DE ROTTERDAM, DESIDERIO: *Colloquia familiaria* (1518-1526), Utrecht, 1676.

ERASMO DE ROTTERDAM, DESIDERIO: *Stultitiae Laus*

(1511), ed. Oliveri Nortes Valls, Erasmo textos bilingües, Bosch, Barcelona, 1976.

ESOPO: *Fábulas*, ed. A. Hausrath, Bibliotheca Teubneriana, Leipzig, 2 vols.

ESOPO: *Fábulas colectas, en Las fábulas del clarísimo y sabio fabulador Ysopo, nuevamente emendadas*, Juan Steelsio, Amberes, 1546.

ESOPO: *Fábulas. Vida. Fábulas de Babrio*, Gredos, Madrid, 1978.

ESPARTIANO, ELIO: *Vita Hadriani, The Scriptores Historiae Augustae*, ed. David Magie, The Loeb Classical Library, Londres, 1967-1968, 3 vols.

ESPINOSA, FRANCISCO DE: *Refranero* (1527-1547), en *Boletín de la Real Academia Española*, anejo XVIII.

Estebanillo González (La vida de) (1646), Clásicos Castellanos, núms. 108-109.

Facezie e motti dei secoli XV e XVI, en *Scelta di curiosità letterarie inedite o rare dal secolo XIII al XVII*, Bologna, 1874.

FERNÁN CABALLERO: *Una en otra*, BAE, 138.

FERNÁNDEZ DE HEREDIA, JUAN, *Obras*, Clásicos Castellanos, núm. 139.

FERNÁNDEZ DE RIBERA, RODRIGO: *El mesón del mundo*, Lagasa, Madrid, 1979.

Floresta de entremeses y rasgos del ocio, Viuda de Joseph Fernández de Buendía, Madrid, 1680.

FRÍAS, DAMASIO DE: *Diálogo de la discreción* (1579), Colección de Escritores Castellanos, núm. 161.

FULGOSO, BAPTISTA: *De dictis factisque memorabilibus* (1509), París, 1518.

GALINDO: *Sentencias filosóficas:* Galindo, Luis, *Sentencias filosóficas y verdades morales, que otros llaman proverbios o adagios castellanos* (1660-1668), mss. 9772-9781 de la Biblioteca Nacional de Madrid.

GARAY, BLASCO DE: *Cartas en refranes* (1541-1545), Bibliófilos Españoles, Madrid, 1956.

GARCILASO DE LA VEGA, El Inca, *Comentarios reales*, BAE, 134.

GARIBAY: *Cuentos* (siglo XVI), BAE, 176.

GELIO, AULO: *Noctes Atticae*, ed. P. K. Marshall, Bibliotheca Oxoniensis, Oxford, 1968, 2 vols.

Gesta romanorum, Die Gesta Romanorum, ed. Wilhelm Dick, Erlangen y Leipzig, 1890 (Reprint, Rodopi, Amsterdam, 1970).

Glosas al sermón de Aljubarrota (¿1545?), BAE, 176.

GÓMEZ DE LUQUE: GONZALO: *Celidón de Iberia*, Alcalá, 1583.

GÓNGORA, LUIS DE: *Letrillas*, Clásicos Castalia, núm. 101.

GONNELLA, PIETRO: *Buffonerie* (1538). Véase MAINARDI, ARLOTTO.

GONZÁLEZ, GREGORIO: *El Guitón Honofre* (1604), Estudios de Hispanófila, University of North Carolina, 1973.

GRACIÁN, BALTASAR: *Agudeza y Arte de ingenio*, Clásicos Castalia, núms. 14-15.

GRACIÁN, BALTASAR: *El Criticón*, en *Obras completas*, ed. Arturo del Hoyo, Aguilar, Madrid, 1960.

GRACIÁN, BALTASAR: *Oráculo manual y Arte de prudencia*, en *Obras completas*.

GRACIÁN DANTISCO, LUCAS: *Galateo español* (1593), Clásicos Hispánicos, II, XVII, CSIC, Madrid, 1968.

GUEVARA, ANTONIO DE: *Epístolas familiares* (1539-1542), ed. J. M. de Cossío, Real Academia Española, Madrid, 1950-1952, 2 vols.

GUICCIARDINI, LUDOVICO: *L'Hore di ricreatione* (1565), Francesco Ginami, Venecia, 1655.

GUICCIARDINI, LUDOVICO: *Horas de recreación*, trad. de Vicente Millis Godínez, Bilbao, 1586.

HERÓDOTO: *Historias*, ed. H. Kallenberg, Bibliotheca Teubneriana, Leipzig, 2 vols.

HIDALGO, GASPAR LUCAS: *Diálogos de apacible entretenimiento* (1606), BAE, 36.

HOROZCO, SEBASTIÁN DE: *Cancionero*, Bibliófilos Andaluces.

HOROZCO, SEBASTIÁN DE: *Teatro universal de proverbios*, ed. José Luis Alonso Hernández, Universidad de Groningen-Universidad de Salamanca, 1986.

HURTADO DE MENDOZA, DIEGO: *Obras poéticas*, Libros Españoles Raros o Curiosos, XI.

JERÓNIMO, SAN: *Adversus Iovinianum*, en J. P. Migne, *Patrologie Latine des origines a 1216*, núm. 23.

JUAN MANUEL, DON: *El conde Lucanor*, Clásicos Castalia, núm. 9.

JUVENAL, DECIMO JUNIO: *Satirae*, eds. Pierre de Labriolle y François Villeneuve, Les Belles Lettres, París, 1962.

LAGUNA, ANDRÉS: *Pedacio Dioscorides Anazarbeo, Acerca de la materia medicinal y de los venenos mortíferos*, Mathías Gast, Salamanca, 1563.

LANDO, HORTENSIO: *Oracoli de'moderni ingegni*, Gabriel Giolito di Ferrari e Fratelli, Venecia, 1550.

LIBURNIO, NICOLÁS: *Sentencias y dichos de diversos sabios y antiguos autores, así griegos como latinos*, trad. de Alonso de Ulloa, Gabriel Giolito di Ferrari, Venecia, 1553.

LIÑÁN Y VERDUGO, ANTONIO: *Guía y avisos de forasteros* (1620), en *Costumbristas españoles*, I, Aguilar, Madrid, 1964.

LÓPEZ PINCIANO, ALONSO: *Filosofía antigua poética* (1596), Antiguos Libros Hispánicos, XIX-XXI, CSIC, Madrid, 1953.

LÓPEZ DE ÚBEDA, FRANCISCO: *La Pícara Justina* (1605), Editora Nacional, Madrid 1977, 2 vols.

LÓPEZ DE YANGUAS, HERNÁN: *Los dichos o sentencias de los siete sabios de Grecia* (1543), Bibliófilos Españoles, Madrid, 1953.

LUCIANO DE SAMOSATA: *Obras*, Firmin Didot, París, 1867.

LUJÁN, MATEO: *Guzmán de Alfarache* (1602), *N.P.*

LUNA, JUAN DE: *Segunda parte de Lazarillo de Tormes* (1620), *N.P.*

LUSCINIO ARGENTINO, OTHMAR: *Ioci ac sales mire festivi*, Augsburgo, 1524.

LYCOSTHENES, CONRADO: *Apophthegmata ex probatis graecae latinaeque linguae scriptoribus* (1555), Lyón, 1594.

MACROBIO: *Opera*, ed. Fr. Eyssenhardt, Bibliotheca Teubneriana, Leipzig, 1893.

MAINARDI, ARLOTTO (el Piovano Arlotto): *Facezie piacevoli, fabule e motti del Piovano Arlotto* (1520), *Facezie, motti, bufonerie e burle, del Piovano Arlotto, del Gonnella e del Barlacchia*, Florencia, 1565.

MAINARDI, ARLOTTO (el Piovano Arlotto): *Vita del Piovano Arlotto*, en la edición anteriormente citada.

MAL LARA, JUAN DE: *Filosofía vulgar* (1568), Selecciones Bibliófilas, Barcelona, 1958-1959, 4 vols.

MARGARITA DE NAVARRA: *L'Heptaméron* (1558-1559), Garnier, París, 1967.

MEDRANO, JULIÁN DE: *Silva curiosa* (1583), en Sbarbi, *Refranero general*, X.

MERCADO, PEDRO DE: *Diálogos de filosofía natural y moral*, Hugo de Mena, Granada, 1558.

MEXÍA, PERO: *Coloquios*, Bibliófilos Sevillanos, Sevilla, 1947.

MEXÍA, PERO: *Silva de varia lección* (1540), Bibliófilos Españoles, Madrid, 1933-1934, 2 vols.

MEY, SEBASTIÁN: *Fabulario* (1613), NBAE, XXI.

MONDRAGÓN, JERÓNIMO DE: *Censura de la locura humana y excelencias de ella* (1598), Selecciones Bibliófilas, Barcelona.

NEBRIJA, ANTONIO DE: *Introductiones Latinae* (1481), *Introductiones in latinam grammaticem*, Arnaldus Guillelmus, Logroño, 1508.

N. P.: *La novela picaresca española*, ed. Ángel Valbuena y Prat, Aguilar, Madrid, 1946.

NÚÑEZ, HERNÁN: *Refranes o proverbios en romance*, Juan de Canova, Salamanca, 1555.

O'KANE, E.S.: *Refranes y frases proverbiales españolas de la Edad Media*, BRAE, Anejo II, Madrid, 1959.

PALMIRENO, JUAN LORENZO: *El Proverbiador o Cartapacio*, edición con el *Estudioso cortesano*, Juan Íñiguez de Lequerica, Alcalá, 1587.

PARDO BAZÁN, EMILIA: *Obras completas*, Aguilar, Madrid, I-II, 1947; III, 1973.

PÉREZ DE MOYA, JUAN: *Varia historia de sanctas e illus-*

tres mugeres en todo género de virtudes, Madrid, Francisco Sánchez, 1583.

PETRARCA, FRANCESCO: *Rerum memorandarum libri*, ed. Giuseppe Billanovich, Sansoni, Florencia, 1945.

PINEDA, FRAY JUAN DE: *Diálogos familiares de la agricultura cristiana* (1589), BAE, 161, 162, 163, 169, 170.

PINEDO, LUIS DE: *Liber facetiarum* (siglo XVI), ms. de la Biblioteca Nacional de Madrid.

PINEDO, LUIS: *Libro de chistes*, BAE, 176 (edición parcial del anterior).

PINHEIRO DA VEIGA, TOMÉ: *Fastiginia o Fastos geniales*, trad. Narciso Alonso Cortés, Valladolid, 1916.

PLINIO EL JOVEN: *Epistularum libri X*, ed. R. A. B. Mynors, Bibliotheca Oxoniensis, Oxford, 1966.

PLINIO EL VIEJO: *Naturalis Historia*, ed. C. Mayhoff, Bibliotheca Teubneriana, Leipzig, 5 vols.

PLUTARCO: *Apotegmas*, en *Obras morales*, The Loeb Classical Library, Londres, 15 vols., III.

PLUTARCO: *Apothegmas*, trad. de Diego Gracián de Alderete, Alcalá, 1533.

PLUTARCO: *Obras morales y Vidas*, Firmin Didot, París, 1855-1868, 5 vols.

Poesía erótica del Siglo de Oro, ed. Pierre Alzien, Robert Jammes, Yvan Lissorgues, Université de Toulouse-Le Mirail, 1975.

POGGIO BRACCIOLINI, GIAN FRANCESCO: *Liber facetiarum* (1470), ed. Marcello Ciccuto, Biblioteca Universale Rizzoli, Milán, 1983.

POLO DE MEDINA, SALVADOR JACINTO: *Obras completas*, Biblioteca de Autores Murcianos, I, Murcia, 1948.

PONTANO, GIOVANNI: *De sermone libri sex* (1509), eds. S. Lupi y A. Risicato, Thesaurus Mundi, Lugano, 1954.

PORCACCHI, THOMASO: *Motti diversi* (1562), añadidos a las *Facezie* de Domenichi, Venecia, 1571.

PORREÑO, BALTASAR: *Dichos y hechos del señor rey don Felipe Segundo*, Sevilla, 1639.

PSEUDO CALÍSTENES: *Vida y hazañas de Alejandro de Macedonia*, Gredos, Madrid, 1977.

QUEVEDO: *Poesía:* QUEVEDO, FRANCISCO DE: *Obras completas. I. Poesía original,* ed. José Manuel Blecua, Clásicos Planeta, núm. 4, Barcelona, 1963.

QUEVEDO, FRANCISCO DE: *Obras satíricas y festivas,* Clásicos Castellanos, núm. 56.

QUINTILIANO, MARCO FABIO: *Institutio oratoria,* ed. Jean Cousin, Les Belles Lettres, París, 1975, 7 vols.

RABELAIS, FRANÇOIS: *Oeuvres complètes,* ed. Jacques Boulenger, Gallimard, Bibliothèque de la Pléiade, París, 1959.

RAVISIO TEXTOR: *Officina* (1522), Lyón, 1593.

Rhetorica ad C. Herennium, ed. G. Friedrich, Bibliotheca Teubneriana, Leipzig, 1908.

ROBLES, JUAN DE: *El culto sevillano* (1631), Bibliófilos Andaluces.

ROJAS ZORRILLA, FRANCISCO DE: *Comedias escogidas,* BAE, 54.

ROSAL, FRANCISCO DEL: *La razón de algunos refranes* (1601), Tamesis Books, Londres, 1976.

SALAZAR, AMBROSIO DE: *Las clavellinas de recreación,* Adrien Morront, Ruán, 1614.

SALISBURY, JUAN DE: *Policraticus* (siglo XII), Leiden, 1595.

SALUSTIO CRISPO, CAYO: *Catilina,* ed. José Manuel Pabón, Alma Mater, Barcelona, 1954.

SAMANIEGO, FÉLIX MARÍA DE: *Fábulas* (1781), Clásicos Castalia, núm. 7.

SÁNCHEZ DE BADAJOZ, DIEGO: *Recopilación en metro* (1554), Instituto de Filología y Literaturas Hispánicas, Universidad de Buenos Aires, 1968.

SÁNCHEZ DE LA BALLESTA, ALONSO: *Diccionario de vocablos castellanos,* Salamanca, 1587.

SÁNCHEZ DE VERCIAL, CLEMENTE: *Libro de los ejemplos por A.B.C.,* ed. John Esten Keller, CSIC, Clásicos Hispánicos, Madrid, 1961.

SANTA CRUZ, MELCHOR DE: *Floresta española* (1574), Bibliófilos Españoles, Madrid, 1953.

SANZ, PEDRO LUIS: *Trescientos proverbios, consejos y avisos muy provechosos para el discurso de nuestra humana vida* (Valencia, hacia 1535).

SÉNECA, LUCIO ANNEO: *Ad Lucilium Epistulae morales*, ed. L. D. Reynolds, Bibliotheca Oxoniensis, Oxford, 1966, 2 vols.

SÉNECA, LUCIO ANNEO: *De beneficiis*, ed. François Préchac, Les Belles Lettres, París, 1961, 2 vols.

SÉNECA, LUCIO ANNEO: De ira, ed. A. Bourgery, Les Belles Letres, París, 1942.

SÉNECA, LUCIO ANNEO: *De tranquillitate animi*, ed. René Waltz, Les Belles Lettres, París, 1959.

SÉNECA, LUCIO ANNEO: *De vita beata*, ed. A. Bourgery, Les Belles Lettres, París, 1955.

SÉNECA, LUCIO ANNEO: *Flores de L. Anneo Séneca, traducidas de latín en romance castellano por Juan Martín Cordero, valenciano*, Amberes, 1555.

SILVA, FELICIANO DE: *Segunda comedia de Celestina* (1534), Libros Españoles Raros o Curiosos, IX.

SÓFOCLES: *Antígona*, ed. A. Tovar, Insituto Antonio de Nebrija, Madrid, 1942.

SUETONIO TRANQUILO, CAYO: *De vita duodecim Caesarum*, ed. M. Bassols de Climent, Alma Mater, Barcelona, 4 vols.

TALLEMANT DES REAUX: *Historiettes*, Bibliothèque de la Pléiade, Gallimard, París, 1967, 2 vols.

TIMONEDA, JOAN: *Obras*, Bibliófilos Españoles, Madrid, 1947-1948, 3 vols.

TIMONEDA, JOAN: *El Patrañuelo* (1567), ed. José Romera Castillo, Cátedra, núm. 94, Madrid, 1978.

TIMONEDA, JOAN: *Rosas de Romances*, edición facsímil, Castalia, Valencia, 1963.

TIRSO DE MOLINA: *Obras dramáticas completas*, Aguilar, Madrid, I, 1946; II, 1952; III, 1958.

TOMITANO, BERNARDINO: *Quatro libri della lingua toscana* (1945), Padua, 1570.

TORQUEMADA, ANTONIO DE: *Coloquios satíricos* (1553), NBAE, VII.

TORQUEMADA, ANTONIO DE: *Jardín de flores curiosas* (1573), Real Academia Española, Madrid, 1955.

TUNINGIO, GERARDO: *Apophthegmata graeca, latina, ita-*

lica, gallica, hispanica, ex officina Plantiniana Raphelengii [Leyden], 1609.

VALERIO MÁXIMO: *Factorum et dictorum memorabilium libri novem,* ed. C. Kempf, Bibliotheca Teubneriana, Leipzig, 1888.

VALERIO MÁXIMO: *Valerio Máximo coronista de los notables dichos y hechos de romanos y griegos,* trad. de Hugo de Urriés (1495) Miguel de Eguía, Alcalá de Henares, 1529.

VALLÉS, PEDRO: *Libro de refranes copilado por el orden del A.B.C.,* Zaragoza, 1549.

VEGA CARPIO, LOPE DE: *Comedias, BAE*

VEGA CARPIO, LOPE DE: *Obras,* Real Academia Española, Madrid, 1916-1930 [Acad. N.]

VEGA CARPIO, LOPE DE: *Obras poéticas,* I, ed. José Manuel Blecua, Clásicos Planeta, núm. 18, Barcelona, 1969.

Versio Vulgata, Biblioteca de Autores Cristianos, Madrid, 1965.

Viajes de extranjeros por España y Portugal, ed. J. García Mercadal, Aguilar, Madrid, I, 1952; II, 1959.

VILLALÓN, CRISTÓBAL DE: *El scholástico* (hacia 1540), Clásicos Hispánicos, II, XIV, CSIC, Madrid, 1967.

VIVES, JUAN LUIS: *De institutione foeminae christianae* (1524), Basilea, 1538.

VIVES, JUAN LUIS: *Instrucción de la mujer cristiana,* traducción anónima (refundición de la versión de Juan Justiniano, 1528), Alcalá de Henares, 1529.

VIVES, JUAN LUIS: *Linguae latinae exercitatio (Dialogi)* (1538), ed. Cristóbal Coret y Peris, nueva edición, Madrid, 1928.

ZAPATA, LUIS: *Miscelánea,* Clásicos Castilla, núms. 20-21.

2. ESTUDIOS

ALVAR, MANUEL: *El dialecto aragonés,* Gredos, Madrid, 1963.

ASENSIO, EUGENIO: *Itinerario del entremés desde Lope de*

Rueda a Quiñones de Benavente, Biblioteca Románica Hispánica, Gredos, Madrid, 1971.

BATAILLON MARCEL: *Erasmo y el erasmismo*, Crítica, Barcelona, 1977.

BONILLA Y SAN MARTÍN, ADOLFO: «Erasmo en España», en *Revue Hispanique*, XVII, 1907, págs. 483-497.

BRUNET, JACQUES CHARLES: *Manuel du libraire et de l'amateur des livres*, Firmin Didot, París, 1860-1865, 6 vols. Suplemento de M. M. P. Deschamps y G. Brunet, 1878-1880, 2 vols.

COROMINAS, J.: *Entre dos lenguatges*, Curial, Barcelona, 1977, III.

CORTÉS VÁZQUEZ, LUIS: *Cuentos populares salmantinos*, Salamanca, 1979.

CHEVALIER, MAXIME: «El Sobremesa y Alivio de caminantes», *Homenaje a Vicente García de Diego*, en *Revista de Dialectología y Tradiciones Populares*, XXXIII, 1977, páginas 43-54.

DELGADO BARNES, PILAR: «Contribución a la bibliografía de Juan de Timoneda», en *Revista de Literatura*, XVI, 1959, págs. 24-56.

DEVOTO, DANIEL: *Introducción al estudio de don Juan Manuel y en particular de «El conde Lucanor»*, Ediciones Hispanoamericanas, París, 1972.

DEVOTO, DANIEL: *Textos y contextos. Estudios sobre la tradición*, Gredos, Madrid, 1974.

FARRERES, RAFAEL: Introducción a la edición de *El Patrañuelo*, Clásicos Castalia, núm. 30, Madrid, 1971.

FOULCHE-DELBOSC: «Mi madre no, pero mi padre sí», en *Revue Hispanique*, XXII, 1910, págs. 443-447. «Mi madre no, pero mi padre sí. II» en *Revue Hispanique*, XXV, 1911, pág. 345.

FRENK ALATORRE, MARGIT: *Estudios sobre lírica antigua*, Castalia, 1978.

FROLDI, RINALDO: *Lope de Vega y la formación de la comedia*, Anaya, Salamanca, 1968.

GENDREAU-MASSALOUX, MICHÈLE: «Sur l'image des Basques dans les contes populaires du Siècle d'Or», *Hommage à Louis Urrutia*, en *Les langues néo-latines*, número 239, 1981, págs. 75-99.

GRANJA, FERNANDO DE LA: «Cuentos árabes en *El Sobremesa* de Timoneda», en *Al-Andalus*, XXXIV, 1969, páginas 381-394.

GRANJA, FERNANDO DE LA: «Nunca más perro al molino», en *Al-Andalus*, XXXIX, 1974, págs. 431-442.

GRANJA, FERNANDO DE LA: «Tres cuentos españoles de origen árabe», en *Al-Andalus*, XXXIII, 1968, págs. 123-141.

JULIÁ MARTÍNEZ, EDUARDO: Prólogo a la edición de las *Obras* de Timoneda, Bibliófilos Españoles, Madrid, 1947, I.

MENÉNDEZ PELAYO, MARCELINO: *Bibliografía Hispano-Latina Clásica*, Aldus, Santander, 1950-1953, 10 vols.

MENÉNDEZ PELAYO, MARCELINO: *Orígenes de la novela*, Aldus, Santander, 1943, 4 vols.

MICHAUD, J. FR.: *Biographie universelle ancienne et moderne*, Graz, 1968, 42 vols.

MOLL, FRANCESC DE B.: Introducción a Poggio, *Llibre de facècies*, Palma de Mallorca, 1978 (Biblioteca «Raixa», núm. 114).

PALAU Y DULCET, ANTONIO: *Manual del librero hispanoamericano*, Barcelona, 1948-1977, 28 vols.

PEETERS-FONTAINAS, JEAN: *Bibliographie des Impressions Espagnoles des Pays Bas*, Lovaina, 1933.

PEETERS-FONTAINAS, JEAN: *Bibliographie des Impressions Espagnoles des Pays Bas Méridionaux*, Nieuwkoop, 1965, 2 vols.

PORCELLI, BRUNO: *La novella del Cinquecento*, Laterza, Bari, 1979.

PRIETO, ANTONIO: *La prosa española del siglo XVI. I*, Cátedra, Madrid, 1986.

RECOULES, HENRI: «Cervantes y Timoneda y los entremeses del siglo XVII», en *BBMP*, XLVIII, 1972.

REYNOLDS, JOHN: *Juan Timoneda*, Boston, 1975.

RODRÍGUEZ-MOÑINO, ANTONIO: Introducción a los *Cancioneros llamados Enredo de amor, Guisadillo de amor y el Truhanesco (1573)*, Castalia, Valencia, 1951.

RODRÍGUEZ-MOÑINO, ANTONIO: *Los Pliegos Poéticos de*

la colección del Marqués de Morbecq (siglo XVI), Madrid, 1962.

ROMERA CASTILLO, JOSÉ: Introducción a la edición de *El Patrañuelo*, Cátedra, núm. 94, Madrid, 1978.

RUIZ MORCUENDE, FEDERICO: Prólogo a la edición de *El Patrañuelo*, Clásicos Castellanos, núm. 101.

SALVÁ Y MALLEN, PEDRO: *Catálogo de la biblioteca de Salvá*, Valencia, 1872, 2 vols.

SCHEVILL, RUDOLPH: Estudio preliminar de la edición del *Buen Aviso y Portacuentos*, en *Revue Hispanique*, XXIV, 1911, págs. 171-254.

SERRANO MORALES, JOSÉ ENRIQUE: *Reseña histórica en forma de diccionario de las imprentas que han existido en Valencia desde la introducción del arte tipográfico en España hasta el año 1868*, Valencia, 1898-1899.

ÍNDICE

INTRODUCCIÓN 5

I. Joan Timoneda. Vida y obra 5
II. El BUEN AVISO Y PORTACUENTOS. EL SOBRE-
    MESA Y ALIVIO DE CAMINANTES. 8
    Relatos eruditos y relatos familiares 9
    Entre lo serio y lo jocoso 19
    El tratamiento de la materia erudita: Timoneda
    cuentista 19
    Fortuna de EL SOBREMESA 21
        Apéndice: Cuentos de Joan Timoneda y Joan
        Aragonés copiados en la *Silva curiosa* de
        Julián de Medrano, París, 1583. 27
        Cuentos de Joan Timoneda y Joan Aragonés
        copiados en los *Apophthegmata hispanica*
        de Gerardo Tuningio, [Leyden], 1609 29

BIBLIOGRAFÍA DE LAS EDICIONES ANTIGUAS
DE «EL SOBREMESA Y ALIVIO DE CAMINANTES»
E HISTORIA DEL LIBRO 31

Ediciones antiguas 31
Historia del libro 33
    1. El SOBREMESA Y ALIVIO DE CAMINANTES.
       Zaragoza, 1563 33
    2. Una edición aumentada: Valencia, 1569 34

3. El ALIVIO DE CAMINANTES, Medina del Campo, 1563, y su descendencia   35
4. El ALIVIO DE CAMINANTES, de Évora, 1575, y su descendencia   37

SINOPSIS DE LAS EDICIONES ANTIGUAS DE EL SOBREMESA Y ALIVIO DE CAMINANTES   39

DESCRIPCIÓN DE LAS EDICIONES ANTIGUAS DE EL SOBREMESA Y ALIVIO DE CAMINANTES   41

Edición de Zaragoza, 1563   41
Edición de Valencia, 1569   42
Edición de Medina del Campo, 1563   43
Edición de Alcalá de Henares, 1576   44
Edición de Amberes, 1577   45
Edición de Évora, 1575   46
Edición de Sevilla, 1596   46
Edición de Sevilla, 1603   47

EDICIONES MODERNAS DE EL SOBREMESA Y DE LOS CUENTOS DE JOAN ARAGONÉS (siglos XIX-XX) ..   48

CONTENIDO DE LAS EDICIONES ANTIGUAS DE EL SOBREMESA Y ALIVIO DE CAMINANTES   50

Edición de Zaragoza, 1563   50
Edición de Medina del Campo, 1563. Edición de Alcalá de Henares, 1576. Edición de Amberes, 1577   56
Edición de Évora, 1575. Edición de Sevilla, 1596. Edición de Sevilla, 1603   60
CRITERIO DE LA PRESENTE EDICIÓN   66

BUEN AVISO Y PORTACUENTOS   69

Suma del privilegio   71

Licencia del Santo Oficio de la Inquisición de Valencia para imprimirse la presente obra 72

Epístola al benigno lector 73

Libro primero del BUEN AVISO de Joan de Timoneda, de apacibles dichos y muy sentidos y provechosos para la conversación humana 74

Segunda parte del PORTACUENTOS 135

Epístola al lector 137

Libro segundo del PORTACUENTOS de Joan Timoneda, muy gracioso y apacible 139

EL SOBREMESA Y ALIVIO DE CAMINANTES 199

Soneto a los lectores 201

Epístola al lector 202

Primera parte del SOBREMESA Y ALIVIO DE CAMINANTES. En el cual se contienen muy apacibles y graciosos cuentos, y dichos muy facetos 203

Segunda parte del SOBREMESA Y ALIVIO DE CAMINANTES 261

Escribe el autor por satisfacción de lo prometido y enmienda del sobremesa 263

Segunda parte. Comienza el segundo libro llamado SOBREMESA Y ALIVIO DE CAMINANTES 264

Cuentos añadidos en la edición de Évora, 1575 308

CUENTOS DE JOAN ARAGONÉS 313

Cuentos añadidos en la edición de Évora, 1575 ... 325

VARIANTES DE LAS EDICIONES ANTIGUAS DE EL SOBREMESA Y ALIVIO DE CAMINANTES 329

VARIANTES DE LAS EDICIONES ANTIGUAS DE LOS CUENTOS DE JOAN ARAGONÉS 379

BIBLIOGRAFÍA Y SIGLAS 387

ÍNDICE 405